注册制下公司债券业务规则解读及实务

中国证券业协会 编著

中国财经出版传媒集团
中国财政经济出版社
·北京·

图书在版编目（CIP）数据

注册制下公司债券业务规则解读及实务 / 中国证券业协会编著. --北京：中国财政经济出版社，2025. 4.
ISBN 978-7-5223-3931-3

Ⅰ. F832.51

中国国家版本馆CIP数据核字第2025SL2305号

责任编辑：郁东敏　　　　　　　　责任校对：胡永立
封面设计：中通世奥　　　　　　　责任印制：党　辉

注册制下公司债券业务规则解读及实务
ZHUCEZHIXIA GONGSI ZHAIQUAN YEWU GUIZE JIEDU JI SHIWU

中国财政经济出版社 出版

URL：http://www.cfeph.cn
E-mail：cfeph@cfemg.cn

（版权所有　翻印必究）

社址：北京市海淀区阜成路甲28号　邮政编码：100142
营销中心电话：010-88191522
天猫网店：中国财政经济出版社旗舰店
网址：https://zgczjjcbs.tmall.com
涿州汇美亿浓印刷有限公司印刷　各地新华书店经销
成品尺寸：185mm×260mm　16开　31.5印张　546 000字
2025年4月第1版　2025年4月河北第1次印刷
定价：82.00元
ISBN 978-7-5223-3931-3
（图书出现印装问题，本社负责调换，电话：010-88190548）
本社图书质量投诉电话：010-88190744
打击盗版举报热线：010-88191661　　QQ：2242791300

编委会

主　　编　赵山忠

副 主 编　王燕红　孟宥慈　张冀华　刘方义

　　　　　　汪兆军　李亚琳

委　　员（按姓氏笔画排序）

　　　　　　马青海　王　伟　王晓国　王惠娟

　　　　　　刘乃生　江　禹　孙　毅　孙　雷

　　　　　　陈　茵　郁伟君　贾　韬　梁晓莉

编写组

(按姓氏笔画排序)

马一鸣	马小明	马　戈	王艾然	王桂君	王家泰
王　靖	王　鹭	史璐明	曲雯婷	朱佳雯	乔　欢
任天一	刘小源	刘琬璐	闫洪基	汤品雅	孙　瑾
杨　昕	李　丰	李　辰	李智琼	李嘉莹	沈小勇
初天罡	张世俊	张　扬	张　睨	陈海楠	林　青
郎一臻	孟德敏	赵颖楠	郝　帅	胡沛然	娄贤达
姚　吉	姚任之	党　黎	徐良君	黄　佳	黄桂勇
曹　宇	常　平	韩云从	韩毅松	程达明	谢臻璞
臧赢鹏	薛逸竹	戴　玥			

FOREWORD 前言

　　党中央、国务院高度重视债券市场建设。党的二十届三中全会指出，加快多层次债券市场发展，提高直接融资比重；中央金融工作会议和《国务院关于加强监管防范风险推动资本市场高质量发展的若干意见》均要求推进债券市场高质量发展。自1981年我国国债恢复发行以来，经过40多年的努力，债券市场取得长足发展，在服务实体经济、支持宏观调控、优化资源配置、维护金融安全等领域的作用日益突出，成为我国金融市场体系的重要组成部分。截至2024年末，债券市场托管余额约177万亿元，稳居全球第二位。公司信用类债券是实体企业的重要融资渠道，由于历史发展原因，我国信用债券市场长期呈相对分割状态。2023年，中共中央、国务院印发《党和国家机构改革方案》，把企业债券发行审核职责划入中国证监会，推动债券市场统一管理和协调发展。为贯彻落实党中央、国务院决策部署，深化债券注册制改革，中国证监会、沪深北交易所、中国结算和中国证券业协会发布一系列配套业务规章、规范性文件和自律规则，将企业债券总体纳入公司债券统一监管，强化债券业务全流程执业规范，压实中介机构"看门人"责任，稳步推进债券市场高质量发展。

中介机构作为连接投资端和融资端的桥梁，在优化融资结构、降低融资成本、保护债权人权益等方面扮演着重要角色，应当以强烈的使命感、责任心，持续提高执业水平，夯实债券市场高质量发展基础。一是增强大局意识，积极服务国家战略。中央金融工作会议指明了金融支持经济高质量发展的着力点。中介机构要聚焦服务"五篇大文章"，加强科技创新、绿色发展、乡村振兴、普惠金融等领域产品创新力度，加大对符合国家产业政策导向、突破关键核心技术企业以及民营企业、中小微企业的融资支持，引导资金流向重点领域、重点行业和薄弱环节，服务国家重大战略和新质生产力发展。二是加强专业能力建设，切实履行"看门人"责任。主承销商应当构建以发行人质量为导向的尽职调查体系，围绕发行人偿债能力提高信息披露的针对性、有效性和可读性，同时强化项目推介、定价配售、信息披露等全过程管理，提升全业务链条的规范化水平；评级机构应当坚守专业性、独立性原则，加强评级方法体系建设，构建以违约率为核心的评级质量验证机制，充分发挥评级的事前预警功能，通过不断提升执业质量，促进债券市场功能发挥。三是强化存续期管理，防范化解债券市场风险。要转变"重承销、轻受托"观念，加强债券存续期的持续跟踪监测和主动管理，动态关注发行人资信状况和风险状况、募集资金流向及使用情况；督促发行人强化契约精神，依法合规履行法律法规规定和募集说明书约定的义务，做好信息披露，积极清偿债务；落实信用风险监测、预警和应对、处置等措施，有效维护债券持有人利益，牢牢守住不发生系统性风险的底线。四是践行中国特色金融文化。中介机构应当坚持稳健审慎经营，强化合规意识和风险管控，完善内部激励约束机制，加强廉洁自律管理，避免盲目追求数量而忽视业务规范，以实际行动弘扬和践行"诚实守信，不逾越底线；以义取利，不唯利是图；稳健审慎，不急功近利；守正创新，不脱实向虚；

依法合规，不胡作非为"的中国特色金融文化，增强行业软实力。

为帮助中介机构和从业人员提升执业质量和专业水平，适应债券市场高质量发展要求，中国证券业协会依托固定收益专业委员会，组织行业专家编写了《注册制下公司债券业务规则解读及实务》（简称教材）。教材围绕证券公司在公司债券发行承销及受托管理中的职责，全面梳理相关业务的监管规定、自律规则，按照构建以发行人质量和偿债风险为导向的投行履职管理体系，以业务逻辑为主线，从尽职调查、审核、承销、登记结算、信息披露、风险监测与处置等环节，系统解读主要业务规则一百余件。考虑到信用评级在债券业务中的重要性，教材亦涵盖了评级机构开展证券市场资信评级业务的具体要求。同时，为增强实务性、可读性，教材总结了中介机构在实践中的具体做法，并选取大量案例进行分析，为业务实操提供参考。

在历时数月的教材编写过程中，各位专家以高度的专业精神和责任心，多次就教材体系、内容开展研讨，逐字逐句地研读、斟酌、修改，力求做到结构完整、内容准确、协调统一。但由于工作浩繁、时间紧迫，书中难免有所疏漏、不足甚至错误之处，敬请读者提出宝贵意见。

中国证券业协会
2025年3月

CONTENTS 目录

第一章　我国债券市场概述　001

第一节　我国债券市场发展历程　001
一、起步阶段　001
二、治理阶段　003
三、快速发展阶段　004
四、高质量发展阶段　007

第二节　债券市场参与主体　008
一、发行人　009
二、投资人　009
三、承销商　010
四、受托管理人/存续期管理机构　010
五、做市商　011
六、证券服务机构　011
七、市场基础设施　012
八、监管机构　014
九、其他市场参与主体　015

第三节　公司债券市场概况············016

一、公司债券市场发展概况············016

二、公司债券制度体系············019

第二章　发行上市审核和重点关注事项　023

第一节　发行条件············023

一、公开发行公司债券············023

二、非公开发行公司债券············025

三、典型案例············027

第二节　审核程序············028

一、公开发行公司债券············028

二、非公开发行公司债券············038

三、优化审核安排············039

第三节　审核重点关注事项············042

一、公司治理与组织机构············043

二、财务信息披露············049

三、特定情形发行人············064

四、募集资金用途············070

第四节　专项品种············084

一、短期公司债券············085

二、可续期公司债券············086

三、可交换公司债券············089

四、绿色公司债券············092

五、低碳转型公司债券············095

六、科技创新公司债券············097

七、乡村振兴公司债券············102

八、"一带一路"公司债券············103

九、纾困公司债券 ………………………………………………… 105

十、中小微企业支持债券 ………………………………………… 106

十一、典型案例 …………………………………………………… 107

第三章　尽职调查　110

第一节　尽职调查概述 …………………………………………… 110

一、尽职调查基本含义 …………………………………………… 110

二、尽职调查基本要求 …………………………………………… 111

三、尽职调查的主要手段 ………………………………………… 112

第二节　尽职调查内容 …………………………………………… 113

一、发行人基本情况调查 ………………………………………… 114

二、发行人主要财务情况调查 …………………………………… 126

三、发行人及本次债券的信用情况调查 ………………………… 133

四、募集资金运用调查 …………………………………………… 134

五、增信机制、偿债计划及其他保障措施调查 ………………… 137

六、发行文件中与发行条件相关的内容调查 …………………… 141

七、发行人存在的主要风险调查 ………………………………… 141

八、投资者保护机制调查 ………………………………………… 144

九、其他重要事项调查 …………………………………………… 146

第三节　主承销商履行注意义务要求 …………………………… 149

一、履行注意义务的总体要求 …………………………………… 149

二、合理信赖第三方的要求 ……………………………………… 151

第四节　尽职调查工作底稿与尽职调查报告 …………………… 153

一、尽职调查工作底稿基本要求 ………………………………… 153

二、尽职调查工作底稿主要内容 ………………………………… 153

三、尽职调查报告主要内容及要求 ……………………………… 154

第四章　公司债券发行承销与挂牌上市　　156

第一节　公司债券发行与承销业务概述 ……………………………… 156
　　一、承销机制 …………………………………………………………… 156
　　二、发行承销与挂牌上市规则体系 …………………………………… 159
　　三、发行承销与挂牌上市流程示意 …………………………………… 161

第二节　推介、定价与配售 …………………………………………… 163
　　一、公司债券推介 ……………………………………………………… 164
　　二、发行方案备案 ……………………………………………………… 164
　　三、公司债券定价 ……………………………………………………… 166
　　四、公司债券配售 ……………………………………………………… 168
　　五、投资者适当性管理 ………………………………………………… 173
　　六、承销禁止行为 ……………………………………………………… 178

第三节　挂牌上市与承销总结 ………………………………………… 179
　　一、公司债券挂牌上市 ………………………………………………… 179
　　二、公司债券发行承销总结 …………………………………………… 182

第四节　发行与承销阶段信息披露 …………………………………… 182
　　一、发行公告文件 ……………………………………………………… 183
　　二、簿记发行文件 ……………………………………………………… 183
　　三、中止发行安排 ……………………………………………………… 184

第五章　公司债券的登记、托管与结算　　186

第一节　登记业务 ……………………………………………………… 187
　　一、发行登记 …………………………………………………………… 187
　　二、变更登记 …………………………………………………………… 191
　　三、退出登记 …………………………………………………………… 191

第二节　托管与转托管···192
　　一、托管··192
　　二、转托管···193

第三节　结算业务与结算参与人管理···197
　　一、结算业务概述···198
　　二、结算流程···202
　　三、结算参与人的管理··205

第四节　回购业务及回购质押品管理···211
　　一、债券通用质押式回购···211
　　二、债券质押式协议回购···216
　　三、债券质押式三方回购···217

第五节　其他相关服务支持···219
　　一、回售、转售···219
　　二、赎回···222
　　三、持有人名册及查询服务···224
　　四、债券派息兑付服务··224
　　五、其他信息查询服务··227
　　六、银行间债券市场与交易所债券市场互联互通·····································227

第六章　信息披露　　229

第一节　债券发行期间···229
　　一、基本要求···229
　　二、主要信息披露义务人的义务和责任··230
　　三、募集说明书···232

第二节　债券存续期间···266
　　一、总体要求···266

二、发行人定期报告 269
三、发行人临时报告 276
四、增信主体信息披露 297
五、中介机构信息披露 300
六、典型案例 302

第七章 受托管理 306

第一节 受托管理人资格 306
一、受托管理人的任职要求 306
二、受托管理人的利益冲突防范及解决机制 307

第二节 受托管理人职责 307
一、督导发行人履行存续期信息披露义务 307
二、持续关注公司债券增信情况 310
三、募集资金使用督导 313
四、信息披露义务 316

第三节 受托管理人变更 319
一、需要变更受托管理人的情形 319
二、变更受托管理人应当履行的程序 320

第四节 债券持有人权益保护 320
一、债券持有人会议 320
二、信用风险管理 330
三、违约风险处置 340

第八章 公司债券违约风险处置 342

第一节 公司债券违约风险处置概述 342
一、公司债券违约风险的定义 342
二、公司债券违约风险处置规则体系 343

三、违约风险处置工作中的相关主体……344

第二节　受托管理人违约风险处置工作职责……345
　　一、持续关注与持续督导……345
　　二、主动风险管理……346
　　三、投资者沟通……346
　　四、协助化解和处置风险……347
　　五、监管报告义务……347

第三节　应急管理机制……348
　　一、应急管理制度……348
　　二、组织和人员……348
　　三、应急处置预案……349
　　四、持续监管报告……351
　　五、债券持有人会议机制……351

第四节　违约风险处置……352
　　一、持续调整和完善应急预案……352
　　二、召开债券持有人会议并督促落实……352
　　三、违约风险处置措施及案例……353
　　四、违约风险处置期间债券停复牌管理……360
　　五、特定债券……362
　　六、总结和报告……366

第五节　违约处置……366
　　一、违约后的处置工作……366
　　二、违约处置方式及案例……369
　　三、信息披露要求……376
　　四、摘牌及注销程序……385
　　五、总结和报告……387

第九章　证券评级业务　　388

第一节　机构及人员管理　　390
　　一、备案管理　　390
　　二、内部控制机制建设　　393
　　三、从业人员管理　　396

第二节　评级业务规范　　398
　　一、一般规定　　398
　　二、评级程序　　401
　　三、尽职调查　　404
　　四、跟踪评级　　410
　　五、评级终止或撤销　　414

第三节　独立性要求　　415
　　一、机构独立性　　415
　　二、人员独立性　　416
　　三、部门独立性　　418
　　四、薪酬独立性　　419

第四节　信息披露要求　　419
　　一、整体要求　　420
　　二、机构及从业人员信息披露　　420
　　三、评级业务信息披露　　422
　　四、独立性信息披露　　424
　　五、评级质量信息披露　　425

第十章　业务监管　　426

第一节　公司债券业务监管体系　　426
　　一、监管职责与方式　　426

目 录

　　二、惩戒措施 ··· 430

第二节　执业规范 ·· 432

　　一、承揽展业规范 ·· 432

　　二、廉洁从业规范 ·· 434

第三节　内部控制 ·· 438

　　一、投行业务内部控制要求演变及背景 ································ 438

　　二、内部控制基本原则 ··· 440

　　三、内部控制组织架构 ··· 441

　　四、内部控制保障 ··· 442

　　五、各业务环节主要控制内容 ·· 448

　　六、项目管理和工作底稿 ·· 454

第四节　执业质量评价 ·· 455

　　一、质量评价的背景及意义 ··· 455

　　二、评价范围 ··· 456

　　三、评价指标与方法 ·· 456

　　四、评价结果与应用 ·· 457

第五节　法律责任 ·· 458

　　一、法律责任规则体系 ··· 458

　　二、典型违法违规行为及法律责任 ······································ 461

　　三、典型案例 ··· 468

附录　本书涉及的主要规则汇总表　　474

后记　　485

第一章
我国债券市场概述

自1981年国债恢复发行以来，我国债券市场经历了四十余年的发展，形成了组织结构层次丰富、各组织机构责任分工明确的债券市场体系，市场参与主体不断扩大，整体规模和影响力逐步提升，对实体经济的支持力度持续增强。公司债券市场是我国债券市场的重要组成部分，从建立至今，其发行上市审核制度由行政主导向市场主导演进，经历了从核准制阶段、向注册制过渡阶段到全面注册制阶段的改革过程。本章主要介绍我国债券市场发展历程、债券市场参与主体以及公司债券市场概况等。

第一节 我国债券市场发展历程

我国债券市场实行分市场、分券种监管，交易所债券市场由中华人民共和国证券监督管理委员会（简称"中国证监会"）监管，银行间债券市场由中国人民银行监管，商业银行柜台债券市场是银行间债券市场的延伸。它们共同构成中国多层次的债券市场体系，为不同类型的发行人和投资者提供了丰富的选择。我国债券市场的发展可分为起步、治理、快速发展和高质量发展四个阶段，本节主要按照这四个阶段的划分，介绍我国债券市场发展历程。

一、起步阶段

新中国成立后，中央人民政府批准发行第一笔公债"人民胜利折实公债"，用于解决财政赤字的通胀问题，此后陆续发行5期"国家经济建设公债"，均于1968

年全部还本付息。1959—1980年，受国内政治环境影响，债券市场经历长达20多年"既无内债，又无外债"的空白时期。

1981年1月，国务院颁布《中华人民共和国国库券条例》，恢复国债发行，标志着我国债券市场正式诞生。最开始国债发行采取行政分配的方式，这一阶段债券市场还没有形成正式的交易场所和完备的交易机制。1987年3月，国务院颁布关于企业债发行的第一个基本法规《企业债券管理暂行条例》，标志着国家对企业债券开始实行法制化的集中管理。1988年开始进行国债流通的试点，尝试在商业银行和邮政储蓄通过柜台销售的方式发行实物国债，国债场外柜台交易市场初步形成。1990年12月上海证券交易所成立，这标志着债券场内市场形成。

有关资料见表1-1。

表1-1　　债券市场起步阶段（1949—1991年）大事记

年份	主要事件	具体情况
1949—1958年	新中国成立初期发行"人民胜利折实公债"和"国家经济建设公债"	《关于发行人民胜利折实公债的决定》《1954年国家经济建设公债条例》分别于1949年12月和1953年12月通过
1981年	恢复国债发行	1月16日，国务院发布《1981年国库券条例》，决定自1981年起恢复发行国库券
1982年	我国企业首次在国际市场上发行金融债券	中国国际信托投资公司在日本东京证券交易所发行了金融债券
1985年	首单企业债券发行	沈阳市房地产公司向社会公开发行了5年期债券
1985年	首单金融债券发行	中国工商银行、中国农业银行开始在国内发行人民币金融债券
1987年	新中国关于企业债发行的第一个基本法规《企业债券管理暂行条例》颁布	3月，国务院颁布《企业债券管理暂行条例》，加强对企业债券的管理，引导资金的合理流向
1988年	国债二级市场形成	6月，财政部先后批准54个大中城市开展国债流通转让的试点，地方性债券交易中心及柜台交易中心形成，成为债券交易的典型场外市场。国债流通转让试点的建立，标志着我国国债二级市场的正式开端*
1989年	短期融资券首次推出	1989年，中国人民银行下发《关于发行企业短期融资券有关问题的通知》，肯定了各地进行企业短期融资券发行试点对促进资金横向融通、解决企业流动资金不足的积极作用

续表

年份	主要事件	具体情况
1990年	交易所的场内交易市场出现	12月，上海证券交易所开业，采用在实物券托管基础上的记账式债券交易形式，开辟了交易所的场内交易市场

注：*引自孙国峰.债券市场制度变迁［J］.资本市场，2001（8）：61-70.

二、治理阶段

1992年12月，国务院下发《国务院关于进一步加强证券市场宏观管理的通知》，建立了证券市场管理体制和发行上市工作制度。1993年8月，国务院颁布《企业债券管理条例》，进一步加强对企业债券的管理，引导资金合理流向。1994年，我国三大政策性银行成立，同年4月，国家开发银行第一次通过派购方式发行债券，政策性金融债诞生。

这一时期我国债券市场以场外柜台债券市场为主，缺乏全国集中统一的国债托管结算和清算系统，交易双方无法得知对方真实的国债库存，加上国债实行比例抵押，真实的国债交易量很小，各地出现了大量的国债买空、卖空、挪券和假回购等违规行为，秩序较为混乱。为了克服这些缺陷，国家开始发展场内市场，1995年国家对国债场外交易场所进行了治理，停止了一切场外交易市场，证券交易所成为唯一合法的债券交易市场。

1997年6月，中国人民银行要求各商业银行撤出交易所债券市场，所持债券由中央国债登记结算有限责任公司负责登记托管结算，银行间债券市场自此成立。

有关资料见表1-2。

表1-2　　　　债券市场治理阶段（1992—1997年）大事记

年份	主要事件	具体情况
1992年	证券市场管理体制和发行上市工作制度建立	12月，国务院下发《国务院关于进一步加强证券市场宏观管理的通知》，它是我国第一个有关证券市场管理和发展的比较系统的指导性文件
1993年	《中华人民共和国公司法》对公司债券的发行作出规定	12月，全国人大常委会颁布《中华人民共和国公司法》，规定了发行公司债券的主体、必须符合的条件、公司债券的转让等具体内容
1993年	国务院颁布《企业债券管理条例》	8月2日，国务院发布施行了《企业债券管理条例》，强化了债券发行的行政审批，《企业债券管理暂行条例》同时废止

续表

年份	主要事件	具体情况
1994年	首单政策性银行金融债券发行	4月，由国家开发银行第一次派购发行*债券，从此拉开了政策性金融债券的发行序幕
1995年	交易所成为唯一合法的债券交易市场	武汉证券交易中心、天津证券交易中心、北京STAQ系统等区域性交易中心因发生严重卖空现象、金融欺骗等巨大风险而被叫停，债券交易全部集中于证券交易所进行
1996年	可转换债券试点	政府决定选择有条件的公司进行可转换债券试点
1997年	全国银行间债券市场形成	6月，中国人民银行发布《中国人民银行关于各商业银行停止在证券交易所证券回购及现券交易的通知》等，要求商业银行一律停止在沪、深证券交易所及各地证券交易中心的证券回购和现券交易，各商业银行统一在中央国债登记结算有限责任公司开立证券集中托管账户，其在交易所托管的证券转至中央国债登记结算有限责任公司托管，商业银行的证券回购业务在全国统一同业拆借网络中办理，银行间债券市场成立

＊所谓派购就是通过行政手段实行指令性发行，每年根据项目贷款需要和还本付息额确定当年资金缺口，并以此为依据确定当年发债规模，再参照各商业银行新增贷款规模的一定比例，确定向各商业银行的派购额。派购债的发行利率、发行债种、认购人、认购数量等都由中央银行决定。

三、快速发展阶段

1998年以来，随着国家推动资本市场发展力度的加大以及中国人民银行制定的市场发展政策措施的逐步落实到位，银行间债券市场发展迅猛。2001年银行间债券市场的发行量、交易量和存量首次超过交易所债券市场，我国债券流通步入以银行间债券市场为主的阶段。企业债券管理方面，2000年以后，中国人民银行不再直接参与企业债券的发行管理工作，而由国家发展和改革委员会（简称"国家发改委"）前身国家计划委员会统一负责。在国家计划委员会的主导下，对企业债券发行管理采取了一些市场化、规范化的改革，企业债券市场化程度有所提高。

2004年，国务院《关于推进资本市场改革开放和稳定发展的若干意见》，进一步提出要积极稳妥发展债券市场，在严格控制风险的基础上，鼓励符合条件的企业通过发行公司债券筹集资金，改变债券融资发展相对滞后的状况，丰富债券市场品种，促进资本市场协调发展；制定和完善公司债券发行、交易、信息披露、信用评级等规章制度，建立健全资产抵押、信用担保等偿债保障机制；逐步建立集中监管、统一互联的债券市场。2005年，短期融资券的再次推出带动了债券市场特别是信用债市场的第一次快速发展。2007年8月14日,中国证监会正式颁布实施《公司债券发行试点办法》,公司债正式推出。2008年,国家发改委出台《国家发展和改革委员会关于推进企业债券市场发展、简化发行核准程序有关事项的通知》将企业债券发行"简化"为核准制。2009—2013年,债券市场新品种不断涌现,地方政府债、中小企业集合票据、超短期融资券、同业存单等相继推出。

2015年1月《公司债券发行与交易管理办法》正式发布,将境内公司债券发行主体扩大至所有公司制法人,公司债迅速扩容,带动债券市场的再一次高速发展。随后,企业债的发行政策逐步放松并进行了一系列产品创新,资产证券化注册制落地,保险公司资本补充债开闸,创新创业债、债转股专项债、项目收益债、PPP资产证券化等创新债券陆续发行,债券产品种类更加丰富,发行量大幅增加,这一阶段债券市场快速发展,有效拓宽了实体经济融资渠道。

有关资料见表1-3。

表1-3　债券市场快速发展阶段（1998—2017年）大事记

年份	主要事件	债券市场发展
1998年	公司债券的发行和上市规则得到进一步明确	12月,全国人大常委会颁布《中华人民共和国证券法》,规定了公司债券发行及上市等具体规则
2002年	银行间债券市场对所有金融机构开放	4月,中国人民银行就金融机构加入全国银行间债券市场有关事宜发布《中国人民银行公告〔2002〕第5号》,将准入审批制改为准入备案制
2003年	央行票据开始出现	中国人民银行正式发行央行票据,作为公开市场操作的工具
2005年	首单资产证券化产品和短期融资券在银行间债券市场发行;熊猫债市场开始起步	4月,《信贷资产证券化试点管理办法》颁布,资产证券化正式进入中国资本市场。5月,中国人民银行重新推出短期融资券[①],并且在发行审核上实行注册制。10月,经国务院批准,国际金融公司和亚洲开发银行分别在银行间市场发行了一期11.3亿元和10亿元的人民币债券,成为首批在华发行熊猫债的境外发行人
2007年	公司债推出	8月14日,中国证监会正式颁布实施《公司债券发行试点办法》,并在沪、深证券交易所的上市公司及发行境外上市外资股的境内股份有限公司中试点推行
2008年	中期票据推出	4月,银行间债券市场推出中期票据,实行注册制

---

① 短期融资券作为一种直接融资手段,我国曾在1988年至1997年期间发行过,后因发行和管理的诸多问题而被迫终止使用。

续表1

年份	主要事件	债券市场发展
2008年	企业债实行核准制	国家发改委出台《国家发展和改革委员会关于推进企业债券市场发展、简化发行核准程序有关事项的通知》，放开了企业发债审批额度限制，开始实行完全条件核准制
2009年	地方政府债和中小企业集合票据开始出现	2月，财政部印发《2009年地方政府债券预算管理办法》；4月，由财政部代发*的第一只地方政府债问世；11月，我国第一只中小企业集合票据成功发行
2010年	上市商业银行重返交易所市场	10月，中国证监会、中国人民银行、中国银监会联合发布《关于上市商业银行在证券交易所参与债券交易试点有关问题的通知》，商业银行在时隔13年之后重返交易所债券市场，但仅限上市银行参与集中竞价的现券交易
2010年	超短期融资债券推出	12月，中国银行间市场交易商协会发布《银行间债券市场非金融企业超短期融资券业务规程（试行）》，并正式在银行间债券市场推出超短融业务
2011年	资产证券化试点重启；地方政府债试点"自发代还"	2011年9月，中国证监会重启对企业资产证券化的审批。2011年10月，财政部印发《2011年地方政府自行发债试点办法》，允许上海市、浙江省、广东省、深圳市开展地方政府自行发债试点，仍由财政部代办还本付息。2012-2013年，《关于进一步扩大信贷资产证券化试点有关事项的通知》《银行间债券市场非金融企业资产支持票据指引》《证券公司资产证券化业务管理规定》先后发布
2012年	中小企业私募债正式推出	5月，沪、深证券交易所发布《中小企业私募债券业务试点办法》
2013年	同业存单正式推出	12月，中国人民银行发布《同业存单管理暂行办法》，对同业存单业务予以规范。此后，银行间同业拆借中心发布了《银行间市场同业存单发行交易规程》，明确了同业存单业务的开展细则
2014年	地方政府债券试点"自发自还"	财政部印发《2014年地方政府债券自发自还试点办法》，试点地区在国务院批准的发债规模限额内，自行组织本地区政府债券发行、支付利息和偿还本金
2014年	资产证券化改事前行政审批为事后备案	11月，中国证监会发布《证券公司及基金管理公司子公司资产证券化业务管理规定》，对基础资产实行负面清单管理，拓宽了原始权益人及基础资产的可选范围
2015年	公司债扩容	1月，《公司债券发行与交易管理办法》发布，公司债发行主体由上市公司扩大至所有公司制法人
2015年	绿色债券市场正式启动	12月，中国人民银行发布第39号公告，在银行间债券市场推出绿色金融债券，同时发布由绿色金融专业委员会编制的《绿色债券支持项目目录》。国家发改委出台《绿色债券发行指引》

续表2

年份	主要事件	债券市场发展
2017年	支持创新创业债券	7月正式发布《开展创新创业公司债券试点的指导意见》,明确通过采取专项审核、支持设置转股条款、鼓励业务创新等措施为双创公司和创投公司发行双创债提供支持

＊我国地方政府债券发行经历"代发代还""自发代还"以及"自发自还"三个阶段,最早《2009年地方政府债券预算管理办法》明确所谓"地方政府债券"是"指经国务院批准同意,以省、自治区、直辖市和计划单列市政府为发行和偿还主体,由财政部代理发行并代办还本付息和支付发行费的债券",即由财政部"代发代还"。

四、高质量发展阶段

2018年以来,我国债券市场不断完善机制体制,推进统一监管进程,推动债券市场互联互通,并在加强风险管控、完善违约处置机制等方面出台多项政策,促进债券市场健康发展,为注册制改革的推出奠定了基础。

2020年,新《中华人民共和国证券法》(简称新《证券法》)正式实施,从法律层面规定公开发行债券实施注册制。此后,一系列配套政策加速落地,推动债券市场全面改革。2021年,六部门联合发布《关于推动公司信用类债券市场改革开放高质量发展的指导意见》。2023年,企业债券全面纳入公司债券市场,随着注册制改革的全面落地,我国债券市场迎来高质量发展阶段。

相关资料见表1-4。

表1-4　债券市场高质量发展阶段(2018年至今)大事记

年份	主要事件	具体情况
2018年	债市推进统一监管,开展统一执法	12月,中国证监会联合中国人民银行、国家发改委共同发布《关于进一步加强债券市场执法工作有关问题的意见》,明确由中国证监会依法对银行间债券市场、交易所债券市场违法行为开展统一的执法工作,并对执法过程中国人民银行、国家发改委等部门的协助职责和方式进行明确,此举将有力提升债券市场协同监管的效率
2019年	推动债券市场互联互通	8月,中国证监会、中国人民银行和中国银保监会联合发布《关于银行在证券交易所参与债券交易有关问题的通知》,提出在前期试点基础上将交易所债券市场参与现券交易的银行范围扩大至政策性银行和国家开发银行、国有大型商业银行、股份制商业银行、城市商业银行、在华外资银行、境内上市的其他银行,为推动中国债券市场的整体发展,实现银行间和交易所市场互联互通、协同发展迈出了重要一步

续表

年份	主要事件	具体情况
2019年	支持信用风险缓释工具发展	继银行间债券市场通过鼓励发行信用风险缓释凭证（CRMW）以推动民企债券融资后，2019年1月，沪、深证券交易所联合中国证券登记结算有限责任公司发布《信用保护工具业务管理试点办法》，明确了信用保护工具总体业务框架、参与者要求、业务开展模式、交易结算方式、信息披露以及风险防控安排等内容，推进交易所市场信用保护工具业务市场化、规范化开展
2020年	新《证券法》正式施行	1月，新《证券法》规定公开发行证券施行注册制，并明确注册制的具体范围、实施步骤由国务院另行规定
2020年	公开发行公司债券正式实行注册制	3月，中国证监会发布《关于公开发行公司债券实施注册制有关事项的通知》，标志着公开发行公司债券正式实行注册制，公司债券市场发展进入新的历史阶段
2020年	公募REITs试点启航	4月，中国证监会和国家发改委发布《关于推进基础设施领域不动产投资信托基金（REITs）试点相关工作的通知》，正式启动基础设施公募REITs试点
2020年	完善违约处置机制	7月，中国人民银行、国家发改委、中国证监会发布《关于公司信用类债券违约处置有关事宜的通知》，明确了违约处置的基本原则、各方的职责与义务，建立健全了受托管理人等投资者保护制度，并加强了监管协调，加大债券市场统一执法力度
2021年	首批公募REITs落地	6月，首批9只公募REITs在沪、深证券交易所正式上市
2021年	推动公司信用类债券高质量发展	8月，六部门联合发布《关于推动公司信用类债券市场改革开放高质量发展的指导意见》，从完善债券市场法制、推动发行交易管理分类趋同、提升信息披露有效性、强化信用评级机构监管、加强投资者适当性管理等十方面，对推动公司信用类债券市场改革开放和高质量发展提出了具体意见
2023年	企业债券全面纳入公司债券市场	3月，《党和国家机构改革方案》提出，将国家发改委管理的企业债券发行审核职责划入中国证监会，由中国证监会统一负责公司（企业）债券发行审核工作，标志着企业债券全面纳入公司债券市场
2023年	深化注册制改革	6月，中国证监会发布《关于深化债券注册制改革的指导意见》，对深化债券注册制改革进一步作出了系统性制度安排

第二节　债券市场参与主体

我国债券市场组织结构层次丰富，市场参与者包括发行人和投资者、承销商、受托管理人/存续期管理机构、做市商、证券服务机构、市场基础设施以及监管机构等，各组织机构责任分工明确，确保市场健康、有序运行。本节根据注册制下基础制度安排，对各市场参与主体及其承担的职责进行介绍。

一、发行人

发行人，即为资金需求者，或筹资者、借款者，通常称之为"债务人"。发行人通过发行债券来筹集资金以支持其经营、投资或扩张活动。发行人需经监管部门审批或备案以具备发行资格。发行人可以在银行间债券市场、交易所、商业银行柜台等市场发行债券。发行人类型包括中央及地方政府、中央银行、政府支持机构、金融机构、企业法人、国际开发机构等。

发行人在债券市场中，承担着一系列重要的责任。首先，发行人应遵守监管机构的相关法律法规，按照规定的程序和标准发行债券。其次，发行人有义务全面配合承销机构、受托管理人、证券服务机构的相关工作，及时提供资料，并确保内容真实、准确、完整。信息披露方面，发行人及其他信息披露义务人应当及时、公平地履行披露义务，所披露或者报送的信息必须真实、准确、完整，简明清晰，通俗易懂，不得有虚假记载、误导性陈述或者重大遗漏。最后，发行人应维护债券持有人享有的法定权利和债券募集说明书约定的权利。发行人应通过聘请债券受托管理人、制定债券持有人会议规则等措施，保护债券持有人的合法权益。

二、投资人

债券投资人一般称为"债权人"，债券的投资人可以通过购买债券以期获得利息收入和可能的资本增值。

交易所债券市场根据财产状况、金融资产状况、投资知识和经验，专业能力等因素，将投资者分为普通投资者与专业投资者。专业投资者包括：经有关金融监管部门批准设立的金融机构以及经行业协会备案或者登记的证券公司子公司、期货公司子公司、私募基金管理人。上述机构面向投资者发行的理财产品，社会保障基金、企业年金等养老基金，慈善基金等社会公益基金，合格境外机构投资者（QFII）、人民币合格境外机构投资者（RQFII）以及满足一定条件的法人、组织和自然人等。专业投资者之外的投资者为普通投资者。

银行间债券市场的投资者为机构投资者，包括人民银行、财政部等特殊结算成员、商业银行、信托公司、财务公司、租赁公司、汽车金融公司、证券公司、保险机构、基金公司、非金融机构、非法人机构投资者、境外机构投资者等，符合准入类型的投资者向中国人民银行上海总部备案。

商业银行柜台债券市场是银行间债券市场的延伸，投资者主要为个人和中小机构。商业银行柜台债券的投资者需在开办机构开立账户，并满足一定的投资者适当性管理要求。

三、承销商

债券承销商是与发行人签订承销协议，指导与帮助发行人完成债券发行，并在债券存续期内牵头其他市场中介一起监督债券发行人履行相关义务的金融机构。根据参与程度和角色，承销商可以分为主承销商和副承销商（或联合承销商）。主承销商通常负责整个发行过程的协调和主导工作，而副承销商或联合承销商则协助主承销商完成销售任务。承销商须依法取得监管机构规定的承销资格。

在交易所债券市场，参与公司债券发行与承销活动的承销商主要是证券公司。在银行间市场，参与非金融企业债务融资工具等债券品种发行与承销活动的承销商主要是银行、证券公司等。

债券承销商在债券市场中发挥着桥梁作用，承销商应当依据相关规定，制定严格的风险管理制度和内部控制制度，加强定价和配售过程管理，落实承销责任。承销商应对债券发行文件的真实性、准确性和完整性进行审慎核查，并有合理谨慎的理由确信发行文件披露的信息不存在虚假记载、误导性陈述或者重大遗漏。承销商对债券发行文件中证券服务机构出具专业意见的重要内容存在合理怀疑的，应当履行审慎核查和必要的调查、复核工作，排除合理怀疑。

四、受托管理人/存续期管理机构

债券受托管理人制度是债券市场重要的投资者保护机制。受托管理人的主要职责是代表债券持有人持续关注和监督发行人相关情况，并保护债券持有人的权益。在未发生违约的正常存续期间，债券受托管理人主要履行存续期间的管理职责，涉及存续期的常规监测和督导，而在债券发生违约后，债券受托管理人的主要职责是违约处置。新《证券法》在法律层面确立了受托管理人制度，明确要求公开发行公司债券的，应由发行人为债券持有人聘请债券受托管理人并订立债券受托管理协议。

交易所债券市场受托管理人一般由主承销商担任，从债券发行完成后，即开始代表投资者利益履行后续管理职责，包括日常管理和违约处置等。银行间市场由存续期管理机构负责管理债券存续期间的具体事务,维护债券持有人权益;受托管理人的职责聚焦于违约及风险处置阶段的相关工作。

五、做市商

做市商是指经市场主管部门认定的,在债券市场上连续地报出债券现券买、卖双边价格,并按其报价与其他投资者达成交易,承担维持市场流动性业务且享有相应权利的金融机构。

交易所债券市场于2023年2月启动债券做市业务,首批做市商包括12家证券公司,做市商在交易所债券市场的作用是通过匹配成交、点击成交等方式为基准做市利率债和信用债提供集中持续的报价支持。银行间债券市场的做市商是经中国人民银行批准,享有规定权利并承担相应义务的金融机构,由商业银行和证券公司担任。商业银行柜台流通式债券业务中,开办机构承担做市商职能。做市商通过提供持续的报价支持,增强了市场的流动性和价格发现功能。

六、证券服务机构

证券服务机构是指依法设立的从事证券服务业务的法人机构,主要包括信用评级机构、会计师事务所、律师事务所、资产评估机构和证券投资咨询公司等。证券服务机构应当严格遵守法律法规,遵守监管机构制定的监管规则、执业准则、职业道德守则、业务规则及其他相关规定,建立并保持有效的质量控制体系、独立性管理和投资者保护机制,审慎履行职责,作出专业判断与认定,并对募集说明书或者其他信息披露文件中与其专业职责有关的内容及其出具的文件的真实性、准确性、完整性负责。证券服务机构及其相关执业人员应当对与本专业相关的业务事项履行特别注意义务,对其他业务事项履行普通注意义务,并承担相应法律责任。

(一)信用评级机构

信用评级机构是指依法设立的从事信用评级业务的社会中介机构。信用评级也称资信评级,由独立的信用评级机构对影响评级对象的诸多信用风险因素进行分析研究,就其偿还债务的能力及其偿债意愿进行综合评价,用简单明了的符号表示出来,并出具信用评级报告。评级对象包括主体和债项。主体信用评级是对受评对象如期偿还其全部债务的能力和偿债意愿的综合评价,评定的等级代表其整体的信用质量、违约可能性。债项信用评级是指对发行人发行的债务融资工具或金融产品（固定收益类产品）的评级，评定的是该债务融资工具或金融产品的信用风险，即是对该债务的违约可能性及清偿程度的综合判断。

（二）会计师事务所

会计师事务所负责对发行人的财务报表进行审计，这包括对公司的资产、负债、收入、支出等财务状况进行独立审计，并出具审计报告。会计师事务所协助发行人准备和审阅信息披露文件，如债券募集说明书中的财务部分，确保信息披露符合监管要求。会计师事务所对提高资本市场财务信息披露质量、保护投资者合法权益、发挥资本市场优化资源配置功能等提供了重要的基础性保障。

（三）律师事务所

律师事务所为发行人和投资人提供法律咨询、合同审查和法律文件起草等服务。负责起草和审核与债券发行相关的法律文件，包括但不限于募集说明书、债券受托管理协议、债券持有人会议规则、承销协议、法律意见书等。律师事务所确保发行人在整个债券发行过程中遵守相关法律法规。在债券违约或其他争议发生时，律师事务所提供专业的法律服务，包括但不限于诉讼、仲裁以及重组等。

（四）其他证券服务机构

其他证券服务机构包括但不限于资产评估机构、证券投资咨询机构等。资产评估机构对发行人的资产进行评估，提供资产价值的参考。证券投资咨询机构为客户提供市场分析、投资建议等专业服务。

七、市场基础设施

金融基础设施连接着金融市场各个部分，为整个金融市场有效运行提供支撑。我国债券市场基础设施包括提供登记、托管、结算和信息服务的机构以及提供发行和交易服务的机构等。

（一）证券登记托管结算机构

证券登记托管结算机构负责债券的登记、存管、结算等服务，主要工作内容为记录债券持有人名册，处理债券交易结算，提供信息服务。中国债券市场上，目前涉及债券集中托管业务的机构有三家：中央国债登记结算有限责任公司（简称"中央结算"）、中国证券登记结算有限责任公司（简称"中国结算"）和银行间市场清算所股份有限公司（简称"上海清算所"）。

银行间债券市场的登记托管结算机构是中央结算和上海清算所。中央结算于1996年经国务院批准设立，是财政部授权的政府债券总登记托管结算机构，负责运营和维护全国政府债券登记托管结算系统；是中国人民银行指定的银行间市场债券登记托管结算机构，商业银行柜台记账式国债交易一级托管人；根据中国人民银行和中国证监会有关要求，为银行间市场企业债券提供发行、登记托管结算、发行交易行为监测、信息披露管理、违约风险监测与报告等工作；根据金融监管总局授权，承担理财信息登记系统、信托产品登记系统和信贷资产登记流转系统等的开发运作。

上海清算所成立于2009年，是经中国人民银行批准设立的场外市场中央对手清算机构，隶属于中国人民银行。上海清算所的职能包括：为金融市场提供直接和间接的本外币交易及其衍生产品交易清算服务，包括清算、结算、交割、保证金管理、抵押品管理、信息服务、咨询服务；为非金融企业债务融资工具等债券品种提供登记托管服务。

交易所债券市场的登记托管结算机构是中国证券登记结算有限责任公司（简称："中国结算"）。中国结算2001年由中国证监会批准成立，负责证券交易场所交易的国债、地方政府债、公司债券（含企业债券）办理登记、托管与结算业务。交易所债券市场中所有债券统一集中在中国结算登记，记录转移过程。交易所债券市场交易参与方式分为两种：一是直接入场方式，债券投资者以债券交易参与人身份直接进入交易所债券市场进行交易；二是间接入场方式，债券投资者作为经纪客户通过委托具有交易所会员资格的证券公司接入交易所债券市场进行交易。债券交易的结算，由登记结算机构按照相关规则办理。债券投资者可通过直接结算、托管人结算和券商结算三种方式参与结算。中国结算设立上海、深圳和北京分公司，分别作为上海、深圳和北京市场的存管机构，账户体系设置基本相同。

（二）交易所和交易中心

交易所是依据国家有关法律设立的，为证券的集中竞价和有组织交易提供场所、设施和规则的特殊法人。债券市场的主要交易所有上海证券交易所、深圳证券交易所、北京证券交易所。交易所债券市场的场内交易通过集中竞价系统完成，主要面向零售客户。另外，面向专业机构投资者，沪、深证券交易所建立了独立的固定收益交易平台，分别是上海证券交易所固定收益证券综合电子平台和深圳证券交易所综合协议交易平台。

中国外汇交易中心暨全国银行间同业拆借中心（CFETS）是中国人民银行直

属事业单位,是银行间外汇市场、人民币拆借市场、债券市场、票据市场及衍生品市场提供交易、信息和监管等服务的基础设施。CFETS相当于交易所的前台,它只提供了一个交易系统,最终的清算和交割都是由登记结算机构来负责的。CFETS为银行间外汇市场和银行间本币市场(包括货币市场、债券市场和衍生品市场等)提供交易系统并组织交易,同时履行市场监测职能。

(三)商业银行柜台系统

商业银行柜台业务包括储蓄国债(电子式)业务和柜台流通式债券业务,是银行间债券市场向零售领域的延伸。商业银行柜台债券市场实行两级托管体制,其中,中央结算为一级托管人,负责为开办银行开立债券自营账户和代理总账户,开办银行为债券二级托管人,负责为投资者开立二级托管账户。

八、监管机构

我国交易所债券市场由中国证监会负责监管,主要自律组织包括中国证券业协会和各证券交易所。银行间债券市场主要由中国人民银行进行监管,主要自律组织为银行间交易商协会。各机构分工合作,共同维护市场的稳定和健康发展。

(一)交易所债券市场

中国证监会是交易所债券市场的监管机构,依法对公司债券的发行及其交易或转让活动进行监督管理,确保发行人符合法律法规及市场准入条件,并在信息披露、投资者保护、中介机构监管、违约风险化解等方面提出监管要求。中国证监会持续关注证券交易场所发行审核、发行承销过程及其他公司债券业务监管情况,开展定期或不定期检查,并依法对债券市场的违法违规行为进行查处,构建行政、民事、刑事立体化的追责体系。中国证监会可以采取的措施包括行政处罚和监督管理。中国证券业协会为中国证监会认可的自律组织,依照相关规定对证券公司开展公司债券业务以及证券资信评级机构开展公司债券评级业务等进行自律管理。中国证券业协会制定相关业务规则,并监督会员行为,提供培训和信息服务,维护市场秩序。

证券交易所除为证券集中交易提供场所和设施,组织和监督证券交易,同时也是市场监管和自律管理的重要机构。证券交易所负责制定相关业务规则并按照规定的条件和程序,对发行人公开发行公司债券并上市的申请做出审核意见。公司债券交易方面,证券交易场所对公开发行公司债券的上市交易实施分类管理,实行差异化的交易机制，建立相应的投资者适当性管理制度，健全风险控制机制。

（二）银行间债券市场

中国人民银行是银行间债券市场和商业银行柜台市场的主要监管机构，负责市场宏观管理，通过制定相关政策和规章制度，规范债券发行和交易行为，维护市场秩序，并依法对金融机构发行债券进行核准。监管涉及的债券品种包括中央银行票据、金融债券、企业债券、证券公司短期融资券、非金融企业债务融资工具、信贷资产支持证券、熊猫债券等。中国银行间交易商协会是由中国人民银行主管，由市场参与者、中介机构及相关领域的从业人员和专家学者自愿组成的，包括银行间债券市场、同业拆借市场、外汇市场、票据市场、黄金市场和衍生品市场在内的银行间市场的自律组织。交易商协会对银行间市场进行自律管理，制定自律规则、业务规范和职业道德规范并监督实施。

九、其他市场参与主体

（一）货币经纪公司

货币经纪公司是通过电子技术或其他手段，专门从事促进金融机构间资金融通和外汇交易等经纪服务，并从中收取佣金的非银行金融机构。目前我国经过中国人民银行备案的货币经纪公司有6家，分别是上海国利货币经纪有限公司、上海国际货币经纪有限责任公司、平安利顺国际货币经纪有限责任公司、中诚宝捷思货币经纪有限公司、天津信唐货币经纪有限责任公司、上田八木货币经纪（中国）有限公司。

（二）债券估值机构

债券估值机构是指在债券市场中提供债券估值服务的专业机构，这些机构通过研发、编制、发布债券估值和债券收益率曲线等活动，为市场参与者提供债券和其他固定收益产品的定价参考。债券估值机构的估值结果广泛应用于债券发行、交易、投资分析、风险管理和财务报告等多个领域。债券估值机构提供的指数产品既可以用作衡量投资业绩的标准，也可以作为组合投资标的，丰富投资产品等。

（三）金融信息服务商

金融信息服务商是指为债券市场的参与者提供金融信息和数据服务的机构或平台。这些服务商通过收集、处理、分析和分发与债券相关的信息，帮助投资者、发行人和其他市场参与者做出投资决策和管理风险。

第三节　公司债券市场概况

公司债券（企业债券）是指公司依照法定程序发行、约定在一定期限还本付息的有价证券。近年来，公司债券市场经历了显著的改革和发展，规模不断扩大，市场化程度不断加深。本节主要介绍公司债券市场的发展概况和制度体系。

一、公司债券市场发展概况

（一）起步发展阶段

2007年8月14日，为缓解上市公司的融资需求以及满足各类投资者的投资需要，中国证监会依据《证券法》《中华人民共和国公司法》（简称《公司法》），颁布了《公司债券发行试点办法》，标志着我国公司债券发行工作的正式启动，对于发展我国债券市场、拓展企业融资渠道、丰富证券投资品种、完善金融市场体系并促进资本市场协调发展具有十分重要的意义。

《公司债券发行试点办法》的内容包括发行方式、发行条件、发行程序、债券持有人权益保护等方面的规定，体现了建立市场化导向的公司债券发行监管体制的指导思想，即放松行政管制，建立以发债主体的信用责任机制为核心的公司债券市场体系以及信用评级、信息披露、债券受托管理人等市场化的配套制度，充分发挥中介机构和投资机构识别风险、分散风险和化解风险的功能，更好地发挥市场机制在公司债券市场发展中的基础作用。

公司债券发行试点从上市公司入手，试点公司范围仅限于沪、深证券交易所上市的公司及发行境外上市外资股的境内股份有限公司。该试点办法规定公司债发行不区分公开发行或非公开发行，统一实施保荐制及核准制，证券交易所不参与公司债券发行阶段的审核。根据试点办法，公司债券由董事会制定方案，股东会或股东大会作出决议，然后由保荐人保荐并向中国证监会申报。中国证监会收到申请材料后作出是否受理的决定，受理之后由中国证监会初审、发行审核委员会审核，最后由中国证监会作出核准或不予核准的决定。同时，试点办法还确立了若干市场化改革内容，如：公司债券发行不强制要求提供担保；募集资金用途不再与固定资产投资项目挂钩，包括可以用于偿还银行贷款、改善财务结构等股东大会核准的用途；公司债券发行价格由发行人与保荐人通过市场询价确定；采用储架发行制度,允许上市公司一次核准,分次发行等。

2007年,中国长江电力股份有限公司等3家上市公司成功发行了公司债券。此后,受国内外金融环境和经济政策等因素影响,公司债市场发展缓慢。2011年,中国证监会为公司债券发行开出审核"绿色通道",包括设立债券审核小组、简化发行审核流程等一系列支持公司债券市场发展的政策陆续出台,公司债券市场迎来了第一个爆发期,全年发行83只公司债券,发行规模合计1 291.20亿元,发行规模同比增长152.43%[①]。此后,中国证监会相继推出多种创新债券品种,包括中小企业私募债券、证券公司次级债券、证券公司短期公司债券、并购重组私募债券等,公司债券扩容态势明显。截至2014年末,证券交易所存续公司债券1 167期,存续规模达到7 684.37亿元。

(二)迅速扩容阶段

为了适应债券市场改革发展的新形势,体现简政放权、宽进严管的政府职能转变要求,2015年1月15日,中国证监会推出《公司债券发行与交易管理办法》,正式取代此前的《公司债券发行试点办法》,力求在推动债券市场监管转型的同时全面提升债券市场服务实体经济的能力,具有划时代的历史意义。

《公司债券发行与交易管理办法》进一步推动了公司债券发行市场化改革,改革内容主要包括四点。一是发行主体范围由上市公司扩大至所有公司制法人。二是全面建立非公开发行制度,依照发行条件差别区分为面向公众投资者公开发行、面向合格投资者公开发行、非公开发行三类方式。三是简化发行审核流程。对于"仅面向合格投资者公开发行公司债券"取消了保荐制和发审委制度,实施由证券交易所预审核、中国证监会采用简易核准程序的发行监管制度,而对于"面向公众投资者公开发行公司债券",仍由中国证监会直接审核。对于非公开发行公司债券,取消中国证监会核准,由中国证券业协会实施备案管理,由证券交易所实施挂牌转让审核,在实际执行过程中,证券交易所对非公开发行公司债券的挂牌转让条件及信息披露事项履行主要的审核职能。四是增加了债券交易场所。将公开发行公司债券的交易场所由证券交易所拓展至全国中小企业股份转让系统;非公开发行公司债券的交易场所由证券交易所拓展至全国中小企业股份转让系统、机构间私募产品报价与服务系统和证券公司柜台。

《公司债券发行与交易管理办法》发布之后,沪、深证券交易所和中国证券业

---

① 本章涉及数据根据Wind统计,下同。

协会相继出台了一系列配套政策法规以配合中国证监会发展公司债券市场的总体部署，主要包括公司债券上市规则、非公开发行公司债券备案管理办法以及投资者适当性管理等相关规定。此外，证券交易所推出了债券质押式协议回购，以提高公司债券二级市场流动性，中国证券业协会发布了一系列政策规范公司债券市场中介机构业务。整体来看，此次改革为我国成功过渡到全面推行注册制打下基础。

2015年以来，公司债券市场取得长足发展，得到市场广泛认可，市场迅速扩容。2015年，全年共发行公司债券877期，募集资金规模为10 266.05亿元，同比分别增长86.60%和628.07%。2016年，公司债券继续保持较快增长趋势，全年发行金额达到27 874.68亿元，约为2015年的1.71倍。其中，非公开发行公司债券数量最多，90%以上公开发行公司债券选择以面向合格投资者方式发行。同时，公司债券市场推出了双创公司债、扶贫债券、住房租赁债券、绿色债券、可续期债券、熊猫债、"一带一路"债券等创新品种，匹配发行人的融资需求，鼓励符合条件的发行人选择更为适合的产品进行市场化融资。截至2019年末，证券交易所存续公司债券6 678期，存续规模达到69 787.35亿元。

（三）全面推行注册制阶段

2020年3月1日，新《证券法》正式实施，在法律层面确立了公司债券发行注册制的发行审核理念。根据《国务院办公厅关于贯彻实施修订后的证券法有关工作的通知》，中国证监会发布《关于公开发行公司债券实施注册制有关事项的通知》，明确公司债公开发行实行注册制，并规定了发行受理、审核等相关业务要求，标志着公开发行公司债券正式实行注册制，公司债券市场发展进入新的历史阶段。

新《证券法》对公开发行公司债券实施注册制进行了明确，对公开发行公司债券的法定条件进行了修订。主要修订内容包括五点。一是将核准制改为注册制。公开发行公司债由证券交易所负责发行上市审核，由中国证监会进行发行注册。二是对公司债券公开发行条件作出调整；新增"具备健全且运行良好的组织机构"的条件，删除了"最低公司净资产""累计债券余额不超过公司净资产的百分之四十"等条件。三是对公司债券申请上市交易条件作出调整，删除了"公司债券的期限为一年以上"等条件，授权证券交易所对公司债券上市条件作出具体规定。四是完善了持续信息披露要求，扩大信息披露义务人范围，对重大事件披露内容作出具体界定。五是压实发行人、证券服务机构的法律职责，明确发行人控股股东及其实际控制人在欺诈发行等行为，以及证券服务机构及其责任人员在应尽未尽职责等方面的过错推定、连带赔偿责任的规定。

注册制实施以来，公司债券发行审核效率提升，公司债券发行提速。2020年3月2日，新《证券法》正式实施后的第一个工作日，沪、深证券交易所合计受理了5个公开发行公司债项目，首批"注册制"公司债券正式落地。2021年，中国证监会修订《公司债券发行与交易管理办法》，主要衔接新《证券法》的相关内容，落实公司债券公开发行注册制要求，并要求证券交易所明确审核标准、审核程序、材料报送及操作流程等事宜。证券交易所承担监督信息披露、中介机构的责任和保护投资者合法权益的重要职能，主要通过向发行人提出审核问询的方式开展审核工作。中国证监会收到证券交易所报送的审核意见、发行人注册申请文件及相关审核资料后，作出同意注册或者不予注册的决定。

2023年3月，《党和国家机构改革方案》明确，将国家发改委管理的企业债券发行审核职责划入中国证监会，由中国证监会统一负责公司（企业）债券发行审核工作，标志着企业债券全面纳入公司债券市场。我国企业债券最早于1984年开始发行，其发行制度主要经历了审批制、核准制和注册制三个阶段。1993年国务院颁布的《企业债券管理条例》规定企业债券的发行采取审批制，由国家发改委负责审批工作。2008年国家发改委出台《国家发展和改革委员会关于推进企业债券市场发展、简化发行核准程序有关事项的通知》将企业债券发行"简化"为核准制。随着企业债券的发行审核职能划入中国证监会，2023年4月21日，中国证监会、国家发改委发布关于企业债券发行审核职责划转过渡期工作安排的公告，由中国证监会履行企业债券发行注册职责。同年10月20日，中国证监会发布《关于企业债券过渡期后转常规有关工作安排的公告》，将企业债券纳入公司债券管理体系，同步修订了多项公司债券规则体系，由交易所开始负责企业债券受理、审核及发行备案等工作。截至2024年6月末，证券交易所存续公司债券（含企业债券）共16 361期，存续规模达到133 023.00亿元。

二、公司债券制度体系

在全面推行注册制后，我国公司债券（含企业债券）市场建立了自上而下由法律、行政法规、部门规章、规范性文件、自律规则等构成的多层次、完善的监管制度体系。这些制度体系全面覆盖了公司债券发行上市、承销、尽职调查、信息披露、登记托管与结算、信用评级等环节。

（一）主要法律法规

在法律层面，公司债券的发行与交易主要受《公司法》和《证券法》的约束，二者是规范公司债券的基本法。这两部法律为公司债券的基本发行条件、信息披露、投资者保护等方面提供了法律依据。《公司法》定义了公司债券的基本属性和法律特征，《证券法》对公司债券发行、上市交易制度作出具体规定。2020年3月新《证券法》确立了公司债券注册制的基础制度，规定公开发行公司债券由证券交易所负责受理和审核，并报中国证监会注册。

在行政法规层面，国务院制定颁布的《企业债券管理条例》为企业债券的发行、交易和监督管理提供了法律依据和规范。

（二）中国证监会发布的监管规定

中国证监会是公司债券的监管机构，负责对公司债券市场的发行、交易等活动进行监督和管理。中国证监会发布的《公司债券发行与交易管理办法》详细规定了公司债券的发行条件、注册程序、信息披露要求、投资者适当性管理、风险控制等方面内容，是公司债券发行与交易的基本规则；《公开发行证券的公司信息披露内容与格式准则第24号——公开发行公司债券申请文件》对公开发行公司债券（含企业债券）申请文件的报送行为进行了规范。

针对部分特殊债券品种，中国证监会制定了相关规则，如《可转换公司债券管理办法》《上市公司股东发行可交换公司债券试行规定》《非上市公众公司信息披露内容与格式准则第19号——定向发行可转换公司债券申请文件》《非上市公众公司信息披露内容与格式准则第18号——定向发行可转换公司债券说明书和发行情况报告书》等。

近年来，中国证监会联合其他部门发布多项政策，共同推动债券市场高质量发展。2018年11月，中国人民银行、国家发改委、中国证监会发布《关于进一步加强债券市场执法工作的意见》，规定中国证监会依法对银行间债券市场、交易所债券市场违法行为开展统一执法。2020年7月，中国人民银行、国家发改委、中国证监会发布《关于公司信用类债券违约处置有关事宜的通知》，明确了违约处置的基本原则、各方的职责与义务，建立健全了受托管理人等投资者保护制度，并加强了监管协调，加大债券市场统一执法力度。2020年12月，中国人民银行、国家发改委、中国证监会联合制定《公司信用类债券信息披露管理办法》，对公司信用类债券信息披露的要件、内容、时点、频率等作了统一要求。2021年8月，中国人民银行、国家发改委、财政部、中国银保监会、中国证监会联合发布《关于促进债券市场信用评级行业健康发展的通知》，规范信用评级行业发展，压实评级机构作为独立第三方的中介责任。2021年8月，中国人民银行、国家发改委、财政部、中国银保监会、中国证监会、国家外汇管理局等六部委发布了《关于推动公司信用类债券市场改革开放高质量发展的指导意见》，从完善法制、推动发行交易管理分类趋同、提升信息披露有效性、强化信用评级机构监管、加强投资者适当性管理等十方面，对推动公司信用类债券市场改革开放和高质量发展提出了具体意见。

深化注册制改革方面，2023年6月，中国证监会制定了《关于深化债券注册制改革的指导意见》《关于注册制下提高中介机构债券业务执业质量的指导意见》，对深化债券注册制改革进一步作出了系统性制度安排，进一步提高债券发行审核注册工作的制度化、规范化和透明化水平。

（三）证券交易所发布的业务规则

上海证券交易所、深圳证券交易所、北京证券交易所是公司债券发行与交易场所，各证券交易所均制定了涵盖发行上市、承销保荐、存续期管理、债券交易、专项品种管理和投资者保护等方面的业务规则及指引。为推进公司债券注册制改革，做好企业债券发行审核职责划转工作衔接，证券交易所持续对业务规则、通知、指南进行修订完善，健全优化公司债券发行上市审核规则、上市规则等配套规则。

在发行上市方面，各证券交易所均发布了公司债券发行上市审核规则、公司债券发行承销规则及配套业务指引和业务办理指南，规定了公司债券发行上市审核流程、发行程序、发行人和中介机构责任等事项。沪、深证券交易所还单独发布了非公开发行公司债券挂牌规则。

在存续期监管和交易管理方面，各证券交易所均发布了公司债券上市规则、投资者适当性管理办法、债券交易规则及多条配套业务指引，规范公司债券交易行为等，落实中国证监会对投资者适当性管理的有关要求。

在信息披露方面，各证券交易所为深化落实注册制改革要求，发布申请文件及编制、持续信息披露、定期报告、临时报告指引等多个文件，引导和督促市场主体不断提高债券信息披露质量。

在债券质押式三方回购业务方面，沪、深证券交易所制定了债券质押式三方回购交易及结算暂行办法，规范债券质押式三方回购业务。

（四）中国结算发布的登记结算规则

中国结算是公司债券市场的登记托管结算机构，制定发布了《中国证券登记结算有限责任公司债券登记、托管与结算业务细则》《中国证券登记结算有限责任公司非公开发行公司债券登记结算业务实施细则》，规范证券交易所上市及已发行拟上市债券的登记、托管与结算行为，明确相关当事人之间的权利义务关系，并防范和化解风险。

2022年，中国结算和上海证券交易所、深圳证券交易所、全国银行间同业拆借中心、银行间市场清算所股份有限公司共同制定了《银行间债券市场与交易所债券市场互联互通业务暂行办法》，旨在规范银行间债券市场与交易所债券市场互联互通业务的开展，保护投资者合法权益。

（五）中国证券业协会自律规则

中国证券业协会是证券行业自律组织，就公司债券的发行承销、尽职调查、信用评级及受托管理等方面制定了相应的规则。

根据《公司债券发行与交易管理办法》，非公开发行公司债券实行负面清单管理，在每次发行完成后5个工作日内向中国证券业协会报备，中国证券业协会对非公开发行公司债券报备实施自律管理。为规范非公开发行公司债券报备管理，中国证券业协会制定了《非公开发行公司债券报备管理办法》《非公开发行公司债券项目承接负面清单指引》。

在发行承销方面，中国证券业协会制定了《公司债券承销业务规则》《公司债券主承销商尽职调查指引》《公司债券主承销商和受托管理人工作底稿目录细则》《公司债券承销报价内部约束指引》等自律规则，落实中国证监会规章和规范性文件的要求，对承销机构进行自律管理，对项目报价、承接、尽调、申请、推介、定价、配售和信息披露等业务活动进行了详细的规定。

在受托管理方面，中国证券业协会制定了《公司债券受托管理人执业行为准则》《公开发行公司债券受托管理协议必备条款》《公司债券受托管理人处置公司债券违约风险指引》等，并制定了《证券公司债券业务执业质量评价办法》，对证券公司开展公司债券承销与受托管理业务的内控管理、执业质量与服务能力等情况进行评价。

在信用评级方面，中国证券业协会制定了《证券市场资信评级机构执业规范》《证券市场资信评级机构信息披露指引》《证券市场资信评级机构尽职调查指引》《证券市场资信评级机构尽职调查工作底稿目录细则》，并与中国银行间市场交易商协会联合发布《债券市场信用评级机构联合市场化评价办法》等自律规则，对证券评级业务进行规范，提高评级业务服务质量，提升市场透明度，促进评级行业健康发展。

第二章
发行上市审核和重点关注事项

公司债券可以公开发行，也可以非公开发行。根据《证券法》《公司债券发行与交易管理办法》等规定，公开发行公司债券，由证券交易所负责受理、审核，并报中国证监会注册；非公开发行公司债券应在发行前向交易所申请确认债券挂牌条件，并在每次发行完成后5个工作日内向中国证券业协会报备。本章主要介绍公开发行公司债券和非公开发行公司债券的发行条件、审核程序以及审核重点关注事项等。

第一节　发行条件

根据《证券法》《公司债券发行与交易管理办法》等规定，向不特定对象发行或向特定对象发行债券累计超过200人的，为公开发行公司债券；非公开发行的公司债券应当向专业投资者发行，不得采用广告、公开劝诱和变相公开方式，每次发行对象不得超过200人。公开发行公司债券需要满足《证券法》《公司债券发行与交易管理办法》等规定的发行条件，非公开发行公司债券需要满足《非公开发行公司债券项目承接负面清单指引（2024年修订）》等规定的要求。

一、公开发行公司债券

（一）注册规定

根据《证券法》第十五条及《公司债券发行与交易管理办法》第十四条的规定，公开发行公司债券，应当符合下列条件：

1.具备健全且运行良好的组织机构；

2.最近三年平均可分配利润足以支付公司债券一年的利息；

3.具有合理的资产负债结构和正常的现金流量；

4.国务院规定的其他条件。

根据《企业债券管理条例》，发行企业债券还应当符合下列条件：

1.企业规模达到国家规定的要求；

2.企业财务会计制度符合国家规定；

3.具有偿债能力；

4.企业经济效益良好，发行企业债券前连续3年盈利；

5.所筹资金用途符合国家产业政策。

此外，《证券法》第十七条及《公司债券发行与交易管理办法》第十五条规定，有下列情形之一的，不得再次公开发行公司债券：

1.对已公开发行的公司债券或者其他债务有违约或者延迟支付本息的事实，仍处于继续状态；

2.违反《证券法》规定，改变公开发行公司债券所募资金用途。

（二）细化要求

各证券交易所的发行上市审核规则相关适用指引对发行条件作了细化补充，具体要求基本一致。

1.关于可分配利润。

对于需要编制合并财务报表的公司，发行条件中涉及的"可分配利润"指合并报表归属于母公司所有者的净利润。对于同时申报不同品种公开发行公司债券且正处于审核过程中的发行人，最近三年平均可分配利润应足以支付所有在审公开发行公司债券一年的利息。

2.关于"对已公开发行的公司债券或者其他债务有违约或者延迟支付本息的事实，仍处于继续状态"。

（1）"其他债务"包括除公开发行公司债券以外的其他公司信用类债券以及借贷债务，不包括日常生产经营中的应付账款等负债。

（2）认定构成"违约或者延迟支付本息且仍处于继续状态"的情形原则上包括：一是发行人、相关信息披露义务人或相关市场已公告违约或延迟支付本息，且尚未支付；二是央行征信中心出具的发行人信用报告中存在逾期贷款或其他违约记录，且尚未偿付；三是人民法院裁定或判决发行人应偿付债券或借贷债务已生效且尚未执行完毕。

以下情形需由主承销商就是否构成"违约或者延迟支付本息且仍处于继续状态"进行核查并发表核查意见：一是债务存在未决纠纷；二是因拨改贷、债转股或其他国家政策等历史原因尚未偿付债务；三是非因发行人自身原因无法偿付债务的情形，如债权人确认无须偿付或拒不受领、无法确认债权人、债权人已不存在且无权利承继人等情形；四是发行人或者合并报表范围内子公司被列为失信被执行人。主承销商就上述情形进行核查并发表意见时，应当查询"信用中国"网站、发行人信用记录、中国裁判文书网，通过发行人查询人民银行征信报告，并访谈相关债权人等。主承销商应在申请文件中详细说明尽职调查的过程，充分发表尽职调查结论并提供相关依据。

（三）其他规定

根据《公司债券发行与交易管理办法》第十二条的规定，根据财产状况、金融资产状况、投资知识和经验、专业能力等因素，公司债券投资者可以分为普通投资者和专业投资者。实务中，面向普通投资者和专业投资者公开发行的公司债券一般称作"大公募公司债券"，仅面向专业投资者公开发行的公司债券一般称作"小公募公司债券"。《公司债券发行与交易管理办法》对上述不同类型债券发行人需满足的条件进行了规定。

根据《公司债券发行与交易管理办法》第十六条的规定，资信状况符合以下标准的公开发行公司债券，专业投资者和普通投资者可以参与认购：

1. 发行人最近三年无债务违约或者延迟支付本息的事实；
2. 发行人最近三年平均可分配利润不少于债券一年利息的1.5倍；
3. 发行人最近一期末净资产规模不少于250亿元；
4. 发行人最近36个月内累计公开发行债券不少于3期，发行规模不少于100亿元；
5. 中国证监会根据投资者保护的需要规定的其他条件。

未达到上述标准的公开发行公司债券，仅限于专业投资者参与认购。

二、非公开发行公司债券

非公开发行公司债券项目承接实行负面清单管理。承销机构项目承接不得涉及负面清单限制的范围。中国证券业协会负责组织研究确定并在中国证券业协会网站发布负面清单。

非公开发行公司债券项目承接负面清单具体内容如下。

（一）存在以下情形的发行人

1. 对已公开发行的公司债券或者其他债务有违约或延迟支付本息的事实，仍处于继续状态。

2. 存在违规对外担保或者资金被关联方或第三方以借款、代偿债务、代垫款项等方式违规占用的情形，仍处于继续状态。

3. 公司被中国证监会行政处罚，或作为公司债券发债主体，因违反公司债券相关规定被中国证监会采取行政监管措施、被证券交易所等自律组织采取纪律处分措施，涉及整改事项且尚未完成整改的。

4. 最近两年内财务报表曾被注册会计师出具保留意见且保留意见所涉及事项的重大影响尚未消除，或被注册会计师出具否定意见或者无法表示意见的审计报告。

5. 因严重违法失信行为，被有权部门认定为失信被执行人、失信生产经营单位或者其他失信单位，并被暂停或限制发行公司债券。

6. 擅自改变前次发行公司债券募集资金的用途或违反前次公司债券申请文件中所作出的承诺，尚未完成整改的。

7. 本次发行募集资金用途违反相关法律法规或募集资金投向不符合国家产业政策。

8. 除金融类企业外，本次发行债券募集资金用途为持有以交易为目的的金融资产、委托理财等财务性投资，或本次发行债券募集资金用途为直接或间接投资于以买卖有价证券为主要业务的公司。

9. 本次发行不符合地方政府债务管理规定或者本次发行新增地方政府债务的。

10. 本次发行文件存在虚假记载、误导性陈述或重大遗漏。

11. 存在严重损害投资者合法权益和社会公共利益情形。

（二）以下特殊行业或类型的发行人

12. 主管部门认定的存在重大违法违规行为的房地产公司。

13. 典当行。

14. 未能同时满足以下条件的担保公司：

（1）经营融资担保业务满3年；

（2）注册资本不低于人民币6亿元；

（3）近三年无重大违法违规行为；

（4）担保责任余额符合融资担保公司相关管理规定；

（5）资产比例管理符合融资担保公司相关管理规定。

15.未能同时满足以下条件的小额贷款公司：

（1）经省级主管机关批准设立或备案，且成立时间满2年；

（2）省级监管评级或考核评级最近两年连续达到最高等级；

（3）符合金融管理部门关于小额贷款公司发行公司债券的条件要求。

根据《非公开发行公司债券项目承接负面清单指引（2024年修订）》规定，对于最近一年经审计的总资产、净资产或营业收入任一项指标占合并报表相关指标比例超过30%的单一子公司存在负面清单第（一）条至第（六）条及第（十一）条规定情形的，视同发行人属于负面清单范畴。为防范处置重大风险的需要，发行人对风险企业进行并购重组使其成为子公司，且相关子公司负面情形发生在并购重组实施完毕以前的除外。

三、典型案例

案例2-1

案例背景：某商贸公司于2023年6月向上海证券交易所申请注册发行40亿元小公募公司债券。

审核问题：根据申报材料，最近三年，发行人归属于母公司所有者的净利润分别为2.68亿元、4.90亿元和-3.53亿元。发行人申请面向专业投资者公开发行40亿元公司债券。请发行人根据报告期内归属于母公司所有者的净利润数据说明发行人是否符合《证券法》第十五条第一款第（二）项规定的发行条件并审慎确定申报规模。

反馈回复：2020—2022年，发行人归属于母公司所有者的净利润分别为26 814.99万元、49 042.22万元和-35 291.44万元，近三年平均可分配净利润为13 521.92万元。根据《证券法》第十五条第一款第（二）项规定要求，"公开发行公司债券，应当符合下列条件：（二）最近三年平均可分配利润足以支付公司债券一年的利息"，发行人本次申报债券规模为40亿元，按照发行利率不高于3.38%计算，发行人最近三年平均可分配利润足以支付公司债券一年的利息，符合《证券法》第十五条第一款第（二）项规定要求。

从历史情况来看，发行人曾于债券市场发行多单债券，目前公募债存续8单，其中3年期发行利差集中在25—45bp，5年期发行利差集中在13—43bp。

发行人于2022年9月26日发行的"22某商贸集MTN001（科创票据）"，发行期限5年期，票面利率3.30%，剩余期限4.28年，中债估值3.28%。

综上，参考上述可比债券及发行人历史发行债券利率水平，发行人近三年平均可分配净利润足以覆盖本次发行40亿元债券的一年利息。

审核结果：该项目已注册生效。

第二节　审核程序

公开发行公司债券，由证券交易所负责受理、审核，并报中国证监会注册。非公开发行公司债券，发行人应当在发行前向证券交易所申请确认是否符合债券挂牌条件。各证券交易所均制定并发布了公司债券发行上市审核规则及相关适用指引。本节主要介绍公开发行公司债券、非公开发行公司债券的审核程序以及优化审核安排等内容。

一、公开发行公司债券

公开发行公司债券项目的审核程序主要包含申请、受理、初审、审核问询、审核会审议、向中国证监会报送审核意见、履行注册程序等。

（一）总体原则

证券交易所遵循公开、公平、公正和便捷高效的原则开展审核工作，实行电子化受理、审核，审核业务规则和审核标准、发行上市申请文件、审核问询及其回复、审核进度、审核结果等信息通过交易所网站及时向市场公开，提高审核工作透明度，明确市场预期，接受社会监督。发行人、主承销商和证券服务机构应当按照相关法律法规和证券交易所相关要求，认真履行职责，关注审核进展，及时回复反馈意见。

（二）申请与受理

1.申请文件。

发行人委托主承销商通过申报审核系统向交易所提交发行上市申请文件，主承销商应当确保提交的申请文件编制及签章、格式等事项符合中国证监会及证券交易所相关规定。

各证券交易所规定的公司债券发行上市申请文件清单如表2-1所示。

表2-1　各证券交易所规定的公司债券发行上市申请文件清单

上海证券交易所	深圳证券交易所	北京证券交易所
（一）募集说明书（申报稿）；	（一）募集说明书；	（一）募集说明书（申报稿）；
（二）募集说明书摘要（如有）；	（二）募集说明书摘要（如有）；	（二）募集说明书摘要（如有）；
（三）发行人关于本次公司债券发行并上市的申请；	（三）发行人关于本次公司债券公开发行并上市的申请报告；	（三）发行人关于本次公司债券发行并上市的申请；
（四）发行人有权机构关于本次公开发行公司债券发行事项的决议并附公司章程及营业执照副本复印件；	（四）发行人董事会、股东会或者股东大会，或者法律法规、公司章程规定的其他有权机构关于本次公司债券发行并上市事项的决议；	（四）发行人有权机构关于本次公开发行公司债券发行事项的决议并附公司章程及营业执照副本复印件；
（五）监事会对募集说明书真实性、准确性、完整性的审核意见，以及发行人董事、监事和高级管理人员对发行申请文件真实性、准确性和完整性的确认意见；	（五）监事会对募集说明书真实性、准确性、完整性的审核意见；	（五）监事会对募集说明书真实性、准确性、完整性的审核意见，以及发行人董事、监事和高级管理人员对发行申请文件真实性、准确性和完整性的确认意见；
（六）主承销商核查意见；	（六）主承销商核查意见；	（六）主承销商核查意见；
（七）发行人律师出具的法律意见书，以及关于申请电子文件与预留原件一致的鉴证意见；	（七）法律意见书；	（七）发行人律师出具的法律意见书，以及关于申请电子文件与预留原件一致的鉴证意见；
（八）发行人最近三年的财务报告和审计报告及最近一期的财务报告或财务报表；	（八）发行人律师关于申请电子文件与预留原件一致的鉴证意见；	（八）发行人最近三年的财务报告和审计报告及最近一期的财务报告或财务报表；
（九）发行人有权机构、会计师事务所及注册会计师关于非标准意见审计报告（如有）的补充意见；	（九）募集资金投向固定资产投资项目的原始合法性文件（如有）；	（九）发行人有权机构、会计师事务所及注册会计师关于非标准意见审计报告（如有）的补充意见；
（十）由会计师事务所出具的发行人最近一年资产清单及相关说明（如有）；	（十）地方政府有关部门出具的意见（如有）；	（十）由会计师事务所出具的发行人最近一年资产清单及相关说明（如有）；
（十一）募集资金投向固定资产投资项目的原始合法性文件（如有）；	（十一）发行人营业执照和公司章程；	（十一）募集资金投向固定资产投资项目的原始合法性文件（如有）；
（十二）地方政府有关部门出具的意见（如有）；	（十二）发行人最近三年的财务报告和审计报告、最近一期的财务报告或者财务报表；	（十二）地方政府有关部门出具的意见（如有）；
（十三）本次公司债券的受托管理协议和债券持有人会议规则；	（十三）发行人董事会或者法律法规、公司章程规定的其他有权机构，以及会计师事务所、注册会计师关于非标准意见审计报告的补充意见（如有）；	（十三）本次公司债券的受托管理协议和债券持有人会议规则；

续表1

上海证券交易所	深圳证券交易所	北京证券交易所
（十四）资信评级机构为本次发行公司债券出具的资信评级报告（如有）；	（十四）由会计师事务所出具的发行人最近一年资产清单和相关说明（如有）；	（十四）资信评级机构为本次发行公司债券出具的资信评级报告（如有）；
（十五）本次发行公司债券的担保合同、担保函、担保人就提供担保获得的授权文件（如有）；担保财产的资产评估文件（如为抵押或质押担保）；	（十五）债券受托管理协议；	（十五）本次发行公司债券的担保合同、担保函、担保人就提供担保获得的授权文件（如有）；担保财产的资产评估文件（如为抵押或质押担保）；
（十六）担保人最近一年的财务报告（注明是否经审计）及最近一期的财务报告或财务报表（如有）；	（十六）债券持有人会议规则；	（十六）担保人最近一年的财务报告（注明是否经审计）及最近一期的财务报告或财务报表（如有）；
（十七）特定行业主管部门出具的监管意见书（如有）；	（十七）资信评级机构为本次发行公司债券出具的资信评级报告（如有）；	（十七）特定行业主管部门出具的监管意见书（如有）；
（十八）有关主管部门推荐意见（如有）；	（十八）本次发行公司债券的担保合同、担保函、担保人就提供担保获得的授权文件（如有）；担保财产的资产评估文件或者其他增信措施文件（如有）；	（十八）有关主管部门推荐意见（如有）；
（十九）发行人关于申请文件不适用情况的说明（如有）；	（十九）担保人最近一年的财务报告（注明是否经审计）以及最近一期的财务报告或者财务报表（如有）；	（十九）发行人关于申请文件不适用情况的说明（如有）；
（二十）发行人信息披露豁免申请（如有）；	（二十）特定行业主管部门出具的监管意见书（如有）；	（二十）发行人信息披露豁免申请（如有）；
（二十一）发行人及主承销商关于申请电子文件与预留原件一致的承诺函；	（二十一）有关主管部门推荐意见（如有）；	（二十一）发行人及主承销商关于申请电子文件与预留原件一致的承诺函；
（二十二）发行人、主承销商和证券服务机构联系表；	（二十二）发行人董事、监事和高级管理人员对发行上市申请文件真实性、准确性和完整性的确认意见；	（二十二）发行人、主承销商和证券服务机构联系表；
（二十三）发行人诚信信息查询情况表；	（二十三）发行人关于不适用本指引所列申请文件的说明（如有）；	（二十三）发行人诚信信息查询情况表；
（二十四）上海证券交易所要求的其他文件。	（二十四）发行人信息披露豁免申请（如有）；	（二十四）北京证券交易所要求的其他文件。
	（二十五）发行人和主承销商关于申请电子文件与预留原件一致的承诺函；	
	（二十六）主承销商关注事项核查对照表；	

续表2

上海证券交易所	深圳证券交易所	北京证券交易所
	（二十七）主承销商和项目负责人近两年内承销债券违约情况；	
	（二十八）发行人、主承销商和证券服务机构联系表；	
	（二十九）发行人诚信信息查询情况表；	
	（三十）深圳证券交易所要求的其他文件。	

中国证监会和交易所对发行上市申请文件的内容与格式存在相应要求。其中，募集说明书作为最为重要的信息披露载体，其具体编制及信息披露要求详见本书"第六章 信息披露"。对于主承销商核查意见，其主要内容应包括发行人基本情况，本次公司债券主要发行条款，核查意见，内核情况，结论性意见，主承销商承诺，中国证监会、证券交易所要求的其他内容以及主承销商认为需要反映的其他内容等。核查意见结尾应有专门段落，发表核查结论性意见：发行人公开发行公司债券是否符合法律法规规定的发行条件，发行人是否履行规定的内部决策程序，募集文件是否真实、准确、完整（包括募集文件中与发行条件相关的内容是否符合相关法律法规及部门规章的规定），主承销商、相关证券服务机构及其签字人员是否符合参与公司债券发行业务的相关规定，募集说明书披露的主要风险和其他信息是否真实、准确、完整和符合规范要求，《债券持有人会议规则》和《债券受托管理协议》是否符合相关规定，发行人本次发行公司债券是否符合地方政府性债务管理的相关规定（适用于地方政府及其部门或机构直接或间接控股的发行人）等。

总体来说，发行上市申请文件的内容与格式应当符合中国证监会和交易所的相关规定。发行人、主承销商、证券服务机构在提交发行上市申请文件前，对于重大疑难、无先例等涉及交易所业务规则理解与适用的事项，可以通过电话、电子邮件进行咨询或者预约现场咨询。

2.受理时间。

交易所收到申请文件后，在2个工作日内对申请文件是否齐备和是否符合规定形式要求进行核对。

申请文件齐备且符合要求的，交易所予以受理，并及时告知发行人、主承销商并在交易所网站公示。申请文件不齐备或者不符合要求的，交易所一次性告知需补正的事项，发行人、主承销商应当及时予以补正，补正时间最长不得超过30个工作日。

发行人、主承销商在30个工作日内提交补正申请材料确有困难的，可以提交延期补正的书面申请，并说明理由；经交易所认可后，可以延长补正时间，但延长时间最长不超过30个工作日。

需要补正申请文件的，交易所收到申请文件的时间以最终提交补正文件的时间为准。

自发行上市申请文件受理之日起，发行人及其控股股东、实际控制人、董事、监事、高级管理人员等相关人员，以及与本次债券公开发行上市相关的主承销商、证券服务机构、增信机构及其相关人员，即承担相应法律责任，接受交易所自律监管。未经中国证监会或交易所同意，不得对发行上市申请文件进行更改。

3.不予受理的情形。

存在下列情形之一的，交易所不予受理并告知理由，书面通知发行人、主承销商：

（1）申请文件不齐备且未按要求补正；

（2）法律、行政法规、中国证监会及交易所规定的其他情形。

（三）初审、反馈与回复

1.交易所受理申请文件后，公司债券发行上市审核机构（简称"审核机构"）按照发行人行业、类别、债券品种等，安排2名不存在回避情形的审核人员开展审核工作。

2.审核人员独立审阅申请文件，提出审核重点关注问题并充分讨论，形成初审意见。

3.审核人员完成初审后，审核机构安排召开反馈会。

上海和北京证券交易所反馈会一般由审核组长、2名审核人员参加，深圳证券交易所反馈会一般由5名审核小组成员参加。反馈会讨论审核中关注的主要问题，确定是否存在需要发行人、主承销商、证券服务机构补充披露、解释说明和进一步核查落实的问题及其他需讨论的事项。

4.反馈会讨论确定需要提出审核问询的，经审核机构确认后提出审核问询。无需提出审核问询的，审核机构出具审核报告并提交审核会审议。

审核机构自受理发行上市申请文件之日起10个工作日内，通过主承销商向发行人提出审核问询，或者出具审核报告并提交审核会审议。

5.交易所受理申请文件后至首次审核问询发出期间为静默期,审核人员不得接受发行人、主承销商和证券服务机构等业务参与人就本次公司债券审核事宜的来访或其他形式的沟通。

6.发行人、主承销商、证券服务机构收到交易所审核问询后,应当按照要求进行必要的补充调查或者核查,逐项解释说明相关情况,补充或者修改相应申请文件,并对回复内容的真实、准确、完整负责。

首次审核问询发出后,发行人、主承销商和证券服务机构对审核问询存在疑问的,可以与交易所审核人员进行沟通;确需当面沟通的,可以向交易所预约,在交易所办公场所进行并有2名以上交易所工作人员同时在场。

7.发行人、主承销商和证券服务机构应当自收到审核问询之日起30个工作日内提交审核问询回复,交易所另有规定的除外。审核问询回复涉及修改申请文件的,应当同时提交修改后的申请文件和修改说明。

需延期回复的,发行人和主承销商应当在回复期限届满前向交易所提交延期回复申请,经交易所同意后可以延长回复时间,但延长时间最长不超过30个工作日。

8.交易所在审核中,可以根据需要,约见问询发行人、主承销商、证券服务机构、增信主体及其相关人员等,调阅与发行上市相关的工作底稿等资料。

9.审核机构收到发行人、主承销商和证券服务机构提交的审核问询回复和经修改的申请文件,经反馈会确定认为需要进一步审核问询的,审核机构自收到审核问询回复之日起10个工作日内再次出具审核问询。无需进一步审核问询的,审核机构自确认审核问询回复符合要求之日起5个工作日内出具审核报告并提交审核会审议。

10.存在下列情形之一的,审核机构可以结合反馈回复情况进一步审核问询:

(1)回复未能针对性地回答审核机构提出的问询,或者需要就回复继续问询的;

(2)审核过程中发生可能对公司债券发行上市条件或者对投资者作出价值判断和投资决策有重大影响的事项;

(3)其他确需继续审核问询的情形。

(四)审核会审议

1.交易所在反馈会提请审议申请后5个工作日内召开审核会,对审核机构出具的审核报告和发行上市申请文件进行审议,集体讨论确定审议意见。

2.每次审核会由不少于5名审核委员组成。交易所可以邀请交易所工作人员以外审核委员参加审核会。

3.审核会按照下列议程召开：

（1）审核人员汇报项目基本信息及审核情况、审核问询及其回复、处理情况，并提出初步审核意见；

（2）审核委员重点围绕申请文件是否符合发行上市条件、审核问询及其回复、处理情况、现场问询情况（如有）及其他审核重点关注问题，独立发表审核意见；

（3）集体讨论形成审核会审议意见。

审核委员认为需要就申请文件中的特定事项询问发行人、增信机构、主承销商或证券服务机构等的，审核人员提前通知被问询单位安排人员参会，并告知拟问询事项。被问询单位应当针对拟问询事项进行充分准备。

4.审核会通过合议形式形成通过或者不通过的审议意见。审核机构在审核会形成审议意见后一个工作日内通知发行人及主承销商。

5.审核会形成通过的审议意见但要求发行人补充披露有关信息或完善相关事项的，审核人员自审核会结束后一个工作日内，将审核会确定需要进一步补充披露或完善的事项向发行人、主承销商和证券服务机构反馈。

发行人、主承销商和证券服务机构应当在反馈之日起5个工作日内，按照交易所要求及时更新申请文件，完善相关事项。需延期回复的，可以在回复期限届满前向交易所提交延期回复申请，经交易所同意可以延长回复时间，但是延长时间最长不超过10个工作日。

6.因存在尚待核实的重大问题，无法形成审议意见的，审核会可以暂缓审议。

暂缓审议的，审核人员自审核会召开之日起5个工作日内向发行人、主承销商和证券服务机构出具落实意见。落实意见回复程序，参照审核问询回复程序执行。

审核人员自收到符合要求的落实意见回复文件之日起5个工作日内再次提请召开审核会审议。

导致暂缓审议的重大问题短时间内难以核实的，交易所可中止该项目审核。

7.审核会形成通过的审议意见，且补充披露、完善相关事项（如有）已按交易所要求落实的，审核人员于1个工作日内通知发行人及主承销商提交注册申请文件，发行人和主承销商应当自收到通知之日起1个月内提交符合要求的注册申请文件。确有困难的，发行人和主承销商可以提交书面延期申请，并说明理由；经交易所认可后，可以延长注册申请文件提交时间，但延长时间最长不超过2

个月。

未在规定时限内提交符合要求的注册申请文件的，交易所可以中止审核程序。

8.交易所结合审核会审议意见，出具发行人符合发行上市条件和信息披露要求的审核意见或者终止的审核意见。

（五）向中国证监会报送审核意见及履行注册程序

交易所认为公司债券符合发行上市条件且信息披露符合要求的，自审核会形成通过的审议意见且相关要求（如有）已落实之日起10个工作日内，向中国证监会报送审核意见、相关审核资料及发行上市申请文件，并通知发行人、主承销商。

中国证监会在履行注册程序中，认为存在需要进一步说明或者落实事项，直接对发行上市申请文件出具审核问询或者要求交易所进一步问询的，发行人、主承销商、证券服务机构应当认真组织落实中国证监会注册环节出具的审核问询，并按要求及时进行回复。

注册阶段，中国证监会要求交易所对特定事项重新审核的，交易所按照相关规定对相关事项重新审核。交易所经重新审核，认为发行人仍符合发行上市条件和信息披露要求的，交易所重新向中国证监会报送审核意见及相关资料；认为发行人不符合发行上市条件或信息披露要求的，交易所终止发行上市审核并告知理由。

中国证监会按照规定作出中止、恢复、终止注册决定的，由中国证监会出具中止、恢复、终止注册通知。交易所提交中国证监会注册后，申请人主动要求中止注册、恢复注册、撤回申请的，应当通过交易所向中国证监会提交书面报告，理由正当且经过中国证监会同意的，中国证监会应当出具中止、恢复、终止注册通知。

中国证监会根据申请人的申请是否符合法定条件、标准，作出予以注册或者不予注册的决定。作出不予注册决定的，在不予注册决定中说明理由，并告知申请人享有依法申请行政复议或者提起行政诉讼的权利。

公开发行公司债券的申请经中国证监会注册后，上海和北京证券交易所原则上自取得中国证监会注册文件起1个工作日内发送给发行人。深圳证券交易所规定，公开发行公司债券的申请经中国证监会注册后，交易所通过固收专区向发行人发送中国证监会注册文件。

（六）审核中止与终止事项

1.中止审核的情形。出现以下情形，交易所中止审核程序：

（1）发行人因涉嫌违法违规被行政机关调查，或者被司法机关侦查，尚未结案，预计对其公司债券公开发行上市影响重大；

（2）主承销商、证券服务机构被中国证监会依法采取限制业务活动、责令停业整顿、指定其他机构托管、接管等监管措施，或者被交易所实施一定期限内不接受其出具相关文件的纪律处分，尚未解除；

（3）主承销商、证券服务机构签字人员被中国证监会依法采取限制从事证券服务业务等监管措施或者证券市场禁入的措施，或者被交易所实施一定期限内不接受其出具的相关文件的纪律处分，尚未解除；

（4）发行人或者主承销商主动要求中止发行上市审核程序且理由正当；

（5）发行人或者主承销商未按照相关规定及时回复且未按照规定申请延期回复的，或者在延期回复期限内仍不能按要求提交回复文件的，交易所申报系统将自动中止审核；

（6）证券交易所规定的其他情形。

2.中止后恢复审核。经发行人或者主承销商申请中止审核的，发行人、主承销商如认为符合恢复审核条件，应及时向交易所报告，提交恢复审核的申请及相关材料，说明恢复审核的理由并发起恢复审核的程序。审核机构认为相关事项已消除，符合恢复审核条件的，交易所恢复审核程序。

项目超过相关回复期限中止审核的，发行人和主承销商应当在中止审核期限内向交易所提交恢复审核的申请，经审核机构确认后，交易所恢复审核程序。

交易所中止审核后，审核机构确认项目已具备恢复审核条件的，交易所及时恢复审核程序或告知发行人及主承销商发起恢复审核程序。

自恢复审核之日起，发行人应当于15个工作日内更新申请材料。

3.终止审核的情形。出现以下情形的，应当终止审核：

（1）发行人主动撤回申请或者主承销商申请撤回所出具的核查意见；

（2）发行人未在要求的期限内对发行上市申请文件作出解释说明或者补充、修改；

（3）发行人法人资格终止；

（4）发行人阻碍或者拒绝中国证监会、交易所依法对发行人实施检查、核查；

（5）发行人及其关联方以不正当手段严重干扰发行上市审核工作；

（6）发行上市申请文件存在虚假记载、误导性陈述或重大遗漏；

（7）发行上市申请文件内容存在重大缺陷，严重影响投资者理解和发行上市审核工作；

（8）中止审核超过3个月的，交易所申报审核系统将自动终止项目审核。

（9）交易所审核认为发行人不符合发行上市条件或信息披露要求；

（10）交易所规定的其他情形。

4.特殊事项报告及核查。交易所向中国证监会报送审核意见后至注册前，发生应当中止审核或终止审核情形的，发行人、主承销商、证券服务机构应及时书面报告交易所，交易所及时出具明确意见并向中国证监会报告，提请履行中止注册、恢复注册、终止注册程序。中国证监会认为交易所应当进一步问询或者补充审核的，交易所按照中国证监会要求办理。

交易所受理发行上市申请后至公司债券上市交易前，交易所收到与本次发行上市相关且内容明确具体的举报的，可以就举报涉及的事项向发行人、主承销商、证券服务机构进行问询，要求作出解释说明并根据需要披露相关信息；也可以要求发行人、主承销商、证券服务机构进行必要的专项核查并将核查结果报告交易所。

交易所受理发行上市申请后至公司债券上市交易前，发生以下可能对投资者作出价值判断和投资决策有重要影响的事项时，发行人、主承销商、证券服务机构应当及时向交易所报告，并按要求更新发行上市申请文件；主承销商、证券服务机构应当持续履行尽职调查职责，并向交易所提交专项核查意见说明本次债券是否仍符合发行上市条件和信息披露要求：

（1）发行人名称变更、股权结构或生产经营状况发生重大变化；

（2）发行人变更财务报告审计机构、债券受托管理人或具有同等职责的机构、资信评级机构；

（3）发行人1/3以上董事、2/3以上监事、董事长、总经理或具有同等职责的人员发生变动；

（4）发行人法定代表人、董事长、总经理或具有同等职责的人员无法履行职责；

（5）发行人控股股东或者实际控制人变更；

（6）发行人发生重大资产抵押、质押、出售、转让、报废、无偿划转以及重大投资行为或重大资产重组；

（7）发行人发生超过上年末净资产10%的重大损失；

（8）发行人放弃债权或者财产超过上年末净资产的10%；

（9）发行人股权、经营权涉及被委托管理；

（10）发行人丧失对重要子公司的实际控制权；

（11）债券担保情况发生变更，或者债券信用评级发生变化；

（12）发行人转移债券清偿义务；

（13）发行人一次承担他人债务超过上年末净资产的10%，或者新增借款、对外提供担保超过上年末净资产的20%；

（14）发行人未能清偿到期债务或进行债务重组；

（15）发行人涉嫌违法违规被有权机关调查，受到刑事处罚、重大行政处罚或行政监管措施、市场自律组织作出的债券业务相关的处分，或者存在严重失信行为；

（16）发行人法定代表人、控股股东、实际控制人、董事、监事、高级管理人员涉嫌违法违规被有权机关调查、采取强制措施，或者存在严重失信行为；

（17）发行人涉及重大诉讼、仲裁事项；

（18）发行人出现可能影响其偿债能力的资产被查封、扣押或冻结的情况；

（19）发行人分配股利，作出减资、合并、分立、解散及申请破产的决定，或者依法进入破产程序、被责令关闭；

（20）发行人涉及需要说明的市场传闻；

（21）募集说明书约定或发行人承诺的其他应当披露事项；

（22）其他可能影响偿债能力或投资者权益的事项。

中国证监会作出注册决定后至公司债券上市交易前，出现可能影响本次发行的重大事项的，发行人、主承销商、证券服务机构应当按前述要求向交易所提交专项核查意见，交易所应当及时出具明确意见并向中国证监会报告。

发行人应当暂缓或者暂停发行；已经发行的，暂缓或者暂停上市，并按相关规定进行处理。相关重大事项情形消除的或者整改完成的，发行人、主承销商、证券服务机构应当及时书面报告交易所，经相关有权机关或者交易所确认的，可以恢复发行或上市。

二、非公开发行公司债券

证券交易所针对非公开发行公司债券项目审核程序，主要包含申请、受理、初审、审核问询、审核会审议、出具对挂牌申请无异议的函等。相关审核程序参照公开发行公司债券审核程序执行。交易所认为符合挂牌条件和信息披露要求的，自审核会形成审议意见且补充披露、完善相关事项（如有）已按交易所要求落实之日起10个工作日内，向发行人出具挂牌转让无异议的函。

三、优化审核安排

证券交易所为了完善公司债券（含企业债券）分类审核机制，提高融资服务效率，按照分类监管理念，对知名成熟发行人的公司债券申请项目适用优化审核安排。沪、深、北证券交易所分别制定了《上海证券交易所公司债券发行上市审核规则适用指引第6号——知名成熟发行人优化审核》《深圳证券交易所公司债券发行上市审核业务指引第3号——优化审核安排》和《北京证券交易所公司债券发行上市审核规则适用指引第6号——知名成熟发行人优化审核》等业务指引，以对知名成熟发行人优化审核安排进行明确。

知名成熟发行人，指市场认可度高、行业地位显著、公司治理完善、经营财务状况稳健、信息披露成熟的发行人。证券交易所根据市场发展情况与审核工作开展情况，适时对优化审核安排进行调整并向市场公开。

证券交易所对知名成熟发行人的优化审核安排不代表证券交易所对债券的投资价值作出判断或保证，债券的投资风险由投资者自行承担。

（一）优化审核认定

1.适用优化审核的情形。同时符合下列情形的发行人，证券交易所可以对其公司债券申请项目适用优化审核安排：

（1）公司生产经营符合国家宏观调控政策和产业政策，市场认可度高、行业地位显著、公司治理完善、信息披露成熟；

（2）经营财务状况稳健，企业规模、资本结构、盈利能力满足相应要求（见图2-1）；

（3）最近3年财务报告未被注册会计师出具非无保留意见的审计报告，或者最近3年内财务报表曾被注册会计师出具保留意见但保留意见所涉及事项的重大影响已经消除；

（4）最近36个月内公司及其所属企业集团、实际控制人无债券或者其他债务违约、延迟支付本息的情形；

（5）公司未受到债券融资限制，且最近36个月内公司未因债券业务违规被实施行政处罚或纪律处分；

（6）交易所根据投资者保护需要确定的其他标准。

行业分类	资产总额（亿元）	资产负债率（%）	总资产报酬率（%）
批发和零售业、居民服务、修理和其他服务业、租赁和商务服务业、住宿和餐饮业、农林牧渔业、教育、卫生和社会工作、文化、体育和娱乐业	>800	<75	>3
电力、热力、燃气及水生产和供应业、交通运输、仓储和邮政业、信息传输、软件和信息技术服务业	>1000	<85	>3
建筑业、水利、环境和公共设施管理业、综合	>1200	<85	>3
制造业、采矿业、科学研究和技术服务业	>1000	<80	>3

1. 发行人应当参照《中国上市公司协会上市公司行业统计分类指引》确认行业归属。

2. 资产总额、资产负债率、总资产报酬率应当按照企业最近一年经审计的财务数据进行计算，或者按照最近3年经审计的财务数据分别进行计算后取平均值，两者按孰优原则选择。其中，总资产报酬率（%）=EBIT/总资产平均余额×100%；EBIT（息税前盈余）=利润总额+费用化利息支出。

3. 发行人符合下列条件之一的，可以不受资产总额、资产负债率和总资产报酬率的指标限制：

（1）资产规模不少于3000亿元，且资产负债率或总资产报酬率符合本附件分行业经营财务指标要求；

（2）由中国证监会派出机构或省级政府主管部门推荐并经上交所认可。

4. 交易所可以根据市场发展及投资者保护需要，适时调整适用优化审核安排的发行人分行业经营财务指标要求。

图2-1 分行业经营财务指标要求

发行人不符合上述第（2）项规定的情形，但公司股票为上证50指数成分股的上市公司（上海证券交易所）/公司股票为深证100指数成分股的上市公司（深圳证券交易所）/公司股票为北京证券交易所认可指数成份股的上市公司（北京证券交易所），或在全球市场、在国家重点支持的行业领域等具有领先地位的企业以及交易所根据国家政策导向和市场发展需要认可的其他发行人也可以向交易所提出适用优化审核安排。交易所鼓励符合条件的民营企业提出适用优化审核安排。

2.申请程序。发行人符合前条情形的，可以书面形式向交易所说明公司符合优化审核规定的情形。交易所经确认，向发行人发出通知，发行人自通知发出之日起24个月内向交易所申报的公司债券项目适用优化审核安排。

3.终止适用优化审核的情形。发行人出现下列情形，可能严重影响发行人偿债能力的，发行人、主承销商应当及时向交易所报告，交易所可以终止对发行人公司债券项目适用优化审核安排：

（1）不符合上述第1点规定的优化审核情形；

（2）相关财务指标出现重大不利变化；

（3）融资过度且出现债务集中兑付压力；

（4）行业地位发生重大不利变化；

（5）债券、股票成交持续异常波动；

（6）公司及其所属企业集团、实际控制人出现重大负面舆情。

上述规定情形消除后，发行人可以重新按第2点规定的方式向交易所提出适用优化审核安排。

（二）优化审核的措施

1.知名成熟发行人可以按照下列方式编制、提交申请文件：

（1）一般公司债券、企业债券和专项品种公司债券可以合并编制申请文件并统一申报。申报的公司债券发行规模等应当符合公司债券的法定发行条件，申报阶段无须明确募集资金具体使用安排。

（2）可以在发行前备案阶段再明确每期发行的具体品种、发行方案、募集资金运用安排、债项评级（如有）等；企业债券可使用不超过50%的募集资金用于补充流动资金等非项目建设用途。

（3）不存在影响公司经营或偿债能力的重大不利变化，且不存在影响发行上市条件的重大事项的，公司可以申请适当延长年度、半年度财务报告有效期。年度财务报告有效期最多延长至当年8月末，半年度财务报告有效期最多延长至次年4月末。已披露季度财务报告的，应当同步披露主要季度财务数据。

发行人半年度经营和财务指标无重大不利变化或不存在对偿债能力产生重大影响的事项，可适当简化募集说明书中发行人基本情况、财务会计信息等相关章节信息披露内容。首次申请公开发行公司债券的发行人除外。

（4）公司董事、监事、高级管理人员在债券项目申请阶段按照规定对债券发行文件签署书面确认意见，并承诺认可各期发行文件、履行规定职责的，每期债券发行前无需另行签署书面确认意见。

2.知名成熟发行人可以在项目申报时确认设立主承销商团，待各期债券发行时指定主承销商。

3.交易所对知名成熟发行人债券项目申请，审核时限原则上不超过十个工作日。

4.申请非公开发行公司债券的,知名成熟发行人可在确定该期发行品种、发行规模、发行期限、募集资金运用安排等发行要素以及该期债券的主承销商、受托管理人与证券服务机构后,直接在发行前备案阶段向交易所提交发行申请文件,经交易所确认挂牌条件后发行。

交易所对企业债券和专项品种公司债券发行前备案程序另有规定的,从其规定。

5.知名成熟发行人可以在前次公司债券有效注册文件或挂牌转让无异议函到期前3个月内向交易所再次申请发行公司债券。披露信息无重大变化的,发行人可以适当简化编制申请文件。

(三)其他事项

1.对于具有一定市场认可度、财务状况健康、盈利能力良好、违约风险较低,或者属于国家政策和市场发展所支持行业的,但尚未达到优化审核条件的发行人,交易所可以对其公司债券项目初审、审核问询与回复、审核会等审核环节流程进行优化,提高审核效率。

2.为了进一步提高信息披露针对性及有效性,降低优质实体信息披露成本,提升融资效率,沪、深、北证券交易所分别发布了《上海证券交易所债券发行上市审核业务指南第5号——简明信息披露》《深圳证券交易所公司债券发行上市审核业务指南第3号——简明信息披露》和《北京证券交易所公司债券发行上市审核业务指南第5号——简明信息披露》,按照分类监管理念,对符合条件的公司债券优质发行人简化申报发行及存续期的材料编制和信息披露安排,提高服务效率。具体要求见本书"第六章 信息披露"。

3.交易所对企业债券、专项品种公司债券、特定行业发行人债券项目的审核程序另有规定的,从其规定。

第三节 审核重点关注事项

公司债券审核机构通常围绕公司债券发行人是否符合发行上市条件、信息披露要求、宏观调控和产业政策以及其他监管要求开展审核,重点关注事项通常包括发行人公司治理与组织机构运行情况、经营情况、资产负债结构与现金流量等财务状况、特定情形发行人的信息披露以及主承销商、证券服务机构相关核查情况。此外,募集资金用途也是审核重点关注事项之一,尤其是募集资金用于固定资产投资项目或基金投资以及城市建设企业募集资金使用等方面。各证券交易所均就公司债券审核重点关注事项制定了专项规则，主要内容无重大差异。关于审核重点关注事项的尽职调查及信息披露要求，详见本书"第三章 尽职调查"和"第六章 信息披露"。

一、公司治理与组织机构

公司债券发行人需建立相对完善的公司治理机制与组织结构体系，其是保障公司持续健康发展、保护债券持有人利益的基础。公司治理与组织机构的审核关注要点，主要包括以下几个方面。

（一）合法合规及诚信事项

合法合规及诚信情况通常是公司治理是否健全有效的重要外在表现。在债券审核过程中，通常重点关注报告期内发行人及其控股股东、实际控制人、董事、监事（如有）、高级管理人员是否涉嫌违法违规被有权机关调查、被采取强制措施或在"信用中国"网站、国家企业信用信息公示系统、最高人民法院失信被执行人名单等显示存在失信等情形以及近三年内是否被有权机关认定实施行贿犯罪或存在行贿行为。

在债券审核过程中，通常重点关注发行人及其控股股东、实际控制人是否存在严重失信等负面情形，或者发行人控股股东、实际控制人是否存在债务违约情况，是否对发行人公司治理、经营情况或偿债能力造成严重不利影响。

关于是否存在严重失信的判断，是指《国务院关于建立完善守信联合激励和失信联合惩戒制度加快推进社会诚信建设的指导意见》及其他法律法规规定的严重失信行为，以及因拒不执行生效司法文书而被司法机关列为失信被执行人的情形。

报告期内发行人的重要子公司、重要客户、重要供应商、大额应收款对手方涉嫌违法违规被有权机关调查、被采取强制措施或在"信用中国"网站、国家企业信用信息公示系统、最高人民法院失信被执行人名单等显示存在失信情形的，主承销商应当就相关情况对发行人经营情况、偿债能力的影响等发表明确意见。

（二）重大舆情事项

重大负面舆情，包括但不限于发行人、发行人控股股东或实际控制人频繁受到监管关注或问询、面临大额诉讼或频繁涉诉、存在被媒体质疑的重大事项、发行人及其相关人员存在多次行贿、巨额行贿或向多人行贿等情形。

重大负面舆情事项可能传达出发行人自身经营情况或外部环境发生重大变化，可能会对发行人产生或有负债或声誉受损的风险。在债券审核过程中，通常重点关注报告期内发行人、发行人控股股东或实际控制人是否存在重大负面舆情。

（三）股权结构的稳定性

股权结构的稳定性可能影响发行人经营及融资环境，甚至能对发行人的偿债能力有直接或间接影响。在债券审核过程中，通常重点关注发行人控股股东或实际控制人可支配的发行人股权是否存在高比例质押、冻结或发生诉讼仲裁等事项。

（四）董事及高级管理人员的变动情况

董事及高级管理人员的稳定性是公司治理情况的外在表现。在债券审核过程中，通常重点关注报告期内发行人董事、高级管理人员是否存在变动频繁或变动人数比例较大的情况。

（五）非经营性往来占款及资金拆借事项

非经营性往来占款及资金拆借规模是否合理，是评价发行人偿债能力的重要考量因素之一。在债券审核过程中，通常重点关注发行人经营性往来占款和非经营性往来占款划分的依据及合理性、非经营性往来占款和资金拆借余额与经审计总资产的比例是否过高［金融机构（含融资租赁等类金融机构）和适用交易所优化审核相关安排的发行人除外］。

1.往来占款及资金拆借的科目界定。

核查往来占款及资金拆借过程中，除了关注其他应收款科目外，还需要关注其他非流动资产、长期应收款等科目中是否存在相关拆借款项。如有，则需要根据款项发生背景、款项性质等统一划分经营性及非经营性往来款，并履行相应的信息披露等要求。

2.非经营性往来款的认定。

非经营性往来占款和资金拆借是指发行人非因日常生产经营活动直接产生的，对其他企业或机构的往来占款和资金拆借。除下列情形可以划分为经营性往来占款外，原则上应当认定为非经营性往来占款：

（1）发行人因开展自身经营性业务或者项目产生的预付款、项目保证金、前期垫款、项目融资利息、土拍保证金等款项；

（2）发行人开展小额贷款等类金融业务形成的拆借款项；

（3）发行人受政府委托或者授权，作为区域内借款主体向政策性银行统一贷款后，转贷给区域内其他国有企业形成的应收款项；

（4）发行人按照所属集团公司资金归集要求，向集团或者集团财务公司进行日常资金归集形成的应收款项；

（5）发行人属于合作开发项目的参与方，因联合开发项目对项目相关方的资金拆借款项；

（6）发行人因资产处置等非经常性业务产生的应收款项；

（7）应当认定为经营性往来占款的其他情形。

（六）对外担保事项

对外担保属于可能对投资者作出投资决策或价值判断产生重大影响的事项。在债券审核过程中，通常重点关注发行人最近一期末对外担保余额占净资产的比例是否较大以及对外担保事项对发行人偿债能力的影响。发行人与被担保企业存在相互融资担保（以下简称互保）情形的，还应重点关注互保可能引发的债务交叉传导风险对本次债券偿付能力的影响。

（七）资金集中归集管理事项

资金集中归集管理事项可能会影响发行人自由支配自有资金的能力，进而影响发行人的偿债能力。在债券审核过程中，通常重点关注发行人资金是否存在因所属集团设置财务公司等原因受到集中归集、统一管理的情况以及相关资金集中归集安排是否影响发行人自由支配自有资金的能力。

（八）信息披露一致性

发行人的重要客户、供应商、大额资金往来对手方以及发行人控股股东、重要子公司等主体为上市公司或者其他公开披露信息主体的，主承销商应当对申报文件中上述主体相关重要信息与公开披露信息进行核查比对，存在不一致的，应当说明申报文件信息披露的准确性。

（九）典型案例

📄 案例2-2

案例背景： 某陆港公司于2022年12月向上海证券交易所申请注册发行40亿元小公募公司债券。根据募集说明书披露，发行人存在15起未执行完的重大诉讼与仲裁事项，此外发行人一级子公司A公司和B公司存在被列为失信被执行人的相关情况，但非发行人重要子公司。

审核问题：上海证券交易所关于该公司面向专业投资者公开发行公司债券并上市申请文件的审核反馈意见如下："根据申报材料，发行人多家子公司存在未执行完结的重大诉讼或仲裁及失信情况，其中子公司A公司、B公司被列为失信被执行人。请发行人补充说明合并口径是否存在"对已发行的公司债券或者其他债务有违约或迟延支付本息的事实，仍处于继续状态。"的情形。

反馈回复：一方面，根据《上海证券交易所公司债券发行上市审核规则适用指引第1号——申请文件及编制（2021年修订）》中对"对已公开发行的公司债券或者其他债务有违约或者延迟支付本息的事实，仍处于继续状态"的认定标准，"其他债务"包括除公开发行公司债券外公开发行的其他债券和债务融资工具、非公开发行债券和债务融资工具以及借贷债务，不包括日常生产经营中的应付账款等负债。A公司与B公司被列入失信被执行人主要由于从事煤炭贸易与对手方所产生的买卖合同纠纷后未履行诉讼判决结果所致，其情形不符合"对已公开发行的公司债券或者其他债务有违约或者延迟支付本息的事实"。另一方面，A公司与B公司是发行人现代物流业中的从事煤炭等大宗商品贸易业务的子公司，主要经营指标与财务指标占发行人合并口径的比例较小，不属于发行人重要子公司，对发行人合并口径的偿债能力和正常经营影响能力较小。

综上，发行人合并口径不存在已发行的公司债券和其他债务违约或迟延支付本息的情况。A公司与B公司均非发行人重要子公司，财务指标在发行人合并口径中所占比重很小，不会对发行人实际经营及盈利能力产生重大不利影响。因此，发行人合并口径不涉及对已发行的公司债券或者其他债务有违约或迟延支付本息的事实，仍处于继续状态。

审核结果：该项目已注册生效。

案例2-3

案例背景：某公司于2023年10月16日向深圳证券交易所申请注册发行10亿元小公募公司债券。

审核问题：深圳证券交易所关于该公司2023年面向专业投资者公开发行公司债券并上市申请文件的反馈意见如下："请发行人于募集说明书中补充披露最近一年末非经营性往来占款和资金拆借余额，以及所属企业集团合并报表范围内公司债券余额。"

反馈回复：发行人补充披露截至2022年末及2023年6月末，发行人不存在非经营性往来占款和资金拆借；截至本募集说明书签署日，发行人所属企业集团合并报表范围内公司债券余额为60亿元。

审核结果：该项目已注册生效。

案例2-4

案例背景：某集团公司于2023年12月向上海证券交易所申请注册发行15.7亿元小公募公司债券。根据募集说明书披露，截至2023年6月末，发行人对外担保余额合计405.12亿元，占当期末净资产的比例为162.31%，其中：对其他关联方（合并口径外）担保余额合计113.88亿元。从担保对象来看，对民营企业担保金额为13.02亿元，占总担保金额的3.21%。

审核问题：上海证券交易所关于该公司面向专业投资者公开发行公司债券并上市申请文件的审核反馈意见如下："请发行人根据《上海证券交易所公司债券发行上市审核规则适用指引第3号——审核重点关注事项（2023年修订）》第十二条，补充披露对外担保的具体情况，包括担保债务的类型、对外担保履行的决策程序及其合规性、与被担保对象是否存在互保以及对应债务的具体情况；对可能产生的损失作合理估计并披露可能产生的损失金额及其对自身偿债能力的影响。"

反馈回复：截至2023年6月末，发行人对外担保（不含发行人与子公司之间的担保）余额合计4 051 234.42万元，占当期末净资产的比例为162.31%。截至报告期末，发行人对外担保的具体情况如下

......

截至报告期末，发行人对外担保的债务主要为金融机构借款或债券。

发行人对外担保主要包括两部分：一部分为集团及下属子公司对当地地方国有企业的担保；一部分为子公司A公司因开展担保业务而形成的对外担保。

发行人对外担保已履行必要的内部决策程序，决策程序合规。

除子公司A公司的担保外，发行人对外担保全部为对地方国有企业的担保，截至报告期末主要被担保方资信及经营状况良好，相关债务均按时还本付息，预计发生代偿的可能性较低。截至报告期末，子公司A公司对外担保中已出现代偿情况，代偿金额合计5 158.07万元，预计可能产生的最大损失为5 158.07万元，

上述代偿的对外担保均设有反担保措施，发行人已通过采取协调和解、处置抵押物、申请强制执行等方式进行追偿，相较于发行人整体规模，上述可能产生的损失金额较小，预计不会对发行人自身偿债能力造成重大不利影响。

审核结果：该项目已注册生效。

案例2-5

案例背景：某建筑公司于2023年9月向上海证券交易所申请注册发行12亿元小公募公司债券。

审核问题：上海证券交易所关于该公司面向专业投资者公开发行可续期公司债券并上市申请文件的审核反馈意见如下：

根据申报材料，发行人资金受到集中归集、统一管理，A财务公司是发行人所属集团境内资金集中管理的唯一平台。最近一年及一期末，发行人其他应收款账面价值分别为646.72亿元和567.73亿元，在总资产中的占比分别为29.74%和24.28%，其中发行人对其控股股东B公司的应收款项主要为资金归集。

请发行人根据《上海证券交易所公司债券发行上市审核规则适用指引第3号——审核重点关注事项（2022年修订）》第十四条要求，充分披露资金归集及支取的具体安排、相关安排对其自由支配自有资金能力以及自身偿债能力的影响。

反馈回复：发行人已根据《上海证券交易所公司债券发行上市审核规则适用指引第3号——审核重点关注事项（2022年修订）》第十四条要求在募集说明书中补充披露B公司归集资金的相关内容：

根据《某建筑公司资金管理办法》，B公司资金结算中心为其整体的资金集中管理的执行机构，归口B公司财务部管理，行使资金集中管理职能；B公司所属子公司、分公司、非法人分支机构（以下简称"各单位"）资金实行收支两条线管理；所有资金收入集中至B公司账户，以资金结算中心为主体进行收入集中；资金使用遵循以收定支、拨付使用的原则。各单位资金使用，由本单位财务部向B公司财务部提出申请，B公司财务部根据申请结合各单位在B公司资金存量情况拨付。

B公司及发行人承诺，资金的归集不影响发行人资金的正常使用，如发行人出现资金使用需求，B公司将无条件按需下划资金。

综上，发行人将资金归集至B公司结算中心不影响发行人资金的正常使用，不会对其自由支配自有资金能力以及自身偿债能力构成实质影响。

审核结果：该项目已注册生效。

二、财务信息披露

公司债券审核机构对于发行人财务信息披露的审核重点关注事项可以分为债务结构情况、资产流动性与变现能力、现金流表现情况、盈利能力情况以及财务指标异常情况等方面，并要求发行人根据相关情况进行针对性信息披露或确定申报方案。

（一）债务结构情况

在债券审核过程中，通常需要重点关注发行人如下债务结构情况。

1.发行人各类债券、银行借款等存量债务规模是否处在合理水平。最近一期末同时存在下列情形的（证券公司和适用交易所优化审核相关安排的发行人不适用），发行人应当说明是否存在融资渠道受限情形，审慎确定公司债券申报方案：

（1）银行借款余额低于有息债务总额的30%；

（2）银行借款与公司债券外其他公司信用类债券余额之和低于有息债务总额的50%。

2.发行人报告期内是否出现银行借款余额被动大幅减少、银行授信大幅下降、剩余可使用授信额度较少等有息债务类型结构大幅变化情形，发行人应结合相关情形审慎确定公司债券申报方案。

3.发行人报告期内短期债务占比是否显著上升或最近一期末有息债务构成是否以短期债务为主，存在上述情形的，发行人应审慎确定公司债券申报方案。

4.发行人或其所属企业集团合并报表范围内公司债券余额较大且存在显著债务集中兑付压力的，发行人应当审慎确定公司债券申报方案，并结合有息债务结构、债务集中偿付压力等情况适当控制存量公司债券规模（证券公司和适用交易所优化审核相关安排的发行人不适用）。

5.发行人非公开发行公司债券余额占最近一期末净资产比例达到40%，再次申请非公开发行公司债券的，应结合自身经营情况、财务状况、偿债能力等审慎确定公司债券申报规模，原则上募集资金应用于偿还存量公司债券［金融机构（含融资租赁等类金融机构）和适用交易所优化审核相关安排的发行人不适用］。

6.发行人经审计的年度财务报告披露的财务指标存在下列情形之一的，应加强针对性信息披露和风险提示，并结合公司自身经营情况、财务状况、偿债能力等审慎确定公司债券申报方案。[金融机构（含融资租赁等类金融机构）和适用交易所优化审核相关安排的发行人不适用]：

（1）报告期内有息债务余额年均增长率超过30%、最近一年末资产负债率超过行业平均水平且速动比率小于1；

（2）最近一年末资产负债率、有息债务与净资产比例均超出行业平均水平的30%。

（二）资产流动性与变现能力

在债券审核过程中，通常需要重点关注发行人如下资产流动性和变现能力情况：

1. 发行人非流动资产占总资产的比例是否显著高于同行业可比企业、最近一期末商誉账面价值是否超过总资产的30%。

2. 发行人最近一期末是否存在资产因抵押、质押、被查封、扣押、冻结、必须具备一定条件才能变现、无法变现、无法用于抵偿债务等情况，导致权利受限制的资产账面价值超过总资产的50%。

3. 发行人最近一年末存货及应收类款项（包括但不限于应收账款、其他应收款、长期应收款等）占总资产的比例是否高于70%。

（三）现金流表现情况

在债券审核过程中，通常需要重点关注发行人如下现金流表现情况。

1. 发行人报告期内现金及现金等价物净增加额是否持续大额为负，或现金流量结构特征是否显著异于同行业可比企业。

2. 发行人报告期内经营活动现金流是否缺乏可持续性，相关情形包括但不限于：

（1）报告期内经营活动现金流量净额持续大额为负或持续下降；

（2）报告期内经营活动现金流入金额大幅波动或流入构成大幅变化；

（3）报告期内销售商品、提供劳务收到的现金流入占营业收入的比例持续显著低于同行业可比企业平均水平；

（4）报告期内经营活动现金流入对收到其他与经营活动有关的现金流入依赖度较高。

3. 发行人报告期内是否存在购建固定资产、无形资产和其他长期资产支付的现金或投资所支付的现金金额较大的情形。

4.发行人报告期内是否存在筹资活动现金流量净额持续大额为负或大幅波动，或筹资渠道发生较大变化的情形。

（四）盈利能力情况

在债券审核过程中，通常需要重点关注发行人如下盈利能力情况：

1.发行人报告期内新增开展贸易业务，或者贸易业务报告期内平均或最近一年营业收入占比达到30%的，应当重点关注主要客户和供应商是否存在重复、互为关联方或其他异常情形、会计核算方法及其合理性、发行人开展贸易业务的商业合理性及必要性等。

2.发行人报告期内年均息税折旧摊销前利润（EBITDA）是否小于报告期末所有有息债务（含本次申报债券）一年利息。

3.发行人报告期内是否存在净利润持续为负，营业收入、净利润持续下滑或大幅波动，毛利率波动较大或与同行业可比企业存在较大差异等情形；

4.发行人报告期内是否存在净利润较为依赖大额资产处置收益，尤其扣除处置收益后不满足发行条件，或盈利较为依赖股票二级市场投资收益、投资性房地产增值等非经常性损益等情形。

发行人盈利能力缺乏可持续性且显著影响偿债能力的，应结合相关情形审慎确定公司债券申报方案。

（五）财务指标异常情况

在债券审核过程中，通常需要重点关注发行人是否存在"存贷双高"等财务指标明显异常、财务信息不透明的特征等。

发行人存在"存贷双高"情形的，申报会计师应采取对发行人资产负债表日前后一段时期内的货币资金余额及其变动情况进行延伸核查等各类必要方式进行针对性核查，并发表明确意见。

（六）典型案例

案例2-6

案例背景：某公司于2023年9月向上海证券交易所申请注册发行20亿元小公募公司债券。根据募集说明书披露，发行人作为建筑施工企业，出于经营性现金流平衡的需要，在与上游材料商、分包商等供应商业务往来过程中会形成较大规模的经营性应付款项，同时为满足项目建设所需流动资金、保障业务推进，发行人通常会通过银行借款等方式进行债务融资。上述业务特点决定了发行人负债规模将保持在较高水平。近年来，由于发行人承揽合同数量持续增加、经营规模持续快速扩张，建筑施工业务的流动资金需求量也逐年上升，流动负债增长较快，资产负债率持续较高。2020—2022年末及2023年3月末，发行人资产负债率分别为90.94%、90.98%、88.76%和88.26%。

审核问题：

问题一：根据申报材料，发行人近三年及一期有息负债余额分别为368.49亿元、512.03亿元、706.77亿元和715.80亿元，其中一年以内到期的有息债务占比逐年提升。发行人报告期内有息负债年均增长率超过30%；最近一年末资产负债率为88.76%且速动比率小于1。同时，最近一期末发行人非标融资余额为50.88亿元，占有息负债的比重为7.11%。

（1）请发行人补充披露报告期各期末全口径有息债务情况、报告期内有息债务增长幅度较大的原因及相关财务指标是否高于行业平均水平，并结合公司自身经营情况、财务状况、偿债能力等补充说明发行人是否存在《上海证券交易所公司债券发行上市审核规则适用指引第3号——审核重点关注事项（2023年修订）》第十九条过度融资的情况。

（2）请发行人补充披露报告期内短期债务占比显著上升且最近一期末有息负债以短期债务为主的原因及合理性，是否符合同行业一般情况。

问题二：根据申报材料，最近三年及一期发行人现金流持续净流出，其中经营活动现金流量净额分别为–74.77亿元、–29.89亿元、9.57亿元和–33.24亿元，投资活动现金流量净额为–63.29亿元、–138.44亿元、–185.89亿元和–9.11亿元。请发行人结合行业特征、具体业务板块经营情况等披露产生相关情形的原因、合理性以及对自身偿债能力的影响。

反馈回复：

问题一回复：

（1）……

经筛选，同行业企业中最近一年营业收入超过400亿元且以房屋建筑工程为主业（房屋建筑工程业务收入占比不低于55%）的省属国有建筑业企业主要包括A公司、发行人、B公司、C公司、D公司和E公司等6家。上述6家同行业可比企业2022年度/2022年末相关财务指标情况如下（见表2-2）：

表2-2　　　　　　　　6家同行业可比企业2022年度/
2022年末相关财务指标情况

公司名称	营业收入（亿元）	总资产（亿元）	总负债（亿元）	资产负债率（%）	其他权益工具–永续债（亿元）	永续债还原为负债后的资产负债率（%）
A公司	2 860.37	3 668.04	3 157.24	86.07	105.00	88.94
发行人	2 336.56	3 872.39	3 437.14	88.76	39.89	89.79
B公司	1 005.57	1 233.57	1 067.75	86.56	10.00	87.37
C公司	985.35	1 111.20	1 008.89	90.79	18.98	92.50
D公司	493.30	820.68	728.16	88.73	10.48	90.00
E公司	431.38	764.73	676.48	88.46	18.00	90.81
平均资产负债率	—	—	—	88.23	—	89.90

发行人2022年末资产负债率、永续债还原为负债后的资产负债率分别为88.76%、89.79%，上述6家同行业可比企业2022年末的平均资产负债率、永续债还原为负债后的平均资产负债率分别为88.23%、89.90%；将永续债还原为负债后，发行人的资产负债率指标未高于同行业可比企业平均水平。

2020—2022年末及2023年6月末，发行人有息负债余额分别为3 684 850.36万元、5 120 320.98万元、7 067 737.34万元和7 695 199.24万元。2021年末，发行人有息负债较2020年末增长率为38.96%；2022年末，发行人有息负债较2021年末增长率为38.03%；2023年6月末，发行人有息负债较2022年末增长率（年化）为17.76%。自2020年末至2023年6月末的报告期内，发行人有息负债年均增长率为31.58%，超过30%。发行人2022年末资产负债率、永续债还原为负债后的资产负债率分别为88.76%、89.79%，上述6家可比性较强的同行业可比企业2022年末的平均资产负债率、永续债还原为负债后的平均资产负债率分别为88.23%、89.90%；将永续债还原为负债后，发行人的资产负债率指标未高于同行业可比企业平均水平。2022年末，发行人速动比率为0.96。因此，发行人不存在"《上海证券交易所公司债券发行上市审核规则适用指引第3号——审核重点关注事项》（2023年修订）第十九条所指的过度融资的情况"之"（一）报告期内有息债务余额年均增长率超过30%、最近一年末资产负债率超过行业平均水平且速动比率小于1"。

发行人2022年末资产负债率为88.76%，略高于同行业可比企业平均资产负债率88.23%，未超出行业平均水平的30%。此外，将永续债还原为负债后，发行人的资产负债率为89.79%，未高于同行业可比企业平均水平（89.90%）。因此，发行人不存在"《上海证券交易所公司债券发行上市审核规则适用指引第3号——审核重点关注事项》（2023年修订）第十九条所指的过度融资的情况"之"（二）最近一年末资产负债率、有息债务与净资产比例均超出行业平均水平的30%"。

综上，发行人未触发"《上海证券交易所公司债券发行上市审核规则适用指引第3号——审核重点关注事项》（2023年修订）第十九条过度融资的情况"。

（2）2020—2022年末及2023年6月末，发行人短期债务分别为137.85亿元、243.57亿元、401.00亿元和407.61亿元，占有息债务的比重分别为37.41%、47.57%、56.74%和52.97%，最近一年及一期占比大幅提高，主要系公司较多存量债券将集中到期或进入回售期、部分长期借款划入一年内到期的债务所致。近年来，发行人建筑施工业务规模逐步扩大，由于建筑施工业务资金流转周期短，发行人通过增加短期借款及发行短期融资券等方式筹集期限较短的资金，以实现资产端与负债端久期的匹配。此外，发行人利用短期限融资产品，也能较好地降低企业融资成本。因此，发行人有息债务以短期债务为主的结构具有一定合理性。

发行人是以房屋建筑工程为主业的大型省属国有建筑业企业，最近三年营业收入规模分别为1 428.27亿元、1 828.80亿元、2 336.56亿元。经筛选，同行业企业中最近一年营业收入超过400亿元且以房屋建筑工程为主业（房屋建筑工程业务收入占比不低于55%）的省属国有建筑业企业主要包括A公司、发行人、B公司、C公司、D公司和E公司等6家。上述6家同行业可比企业2020—2022年末及2023年6月末的短期有息债务占比如表2-3所示。

表2-3　6家同行业可比企业2020—2022年末及2023年6月末的短期有息债务占比　　　　（单位：%）

公司名称	2023年6月末	2022年末	2021年末	2020年末
A公司	25.19	35.85	39.57	42.55
发行人	52.97	56.74	47.57	37.41
B公司	62.06	67.01	60.84	59.09
C公司	50.69	42.62	46.35	40.08
D公司	68.33	66.38	50.66	52.95
E公司	58.81	51.26	51.08	46.27
平均值	53.01	53.31	49.34	46.39

可以看出，发行人报告期内短期有息债务占有息债务比重分别为37.41%、47.57%、56.74%和52.97%，行业可比公司短期债务占有息债务比重的均值分别为46.39%、49.34%、53.31%和53.01%，除了2022年末外，发行人短期有息债务占有息债务比重均小于行业均值。

问题二回复：

（1）行业特征。发行人建筑施工业务所处的建筑行业在国民经济中处于举足轻重的位置，它与整个国家发展所需的重大项目建设息息相关。这些项目包括但不限于住宅房屋、体育场馆、铁路、道路、隧道、水利水运、海洋、工矿、架线和管道工程建筑等，此类项目的建设周期较长，且投资规模较大，施工完成后建筑企业才可过程中按照进度确认收入，并后续逐步收回款项，因此建筑业企业普遍存在较大规模的应收账款且经营活动现金流呈现持续流出的态势。

发行人房地产业务所处的行业属于投资规模较大、资金需求较高且回收期较长的行业。房地产项目的投资规模大，每个房产项目从立项到完工一般需要数年，销售再到回款也需要一定的时间，因此房地产公司的经营活动现金流一般呈现持续流出的态势。同时，基于上述两方面原因，建筑类企业的资金需求较大，因此筹资活动现金流量基本处于净流入状态。

表2-4是同行业可比企业的比较情况，从经营活动产生的现金流量净额看，除了A公司和C公司仅有2023年1—6月为负外，其余几家可比公司负数年份与正数年份持平或者多于正数年份，发行人未出现严重偏离行业特征的情况。从投资活动产生的现金流量净额看，2020—2022年度，仅E公司2023年1—6月为正，其余均为负数，发行人与行业特征一致。从筹资活动现金流量净额看，仅有发行人和B公司维持正数，其余几家可比公司均为负数，这也间接体现出发行人的筹资渠道通畅、偿债能力较好。

表2-4　　　　　同行业可比企业的比较情况　　　　　（单位：亿元）

公司名称	项目	2023年1—6月	2022年度	2021年度	2020年度
A公司	经营活动产生的现金流量净额	-131.57	89.58	103.68	3.16
	投资活动产生的现金流量净额	-35.92	-15.22	-18.12	-81.76
	筹资活动产生的现金流量净额	-20.30	-37.39	-29.50	142.81
发行人	经营活动产生的现金流量净额	-51.80	9.57	-29.89	-74.77
	投资活动产生的现金流量净额	-23.19	-185.89	-138.44	-63.29
	筹资活动产生的现金流量净额	103.29	206.94	189.35	184.35

续表

公司名称	项目	2023年1—6月	2022年度	2021年度	2020年度
B公司	经营活动产生的现金流量净额	−46.37	−7.24	−7.44	27.83
	投资活动产生的现金流量净额	−4.80	−18.52	−40.93	−27.23
	筹资活动产生的现金流量净额	52.24	42.82	45.11	9.41
C公司	经营活动产生的现金流量净额	−2.74	31.61	8.85	7.21
	投资活动产生的现金流量净额	−4.24	−14.87	−23.18	−2.76
	筹资活动产生的现金流量净额	21.63	−15.48	−2.50	−4.63
D公司	经营活动产生的现金流量净额	−8.34	12.42	−8.49	25.19
	投资活动产生的现金流量净额	−2.68	−4.72	−3.05	−14.81
	筹资活动产生的现金流量净额	−3.06	−9.59	−2.51	−13.55
E公司	经营活动产生的现金流量净额	−14.41	18.17	−0.59	21.49
	投资活动产生的现金流量净额	14.49	−1.89	−3.72	−8.32
	筹资活动产生的现金流量净额	−1.96	−13.63	−2.57	−5.49

（2）经营情况。2020—2022年及2023年1—6月，发行人的营业收入分别为1 428.27亿元、1 828.80亿元、2 336.56亿元和1 154.29亿元，报告期内呈稳定增长趋势。营业毛利率分别为7.37%、9.44%、8.33%和7.59%，报告期呈波动态势。公司收入结构中，建筑施工业务是最主要的收入来源，最近三年该业务收入占营业收入的比例均在80%以上。2020—2022年及2023年1—6月，公司建筑施工板块收入金额分别为13 538 350.87万元、17 004 105.93万元、18 892 480.53万元和7 708 912.38万元，占各期公司营业总收入的比例分别是94.79%、92.98%、80.86%和66.78%，收入规模整体呈增长趋势。建筑业是国民经济的重要支柱产业之一，其发展与社会固定资产投资规模保持着密切的关系。建筑施工板块的毛利率分别为7.17%、8.98%、9.28%和9.37%，近三年有所提高。建筑施工板块的毛利率水平整体偏低，主要是由于建筑施工行业是一种完全竞争的业务领域，除了部分特殊项目需要较高施工资质可能形成一定的进入优势外，大部分建设项目的"准入门槛"较低。

报告期内公司房地产开发与投资板块收入规模保持稳定增长，2020—2022年及2023年1—6月，公司房地产开发与投资板块收入金额分别为110 218.36万元、554 913.95万元、1 042 430.78万元和367 811.15万元，占各期公司营业收入的比例分别是0.77%、3.03%、4.46%和3.19%，报告期内占比有所提高。公司房地产开发与投资板块的毛利率分别为15.88%、11.35%、10.82%和8.51%。由于近年来房地产业务景气度有所下降，公司房地产业务报告期内毛利率有所下滑。

公司商品贸易板块随着公司产业链的延伸，进一步推进了销售设备材料业务集约化、规模化程度。2020—2022年及2023年1—6月，公司商品贸易板块收入金额分别为485 256.40万元、571 235.56万元、3 288 898.07万元和3 056 854.10万元，占各期公司营业总收入的比例分别是3.40%、3.12%、14.08%和26.48%，最近一期占比大幅提高。公司商品贸易板块的毛利率分别为2.04%、9.97%、0.59%和2.54%，报告期内波动幅度较大，2021年公司商品贸易板块的毛利率大幅提升，主要系开展了毛利率较高的新型建材、混凝土生产销售业务所致，2022年公司商品贸易板块的毛利率大幅下降，主要系2022年F公司并表后商品贸易业务的产品结构变化所致。

发行人经营业务多元化，其他业务收入构成较为分散，主要来源于钢构安装、锅炉、构件等业务收入、租赁收入等。2020—2022年及2023年1—6月，发行人其他业务收入金额分别为148 886.70万元、157 786.75万元、141 825.27万元和409 371.24万元，占各期发行人营业总收入的比例分别为1.04%、0.86%、0.61%和3.55%。其他板块的毛利率分别为37.00%、50.87%、42.55%和10.92%，报告期内波动幅度较大，主要系其他业务构成情况变化所致，对发行人整体盈利和经营情况无重大负面影响。

（3）现金流持续净流出的原因、合理性。综合上述分析，2020—2022年及2023年1—6月，发行人经营活动产生的现金流量净额分别为-747 668.88万元、-298 936.94万元、95 673.61万元和-518 013.78万元，报告期内除2022年度外其余年份均为负，与发行人所处行业特征及主营业务经营情况密切相关。建筑施工及房地产行业均具有建设周期较长、投资规模较大且回款周期较长的特点。一方面，报告期内发行人新开工项目逐年增多，由于建筑施工企业按照施工进度确认收入，达到形象施工进度后即确认收入，但委托方需要第三方监理审核后才确认进度并付款。因此，应收账款付款周期持续增长。由于发行人承接项目量逐年增长，应收账款回款周期变长，发行人需要大量垫资，故始终处于高现金高负债状况，经营性活动现金流出规模较大。另一方面，公司房地产开发与投资板块业务逐年增长，购置土地付款额大于售房回款额，净投出占用资金较大。此外，通过同行业可比公司经营活动现金流情况的对比，发行人经营活动净流出状况未出现大幅偏离行业特征。针对经营活动产生的现金流量净额基本为负的问题，发行人一方面调整业务结构，对于占用资金规模较大、利润较低的板块和项目，逐步压缩并退出；另一方面，公司进一步加强回款管理和清收力度，确保资金及时回笼。

2020—2022年及2023年1—6月，发行人投资活动产生的现金流量净额分别为–632 861.53万元、–1 384 437.91万元、–1 858 942.74万元和–231 894.06万元。报告期内持续为负，主要系公司在多元化经营布局、加快产业链延伸的战略布局下，持续购建与公司建筑产业链相关的生产设备、厂房等固定资产、无形资产和其他长期资产，此外，发行人加强了账面短期闲置资金管理，购买短期理财产品支出增加。因此，相较公司投资活动收回的现金、取得的投资收益等现金流入，现金流出规模较大，投资活动持续呈现净流出。

综上，经营活动净流出和投资性活动净流出状况未大幅偏离行业特征，目前未对发行人偿债能力产生重大不利影响，但若持续呈现大额净流出，可能在一定程度影响发行人偿债能力。

审核结果：该项目已注册生效。

案例2-7

案例背景：某水务公司于2023年8月向深圳证券交易所申请注册发行50亿元小公募公司债券。报告期各期，发行人扣除非经常性损益后净利润分别为–62 576.78万元、–49 503.45万元、–22 609.11万元及–12 138.02万元。非经常性损益主要由其他收益、资产处置收益、营业外收入、投资收益等构成，发行人盈利能力对非经常性损益依赖较大。2022年，发行人营业利润为–0.27亿元。

审核问题：深圳证券交易所关于该公司2023年面向专业投资者公开发行公司债券并上市申请文件的反馈意见如下："请发行人（1）补充披露报告期各期投资收益、资产处置收益及其他收益的主要内容，其他收益中涉及政府补助的，补充说明政府补助的依据和相关的现金流入情况；（2）进一步补充披露2022年营业利润为负的原因，并就上述事项进行风险提示；（3）结合非经常性损益的可持续性，补充分析上述事项对公司盈利能力和本次债券偿付能力的影响，并进行重大事项提示。"

反馈回复：

（1）补充披露报告期各期投资收益、资产处置收益及其他收益的主要内容，其他收益中涉及政府补助的，补充说明政府补助的依据和相关的现金流入情况。

报告期内，发行人投资收益构成情况如下……

报告期内，发行人投资收益主要包括处置长期股权投资的收益、持有其他权益工具投资取得的股利收入以及持有其他非流动金融资产期间取得的投资收益等。2020年发行人处置长期股权投资的收益主要是A集团2020年处置长期股权投资产生（2020年A集团利润数据仍纳入发行人合并利润表范围内，划转基准日为2020年12月31日）；2021年，发行人确认处置长期股权投资产生的投资收益10 664.00万元；2022年无处置长期股权投资的相关事项。报告期内，发行人持有其他权益工具投资取得的股利收入主要是发行人子公司持有某银行股票的分红收益。报告期内，发行人持有其他非流动金融资产期间取得的投资收益主要是持有到期的定期存款产生的投资收益。

报告期内，发行人资产处置构成情况如下……

报告期内，发行人固定资产处置收益主要是发行人子公司自来水公司处置甲项目以及乙地块收储产生的。2021年，因B地铁集团有限公司规划建设的甲项目某路段地铁建设的需求，需对该路老旧供水管道进行迁移改造。双方协商并经主管部门同意后，B地铁集团有限公司因迁改管道对发行人提供补偿，预计补偿总金额35 099.96万元。2021年，B地铁集团有限公司向发行人支付预付补偿款17 549.98万元，年底发行人根据项目预计结算金额确认改管资产处置收益27 822.29万元。因市政府统一规划，发行人将划拨土地乙地块交由市土地开发中心进行收储，2021年收到收储补偿款7 229.93万元，计入资产处置收益中。2023年1至3月，因丙地块收储，发行人获得补偿款14 409.23万元，计入资产处置收益。

报告期内，发行人其他收益构成情况如下……

报告期内，发行人其他收益主要是污水处理补助及水资源费补贴。为支持发行人的污水处理业务、实现水资源保护及合理利用，市政府对发行人提供污水处理补助和水资源费补贴。发行人在实际收到政府补贴款时确认其他收益。2020年发行人实际收到污水处理补助款63 600.00万元；最近三年发行人收到水资源费补贴款分别为14 382.18万元、17 992.87万元、14 950.09万元。

（2）进一步补充披露2022年营业利润为负的原因，并就上述事项进行风险提示。

发行人2022年度营业利润为-2 720.69万元，营业利润为负主要系管理费用及财务费用较上年度有所增加，同时投资收益及资产处置收益较上年度减少所致。

2022年度，发行人管理费用为104 744.62万元，较上年度增加8 685.59万元，增幅9.04%，主要系职工薪酬随社平工资增长所致。同期，发行人财务费用为72 045.62万元，较上年度有所增加，主要系2022年度偿还美元贷款所导致的，汇兑净损失为2 441.12万元。2022年度，发行人管理费用及财务费用增幅对营业利润的合计负面影响为13 966.85万元。

此外，2022年度，发行人投资收益较上年度减少9 430.84万元，降幅为48.81%，主要是2021年，发行人确认处置长期股权投资产生的投资收益为10 664.00万元，2022年未发生相关事件导致。2022年度，发行人资产处置收益为3 057.74万元，较上年度减少91.42%，主要原因是2021年发行人子公司自来水公司处置甲项目及乙地块收储等产生资产处置收益，该事项在2022年未发生。

综上所述，2022年度发行人营业利润为负主要系管理费用及财务费用较上年度增加，同时投资收益及资产处置收益的确定性和可持续性较难预期所致。

（3）结合非经常性损益的可持续性，补充分析上述事项对公司盈利能力和本次债券偿付能力的影响，并进行重大事项提示。

发行人非经常性损益主要由其他收益、资产处置收益、投资收益等构成。发行人非经常性损益中水资源费补贴及持有招商银行股票等分红收益具有一定可持续性，其余非经常性损益整体可持续性较弱。

发行人其他收益科目主要系政府补助款，2020年发行人其他收益为8.56亿元，高于2021年至2022年，该情况主要系当年发行人入账偶发性的污水处理补助6.36亿元所致。除该污水处理补助外，发行人主要补助款项为水资源费补贴，该补贴金额较为稳定，2020—2022年分别为1.44亿元、1.80亿元及1.50亿元，该补贴可持续性相对较强。

发行人投资收益主要为处置长期股权投资和某银行股票的分红收益构成。报告期内，发行人处置长期股权投资具有一定的偶发性。上述银行股票等分红收益依赖于各期间的分配方案，鉴于该银行利润分配比例相对稳定，该部分分红收益的可持续性相对较强。

发行人资产处置收益2021年较高，主要系发行人子公司处置甲项目及乙地块收储等确认资产处置收益，偶发性较强。发行人资产处置收益的可持续性较弱。

综上，发行人非经常性损益中水资源费补贴及持有某银行股票等分红收益具有一定可持续性，其余非经常性损益整体可持续性较弱。

发行人盈利能力有望向好，资产负债率相对较低，融资渠道通畅，可变现资产相对充裕，预计非经常性损益对发行人的盈利及偿债能力造成的不利影响相对可控。具体分析如下。

未来发行人盈利能力有望向好发展，上述事项对发行人盈利能力的影响相对可控。2020—2022年及2023年1—3月，发行人扣除非经常性损益后净利润分别为-62 576.78万元、-49 503.45万元、-22 609.11万元及-12 138.02万元，总体呈现向好趋势。未来，发行人盈利能力有望增强，其一，2023年2月，发行人所在城市的市发展和改革委员会、市国资委、市财政局、市水务局联合印发实施了《某某市中心城区污水处理付费定价机制》，确定污水处理付费单价按照监审成本单价、合理利润及相关税费确定，合理利润按照净资产利润率3.80%核定。污水处理付费原则上每三年核定一次，单价审定计算期为重新审定单价之前的最近一年度。在一个付费核定周期内，如因新（扩）建工程增加固定资产、上级部门对污水处理公共服务标准大幅提升以及市场物价水平大幅变化等客观因素，影响污水处理成本超过5%，付费单价应酌情予以调整，调整核定周期原则上为3年。发行人核心业务板块污水处理业务的盈利能力有所提升。其二，发行人拥有市政府授予的市中心城区供水、污水处理特许经营权，根据该市统计局发布的《2022年某某市国民经济和社会发展统计公报》，2022年末该市常住人口为1 873.41万人，年末户籍人口为1 034.91万人，自然增长人口为5.22万人，自然增长率为5.10‰。户籍迁入人口为21.77万人，迁出人口3.65万人，机械增长人口18.12万人。该市作为经济较为发达城市，人口的增长为发行人盈利能力提供了一定支撑。

发行人资产负债率总体较低，偿债压力相对较小。2020年末至2022年末以及2023年3月末，发行人资产负债率分别为57.33%、56.10%、58.08%和57.50%，发行人资产负债率整体稳定且处于相对低位，长期偿债能力较好。

发行人具有较强的融资能力。截至2022年12月末，发行人获得银行授信总额为人民币867.33亿元，剩余可使用的额度为人民币662.04亿元。发行人财务状况、信贷记录良好，拥有较好的市场信誉，与多家商业银行保持着良好的长期合作关系。如果不可预见的原因导致发行人不能及时从预期的还款来源获得足够资金，发行人可凭借自身良好的资信状况以及与金融机构良好的合作关系，通过间接融资筹措本次债券还本付息所需资金。此外，发行人资信状况良好，为AAA主体评级的地方国有企业，子公司自来水公司和净水公司也是AAA主体评级的地方国有企业，可融资的平台较多。

其他权益工具投资变现可为发行人提供一部分资金来源。发行人持有15.43亿元的其他权益工具投资产品，必要时可进行变现。

综上，受益于污水付费定价机制调整、某市人口增长以及发行人自身融资渠道及可变现资产情况，非经常性损益可持续性对发行人盈利和本次债券偿付能力产生的影响相对可控。

审核结果：该项目已注册生效。

案例2-8

案例背景：某叉车集团公司于2023年9月向上海证券交易所申请注册公开发行10亿元科技创新公司债券。发行人货币资金及交易性金融资产规模占比较大，最近三年及一期末，发行人货币资金分别为264 382.00万元、239 522.39万元、407 350.82万元和385 654.77万元，分别占当年发行人总资产比例为21.32%、16.63%、22.59%和19.37%。2022年末公司货币资金较2021年末增长167 828.43万元，增幅为0.07%。

审核问题：根据申报材料，截至报告期末，发行人货币资金余额为38.57亿元，占总资产的比重为19.37%，有息负债余额为49.48亿元。发行人本次申报科技创新公司债券10.00亿元，拟将不超过8.00亿元用于偿还到期债务，剩余部分用于补充流动资金。请发行人结合行业特性及可比公司情况，补充说明货币资金占比较高的原因及合理性，是否存在"存贷双高"的情形。

反馈回复：

（1）关于发行人报告期内货币资金占比较高的原因及合理性说明如下：

①同行业可比公司A公司情况。国内叉车行业保持以A公司和发行人子公司B公司为主的双寡头格局。2022年A公司和B公司叉车销量占全国总销量（未考虑进口销量）比重分别为24.89%和21.98%。

②发行人与同行业可比公司A公司货币资金与有息负债比情况（见表2-5）。

表2-5　　　发行人与同行业可比公司A公司货币资金与有息负债比情况

	项目	2023年6月末	2022年末	2021年末	2020年末
A公司	有息负债（万元）	108 519.30	190 818.91	156 196.62	23 573.56
	货币资金（万元）	344 030.62	303 967.54	233 137.42	211 203.68
	货币资金/有息负债	3.17	1.59	1.49	8.96
	资产负债率（%）	35.75	41.76	42.03	34.09

续表

	项目	2023年6月末	2022年末	2021年末	2020年末
发行人合并口径	有息负债（万元）	494 777.97	454 533.34	175 221.23	85 887.63
	货币资金（万元）	385 654.77	407 350.82	239 522.39	264 382.00
	货币资金/有息负债	0.78	0.90	1.37	3.08
	资产负债率（%）	49.75	47.59	42.29	37.39
	项目	2023年6月末	2022年末	2021年末	2020年末
发行人母公司口径	有息负债（万元）	92 636.83	92 278.40	7 094.00	—
	货币资金（万元）	21 752.31	23 896.92	8 931.73	13 599.43
	货币资金/有息负债	0.23	0.26	1.26	—
	资产负债率（%）	40.63	46.63	31.07	31.34

通过表2-5可以看出，同行业可比公司A公司2021年以来同样也存在着维持较大规模货币资金和有息负债的情形，且报告期资产负债率皆小于50%。此外，2021年3月25日，A公司曾发行11.50亿元可转债，因此A公司2021年末及2022年末的有息负债增长较快。综上，通过对比同行业公司A公司可以看出，发行人同时维持较大规模货币资金和有息负债（有息负债增长较快的主要原因系发行人子公司B公司2022年12月发行20.48亿元的可转债），具有一定的合理性。

（2）关于发行人是否存在"存贷双高"的情形。发行人不存在"存贷双高"的情形，具体说明如下。

首先，最近三年及一期末，发行人的资产负债率为37.39%、42.29%、47.59%和49.75%，报告期内发行人资产负债率均低于50%。此外，发行人合并口径货币资金/有息负债低于同期可比公司A公司，对于国内双寡头的叉车行业竞争格局来说，发行人的货币资金/有息负债符合国内叉车行业惯例。同时，最近三年及一期末，发行人母公司口径的资产负债率分别为31.34%、31.07%、46.63%和40.63%，资产负债率均低于50%，且发行人母公司口径有息负债及货币资金余额均处于较低水平。

其次，发行人作为生产制造类企业，日常生产经营活动中需要相对大额的货币资金采购商品原材料以及保障经营销售环节的正常运行。最近三年及一期，发行人存货周转率为6.96、6.46、5.55和2.78，同行业可比公司A公司的存货周转率为8.14、7.67、6.17和3.43，发行人的存货周转率稍低于A公司的存货周转率，变动趋势基本一致；最近三年及一期，公司的应收账款周转率为13.06、13.17、11.26和4.47，同行业可比公司A公司的应收账款周转率为15.78、15.41、11.63和

5.13，发行人的存货周转率稍低于A公司的存货周转率，变动趋势基本一致。发行人及同行业可比公司A公司的存货周转率及应收账款周转率维持较高水平，经营活动正常（见表2-6）。

表2-6　A公司和发行人的存货周转率、应收账款周转率

项目	公司	2023年1—6月	2022年度	2021年度	2020年度
存货周转率（次/年）	A公司	3.43	6.17	7.67	8.14
	发行人	2.78	5.55	6.46	6.96
项目	公司	2023年1—6月	2022年度	2021年度	2020年度
应收账款周转率（次/年）	A公司	5.13	11.63	15.41	15.78
	发行人	4.47	11.26	13.17	13.06

注：2023年1—6月数据未经年化处理。

最后，由于发行人子公司B公司于2022年12月13日才发行可转债募集20.48亿元，全部募集资金用于项目建设，由于项目建设周期较长，目前尚未使用募集资金占比较高，发行人子公司B公司根据募投项目的开展情况对闲置资金进行充分利用，将部分闲置资金用于购买短期银行理财产品。而且子公司B公司为上市公司，可转债募集资金不能随意拆借至发行人本部集团占用，因此发行人在较短期限内存有部分闲置资金存在一定的合理性。

综上所述，发行人不存在"存货双高"的情形。

审核结果：该项目已注册生效。

三、特定情形发行人

在债券审核过程中，公司债券审核机构通常关注发行人是否存在以下特定情形。存在特定情形的，公司债券审核机构通常要求发行人进行针对性的披露或合理确定申报方案。

（一）多元化经营、治理结构复杂的企业集团发行人

多元化经营、治理结构复杂的企业集团发行人，应充分披露集团公司股权架构、公司治理情况、融资情况以及体系内主要经营融资主体等情况。主要经营主体指最近一年经审计的总资产、净资产或营业收入任一项指标占合并报表相关指标比例超过30%的子公司。

发行人所属企业集团存在公司治理不规范、经营范围不明确等问题的，发行人应当审慎确定公司债券申报方案，并对募集资金使用管理制度和偿债保障措施进行充分披露。

发行人应当具备清晰的主营业务定位和稳定的经营能力。发行人业务较为多元分散，最近一年不存在营业收入和毛利润比重均超过30%的业务板块的，应当结合业务开展情况，说明各业务板块协同性、对各业务板块实际控制情况，以及多元化经营对于盈利可持续性、偿债能力的影响。

（二）投资控股型发行人

投资控股型发行人经营成果主要来自子公司的，应结合母公司资产受限、资金拆借、有息债务、对核心子公司控制力、股权质押、子公司分红政策、报告期内实际分红等情况披露投资控股型架构对发行人偿债能力的影响。

投资控股型发行人主要资产和业务集中于下属上市公司的，应披露剔除上市公司后的财务报表、主要财务指标、重要报表科目及变动情况等。

发行人母公司单体资产质量较低、盈利能力较弱、有息债务负担较重的，应审慎确定公司债券申报方案。

（三）首次申请发行公司债券的发行人

发行人首次申请发行公司债券的，应结合自身经营情况、财务状况等方面评估自身偿债能力，审慎确定公司债券申报方案。

（四）曾发生债务违约或存在风险类债券的发行人

发行人报告期内曾发生公司债券或者其他债务违约、延迟支付本息事实，或存在交易所业务规则规定的风险类债券相关情形，或存在其他重大风险事项的，发行人应全面披露风险事项的具体情形、产生原因、化解处置情况和拟采取的应对措施以及前述事项对本次申报债券偿付能力的影响，并审慎确定公司债券申报方案。主承销商应当严格评估公司资信状况和偿债能力，就发行人是否存在短期流动性问题、生产经营是否正常、展业前景等进行审慎核查，并发表明确意见。

（五）主体信用评级下调的发行人

报告期内发行人主体信用评级（如有）下调的，发行人应结合自身业务模式、盈利情况、偿债能力、评级机构主要关注的风险因素等，强化评级下调事项相关信息披露和风险揭示，并审慎确定公司债券申报方案。

（六）短期债券占比较高的发行人

最近一期末发行人短期债券（包括期限不超过1年的各类短期债券产品）余额占全部债券余额比例显著高于同行业可比企业，且报告期内短期债券余额呈大幅增长趋势的，发行人应充分披露相关资金运营内控制度、资金管理运营模式和短期资金调度应急预案方案，量化说明本次债券的偿付资金来源，制定切实可行的偿债保障措施，并审慎确定公司债券申报方案（证券公司和适用交易所优化审核相关安排的发行人不适用）。

（七）存在特殊会计处理的发行人

发行人存在特殊会计处理，可能影响本次债券发行条件或对投资决策影响较大的，发行人应披露相关会计处理的依据及合理性。

申报会计师应结合《企业会计准则》的具体条款说明相关会计处理的合规性并发表核查意见；《企业会计准则》的适用涉及职业判断的，应提供充分依据。

（八）城市建设企业

主营业务主要为市政基础设施建设、土地开发整理、公益性住房建设等业务的地方国有企业（以下简称"城市建设企业"）申报发行公司债券，应符合地方政府性债务管理的相关规定，不得新增地方政府债务。募集资金用于偿还存量债务的，原则上应披露拟偿还的存量债务明细，并承诺所偿还的存量债务不涉及地方政府隐性债务。

城市建设企业应结合自身所属层级、业务规模、盈利情况、资产负债结构、现金流量情况等评估自身经营和偿债能力，审慎确定公司债券申报方案，资质良好的城市建设企业发行人可以将募集资金用于手续合规、收益良好的项目建设。

主营业务涉及市政基础设施建设、土地开发整理、公益性住房建设等业务的地方国有企业应当充分披露下列事项：

1.报告期内总资产构成中，拟开发土地、待结算的基础设施代建项目、应收和预付地方政府或与政府相关联的企事业单位款项的金额和占比；

2.报告期内主营业务收入中市政基础设施建设和土地开发整理、公益性住房建设等业务收入的金额和占比，及贸易业务和来自上市公司子公司的收入金额和占比；

3.报告期内净利润构成中地方政府补贴的金额和占比。

发行人最近一年末来自所属地方政府的政府性应收款占扣除重点关注资产后

的净资产比例超过30%的，应充分披露具体原因及合理性、报告期内的回款情况、后续回款相关安排、回款安排的可行性以及对自身偿债能力的影响，并结合相关情形审慎确定公司债券申报方案。

上述重点关注资产，主要包括公益性资产，未缴纳土地出让金的土地使用权，无证土地、房屋等。

（九）房地产企业

房地产企业发行人存在扣除合同负债后资产负债率较高、净负债率较高或现金对短期债务覆盖程度较低情形的，应结合报告期内经营情况、财务状况细化本次债券的偿付安排，制定切实可行的偿债保障措施。

发行人经营、财务情况存在上述重点关注事项或其他重大不利情形，可能严重影响偿债能力的，原则上应当设置增信、财务承诺、行为限制承诺等投资者保护条款，切实保护投资者合法权益。

此外，住宅地产企业适用"基础范围+综合指标评价"分类监管标准。"基础范围"指住宅地产企业申报公司债券应当符合的基础条件，"综合指标评价"指对符合基础范围的住宅地产企业作进一步分类，根据指标将企业划分为正常类、关注类和风险类。

1.关于基础范围。

住宅地产企业申报发行公司债券，发行人应当资质良好、主体评级达到AA及以上、能够严格执行国家房地产行业政策和市场调控政策，并符合下列条件之一：

（1）境内外上市的住宅地产企业或作为境外上市住宅地产企业主要经营实体的境内子公司；

（2）以住宅地产为主业的中央企业；

（3）省级政府（含直辖市）、省会城市、副省级城市及计划单列市的地方政府所属的住宅地产企业；

（4）中国房地产业协会排名前100名的其他民营非上市住宅地产企业。

存在以下情形的住宅地产企业不得发行公司债券：

（1）报告期内违反"国办发〔2013〕17号"规定的重大违法违规行为，或经主管部门查处且尚未按规定整改；

（2）房地产市场调控期间，在重点调控的热点城市存在哄抬地价等行为；

（3）前次公司债券募集资金尚未使用完毕或者报告期内存在违规使用募集资

金问题。

对因扰乱房地产市场秩序被主管部门查处的住宅地产企业，主承销商和相关证券服务机构应就相关事项进行核查。

2.关于综合指标评价。

对符合基础范围要求的住宅地产企业，根据下述综合指标，将其划分为正常类、关注类和风险类。触发两项指标划分为关注类，触发三项指标以上（含三项）划分为风险类，其余划分为正常类。住宅地产企业综合指标如下：

（1）最近一年末总资产小于200亿元；

（2）最近一年度营业收入小于30亿元；

（3）最近一年度扣除非经常性损益后净利润为负；

（4）最近一年末扣除预收款后资产负债率超过65%；

（5）房地产业务非一线、二线城市占比超过50%。

主承销商应按上述要求对拟申报公司债券的住宅地产企业的基础范围和综合指标进行尽职核查并出具专项说明。对于不同评价结果的发行人所对应的尽职调查及信息披露要求，详见本书"第三章　尽职调查"和"第六章　信息披露"。

（十）"红筹"企业

对于注册地在境外、主要经营活动在境内的企业，其境内注册企业申请发行公司债券的，发行人应当充分披露境内外企业股权架构及特殊安排（如有）、管理架构等治理情况、报告期内有息债务规模和结构变动情况、分红政策及报告期内实际分红等情况，并承诺不得有损害境内投资者合法权益的特殊安排和行为。发行人存在股权架构复杂或其他特殊安排、有息债务规模增长较快、债务结构不均衡、向股东异常分红等情形的，应当审慎确定公司债券申报方案。

主承销商应当评估发行人是否具备独立、稳定的经营能力及本次债券发行中是否存在可能损害境内投资者合法权益的特殊安排和行为，对本次申报方案的合理性进行审慎核查，并发表明确意见。

（十一）典型案例

📋 案例2-9

案例背景： 某公司于2023年12月向上海证券交易所申请注册公开发行20亿元小公募公司债。最近三年，发行人本部实现营业收入分别为7 691.94万元、

11 369.46万元和9 154.79万元，收到下属子公司的分红及按照权益法确认的投资收益分别为259 616.57万元、299 649.47万元和317 718.66万元，实现净利润分别为199 543.73万元、209 481.44万元和248 228.09万元，发行人主要分红来源于A公司。

审核问题：根据申报材料，发行人属于投资控股型企业，母公司利润来源主要为投资收益。发行人经营成果主要来自上市子公司A公司、B公司和C公司等。请发行人在募集说明书中结合母公司经营情况、资产受限、资金拆借及回收安排、有息负债规模及结构、现金流量状况、对核心子公司控制力、股权质押、子公司分红政策、报告期内实际分红等情况披露投资控股型架构对发行人偿债能力的影响，并就上述事项进行重大事项提示和风险提示。

反馈回复：发行人主要经营成果来自控股子公司A公司和B公司等，发行人属于投资控股型企业，投资控股型企业对发行人偿债能力的影响情况分析如下。

（1）发行人母公司本级经营情况。截至2023年9月末，发行人母公司总资产为781 357.07万元，总负债为595 483.82万元，净资产为185 873.25万元。近三年发行人合并口径营业收入分别为6 503 075.38万元、8 446 262.06万元和8 627 912.07万元；母公司本级实现营业收入分别为7 691.94万元、11 369.46万元和9 154.79万元。

（2）资产受限情况及股权质押情况。截至2023年9月末，发行人母公司已将下属子公司A公司5 000万股股权质押用于融资，质押股权占发行人持股比例的1.47%，占A公司总股本的0.54%，所占比重较小不会构成重大影响。除上述股权质押外，发行人母公司本级无其他资产受限的情况。

（3）资金拆借及回收安排。截至报告期末，发行人母公司本级不存在对A公司、B公司及C公司的资金拆借，也不存在从A公司、B公司及C公司拆入资金的情况。

（4）有息负债规模及结构。截至2023年9月末，发行人母公司本级有息负债规模为478 198.56万元，发行人本级以银行借款融资和公开市场直接融资为主，发行人母公司本级有息负债占发行人合并口径债务规模的20.50%。

（5）现金流量状况。报告期内发行人母公司现金及现金等价物净增加额分别为-29 826.82万元、-13 364.02万元、19 269.46万元和34 046.65万元，报告期内发行人的主要现金流入来自投资活动产生的现金流入，与发行人投资控股型企业类型相匹配，报告期内发行人母公司投资活动产生的现金流量净额分别为86 465.35万元、205 958.88万元、354 814.32万元和170 995.37万元，近三年发行人母公司投资活动产生的现金流量净额逐年增长。

（6）对核心子公司控制力。发行人下属子公司众多，产业跨度较大，为提升管理水平，强化对各级出资企业的股权管理，切实履行出资人职责，实现国有资产的保值增值，发行人制定了相应的管理制度，对下属子公司进行依法管理。

截至募集说明书签署日，发行人是A公司和B公司的第一大股东，且发行人母公司法定代表人及董事长同时兼任A公司和B公司法定代表人及董事长，公司可通过股东大会及董事会对A公司和B公司的经营活动制定相应的决策，具有较强的控制力。

（7）子公司分红政策及分红情况

发行人主要子公司的分红政策为：

……

报告期内，发行人子公司根据年度权益分派实施公告进行分红，且母公司可以通过各项制度等对子公司进行较强的管控。同时，母公司资产规模较大，受限资产较小，单体资产质量较好，具有较强的资产变现能力，自身偿债能力较强。若未来母公司存在到期债务偿付困难时，可通过母公司资产变现、使用未使用的授信、子公司分红、转让股权等方式合法合规筹集足额资金。

综上所述，发行人本级存在一定的偿债能力，且对下属子公司具有较强的控制能力，发行人投资控股型架构预计不会对发行人的偿债能力产生重大不利影响。

审核结果：该项目已注册生效。

四、募集资金用途

（一）募集资金用途相关规定

《证券法》及《公司债券发行与交易管理办法》规定，公开发行公司债券筹集的资金，必须按照公司债券募集说明书所列资金用途使用；改变资金用途，必须经债券持有人会议作出决议。非公开发行公司债券，募集资金应当用于约定的用途；改变资金用途，应当履行募集说明书约定的程序。鼓励公开发行公司债券的募集资金投向符合国家宏观调控政策和产业政策的项目建设。公开发行公司债券筹集的资金，不得用于弥补亏损和非生产性支出。发行人应当指定专项账户，用于公司债券募集资金的接收、存储、划转。

公司债券募集资金通常可用于偿还有息债务、补充流动资金、固定资产投资项目、基金出资、股权投资或资产收购等，但募集资金用途受限的除外。

交易所针对募集资金用途相关的审核重点关注募集资金投向是否符合国家产业政策的业务领域。鼓励公司债券的募集资金投向符合国家宏观调控政策和产业政策的项目建设。发行人所在行业涉及国家产业政策调整的，发行人及主承销商应当就相关行业政策调整情况、公司相关业务资质、展业范围以及经营情况、财务状况、偿债能力等方面受到的影响及应对措施等进行充分披露与核查。企业债券的募集资金重点用于国家及地方重大战略支持的重大项目建设，包括但不限于科技强国战略、制造强国战略、交通强国战略、数字中国战略、现代能源体系建设工程、区域重大战略、新型城镇化建设工程、服务国家战略的重大工程和重大项目、现代服务业新体系建设。鼓励发行中长期企业债券为项目建设提供资金支持，并可视情况设置分期偿还等特殊条款。

公司债券募投项目的法人主体原则上应当为发行人、纳入发行人最近一年经审计财务报告的具有股权投资关系的公司或由发行人出资设立的未纳入发行人最近一年经审计财务报告的具有股权投资关系的公司。原则上同一项目不得重复申报公司债券，项目发生重大变更的情形除外。

公司债券募集资金用于固定资产投资项目的，应当说明是否已经取得有关主管部门批准或已签署协议等，并披露相关项目合法性文件支持情况。发行人应当结合固定资产投资项目建设进度与投资进度、前期资金垫付情况、项目结算方式、资金缺口等合理确定公司债券申报规模。公司债券募集资金原则上用于募投项目的规模不得超过该项目总投资额的70%。公司债券募集资金用于固定资产投资项目的，应当严格执行项目资本金制度。企业债券可以将不超过募集资金总额的30%部分用于补充流动资金等其他用途，中国证监会和交易所另有规定的，从其规定。企业债券募集资金用于固定资产投资项目的金额不得超过项目资金缺口。

公司债券投向的固定资产投资项目收入应当主要来自市场化销售或运营收入，不得来源于土地预期出让收入返还，且募投项目不得回售给政府部门。募投项目收入中的财政补贴占比不得超过项目总收入的50%，且相关财政补贴应当符合《预算法》等有关规定。募投项目应当具备良好的收益性，纯公益性项目不得作为募投项目申报公司债券。公司债券存续期内投向的固定资产投资项目净收益原则上应当覆盖用于项目建设部分的债券利息，并且运营期内募投项目净收益原则上应当覆盖项目总投资或税后内部财务收益率应当大于零。

募集资金用于基金投资的，应当符合《关于规范金融机构资产管理业务的指导意见》等相关规定，投资于服务国家产业政策、支持实体经济发展的创业投资基金或政府出资产业投资基金，并按规定完成备案登记等事宜。

关于公司债券募集资金运用信息披露的相关要求，请参见本书"第六章　信息披露"。

（二）典型案例

案例2-10

案例背景：某融资租赁公司于2024年3月向上海证券交易所申请注册发行300亿元小公募公司债券。根据募集说明书披露，发行人截至2023年9月末有息负债余额1 928.29亿元，其中一年以内的有息负债占比61.63%，应付债券（含一年内到期）占比34.91%。本次债券募集资金扣除发行费用后将全部用于偿还有息负债，优先用于偿还公司债券。

审核问题：上海证券交易所关于该融资租赁公司2024年面向专业投资者公开发行公司债券上市申请文件审核反馈意见如下："根据申报材料，发行人本期申报300亿元公开发行公司债券，募集资金用于偿还有息负债。发行人存续债券余额为492.15亿元，其中公司债券206.40亿元。请发行人根据《上海证券交易所公司债券发行上市审核规则适用指引第3号——审核重点关注事项（2023年修订）》第十七条，结合有息债务结构、债务集中偿付压力、已注册未发行债券批文的用途等情况，审慎确定公司债券申报方案。"

反馈回复：发行人有息负债规模较大，以银行借款及债券融资为主，一年内到期的债务占比较高。考虑到目前发行人公司债在手批文余额较大，但大部分将于近期到期的情况，结合发行人未来债务到期情况、公司展业需要及较好的偿付能力，本次拟申报规模为265亿元①，募集资金扣除发行费用后将全部用于偿还有息负债，优先用于偿还公司债券。

2023年末，发行人1年以内的有息债务余额为1 043.85亿元，占2023年末有息负债余额的55.47%，短期债务占比较高，主要系综合考虑融资成本和资产负债期限匹配情况，导致银行借款和应付债券期限较短所致。2023年末发行人一年以内的应收融资租赁款金额为1 499.33亿元，占比57.76%，能够覆盖一年内到期的有息负债。

本次债券上市前，发行人最近三个会计年度实现的年均可分配利润为68.32亿元（2021年度至2023年度经审计的合并报表中归母净利润的平均值），按市场

---

① 本次反馈回复针对交易所关注的公司债券申报方案反馈意见，将申报规模由300亿元调减至265亿元，并在提交的注册稿中将注册规模进一步调减至230亿元。

合理利率水平计算，公司最近三年实现的年均可分配利润足以支付本次公司债券一年的利息。

发行人偿债资金来源主要为稳定的营业收入、良好的资信和融资能力、流动资产变现三个方面。2021年度至2023年度，发行人的营业收入分别为2 240 667.65万元、2 311 195.56万元和2 250 881.31万元，经营活动净现金流净额为1 098 498.80万元、1 300 740.55万元以及556 124.46万元，反映了发行人良好的经营状况。

整体来看，发行人经营情况良好，盈利能力较强，其经营活动所产生的收入是本次债券本息的主要还款来源。其次，发行人控股公司于2011年3月实现在我国香港上市，打开了境外资本市场的融资渠道，并于同年完成对发行人6.8亿美元的增资。此后，发行人控股股东先后通过股权配售及债券发行进行筹资；境内方面，发行人凭借较强的经营实力以及多年来与国内主要金融机构建立的良好合作关系获得了较高的授信额度。截至2023年末，发行人在各金融机构授信总额为2 339.61亿元，其中已使用授信额度为1 445.73亿元，剩余授信额度为893.88亿元。

在直接融资方面，截至本核查意见出具日，发行人待偿还债券余额为691.98亿元，其中包括一般公司债167.8亿元，超短期融资券90.00亿元，一般短期融资券20.00亿元，中期票据110.00亿元，资产证券化产品余额295.18亿元，境外债9.00亿元。发行人具备较好的资信水平和强大的融资能力。同时，近年来，发行人资产规模有所增长，流动资产占比不断提高。近三年末，发行人总资产规模分别为28 816 323.39万元、29 570 680.82万元和29 648 102.89万元，流动资产占比分别为50.26%、52.33%和59.63%。发行人资产变现能力较强，对偿债能力形成了一定保障。截至2023年末，发行人持有货币资金1 665 672.34万元。若公司现金流量不足，发行人可通过加大应收款催收力度、变现除货币资金外的其他流动资产等措施来获得必要的偿债资金支持。

审核结果：该项目已注册生效。

案例2-11

案例背景：某电力公司于2024年6月向深圳证券交易所申请注册发行30亿元小公募公司债券。本次债券拟将不低于50%的募集资金用于项目建设、项目前期借款的置换或偿还、项目前期投入的自有资金置换等，其余部分用于偿还有息债务本息及补充公司流动资金。

审核问题：深圳证券交易所关于该电力公司2024年面向专业投资者公开发行科技创新公司债券并上市申请文件反馈意见如下："请发行人按照《深圳证券交易所公司债券发行上市审核业务指引第1号——申请文件及其编制要求（2023年修订）》第三十四条及第三十五条、《深圳证券交易所公司债券发行上市审核业务指引第2号——审核重点关注事项（2023年修订）》第五章的相关规定，对募集资金用途部分进行补充披露。"

反馈回复：

本次债券募集资金不超过30.00亿元（含30.00亿元），扣除相关发行费用后，拟将不低于40%的募集资金用于项目建设、项目前期借款的置换或偿还、项目前期投入的自有资金置换等，其余部分用于偿还有息债务本息及补充公司流动资金。

1.项目建设。本次债券募集资金不低于40%的募集资金用于项目建设、项目前期借款的置换或偿还、项目前期投入的自有资金置换等。具体项目情况如表2-7所示：

表2-7　　　　　　　　本次债券募投项目情况

项目名称	A项目	B项目	C项目	合计
项目公司	A公司	B公司	C公司	
发行人持股比例（%）	99.55	51	100	
项目建设内容	太阳能发电	户用光伏	太阳能发电	
项目总投资额（亿元）	8.42	21.97	6.63	37.02
项目资金来源	实收资本金1.70亿元，其他来源于借款	实收资本金3.12亿元，其他来源于项目借款，其中已使用2.74亿元公司债券募集资金用于置换前期项目借款	实收资本金1.27亿元，其他来源于项目借款	—
项目建设期（年份）	2022—2023	2021—2022	2023	—
项目建设进度（%）	100	100	100	—
项目建成时间	2023年	2022年	2023年	—
运营情况	已并网，运营情况良好	已并网，运营情况良好	已并网，运营情况良好	—

续表

项目名称	A项目	B项目	C项目	合计
项目已投资额（亿元）	7.60	21.68	5.84	35.12
拟使用募集规模（亿元）	4.25	5.00	4.60	13.85
占项目总投资比例（%）	50.48	22.76	69.38	40.52
占募集资金比例（%）	14.17	16.67	15.33	46.17
募集资金用途	偿还项目借款	偿还项目借款	偿还项目借款	
拟偿还借款到期日	2025-03-01	2033-01-27	2038-05-16	

注：本次拟偿还的项目借款均可提前清偿。

上述募投项目主体均为纳入发行人合并范围的控股子公司，截至本募集说明书出具日，上述募投项目均已完工并网，公司债券募集资金用于上述募投项目的规模不超过项目总投资规模中发行人投资责任规模的70%，募集资金使用规模具备合理性。发行人承诺，本次募集资金如拟用于置换募投项目自有资金投入，将用于对发行前12个月内的科技创新投资支出进行置换。

在全球能源形势紧张、全球气候变暖的时代背景下，提高可再生能源利用率，尤其发展太阳能发电是改善生态、保护环境的有效途径。上述募投项目均为光伏发电类项目，通过推动光伏发电项目开发建设，积极响应我国"十四五"发展规划，助力2030年前实现碳达峰、2060年前实现碳中和的"双碳"目标，符合国家宏观调控政策、产业政策和固定资产管理法规制度。

上述募投项目具体情况如下：

（1）A项目。A项目建设规模为300兆瓦，分两期实施，一期、二期建设规模均为150兆瓦。场址位于广西壮族自治区某市，距市区32公里，交通便利。其中，一期项目工程项目总投资额为84 245.35万元，新建220千伏升压站一座，送出线路长约30公里，年均等效利用小时数为1 164小时，运营期平均上网电价为0.4207元/千瓦时（含税）。

根据《中共广西壮族自治区委员会、广西壮族自治区人民政府关于实施强首府战略的若干意见》，某市将大力发展绿色产业，重点推动新能源、新能源汽车、新材料、节能环保装备等研发及装备制造产业做大做强，加快发展风能、生物质能等清洁能源和可替代能源产业，积极发展绿色生态农业。本募投项目基于某市能源资源禀赋条件，在该市建设及发展太阳能电站，形成光伏电站并网发电，不仅可以解决当地用电需求，还利于电网结构的调整，并优化能源结构，以多元化能源开发的方式满足经济社会发展的需求，符合国家能源产业发展方向，对当地的经济发展产生积极的促进作用，可一定程度上缓解该市电网电力供需矛盾，并对发展低碳经济、节能减排也起到积极作用。

本募投项目已取得的主要审批情况如下……

本募投项目用地已取得建设用地规划许可证和不动产权证，具体用地情况如下……

本项目收益来源于上网发电收入，上网电价按照广西壮族自治区标杆电价结算，不包含政府补贴，根据《广西壮族自治区物价局关于合理调整电价结构有关事项的通知》，从2017年7月1日起，可再生能源发电项目上网电价由电网企业结算的燃煤标杆上网电价调整为0.4207元/千瓦时；上网电量根据项目所在地光照强度及项目装机容量进行测算，因光伏发电项目组件存在衰减，故运营期内上网电量按照首年2%、次年起0.55%/年的系统衰减率进行测算。

本项目全投资财务内部收益率（税后）为6.29%，投资回收期（税后）为12.62年。本项目已完工并网，运营期25年，项目运营期内电费收入及盈利情况预计如下……

按照债券期限10年期计算，本项目在债券存续期内项目净收益预计为10 445.68万元。假设按照4%的利率保守计算本次债券发行利率，发行人用于本项目的募集资金为4.25亿元，存续期间债券利息为17 000.00万元。按照发行人持有该项目公司99.55%的股权比例计算，发行人在债券存续期内项目净收益预计为10 398.67万元，发行人在债券存续期内项目净收益对债券利息覆盖度为0.61倍。此外，本项目运营期内，项目总收入预计为19.84亿元，对本项目总投资8.42亿元覆盖度较好。

（2）B项目。本募投项目主要位于山东省、河北省和河南省内，通过建设户用分布式低压并网光伏电站，充分开发利用民宅屋面资源，建设绿色环保的新能源。不论是从当地经济发展、人民生活质量的提高、节约能源和改善结构、提高社会综合效益方面分析，还是从提高供电经济性、迎合国家制度的能源战略方针、促进地区经济发展等方面分析，建设本项目都具有较大的经济、社会环境效益。规划项目在建设过程中，需要大量的建筑材料和建筑施工人员，有利于当地经济的发展，对于提升地区光伏产业发展、创造工作岗位解决就业、提升区域经济发展水平及居民生活水平具有重要意义。

本次债券募投项目户用分布式光伏电站项目典型项目介绍如下……

该募投项目主要合规性文件如下……

因户用分布式光伏项目采用合作开发模式，由居民用户提供其合法持有的自建房屋屋顶，B公司提供电站运行所需的系统设备，故该项目用地主要利用家庭住宅屋顶作为光伏电站载体，故不涉及获取土地相关情况。

本次债券募投项目中涉及的具体户用分布式光伏电站项目均已完工并网，上网电价按照所在省标杆电价测算，运营期前20年按照另给予0.03元/千瓦时绿电补贴测算，不包含其他政府补贴；上网电量根据项目所在地光照强度及项目装机容量进行测算，因光伏发电项目组件存在衰减，故运营期内上网电量按照运营期首年2%、次年起0.55%/年的系统衰减率进行测算。其中，根据《山东省深化燃煤发电上网电价形成机制改革实施方案》，自2020年1月1日起，山东省燃煤发电标杆上网电价基准价为每千瓦时0.3949元；根据河北省物价局下发的《关于合理调整电价结构有关事项的通知》，自2017年7月1日起，南、北电网燃煤发电机组标杆上网电价（含脱硫、脱硝和除尘）每千瓦时调整为0.3644元、0.372元；根据《河南省发展和改革委员会关于深化我省燃煤发电上网电价形成机制改革的通知》，自2020年1月1日起，河南省燃煤发电标杆上网电价基准价为0.3779元/千瓦时；根据国家发改委下发的《关于落实好2021年新能源上网电价政策有关事项的函》，对2021年纳入当年中央财政补贴规模的新建户用分布式光伏项目，其全发电量补贴标准按每千瓦时0.03元执行，同时根据《国务院关于促进光伏产业健康发展的若干意见》，分布式光伏发电项目上网电价及补贴的执行期限原则上为20年。

本项目运营期均为25年，项目运营期内电费收入及盈利情况预计如下……

根据本项目历史发电数据，2023年度，本项目发电量为75 957.60万千瓦时，考虑到发电量受各年度实际光照情况等存在一定波动，因此上述上网电量测算数据具备合理性。

按照债券期限10年期计算，本项目在债券存续期内项目净收益预计为37 801.11万元。假设按照4%的利率保守计算本次债券发行利率，发行人用于本项目的募集资金为5.00亿元，存续期间债券利息20 000万元。按照发行人持有各项目公司51.00%的股权比例计算，发行人在债券存续期内项目净收益预计为19 278.57万元，发行人在债券存续期内项目净收益对债券利息覆盖度为0.96倍。此外，本项目运营期内，项目总收入预计为65.40亿元，对本项目总投资21.97亿元覆盖度较好。

（3）C项目。本项目位于安徽省合肥市某镇境内的鱼塘，厂区占地大约2 890.48亩，项目类型为渔光互补，通过新建的110千伏特升压站接入电网。本项目总投规模为66 296.57万元，规划安装容量150.0084兆瓦峰值，目前已全容量并网。

安徽省地区电力电量不能自平衡，运行主要靠主网调节和平衡，本募投项目可充分发挥当地资源优势，增加可再生能源的比例，提高资源利用率，优化系统电源结构，促进能源结构的改善，符合可再生能源发展规划和能源产业发展方向。

该募投项目已取得的主要审批情况如下……

本募投项目用地已取得建设用地规划许可证和不动产权证，具体用地情况如下……

本项目收益来源于上网发电收入，上网电价按照安徽省标杆电价结算，不包含政府补贴，根据安徽省物价局《关于合理调整电价结构有关事项的通知》，安徽省燃煤发电机组标杆上网电价（含脱硫、脱硝、除尘）为每千瓦时0.3844元；上网电量根据项目所在地光照强度及项目装机容量进行测算，因光伏发电项目组件存在衰减，故针对660瓦特峰值单晶硅双面双玻组件的上网电量按照运营期首年2%、次年起0.45%/年的系统衰减率进行测算，针对670瓦特峰值单晶硅双面双玻N型组件的上网电量按照运营期首年1%、次年起0.40%/年的系统衰减率进行测算。

本项目全投资财务内部收益率（税后）为6.77%，投资回收期（税后）为12.45年。本项目已完工并网，运营期25年，项目运营期内电费收入及盈利情况预计如下……

本项目于2023年11月起全容量并网，并自2023年12月起正式并网发电，考虑到本项目无2023年度完整历史发电数据，且受光照强弱影响，12月数据不具有代表性，故本项目使用2024年度1—6月发电数据作为参考数据验证上网电量测算数据的合理性。根据本项目历史发电数据，2024年1—6月，本项目发电量为8 635.68万千瓦时，考虑到上述历史发电数据已覆盖年度内光照强和光照弱的月份，故从年化发电数据来看，估测本项目年度发电量约为17 271.36万千瓦时，因此上述上网电量测算数据具备合理性。

按照债券期限10年期计算，本项目在债券存续期内项目净收益预计为11 881.20万元。假设按照4%的利率保守计算本次债券发行利率，发行人用于本项目的募集资金为4.60亿元，存续期间债券利息为18 400元。按照发行人持有该项目公司100%的股权比例计算，发行人在债券存续期内项目净收益为11 881.20万元，发行人在债券存续期内项目净收益对债券利息覆盖度为0.65倍。此外，本项目运营期内，项目总收入预计为14.41亿元，对本项目总投资6.63亿元覆盖度较好。

针对本次债券上述募投项目运营期光伏发电项目组件衰减率测算方面，根据《光伏制造行业规范条件（2021年本）》，晶硅组件衰减率首年不高于2.5%，后续每年不高于0.6%，25年内不高于17%。目前市场上常规晶体硅组件均提供25年线性功率质保，其中A项目、B项目使用单晶硅光伏组件，预计首年衰减2%，后面24年每年衰减0.55%；C项目使用双面双玻组件，其中，P型组件预计首年衰减率2%，后续年度线性衰减率0.45%，N型组件较一般P型组件在功率方面优势明显，该系列组件预计首年衰减率1%，后续年度线性衰减率0.4%。上述衰减率设定符合行业标准及市场主流晶体硅组件衰减情况，故本次募投项目上网电量测算中，对光伏发电项目组件衰减率的设定具备合理性。

此外，上述募投项目上网电量测算变动趋势仅考虑光伏发电项目组件衰减率，未考虑上网电量需求变动，主要系目前我国各地城镇用电量需求较大，同时根据国家能源局综合司印发的《清洁能源消纳情况综合监管工作方案》，其督促电网企业优化清洁能源并网接入和调度运行，实现清洁能源优先上网和全额保障性收购，各地政府也出台了相关政策支持清洁能源优先上网。本次募投项目均为光伏发电量清洁能源，可优先上网，同时参考上述项目历史运营数据，除部分正常损耗之外，各项目售电量与发电量基本持平，故上述募投项目上网电量测算变动趋势未考虑上网电量需求变动具备合理性。

按照债券期限10年期以及发行利率4%保守估计，上述募投项目发行人在债券存续期内项目净收益对债券本息的偿债资金缺口合计为152 341.56万元，具体情况如表2-8所示。

表2-8　　债券存续期内项目净收益及对债券本息的偿债资金缺口　　（单位：万元）

序号	项目名称	拟使用募集资金规模	债券存续期内项目净收益	按照股权比例归属于发行人的债券存续期内项目净收益	存续期间债券利息	对债券本息的偿债资金缺口
1	A项目	42 500	10 445.68	10 398.67	17 000.00	49 101.33
2	B项目	50 000	37 801.11	19 278.57	20 000.00	50 721.43
3	C项目	46 000	11 881.20	11 881.20	18 400.00	52 518.80
合计		138 500	60 127.99	41 558.44	55 400.00	152 341.56

针对本次债券用于固定资产投资项目部分的债券本息偿付，发行人主要偿债资金来源及保障措施如下。

（1）募投项目收益。上述募投项目债券存续期内整体收益情况良好，发行人承诺上述募投项目债券存续期内所产生收入将优先用于偿还债券本息。

（2）良好的盈利能力。近三年及一期，发行人营业收入分别为1 317 755.58万元、1 495 475.37万元、1 444 259.97万元和381 460.45万元，随着发行人新能源业务规模的扩大，发电量稳步增长以及风电、光伏发电不断投产，电力板块收入增加，带动公司整体营业收入逐年增长。近三年及一期，发行人经营活动产生的现金流净额分别为343 716.19万元、732 837.29万元、544 520.35万元和63 643.04万元，持续大额净流入，可为发行人偿还债务提供现金流支持。

（3）充足的银行授信额。截至2024年3月末，公司获得主要金融机构的授信额度为848.82亿元，已用授信额度为466.59亿元，剩余授信额度为382.23亿元。一旦在本次债券兑付时遇到突发性的资金周转问题，发行人可以通过银行的资金拆借予以解决。

综上所述，发行人偿债能力良好，对于债券存续期募投项目净收益无法覆盖的债券本息资金缺口，发行人上述偿债资金来源可以良好覆盖，预计不会对发行人本次债券偿付产生不利影响。

根据募投项目建设进度，公司可以根据公司财务管理制度履行内部决策程序，在不影响项目建设的前提下，将闲置的债券募集资金临时用于补充流动资金（单次补充流动资金最长不超过12个月）。补充流动资金到期日之前，发行人承诺将该部分资金归还至募集资金专项账户。

根据公司生产经营规划和项目建设进度需要，公司未来可能对募投项目进行调整，投资于后续项目。如公司将募集资金投资于后续项目，公司将经公司内部相应授权和决策机制批准后，进行临时信息披露。

募集资金用于约定的投资项目且使用完毕后有节余的，发行人可将节余部分用于补充流动资金和偿还公司债务。

2.偿还到期债务及补充流动资金。

本次债券募集资金除用于项目部分外，其余拟用于偿还有息债务本息及补充公司流动资金，其中拟偿还有息债务本息包括但不限于以下明细（见表2-9）：

表2-9　　　　　　　　　拟偿还有息债务本息明细

债务人	债务类型	债权人	借款起始日	借款到期日	借款余额（万元）
发行人	银行借款	A银行	2022-12-27	2025-12-26	30 000
	银行借款	A银行	2022-12-27	2025-12-26	30 000
	银行借款	B银行	2024-04-26	2025-04-25	10 000
	银行借款	C银行	2022-01-04	2025-01-03	36 000
	银行借款	C银行	2022-01-04	2025-01-03	18 000
	银行借款	C银行	2022-06-21	2025-06-20	27 000
	银行借款	C银行	2022-10-25	2025-10-24	27 000
合计					178 000

因本次债券的发行时间及实际发行规模尚有一定不确定性，发行人将综合考虑本次债券发行时间及实际发行规模、募集资金的到账情况、相关债务本息偿付要求、公司债务结构调整计划等因素，本着有利于优化公司债务结构和节省财务费用的原则，未来可能在履行相关内部程序后调整偿还有息负债的具体明细，并及时进行信息披露。

在有息债务偿付日前，发行人可以在不影响偿债计划的前提下，根据公司财务管理制度，将闲置的债券募集资金临时用于补充流动资金（单次补充流动资金最长不超过12个月）。

若本次债券募集资金用于临时补充流动资金，发行人将按照公司财务管理制度等规定履行内部审批决策程序，并采取有效内部控制措施，确保临时补流不违反规定和募集说明书约定，不影响募集资金使用计划的正常实施。发行人将提前做好临时补流资金的回收安排，于临时补流之日起12个月内或募集说明书约定用途的相应付款节点的孰早日前，回收临时补流资金并归集至募集资金专户。

本次债券募集资金用途中补充公司流动资金部分将用于发行人清洁能源电力业务等符合国家政策的业务板块，不用于新股配售、申购，或用于股票及其衍生品种、可转换公司债券等的交易及其他非生产性支出。

审核结果：该项目已注册生效。

案例2-12

案例背景：某公司于2023年12月向上海证券交易所申请注册发行50亿元小公募公司债券。根据募集说明书披露，该公司截至2023年9月末有息负债余额

12.62亿元，其中银行贷款占比100.00%，发行人资产负债率为17.03%，处于较低水平。本次债券募集资金拟将不低于30亿元用于基金出资，剩余部分用于补充流动资金、项目建设、偿还到期债务等合法合规用途。

审核问题： 上海证券交易所关于该公司面向专业投资者公开发行公司债券并上市申请文件审核反馈意见如下：

"根据申报材料，截至报告期末，发行人有息负债规模为12.62亿元，本次首发申报50亿元，发行后公司债券将在有息负债中占比近80%。

请发行人结合本次申报募集资金用途，以及未来资本结构规划、自身经营情况、财务状况、盈利和偿债能力等，说明本次债券发行规模的合理性。"

反馈回复： 本次公司债券募集资金扣除发行费用后，拟将不低于30亿元用于基金出资，剩余部分用于补充流动资金、项目建设、偿还到期债务等合法合规用途。

本次债券募集资金在扣除发行费用及基金出资后，拟将剩余部分用于补充日常生产经营所需流动资金。根据公司财务状况和资金使用需求，公司未来可能调整部分流动资金用于偿还有息债务、项目建设、股权投资、基金出资等。

自发行人成立以来，随着基金投资业务的扩张，公司对认购基金的实缴出资规模大幅增加，待实缴出资规模较大。截至2023年9月末，公司对某产业投资母基金认缴出资额为87.50亿元，待实缴出资规模为78.75亿元，对某新区高质量发展产业私募股权投资基金认缴出资额为151亿元，待实缴出资规模为148.21亿元。发行人未来对基金的待实缴出资规模仍存在较大缺口，公司出于自身经营的需要，具备一定的融资需求。

2023年以来，发行人加大融资力度。2020—2022年末及2023年9月末，发行人有息债务余额分别为18 447.74万元、14 617.31万元、10 641.52万元及126 187.77万元。2023年9月末发行人有息负债较2022年末增加11.55亿元，主要系2023年公司根据融资规划，新增A银行及B银行借款用于产业园区及配套设施建设项目所致。根据公司融资规划，由于产业园区建设等项目需要，未来将加大银行贷款的规模。发行人已获批的A银行贷款授信规模为91.30亿元，B银行贷款授信规模为45亿元。未来有息负债中银行贷款将有所提升，预计有息负债仍以银行贷款为主。发行人本次申报完成后，届时将根据市场情况及公司的融资安排合理发行，保证有息债务各融资渠道存续的规模及比例合理。

报告期内，发行人营业收入分别为302 418.72万元、463 749.54万元、313 866.44万元和297 936.43万元。发行人近三年营业毛利率分别为30.01%、

28.90%和27.58%，发行人近三年营业毛利率相对保持稳定。净利润35 934.39万元、88 745.97万元、13 005.88万元和50 923.36万元。报告期内发行人净利润存在波动，但是整体保持在较好水平。2023年1—9月，发行人净利润大幅上升，主要由于随着市场环境转暖，发行人租赁业务及地产业务收入有所回升。整体利润水平有所提高。随着未来业务的逐步发展，发行人的利润水平将会有所提升。

近三年及一期末，发行人总资产分别为6 752 142.95万元、6 641 969.60万元、6 616 801.04万元和6 633 689.99万元，所有者权益分别为5 580 727.24万元、5 546 063.74万元、5 495 160.84万元和5 503 644.09万元。发行人总资产规模和所有者权益均保持稳定。

在短期偿债能力方面，近三年及一期末，发行人流动比率分别为6.34、7.30、5.84和6.70，速动比率分别为2.59、2.77、1.26和1.34。报告期内，发行人流动资产对流动负债的覆盖能力较强。在长期偿债能力方面，近三年及一期末，发行人资产负债率分别为17.35%、16.50%、16.95%和17.03%，整体负债率整体保持相对稳定且处于较低水平，长期偿债压力较小。发行人近三年税息折旧及摊销前利润（EBITDA）利息保障倍数分别为136.08、210.48、276.61，EBITDA对全部债务的保障程度良好。

发行人2020—2022年归母净利润分别为32 546.29万元、89 349.61万元和19 091.06万元，最近三年平均归母净利润为46 995.65万元；按发行规模500 000.00万元、票面利率4%计算，一年的利息费用为20 000.00万元，近三年平均归母净利润可覆盖一年利息。满足法规对于公司利润的要求。

综上所述，本次债券募集资金50亿元，主要用于基金出资，剩余部分用于补充流动资金、项目建设、偿还到期债务等合法合规用途，申报规模具备合理性和必要性。

审核结果：该项目已注册生效。

案例2-13

案例背景：某城建公司于2023年9月向上海证券交易所申请注册发行70亿元小公募公司债券。根据募集说明书披露，该公司截至2023年3月末有息负债余额610.25亿元，其中银行借款占比43.27%，公司债券占比15.08%，发行人资产负债率为62.83%。本次债券募集资金拟用于偿还到期/回售公司债券及用于偿还有息负债。

审核问题：上海证券交易所关于该城建公司面向专业投资者公开发行公司债券并上市申请文件审核反馈意见如下："根据申报材料，本次公司债券申报70亿元，拟用于偿还到期/回售公司债券及偿还有息负债。请发行人结合主营业务经营情况、有息债务结构、存量债券规模、已获注册/备案尚未发行额度，评估本次募集资金的合理性。"

反馈回复：发行人已结合主营业务经营情况、有息债务结构、存量债券规模、已获注册/备案尚未发行额度等审慎评估本次债券申报方案的合理性。

本次债券募集资金扣除发行费用后，拟用于偿还到期/回售公司债券及企业债券的本金。根据本次债券实际发行规模、募集资金到账情况，发行人未来可能调整用于偿还到期债务具体明细和金额。发行人承诺本次债券不涉及新增地方政府隐性债务，本次债券存续期内不会将募集资金用途变更为偿还公司债券或企业债券本金以外的其他用途。

本次募集资金的合理性分析：

一是，优化债务结构、改善流动性水平；二是，为发行人持续高速发展提供融资支持；三是，偿债资金来源较为充足：良好的经营收入和现金流入；可动用货币资金和充足的银行授信；较多的可变现资产。

综上，发行人认为合并报表范围内有息负债不存在较大集中偿付压力，发行人偿债资金来源较为充足，本次债券70亿元募集资金全部用于偿还公司债券或企业债券的本金[①]，规模与用途具有合理性。

审核结果：该项目已注册生效。

第四节 专项品种

专项品种公司债券，是指对发行人、债券增信措施、债券期限、债券利率、债券本息偿付等基本要素有特定要求，或者服务科技创新、绿色低碳等国家重大发展战略和产业政策重点支持领域的公开发行或者非公开发行的公司债券。各证券交易所均制定了专项品种公司债券审核指引。专项品种公司债券业务应当符合

---

① 本次反馈回复稿中将募集资金用途70亿元从"拟用于偿还到期/回售公司债券及偿还有息负债"调整为"全部用于偿还公司债券或企业债券的本金"，注册稿募集说明书中将注册金额进一步调减为57.50亿元，募集资金用途全部用于调整为"偿还到期/回售公司债券的本金"。

证券交易所关于公司债券发行条件、上市或挂牌条件、信息披露、投资者适当性管理、债券持有人权益保护等方面的一般要求以及上述指引关于专项品种公司债券的相关规定。本节主要梳理了不同专项品种公司债券的发行主体、募集资金用途、信息披露和其他特殊发行事项等。除本节所列示的专项品种公司债券外,交易所可以根据市场发展情况,调整专项品种公司债券的相关安排、新增其他专项品种公司债券。

一、短期公司债券

短期公司债券,是指债券期限不超过1年的公司债券。短期公司债券的具体期限由发行人根据生产经营资金需求和市场情况确定。

(一)发行主体

1.发行人申请公开发行短期公司债券,应当具备良好的短期偿债能力,并符合下列情形之一:

(1)适用交易所公司债券优化审核相关安排;

(2)最近两年信息披露的工作评价结果均为A的上市公司;

(3)综合实力较强、内部控制和风险控制制度健全的证券公司;

(4)经交易所认可的其他情形。

交易所可以根据市场发展情况,适时调整公开发行短期公司债券的主体范围,并向市场公布。

2.发行人申请非公开发行短期公司债券,应当符合下列情形之一:

(1)发行人属于行业龙头企业或为经国家金融监管部门批准设立的金融机构;

(2)发行人信用状况良好,且存续公司信用类债券市场认可度较高;

(3)发行人发行的股票或者存托凭证已在境内证券交易所上市,且其股票或者存托凭证未被实行风险警示或者终止上市;

(4)近2年内已在境内相关债券市场发行短期债务融资工具,且不存在违约、延迟支付债券或其他债务本息的情形;

(5)经交易所认可的其他情形。

(二)募集资金用途

短期公司债券的募集资金用途应当与债券期限保持合理匹配,限于偿还1年内到期的债务和补充流动资金,不得用于长期投资需求。

（三）信息披露

1. 发行人应当在募集说明书中披露募集资金用途，合理解释融资需求。补充流动资金的，应当在募集说明书中匡算流动资金缺口并提供依据。

2. 发行人应当加强现金管理，健全内部控制制度，并在募集说明书中披露资金运营内控制度、资金管理运营模式和短期资金调度应急预案等内容。

3. 发行人在中国证监会注册文件有效期内进行公开发行短期公司债券后续发行，且经营和财务情况无重大不利变化或对偿债能力产生重大影响的，可适当简化募集说明书中发行人基本情况、财务会计信息等章节内容，其他内容可以索引首次公开发行短期公司债券的募集说明书的方式进行披露。

4. 债券存续期内，发行人应当在定期报告中披露募集资金使用情况等。

（四）其他特殊发行事项

1. 发行人主体信用评级达到AAA（不存在次级条款等影响债券信用评级的相关契约条款），且采用多边净额结算方式的公开发行短期公司债券，可以作为债券质押式回购的质押券种。

2. 发行人申请公开发行短期公司债券，可以单独编制申请文件并单独申报，也可以与其他期限的公司债券合并编制申请文件并统一申报。统一申报的，应在募集说明书中约定申报的短期公司债券发行规模。

公开发行短期公司债券实行余额管理。在注册文件有效期内，发行人可以自主确定发行期数和每期发行规模，但是待偿余额不得超过注册文件中规定的发行规模。

二、可续期公司债券

可续期公司债券，是指附续期选择权的公司债券。

续期选择权，指发行人在约定时间有权选择延长本次债券期限。

（一）发行主体

发行人有权机关应当就发行可续期公司债券事项作出有效决议，并在决议事项中载明续期选择权、续期期限、利率确定和调整方式等安排。

（二）募集资金用途

无特殊要求。

（三）信息披露

1.发行人应当在募集说明书中披露以下事项：

（1）可续期公司债券的特殊发行事项及其实施程序，并对特殊发行事项作重大事项提示。特殊发行事项包括续期选择权、递延支付利息选择权、强制付息事件、利息递延下的限制事项、利率调整机制等。

（2）可续期公司债券计入权益的情况以及存续期内发生不再计入权益情形的相关安排。

（3）可续期公司债券的偿付顺序。

（4）可续期公司债券的特有风险，包括发行人行使续期选择权、利息递延支付、会计政策变动等风险。特有风险应作重大事项提示。

（5）发行人最近一期末境内外永续类负债的余额、发行日、续期期限、票面利率及利率调整机制等情况。永续类负债包括可续期公司债券、可续期企业债券、永续票据以及境外发行的永续债券等。

（6）关于可续期公司债券特殊违约情形的约定，包括未发布利息递延支付公告的情况下拖欠利息、发生强制付息事件下拖欠利息、未发布续期公告的情况下拖欠本息等。

（7）关于触发可续期公司债券特殊违约情形及时召开债券持有人会议或者其他方式保障持有人权益的约定。

（8）约定关于受托管理人对可续期公司债券特殊发行事项的关注义务。

（9）交易所要求披露的其他事项。

2.债券存续期间，发行人及其他信息披露义务人应当按照中国证监会和交易所相关要求进行信息披露及风险管理，并遵守下列要求：

（1）在定期报告中披露可续期公司债券续期、利率跳升、利息递延以及强制付息等情况，并就可续期公司债券是否仍计入权益及相关会计处理进行专项说明；

（2）出现导致本次发行可续期公司债券不再计入权益的，应当在2个交易日内披露相关信息，并说明其影响及相关安排；

（3）触发强制付息事件或利息递延下的限制安排的，应当在2个交易日内披露相关信息，说明其影响及相关安排；

（4）交易所关于信息披露的其他要求。

3.发行人决定递延支付利息的，应当不晚于付息日前第10个交易日发布递延支付利息公告，披露下列内容：

（1）本次债券的基本情况；

（2）本次利息的付息期间、本次递延支付的利息金额及全部递延利息金额；

（3）发行人关于递延支付利息符合募集说明书等相关文件约定的声明；

（4）受托管理人出具的关于递延支付利息符合递延支付利息条件的专项意见；

（5）律师事务所出具的关于递延支付利息符合相关法律法规规定的专项意见。

4.发行人决定行使或者放弃续期选择权的，应当在本次约定的续期选择权行使日前至少30个交易日发布公告。

发行人决定行使续期选择权的，应当在公告中披露下列信息：

（1）本次债券的基本情况；

（2）债券期限的延长时间；

（3）后续存续期内债券的票面利率或利率计算方法。

发行人决定放弃行使续期选择权的，应当在公告中明确将按照约定及相关规定完成各项工作。

（四）其他特殊发行事项

1.可续期债券的每个付息日，发行人可以自行选择将当期利息以及已经递延的所有利息或其孳息推迟至下一个付息日支付，且不受到任何递延支付利息次数的限制；前述利息递延不属于发行人未能按照约定足额支付利息的行为。

发行人应当约定利息递延下的限制事项，限制事项可以包括向普通股股东分红、减少注册资本等情形。若发行人选择行使延期支付利息权，则在延期支付利息及其孳息偿付完毕之前，发行人不得发生利息递延下的限制事项。

发行人应当约定强制付息事件，强制付息事件可以包括向普通股股东分红、减少注册资本等情形。若发生强制付息事件，发行人不得递延支付当期利息以及已经递延的所有利息及其孳息。

发生强制付息事件时发行人仍未付息，或者发行人违反利息递延下的限制事项的，可续期公司债券的受托管理人应自知悉该情形之日起按照规定和约定履行义务。

2.发行人可以设置一个或多个重新定价周期，自行约定重新定价周期的利率调整机制，不同的重新定价周期可设置相同或多种不同的利率调整机制。调整机制可以包括以下方式：

（1）约定重新定价周期适用的票面利率调整为当期基准利率加上基本利差再加上或减去若干个基点；

（2）约定重新定价周期适用的票面利率调整为浮动利率；

（3）约定其他调整方式。

3.主承销商和律师事务所应当逐条核查可续期公司债券特殊发行事项，并发表核查意见。

会计师事务所应当对本次发行可续期公司债券的相关会计处理情况出具专项核查意见，说明本次发行可续期公司债券计入权益情况及其相关依据。

受托管理人应当在受托管理协议中约定对可续期公司债券特殊发行事项的持续跟踪义务，并在年度受托管理事务报告中披露该义务的履行情况，包括可续期公司债券续期情况、利息递延情况、强制付息情况及可续期公司债券是否仍计入权益等相关事项。

三、可交换公司债券

可交换公司债券，是指上市公司的股东发行的可以在一定期限内依据约定的条件交换成该股东所持有的上市公司股份的公司债券。

（一）发行主体

1.发行人申请公开发行可交换公司债券，发行人、预备用于交换的上市公司股票、可交换公司债券期限及换股期限、换股价格的确定、调整及修正机制、担保事项等应当符合中国证监会下发的《上市公司股东发行可交换公司债券试行规定》。

2.发行人申请非公开发行可交换公司债券，应当符合下列条件：

（1）预备用于交换的股票在债券发行前，除为本次发行设定担保外，不存在被司法冻结等其他权利受限情形。

（2）预备用于交换的股票在债券发行前不存在限售条件，且股东在约定的换股期间转让该部分股票不违反发行人对上市公司、投资者及交易所等的承诺。

（3）已经按照约定将预备用于交换的股票等设定担保，设定担保的股票数量不少于债券持有人可交换股票数量。

（4）交易所规定的其他条件。

3.上市公司的股东发行可交换公司债券应当符合中国证监会、交易所股份减持的相关规定。发行人应当在募集说明书中披露是否存在限制减持的相关情形，主承销商应当对发行人是否符合股份减持规定进行逐项核查并发表核查意见。

4.拥有上市公司控制权的股东发行可交换公司债券的，应当合理确定发行方案，不得通过本次发行转让控制权。

（二）募集资金用途

无特殊要求。

（三）信息披露

1.拥有上市公司控制权的股东及交易所认定的其他特定股东发行可交换公司债券的，发行人应当及时将可交换债券发行、换股等相关安排、进展及结果信息告知上市公司。上市公司应当及时披露。

2.发行人应当与相关业务参与主体进行协商，按照规定编制募集说明书，并在募集说明书中披露下列事项：

（1）发行本次可交换公司债券时股份登记情况和变动安排以及未来可交换公司债券换股可能带来的股份变动情况；

（2）具体担保物范围、初始担保比例、维持担保比例、追加担保机制以及违约处置安排；

（3）具体换股期限、换股价格的确定、调整及修正机制以及换股风险与补偿机制；

（4）交易所规定的其他事项。

3.债券存续期内，发行人应当按照规定编制并披露定期报告，披露下列信息：

（1）换股价格历次调整或修正情况，经调整或修正后的最新换股价格；

（2）可交换公司债券发行后累计换股情况；

（3）期末预备用于交换的股票市值与可交换公司债券余额的比例；

（4）可交换公司债券赎回及回售情况（如有）；

（5）交易所规定的其他事项。

4.债券存续期内，出现交易所上市规则规定的情形以及下列情况的，发行人应当按规定披露临时报告：

（1）预备用于交换的股票的上市公司发行新股、送股、分立及其他原因引起股份变动，需要调整换股价格，或者依据募集说明书约定的修正原则修正换股价格；

（2）预备用于交换的股票发生重大变化，包括但不限于被风险警示、终止上市等；

（3）发行人预备用于交换的股票出现司法冻结、扣划或其他权利瑕疵；

（4）预备用于交换的股票市值出现重大不利变化；

（5）中国证监会和交易所规定的其他情形。

5.可交换债券初始换股价格应当不低于募集说明书公告日前一个交易日标的股票收盘价以及前20个交易日收盘价的均价。发行人应当在可交换公司债券开始换股的3个交易日前披露换股起止日期、当前换股价格、换股程序等事项。

6.发行人在可交换公司债券换股期结束的20个交易日前，应当至少披露3次提示性公告，提醒投资者可交换公司债券停止换股相关事项。

7.发行人应当在满足可交换公司债券赎回条件的2个交易日内，披露是否行使赎回权相关事项。

发行人决定行使赎回权的，应当在赎回登记日前至少披露3次赎回提示性公告，载明赎回程序、赎回登记日、赎回价格、偿付方案、偿付时间等内容。

赎回结束后，发行人应当及时披露赎回情况及其影响。

8.发行人应当在满足可交换公司债券回售条件的2个交易日内，披露回售相关事项，并在回售申报期结束前至少披露3次回售提示性公告，应当载明回售程序、回售申报期、回售价格、回售资金偿付事宜等内容。

回售结束后，发行人应当及时披露回售情况及其影响。

9.根据上海证券交易所和北京证券交易所相关规定，换股期内，预备用于交换的股票依据交易所相关规定停复牌的，发行人应当于股票停复牌前向交易所申请暂停或者恢复可交换公司债券换股，并披露停复牌公告。发行人未及时申请的，交易所可暂停提供换股服务。深圳证券交易所规定，可交换公司债券存续期间，预备用于交换的股票依据《深圳证券交易所股票上市规则》等相关规定停复牌的，深圳证券交易所可以视情况对可交换公司债券停复牌。

10.持有可交换公司债券的投资者因行使换股权利增持上市公司股份，或者因持有可交换公司债券的投资者行使换股权利导致发行人持有上市公司股份发生变化的，发行人、投资者等相关当事人应当按照中国证监会《上市公司股东减持股份管理暂行办法》《上市公司收购管理办法》以及交易所相关规定履行权益变动公告、报告等义务。上市公司应当配合发行人履行前款规定的信息披露义务。

（四）其他特殊发行事项

1.公开发行的可交换公司债券自发行结束之日起12个月后，非公开发行的可交换公司债券自发行结束之日起6个月后，债券持有人可以按照募集说明书的约定选择是否交换为预备用于交换的股票。

2.可交换公司债券进入换股期后,债券持有人可以就持有的可交换债券申报换股。本款所称持有的可交换债券,含当日买入的债券。申请换股的债券持有人应当向交易所发出换股指令,换股指令视同为债券受托管理人与发行人认可的解除担保指令。可交换债券换股的最小单位为1张,标的股票的最小单位为1股。换股交收完成后,换得的股票可在下一交易日进行交易。

3.受到上市公司股东减持股份相关限制的上市公司控股股东、实际控制人及其一致行动人发行的可交换公司债券在存续期内向下修正换股价格时,其修正后的换股价格不得低于上市公司最近一个会计年度或者最近一期财务报告期末每股归属于上市公司股东的净资产以及首次公开发行时的股票发行价格。

4.按照募集说明书的约定调整或修正换股价格等原因,导致预备用于交换的股票数量少于未偿还可交换公司债券全部换股所需股票的,发行人应当在换股价格调整日之前补足,同时就该股票设定担保。发行人应当在募集说明书中约定,预备用于交换的股票数量少于未偿还可交换公司债券全部换股所需股票而发行人又无法补足的,债券持有人可以在一定期限内行使回售的权利,或者由发行人作出其他补救安排。

发行人未及时补足预备用于交换的股票或预备用于交换的股票出现司法冻结等原因,导致投资者换股失败的,由发行人承担所有责任。

5.深圳证券交易所规定,换股期间,预备用于交换的股票出现司法冻结、扣划或者其他影响投资者换股权利的,发行人应当向深圳证券交易所申请暂停可交换公司债券换股。发行人未及时申请暂停可交换公司债券换股的,深圳证券交易所可以视情况暂停提供换股服务。发行人或者预备用于交换的股票出现其他影响投资者换股权利事项的,深圳证券交易所可以视情况暂停或者终止可交换公司债券换股。

6.交易所根据相关规定,决定可交换公司债券停牌、复牌或终止上市、挂牌等事项。

四、绿色公司债券

绿色公司债券,是指募集资金专门用于支持符合规定条件的绿色产业、绿色项目或绿色经济活动的公司债券。

(一)发行主体

无特殊要求。

(二）募集资金用途

1.绿色公司债券募集资金应当全部用于符合规定条件的绿色产业、绿色经济活动等相关的绿色项目，包括绿色项目的建设、运营、收购、补充项目配套营运资金或者偿还绿色项目的有息债务。

绿色项目，是指符合绿色低碳发展要求、有助于改善环境，且具有一定环境效益的项目，具体识别和认定参照国家绿色债券支持项目目录。境外发行人绿色项目认定范围也可依据《可持续金融共同分类目录报告——减缓气候变化》《可持续金融分类方案——气候授权法案》等国际绿色产业分类标准。

2.募集资金专项用于具有碳减排效益的绿色项目（简称"碳中和项目"）建设、运营、收购、补充项目配套营运资金或者偿还碳中和项目有息债务的绿色公司债券，发行人可以在债券全称中使用"碳中和绿色公司债券"标识。

碳中和项目，包括下列类别：

（1）清洁能源类，包括水能、风能、核能、太阳能、生物质能、地热、浅层地温能及海洋能等开发利用项目；

（2）清洁交通类，包括城市轨道交通、电气化货运铁路、电动公交车辆替换及新能源汽车充电设施建设等项目；

（3）可持续建筑类，包括绿色建筑、超低能耗建筑及既有建筑节能改造等项目；

（4）工业低碳改造类，包括碳捕集利用与封存、工业能效提升、电气化改造及高碳排放转型升级等项目；

（5）其他具有碳减排效益的项目类别。

3.募集资金投向可持续型海洋经济领域，促进海洋资源的可持续利用，用于支持海洋保护和海洋资源可持续利用相关项目的绿色公司债券，发行人可以在债券全称中添加"（蓝色债券）"标识。

发行人应加强相关项目对海洋环境、经济和气候效益的影响相关信息披露。

4.发行人可以使用募集资金置换债券发行前12个月内，公司用于绿色项目（含碳中和项目以及蓝色债券相关项目）的自有资金支出。交易所鼓励将置换后的资金用于新的绿色项目（含碳中和项目以及蓝色债券相关项目），形成投资良性循环。

(三）信息披露

1.发行人应当在募集说明书中披露募集资金拟投资的绿色项目情况，包括但不限于绿色项目类别、项目认定依据或标准、环境效益目标等内容,并参照绿色债券支持项目目录或国际绿色产业分类标准,说明绿色项目是否具备符合要求的证明材料。

募投项目包含绿色建筑的,应明确绿色建筑类型,提供建筑施工图预评价结果(如有),说明项目是否达到有效期内绿色建筑星级标准要求。

2.发行人于申报阶段暂无具体募投项目的,应当披露绿色项目评估与遴选流程,分析说明下列评估与遴选考虑因素:

(1)本次债券绿色项目遴选的分类标准及应当符合的技术标准或者规范以及所遴选的绿色项目环境效益测算的标准、方法、依据和重要前提条件;

(2)绿色项目遴选的决策流程,包括流程制定依据、职责划分、具体实施过程等。

遴选的绿色项目应当合法合规、符合行业政策和相应技术标准或规范,相关手续、备案或法律文件齐全且真实、准确、完整,不存在虚假记载、误导性陈述或重大遗漏。

3.债券存续期内,发行人应当严格按照规定和约定管理和使用募集资金。变更募集资金用途的,应当按规定或约定履行募集资金用途变更程序,并确保变更后的募集资金仍然符合规定。

4.债券存续期内,发行人应当在定期报告等文件中披露募集资金使用情况、绿色项目进展情况、预期或实际环境效益等内容,并对所披露内容进行详细的分析与展示。

受托管理人应当在年度受托管理事务报告中披露对上述内容的核查情况。

5.发行人应当加强碳中和项目环境效益相关信息披露,按照"可计算、可核查、可检验"的原则,在募集说明书等发行文件中重点披露环境效益测算方法、参考依据,并对项目能源节约量(以标准煤计)、碳减排等环境效益进行定量测算。

交易所鼓励发行人披露由独立第三方机构出具的碳中和项目碳减排等环境效益评估认证报告。

(四)其他特殊发行事项

1.绿色项目符合国家绿色债券支持项目目录或者国际绿色产业分类标准相关要求的,发行人可以在申报发行阶段和存续期内自主选择是否聘请独立的专业评估或认证机构出具评估意见或者认证报告。绿色项目不易由投资者清晰识别的,发行人应当在申报阶段聘请独立评估认证机构出具评估意见或者认证报告。

评估认证机构应当在评估意见或认证报告中就绿色公司债券募集资金用途、项目评估与遴选、募集资金管理和存续期信息披露等是否符合相关要求发表明确意见。评估认证机构的资质、评估意见或者认证报告内容应当符合《绿色债券评估认证行为指引（暂行）》的规定。

交易所鼓励发行人在债券存续期内按年度向市场披露由独立评估认证机构出具的评估意见或认证报告，持续跟踪评估认证绿色项目进展及其实际或预期环境效益等。

2.债券条款与用水权、用能权、排污权、碳排放权等各类资源环境权益相挂钩的，发行人可以在债券全称中使用"碳收益绿色公司债券"标识。

交易所鼓励发行人探索采用用水权、用能权、排污权、碳排放权等收益权以及知识产权、预期绿色收益质押等方式为债券提供增信担保。

《深圳证券交易所公司债券发行上市审核业务指引第7号——专项品种公司债券》未直接使用"碳收益绿色公司债券"的标识，但是鼓励绿色公司债券发行人在募集说明书中设置与自身整体碳减排等环境效益目标达成情况挂钩的条款。

五、低碳转型公司债券

低碳转型公司债券，是指募集资金主要用于低碳转型领域，或者通过设置挂钩条款等方式推动企业绿色低碳转型的公司债券。

（一）发行主体

无特殊要求。

（二）募集资金用途

1.募集资金主要用于低碳转型领域的公司债券，募集资金用途应符合国家低碳转型相关发展规划或政策文件及国家产业政策要求，投向低碳转型领域的金额一般不应低于募集资金总额的70%。

低碳转型领域，包括但不限于：

（1）高耗能行业重点领域节能降碳改造升级实施指南、绿色技术推广目录、工业节能技术推荐目录、"能效之星"装备产品目录等提出的先进技术装备及其他有助于生产过程污染防治、降低产品能耗碳排的技术工艺及装备等节能降碳技术研发和应用领域；

（2）煤炭安全高效绿色智能开采和清洁高效加工、煤炭资源综合利用、油气清洁高效利用等化石能源清洁高效开发利用领域；

（3）节能降耗技术应用、老旧基础设施转型升级等数据中心及其他新型基础设施节能降耗领域；

（4）园区能源系统整体优化和污染综合整治、"绿岛"项目建设、节能环保产业基地（园区）建设等园区节能环保提升领域；

（5）符合国家绿色低碳转型产业指导目录要求或者其他助推低碳转型的领域。

2.发行人募集资金可以通过下列方式投入低碳转型领域：

（1）用于低碳转型领域相关的技术研发、工艺改进、设备采购及租赁、专业服务采购等；

（2）用于低碳转型领域相关项目的建设、并购、补充项目配套营运资金或偿还项目有息负债；

（3）通过直接投资或基金投资方式，对低碳转型领域进行股权投资；

（4）其他投向符合低碳转型领域要求的方式。

3.发行人可以使用募集资金置换债券发行前3个月内，公司在低碳转型领域相关自有资金支出。交易所鼓励将回款用于新的低碳转型领域投资，形成投资良性循环。

发行人能效或化石能源清洁高效利用水平达到相关行业监管标准的标杆水平的，可置换自有资金支出的期限延长至发行前1年。

（三）信息披露

1.发行人应当在募集说明书中披露募集资金拟投向的低碳转型领域的具体情况，包括不限于低碳转型项目（如有）或经济活动具体内容、涉及的低碳转型技术、预计产能效益或转型效果、预计经济效益及环境社会效益等。

2.债券存续期内，发行人应在定期报告中披露募集资金使用情况、低碳转型项目进展情况（如有）及其产能效益或转型效果等内容。受托管理人应在年度受托管理事务报告中披露对上述内容的核查情况。

3.交易所鼓励低碳转型公司债券发行人在申报发行时聘请独立的第三方机构出具评估认证报告，就低碳转型债券募集资金用途、涉及的低碳转型技术、环境效益等方面进行评估认证。

债券存续期内，交易所鼓励发行人按年度向市场披露由独立的第三方评估认证机构出具的评估认证报告，对募集资金投向的低碳转型领域项目进展（如有）

及其环境效益等实施持续跟踪评估认证。

4.交易所鼓励低碳转型挂钩公司债券发行人在申报发行时聘请独立第三方机构对关键绩效指标遴选、低碳转型目标选择、计算方法及依据、基数计算等方面进行评估认证。

债券存续期内，发行人应在定期报告中披露报告期内关键绩效指标表现、低碳转型目标达成情况、对债券结构所产生的影响、实现的低碳转型效益以及其他有助于投资者了解发行人低碳转型情况的相关信息。受托管理人应在年度受托管理事务报告中披露对上述内容的核查情况。

发行人应当聘请独立第三方机构按年度对关键绩效指标表现及低碳转型目标达成情况实施跟踪评估认证并出具评估意见或认证报告，直至债券挂钩条款执行完毕。

（四）其他特殊发行事项

发行人可通过遴选关键绩效指标和低碳转型目标，明确目标达成时限，并将债券条款与发行人低碳转型目标相挂钩，发行低碳转型挂钩公司债券。关键绩效指标在约定时限未达到（或达到）预定的低碳转型目标，将触发债券条款的调整。债券条款的调整包括但不限于票面利率调升（或调降）、提前到期、一次性额外支付等。

发行人应当结合报告期内遴选关键绩效指标表现或行业标准值、标杆水平等，披露低碳转型目标设置的合理性。

六、科技创新公司债券

科技创新公司债券，是指由科技创新领域相关企业发行，或者募集资金主要用于支持科技创新领域发展的公司债券。

（一）发行主体

1.科技创新公司债券旨在促进科技、产业和金融高水平循环，支持科技创新企业高质量发展。发行人相关业务、本次债券募集资金用途应当符合国家科技创新相关发展规划和政策文件要求，重点支持高新技术产业和战略性新兴产业细分领域及引领产业转型升级领域的科技创新发展。

2.发行人申请发行科技创新公司债券并在交易所上市或挂牌的，诚信记录应当优良，公司治理运行规范，具备良好的偿债能力，最近一期末资产负债率原则上不高于80%。交易所支持科创企业类、科创升级类、科创投资类和科创孵化类发行人发行科技创新公司债券。

3.科创企业类发行人应当具有显著的科技创新属性，并符合下列情形之一：

（1）发行人最近3年研发投入占营业收入比例5%以上，或者最近3年研发投入金额累计在8 000万元以上，且原则上相关成果所属主营业务板块最近3年累计营业收入或者毛利润占比达30%以上；

（2）发行人报告期内科技创新领域累计营业收入占营业总收入的比例达50%以上；

（3）形成核心技术和应用于主营业务，并能够产业化的发明专利（含国防专利）合计30项以上，或具有50项以上著作权的软件行业企业。

研发投入计算按本期费用化的研发费用与本期资本化的开发支出之和计算。发行人应当按照企业会计准则相关规定，通过"研发支出"科目准确核算相关支出。

支持和鼓励"科改示范企业""制造业单项冠军企业""全国重点实验室企业"等国家有关部委认定的科技型样板企业，或者处于种子期、初创期、成长期和成熟期阶段，虽未达到前述标准，但是科技创新能力突出并具有明确依据的发行人申请发行科技创新公司债券。

4.科创升级类发行人是指募集资金用于助推自身或相关科创领域升级现有产业结构，提升创新能力、竞争力和综合实力，促进新技术产业化、规模化应用，推动科技创新领域产业加快发展的企业。

5.科创投资类发行人是指从事科技前沿领域、战略性新兴产业等国家重点支持的科技创新领域投资，支持科技创新领域企业创新发展，且符合下列情形之一的企业：

（1）发行人或者拟使用募集资金的子公司属于符合《私募投资基金监督管理暂行办法》《创业投资企业管理暂行办法》等有关规定，向科技创新创业企业进行股权投资的公司制创业投资基金、私募股权投资基金管理机构和创业投资基金管理机构；

（2）发行人或者拟使用募集资金的子公司信用状况良好，报告期内发行人或有关子公司创投业务累计收入（含投资收益）占总收入（含投资收益）超过30%；

（3）发行人或者拟使用募集资金的子公司具备丰富权益投资经验，拥有完整的"投融管退"业务流程，且近三年成功退出项目不少于3个。

6.科创孵化类发行人是指信用状况良好，主营业务围绕国家级高新技术产业开发区、国家级经济技术开发区等经批准设立的国家级开发区运营,且创新要素集聚能力突出,科创孵化成果显著的重点园区企业。

7.交易所在科技创新公司债券审核工作中,可以就发行人、募集资金拟投资项目的科技创新属性征询相关主管部门意见。

（二）募集资金用途

1.科创升级类、科创投资类和科创孵化类发行人,募集资金投向科技创新领域的比例应当不低于70%,其中用于产业园区或孵化基础设施相关用途比例不得超过30%。

2.发行人募集资金可以通过下列方式投向科技创新领域：

（1）用于科技创新领域相关的研发投入、购买知识产权；

（2）用于科技创新领域相关项目的建设、并购、运营等支出；

（3）通过股权投资或基金出资等方式,对科技创新企业进行权益出资；

（4）用于科技创新领域研发平台和新型研发机构的建设、并购、运营；

（5）偿还第（1）项至第（4）项对应的有息债务；

（6）其他符合要求的方式。

鼓励产业链核心科技创新发行人募集资金通过权益出资、供应链金融等形式支持产业链上下游企业。

鼓励发行人将募集资金用于国家部委或省级政府推荐的科技创新领域重大项目、重点工程。

支持科创孵化类发行人通过股权、债权和基金等形式支持园区内孵化的科技创新企业,或用于科技创新产业园区或孵化基地的基础设施新建、扩容改造、系统提升、建立分园、收购等。

3.发行人可以使用募集资金对发行前12个月内的科技创新领域相关投资支出进行置换,鼓励将回收资金用于新的科技创新领域投资,形成投资良性循环。

（三）信息披露

1.科创企业类发行人应当披露其所属的科技创新领域、自身科技创新属性及相关政策依据、所持有创新技术先进性及具体表现、正在从事的研发项目及进展情况、保持持续技术创新的机制和安排等。

适用本节"六、科技创新公司债券之（一）发行主体"第3条第（2）款的科创企业类发行人,应当从拥有的关键核心技术、推动关键核心技术攻关、承担国家重大科技项目、形成的主要产品实现进口替代等方面说明是否符合科创企业类相关要求。

2.科创投资类发行人应当披露下列科创投资业务开展情况：

（1）报告期内科创投资业务板块相关财务情况；

（2）科创投资业务板块经营主体、经营模式、经营状况，其中经营状况包括已投资项目数量、管理的基金个数、管理的资本规模等；

（3）已投资项目情况、投资退出情况、退出方式；

（4）投资项目遴选标准、投资决策程序等。

3.募集资金用于科技创新项目的，发行人应当披露募投项目的基本情况、募投项目实施促进科技创新的方式和依据、募投项目与现有业务或发展战略的关系等。

募集资金用于研发投入的，应当披露研发投入的主要内容、技术可行性、研发预算及时间安排、目前研发投入及进展、已取得及预计取得的研发成果等；用于购买知识产权的，应当披露知识产权保护期、评估价值（如有）、技术先进性、预计经济效益等。

募集资金用于科技创新相关股权投资的，应当参照科技创新公司债券发行主体范围相关披露要求，披露投资标的的科技创新属性、所属重点支持领域及判断依据。用于投资企业或储备项目库的，应当列出拟投资企业名单，以列表的形式披露拟投资企业情况；用于基金出资的，应当披露基金的基本情况，包括但不限于基金备案情况、各方认缴金额及出资比例、基金投向、风控措施、已投项目等。

4.科创投资类发行人在申报阶段暂无具体投资企业名单或拟出资基金的，应当披露拟投资项目遴选标准、投资决策程序和投资领域，并通过披露发行人报告期内的投资规模及经验、未来投资规划等内容，合理匡算募集资金实际需求。

科创投资类发行人应当在发行前披露拟投资企业或拟出资基金的相关信息，在发行备案文件中披露拟投资项目是否具有科技创新属性，确保资金投向科技创新领域。

5.募集资金用于设立或认购基金份额的，应当符合《私募投资基金监督管理暂行办法》《关于规范金融机构资产管理业务的指导意见》等相关规定。

发行人属于园区经营企业或地方国有资本投资运营公司的，应当承诺本次公司债券符合地方政府性债务管理相关要求，不新增地方政府债务规模。

6.发行人应当在募集说明书中约定募集资金使用情况的披露事宜。债券存续期间，发行人应当在定期报告中披露科技创新公司债券募集资金使用情况、科创项目进展情况和促进科技创新发展效果等内容，设立或认购基金份额的需披露基金产品的运作情况。

受托管理人应当在年度受托管理事务报告中披露受托管理人对上述内容的核查情况。

（四）其他特殊发行事项

1.资产负债率不高于同行业平均水平，且具有行业领先地位的发行人，或者开展关键核心技术攻关的"硬科技"企业申请发行科技创新公司债券的，交易所可以对其适用下列优化审核措施。

（1）不存在需重点关注的负面情形的，交易所审核时限原则上不超过15个工作日。

（2）统一申报，即发行人可以就科技创新公司债券单独编制申请文件并单独申报，也可与一般公司债券、其他专项品种公司债券编制统一申请文件并统一进行申报。采用统一申报的发行人，应当在募集说明书中约定申报的科技创新公司债券发行规模。

（3）延长财务报告有效期，即发行人可以申请适当延长年度、半年度财务报告有效期。年度财务报告有效期最多延长至当年8月末，半年度财务报告有效期最多延长至次年4月末。已披露季度财务报表的，应当同步披露主要季度财务数据。

（4）优化信息披露，即发行人按要求加强科技创新属性针对性信息披露，在注册批复或者挂牌转让无异议函有效期内进行后续发行时，如经营和财务情况无重大不利变化或不存在对偿债能力产生重大影响的事项，可适当简化募集说明书中发行人基本情况、财务会计信息等相关章节信息披露内容。

（5）简化签章文件，即发行人董事、监事、高级管理人员在债券项目申请阶段按照规定对债券发行文件签署书面确认意见，并承诺认可各期发行文件、履行规定职责的，每期债券发行前无须另行签署书面确认意见。

发行人应结合所属行业、同行业可比企业情况、竞争优势、市场认可度等，对自身具有行业领先地位进行专项说明，并提供相关依据。发行人属于开展关键核心技术攻关的"硬科技"企业的，应当结合拥有关键核心技术、正在攻关技术的先进性及重要性等对"硬科技"属性进行专项说明，并提供相关依据。主承销商应当对发行人是否符合本条规定的优化审核措施适用条件进行核查，出具专项核查意见。发行人报告期内存在经营和财务情况重大不利变化或对偿债能力产生重大影响的情形的，不适用本条规定的优化审核措施安排。

2.发行人可以在前次科技创新公司债券的注册批复或者挂牌转让无异议函有效期届满前3个月内,申报发行新的科技创新公司债券。

3.成立时间不满一个完整会计年度,但在推动关键核心技术攻关、承担国家重大科技项目、推动产业转型升级等方面具有引领和示范作用的发行人,可以非公开发行科技创新公司债券。

4.鼓励发行人对科技创新公司债券的发行方式、期限结构、利率确定和计算方式、还本付息方式、赎回或转换选择权、增信方式及促进债券交易等方面进行创新。

创新方式包括但不限于设计预期收益质押担保、知识产权质押担保、可转换为被投资标的股权、票面利率与科创企业成长或募投项目收益挂钩、以募投项目收益现金流为主要偿债来源等条款。发行人可根据创新条款设置情况,在债券名称中使用"预期收益质押担保""收益挂钩"等标识。

科技创新公司债券募集资金用于科技研发投入、国家重大科技项目等特定专项用途的,可以在债券名称中增加特定标识。

5.鼓励科创企业类发行人参照交易所《非上市公司非公开发行可转换公司债券业务实施办法》的规定,设置附可转换成公司股份的发行条款,非公开发行可转换科技创新公司债券。

6.鼓励发行人根据预期投资回收周期发行长期限债券,匹配长期资金使用需求。鼓励发行人利用信用保护工具、内外部信用增进等方式,降低企业融资成本。鼓励发行人根据自身特点有针对性地设置多样化的偿债保障条款,包括控制权变更限制条款、核心资产划转限制条款、交叉违约条款、新增债务限制条款、支出限制条款、股利支付和股份回购限制条款、财务指标承诺条款等。

七、乡村振兴公司债券

乡村振兴公司债券,是指募集资金主要用于巩固脱贫攻坚成果、推动脱贫地区发展和乡村全面振兴的公司债券。

(一)发行主体

发行人申请发行乡村振兴公司债券,应当符合下列情形之一:

1.公司注册地在国家乡村振兴重点帮扶县、国家乡村振兴示范县或者按照国家有关规定脱贫摘帽不满5年的地区,且募集资金主要用于支持乡村振兴相关领域;

2.发行人为涉农企业，且募集资金通过涉农业务主要用于支持乡村振兴相关；

3.募集资金主要用于乡村振兴领域相关项目的建设、运营、收购，或者偿还项目的有息债务。

（二）募集资金用途

1.符合上述发行主体要求第1点或第2点规定的发行人，募集资金用于乡村振兴领域的金额应不低于募集资金总额的70%。符合上述发行主体要求第3点的发行人，募集资金用于乡村振兴项目的金额应不低于募集资金总额的70%。

乡村振兴领域，包括稳定粮食和重要农产品保障、支持农村产业融合发展、加快农业农村现代化、促进农村人口就业增收、改善乡村基础设施条件、提升乡村公共服务水平等国家乡村振兴支持领域，通过市场化法治化的方式优化乡村就业结构、健全乡村产业体系、推动乡村产业链条升级、完善乡村基础设施等。

2.发行人可以使用募集资金置换债券发行前3个月内，公司用于乡村振兴领域的自有资金支出。交易所鼓励将置换后的资金继续用于乡村振兴领域，形成投资良性循环。

（三）信息披露

1.募集资金用于乡村振兴领域相关项目的，发行人应当在募集说明书中披露拟投资项目的基本情况，包括但不限于项目属于乡村振兴、巩固脱贫相关范畴的依据、具体实施计划、政策支持情况等。募集资金用于乡村振兴领域但不对应具体项目的，发行人应当在募集说明书中披露拟投向乡村振兴领域的具体范围，包括但不限于拟投向领域与企业主营业务的关系、属于乡村振兴、巩固脱贫相关范畴的依据、资金使用计划、政策支持情况等。

2.债券存续期内，发行人应在定期报告中披露募集资金使用情况、相关项目进展情况及其产生的效益（如有）等。受托管理人应在年度受托管理事务报告中披露对上述内容的核查情况。

（四）其他特殊发行事项

无特殊要求。

八、"一带一路"公司债券

"一带一路"公司债券，是指境内外企业发行的、募集资金主要用于"一带一路"建设领域的公司债券，或者指"一带一路"合作伙伴的企业及金融机构发行的公司债券。

（一）发行主体

募集资金主要用于"一带一路"建设领域的境内外企业或者"一带一路"合作伙伴的企业及金融机构。

"一带一路"合作伙伴政府类机构发行政府债券的，参照适用交易所相关指引。

法律法规、中国证监会以及交易所相关规则对境外机构发行公司债券另有规定的，从其规定。

（二）募集资金用途

1.境内外企业发行的、募集资金用于"一带一路"建设领域的公司债券，募集资金应当主要用于投资、建设或运营"一带一路"项目，偿还"一带一路"项目的有息债务，或者开展"一带一路"合作伙伴业务，募集资金用于"一带一路"建设领域的比例应不低于募集资金总额的70%。

"一带一路"建设领域，是指符合共建"丝绸之路经济带"和"21世纪海上丝绸之路"重大倡议的项目或业务，包括推进基础设施互联互通，促进经贸投资合作优化升级，推动健康、绿色、数字等领域合作等。

2.发行人可以使用募集资金置换债券发行前3个月内，公司用于"一带一路"建设领域的自有资金支出。交易所鼓励将置换后的资金继续用于"一带一路"建设领域，形成投资良性循环。

（三）信息披露

1.募集资金用于"一带一路"建设领域的，发行人应当在募集说明书中披露相关项目或业务的基本情况，包括但不限于涉及领域、符合"一带一路"倡议的依据以及认定文件、具体实施计划、政策支持情况等。

2.募集资金拟用于开展"一带一路"合作伙伴业务的，发行人应当已经与合作伙伴政府职能部门或企业签订协议，获得有关监管机构必要批复、符合"一带一路"倡议。

3."一带一路"公司债券募集资金使用涉及跨境资本流动的，发行人应当在募集说明书中披露募集资金汇出境外或境内使用计划、购汇金额及频率等，并遵守相关监管部门的规定。

4.债券存续期内，发行人应当在定期报告中披露募集资金使用情况、"一带一路"建设项目进展情况及经济效益等。受托管理人应当在年度受托管理事务报告中披露对上述内容的核查情况。

（四）其他特殊发行事项

无特殊要求。

九、纾困公司债券

纾困公司债券，是指债券发行人将募集资金直接或间接用于纾解其他企业流动性困难的公司债券。

（一）发行主体

纾困公司债券发行人应信用状况良好，具备良好的盈利能力和偿债能力，并符合下列情形之一：

1. 发行人是所属地方政府设立纾困计划的参与方，且以适当方式获得所属政府相关部门或机构的认可，认可方式包括但不限于所属政府部门或机构对本次纾困公司债券发行出具批复文件、相关会议纪要或其他认可方式等。

2. 交易所认可的其他发行人。

（二）募集资金用途

纾困公司债券募集资金可以通过投资纾困基金、购买企业资产或发放委托贷款等形式用于纾困用途，金额应不低于募集资金总额的70%。

募集资金用于投资纾困基金的，相关纾困基金原则上应由政府或其指定的国有资本运营主体出资和运营管理，并符合《关于规范金融机构资产管理业务的指导意见》等相关规定。

（三）信息披露

发行人应当在募集说明书中披露符合发行纾困公司债券主体要求的相关依据以及认定文件（如有），并披露募集资金拟纾困企业的具体情况，包括但不限于企业性质、纾困方式、募集资金具体使用计划以及预期纾困效果等。

债券存续期内，发行人应当在定期报告中披露募集资金使用情况、参与纾困计划进展情况（如有）以及纾困效果等。受托管理人应当在年度受托管理事务报告中披露对上述内容的核查情况。

（四）其他特殊发行事项

无特殊要求。

十、中小微企业支持债券

中小微企业支持债券,是指募集资金主要用于支持中小微企业发展的公司债券。中小微企业是指符合《中小企业划型标准规定》的中型、小型、微型企业。

(一)发行主体

无特殊要求。

(二)募集资金用途

1.发行人可以通过下列方式将公司债券募集资金用于支持中小微企业发展:

(1)通过支付预付款或者清偿应付款项等形式支持产业链上下游或与自身经营业务相关的中小微企业发展;

(2)通过发放委托贷款等形式支持与自身无隶属、代管或股权关系的中小微企业发展;

(3)通过股权出资或者投放融资租赁款、保理款、小额贷款等与自身经营业务相关的形式支持中小微企业发展;

(4)交易所认可的其他方式。

用于支持中小微企业的资金规模应当不低于募集资金总额的70%。

2. 发行人可以使用募集资金置换债券发行前3个月内,公司用于支持中小微企业的自有资金支出。交易所鼓励将置换后的资金继续用于支持中小微企业发展,形成投资良性循环。

(三)信息披露

1.发行人应当在募集说明书中以列表的形式披露拟支持企业储备名单,包括企业名称、企业性质、所属行业要求、符合《中小企业划型标准规定》的具体依据、资信状况以及计划支持方式等,并采取有效的风险防控措施。

发行人于申报阶段暂无具体拟支持企业的,应当明确募投企业的遴选标准,包括所在地区、行业要求及资信状况要求等,合理匡算募集资金实际需求。

2.债券存续期内,发行人应当在定期报告中披露募集资金使用情况、中小微企业支持效果等。受托管理人应在年度受托管理事务报告中披露对上述内容的核查情况。

（四）其他特殊发行事项

1.发行人通过委托贷款形式支持中小微企业的，委贷银行应当同时满足以下要求：

（1）为信贷经验丰富、风险防控措施有效的上市银行或者政策性银行；

（2）建立中小企业支持债券委贷资金及银行自营贷款资金间"防火墙"，确保实现资金和业务"双隔离"；

（3）按自营信贷业务标准，审慎提出委贷对象名单建议。

2.发行人通过投放融资租赁款、保理款、小额贷款等形式支持中小微企业的，相关业务应当同时满足下列要求：

（1）已取得相关资质证照，原则上正式运营满2年，合法、稳健经营；

（2）具备完善的内部控制流程和风险控制体系；

（3）业务开展符合主管部门监管要求。

3.发行人通过发放委托贷款、股权出资或者投放融资租赁款、保理款、小额贷款等与自身经营业务相关的形式支持的中小微企业应当同时满足下列要求：

（1）所在行业为国家产业政策支持的业务领域。

（2）无不良信用记录，且不存在债务违约或严重失信等负面情形。

（3）符合发行人相关业务内部风险控制措施或银行对信用贷款对象的其他要求。通过委托贷款形式支持中小微企业的，发行人对单个委贷对象发放的委贷资金累计余额不得超过5 000万元且不得超过债券募集资金规模的10%。同一控制人下的企业，合计获得委贷资金不得超过上述规定数额和比例。

十一、典型案例

案例2-14

案例背景：某公司于2023年11月向上海证券交易所申请注册发行30亿元小公募科技创新可续期公司债券。

审核问题：发行人本次申报的公司债券为科技创新可续期公司债券。请发行人依据《上海证券交易所公司债券发行上市审核规则适用指引第2号——专项品种公司债券》的要求，说明发行人自身科技创新属性及相关政策依据。

反馈回复：

根据《上海证券交易所公司债券发行上市审核规则适用指引第2号——专项品种公司债券》的要求，发行人自身科技创新属性及相关政策依据补充说明如下：

发行人具备显著的科技创新属性。2019年，发行人"煤矸石山自燃污染控制与生态修复关键技术及应用"项目荣获国家科学技术进步奖二等奖。国家科学技术进步奖是国务院设立的国家科学技术奖五大奖项之一，主要授予在国家层面有突出贡献的先进科学技术成果重大科学技术工作计划。该项成果以自燃矸石山灭火治理及生态恢复为目标，研发了深部注浆灭火与覆盖碾压法相结合的综合灭火技术，以植物胶黏合剂为核心的喷播植被生长基质、柔性护坡、防自燃型植被群落等植被恢复方法，矸石山自燃位置监测诊断技术等，形成了材料、工法、装备一体化的综合治理技术，填补了多项国内技术空白。根据《中华人民共和国科学技术进步法》和《中国煤炭工业协会科学技术奖奖励办法》，中国煤炭工业协会、中国煤炭学会组织开展中国煤炭工业科学技术奖评选活动，旨在奖励在煤炭工业科技工作中作出突出贡献的科技人员和单位。2022年发行人获得中国煤炭工业科学技术奖二等奖5项，获得中国煤炭工业科学技术奖三等奖3项。此外，2022年发行人获得山西省科学技术奖三等奖1项，第三届中国安全生产协会安全科技进步奖三等奖1项。

发行人致力培育创新型中小企业。根据山西省小企业发展促进局《关于公布2023年专精特新中小企业名单的通知》（晋企发〔2023〕72号），发行人子公司A公司被评为专精特新中小企业，并入列2023年度第一批省级创新型中小企业。A公司是发行人全资持股的二级子公司，截至2022年末该公司总资产127 883.03万元，2022年度实现营业收入48 829.37万元。该公司主要产品为高效光伏组件，产品广泛应用于分布式、集中式光伏电站。目前，该公司正在建设国内一流的双层数字化生产车间及十条自动化水平最高的高效光伏组件生产线（目前已建成投产四条生产线），未来计划成为国内领先的光伏组件数字化样板工厂。项目引进了行业领先的N型-TOPCON电池技术，具有无LeTID、低光致衰减、更优的温度系数、更高的效率、更高的双面率、更高的可靠性等特性，可以保证30年线性功率输出。公司优化产线技术，主打182尺寸电池，并兼容210大尺寸电池，着力打造行业单体面积最大、数智化水平最高的光伏组件智能生产基地。该公司N型双玻、P型单双玻产品已顺利通过IEC61215、IEC61730测试，并通过中国鉴衡认证（CGC）的金太阳认证、CQC（中国质量认证中心）产品认证、德国南德TUV以及德国莱茵的认证。专利技术方面，2022年内发行人授权专利26件，其中发明专利1件。2022年内发行人申请专利5件，截至2022年末，发行人发表科技论文82篇。

根据《国家企业技术中心认定管理办法》（国家发改委、科技部、财政部、海关总署、税务总局2016年第34号令）认定及《国家发展和改革委等部门关于印发第29批新认定及全部国家企业技术中心名单的通知》确认，发行人所属集团属于国家企业技术中心名单内企业。发行人科研成果丰富，拥有较强的科技创新属性。

政策依据方面，《中华人民共和国国民经济和社会发展第十四个五年规划和2035年远景目标纲要》提出："推进能源革命，建设清洁低碳、安全高效的能源体系，提高能源供给保障能力"，"聚焦新一代信息技术、生物技术、新能源、新材料、高端装备、新能源汽车、绿色环保以及航空航天、海洋装备等战略性新兴产业，加快关键核心技术创新应用，增强要素保障能力，培育壮大产业发展新动能"。国家能源局、科学技术部发布的《"十四五"能源领域科技创新规划》提出的重点任务包括发展绿色高效化石能源开发利用技术，聚焦煤炭绿色智能开采、重大灾害防控、分质分级转化、污染物控制等重大需求，形成煤炭绿色智能高效开发利用技术体系；同时包括发展储能技术，研发钠离子电池等新一代高性能储能技术。发行人积极响应国家政策导向，聚焦煤炭、新能源领域科技创新，持续进行研发投入，推动相关技术研究进步。

2020—2022年，发行人研发费用分别为2.45亿元、3.41亿元和2.32亿元，累计8.19亿元。报告期内，发行人研发费用主要包括研发部门的科研人员职工薪酬、技术开发项目论证验收鉴定费、研发固定资产折旧费等，主要投向煤炭、新能源领域的研发工作。其中，煤炭领域重点围绕煤炭绿色智能开采、煤矿动力灾害防控、矿井地质精准探测、提升单产水平、促进高产高进、通风智能检测、瓦斯与粉尘综合治理、高效智能分选等方面展开研究，并以实时识别、重点监测和精准研判为目标研发各类监测监控系统，配合5G网络等前沿信息传输技术，全面提升科技兴安的综合能力，助力企业安全生产。同时，以实现"双碳"目标作为能源革命的新路径，通过研究挖掘煤炭资源价值，探索无烟煤转为钠离子电池的负极材料碳纤维等多种下游产品可能性，变燃料为材料，提高资源综合利用效率。新能源产业领域方面，依托新能源产业技术研究分院以及厅市共建钠离子电池储能技术山西省重点实验室培育基地，发行人以当前"钠离子电池＋光伏"产业为基础，联合攻关，集中解决供应端、产品端、销售端的"卡脖子"技术难题。重点围绕钠离子电池正负极材料制备、钠离子电芯产品性能提升、钠离子电池集成开发，高效光伏组件制造等方面开展研究，推进煤矿应急电源、规模化储能、钠电工程车辆率先应用示范，同时加强人才队伍建设，取得一批原创性引领性创新成果，形成一批具有核心技术和专利的产品，为公司转型发展持续注入活力。

审核结果：该项目已注册生效。

第三章
尽职调查

尽职调查是主承销商的重要职责，指主承销商及其业务人员遵循勤勉尽责、诚实信用原则，通过各种有效方法和步骤对发行人进行充分调查，以掌握发行人经营情况、财务状况和偿债能力，并有合理理由确信发行文件真实、准确、完整以及核查发行文件中与发行条件相关的内容是否符合相关法律法规及部门规章规定的过程。本章主要围绕《公司债券主承销商尽职调查指引》以及各证券交易所的相关规则及指引，介绍尽职调查的概念、内容、程序、工作底稿等要求，并总结实践中的具体核查手段和方式，供从业人员参考。

第一节 尽职调查概述

根据《公司债券主承销商尽职调查指引》规定，公开发行公司债券主承销商尽职调查适用该指引，非公开发行公司债券主承销商尽职调查参照该指引执行。主承销商及其相关人员应当严格按照法律法规、执业规范和监管机构相关规定履行职责，开展尽职调查。本节主要根据该指引，介绍尽职调查的基本含义、基本要求及主要手段。

一、尽职调查基本含义

中国证券业协会于2015年发布《公司债券承销业务尽职调查指引》，明确公司债券尽职调查是指承销机构及其业务人员勤勉尽责地对发行人进行调查，以了解发行人经营情况、财务状况和偿债能力，并有合理理由确信募集文件真实、准确、完整以及核查募集文件中与发行条件相关的内容是否符合相关法律法规及部门规章规定的过程。

随着新《证券法》等规定陆续出台，中国证券业协会于2020年1月对《公司债券承销业务尽职调查指引》进行修订。该指引将尽职调查的定义修改为"指承销机构及其业务人员遵循勤勉尽责、诚实信用原则，通过各种有效方法和步骤对发行人进行充分调查，以掌握发行人经营情况、财务状况和偿债能力，并有合理理由确信发行文件真实、准确、完整以及核查发行文件中与发行条件相关的内容是否符合相关法律法规及部门规章规定的过程。"增加"诚实信用原则"的同时将核查对象从募集文件扩展至发行文件。

2023年10月，中国证券业协会为促进公司债券（含企业债券）主承销商做好尽职调查工作，根据《证券法》《公司法》《公司债券发行与交易管理办法》《公司信用类债券信息披露管理办法》《关于深化债券注册制改革的指导意见》《关于注册制下提高中介机构债券业务执业质量的指导意见》《公司债券承销业务规则》等相关法律法规、部门规章、规范性文件和自律规则，制定了《公司债券主承销商尽职调查指引》，取代此前发布的《公司债券承销业务尽职调查指引》。其中对尽职调查的定义与此前基本保持一致。

二、尽职调查基本要求

（一）尽职调查的范围

根据《公司债券主承销商尽职调查指引》，尽职调查的范围主要包括：掌握发行人经营情况、财务状况和偿债能力，有合理理由确信发行文件真实、准确、完整，核查发行文件中与发行条件相关的内容是否符合相关法律法规及部门规章规定。

同一主承销商为发行人再次发行公司债券进行尽职调查的，该主承销商可以援引前次对发行人的尽职调查结果与底稿，并对发行人本次债券发行中出现变化的内容进行补充调查。

对于符合公司债券优化审核安排的发行人，主承销商可以在满足信息披露要求的基础上，结合自身对发行人行业地位、发行资质与风险特征的判断，采取公开市场查询、请发行人出具说明等方式简化和优化对发行人基本情况的尽职调查形式。对于发行人出具的相关说明，主承销商应当排除职业怀疑，独立判断，并承担相应尽职调查责任。

在对外报送申请材料至债券发行上市期间，对于影响发行条件、上市条件，或影响发行人偿债能力、投资者风险判断等其他有重大影响或属于信息披露范围的内容，主承销商应当持续开展尽职调查，取得明确结论，并按要求向中国证监会和证券交易所报告。

（二）内部制度建立与相关人员能力及素质要求

主承销商应当制定完善的尽职调查内部管理制度，建立健全业务流程；在履行普通注意义务方面，应当建立合理信赖证券服务机构的内部控制制度，充分考虑其执业风险，明确合理信赖的标准、依据、程序等内容，取得能支持其形成合理信赖的充分证据；在工作底稿方面，应当建立尽职调查工作底稿制度，明确工作底稿收集整理责任人员、归档保管流程、借阅程序与检查办法等。

主承销商须确保参与尽职调查工作的相关人员能够恪守独立、客观、公正的原则，具备良好的职业道德和专业胜任能力。

（三）尽职调查工作原则

主承销商应当遵守业务规则和行业规范，诚实守信、勤勉尽责、保持合理怀疑，按照合理性、必要性和重要性原则，对公司债券发行文件的真实性、准确性、完整性及相关证据的充分性、适当性进行审慎核查，并有合理谨慎的理由确信发行文件披露的信息不存在虚假记载、误导性陈述或者重大遗漏。

主承销商应当秉持职业审慎，保持合理怀疑，以发行人质量为导向，结合发行人的行业、业务、融资类型等实际情况，充分运用必要的手段和方法，在公司债券发行上市交易或挂牌转让前持续开展尽职调查，按照相关规则要求，核实发行文件的真实性、准确性和完整性，确保尽职调查的质量。《公司债券主承销商尽职调查指引》是对主承销商尽职调查工作的一般要求，主承销商除对该指引列示的内容进行调查外，还应当对承销业务中涉及的，可能对发行人偿债能力或者投资者作出投资决策有重大影响的其他事项进行调查。

三、尽职调查的主要手段

根据《公司债券主承销商尽职调查指引》第十四条，主承销商开展尽职调查可以采用查阅、访谈、列席会议、实地调查、信息分析、印证和讨论等方法。

（一）查阅

主承销商根据尽职调查的需要，可查阅企业内部资料和外部信息，如查阅企业提供的相关资料和说明性文件，查阅公开网站、行业杂志、研究报告及其他公开信息等。

（二）访谈

主承销商可通过与发行人的高级管理人员和主要部门负责人员、参与债券发行的证券服务机构相关人员及发行人主要上下游客户等相关人员进行访谈的方式，充分了解发行人业务模式、组织架构、财务情况以及行业信息。尽职调查访谈程序通常为：

1. 确定访谈对象；
2. 拟定访谈提纲；
3. 进行访谈；
4. 撰写访谈纪要。

（三）列席会议

主承销商根据尽职调查需要，可以列席企业股东会、董事会、高级管理层办公会或部门协调会等相关会议。

（四）实地调查

根据尽职调查需要，主承销商可以对发行人生产经营、销售场所等进行实地调查。对于募集资金用于项目建设的，或属于发行人重大项目的，主承销商应当实地走访，核实项目真实性。

（五）信息分析、印证和讨论

主承销商可以根据尽职调查的需要，对获取的尽职调查资料保持职业怀疑，运用职业判断进行信息分析，采取必要的手段核查资料之间是否可以相互印证，并就所涉及的问题开展必要的讨论。

第二节　尽职调查内容

本节主要根据《公司债券主承销商尽职调查指引》等相关规定，介绍公司债券业务尽职调查事项的主要内容，并对其中重要或特殊事项的核查方法和要点进行列示，供主承销商和从业人员参考。

一、发行人基本情况调查

（一）历史沿革及股权结构的核查

根据《公司债券主承销商尽职调查指引》规定，主承销商应当关注发行人的工商登记文件、营业执照及公司章程，查阅发行人的股权结构图和主要股东名册（非公司制企业的主管部门和出资人信息）；调查报告期内公司发生的重大资产重组情况，查阅重组事项涉及的决议文件、审计报告、政府批复文件（如有），拟实施（已公布或有明确的重组方案）重大资产重组的公告文件或重组方案文件，相关重大资产重组涉及资产评估事项的，还应当简要查阅资产评估报告。发行人为非公司制企业的，主承销商应当以主要实体的承继关系为主线，调查报告期内发行人设立、历史沿革、经历的改制重组及出资情况的历次变动，调查报告期内改制、重大增减资、合并、分立、破产重整及更名等代表发行人阶段性进程的重要事件，查阅发行人历次变动及重要事件涉及的法律法规、政策文件、决议文件、审计报告和政府批复文件（如有）等。

结合实践情况，对于历史沿革及股权结构部分的具体核查手段和方式可以参考以下内容：

1.取得发行人最新的营业执照及公司章程复印件、股权结构图和股东名册（如有），了解发行人股东构成及出资情况、业务经营范围，核查发行人的设立是否符合《公司法》等相关法律法规的要求。

2.取得发行人工商登记及变更的档案材料。对于无法获取工商调档材料的，可采取必要的替代核查手段，如通过企业信息公示系统等外部信息渠道，查询发行人工商信息变动情况。对于持续发债主体，可以结合外部查询信息对照历史信息披露文件，核对历史沿革部分披露内容的准确性及完整性。

3.报告期内发生重大资产重组事项的，主承销商可通过访谈发行人等方式了解企业发生重大资产重组的原因及背景；获取重组事项涉及的发行人内部决议文件、政府批复文件（如有)，核查重大资产重组是否履行了必要的决策程序；获取重组方案或重组公告文件、重组方及重组标的的审计报告、查阅重组前经审计或审阅的备考财务报告及其编制基础，涉及资产评估事项的同时应简要查阅资产评估报告，核查并分析重大资产重组对发行人资产、收入及盈利、债务负担等方面带来的具体影响和变化。

（二）发行人的控股股东及实际控制人的核查

1.控股股东或实际控制人为自然人的核查。

根据《公司债券主承销商尽职调查指引》规定，发行人的控股股东或实际控制人为自然人的，主承销商应当关注其简要背景、诚信情况（包括但不限于报告期内是否涉嫌违法违规被有权机关调查、被采取强制措施；是否存在严重失信行为；是否存在债务违约等负面情形；是否存在重大负面舆情；是否被有权机关认定实施行贿犯罪或存在行贿行为等）、与其他主要股东关系说明、直接或间接持有发行人股份/股权的质押情况及其是否存在高比例质押、冻结或发生诉讼仲裁等可能造成发行人股权结构不稳定事项的情况、对其他企业的主要投资情况。

结合实践操作，对于控股股东或实际控制人为自然人的具体核查手段和方式可以参考以下内容：获取该自然人的身份证明文件、简历、诚信信息查询文件（包括但不限于是否涉嫌违法违规被有权机关调查、被采取强制措施、是否存在严重失信行为、是否存在债务违约或限制消费、限制出境或主要资产被司法拍卖等负面情形、是否存在个人重大诉讼或仲裁事项等负面舆情、是否被有权机关认定实施行贿犯罪或存在行贿行为等）；关注该自然人对企业的控制权及影响力，关注该自然人在发行人处担任的具体职务，在企业日常经营决策中的影响，控制的股东表决权比例，董事、监事、高级管理人员提名数量，重大经营决策是否拥有"一票否决"或拥有足够影响表决结果的能力；调查该自然人与其他股东的关联关系、与其他股东是否签署一致行动人协议；调查该自然人直接或间接持有发行人股份/股权的质押情况，排查是否存在高比例质押、冻结或发生诉讼仲裁等可能使其对发行人的股权结构或控制力带来不稳定影响的情形；通过访谈或外部调查，了解该自然人除发行人之外的对外投资情况等。

2.控股股东或实际控制人为法人的核查。

发行人的控股股东或实际控制人为法人的，主承销商应当关注该法人的工商信息、该法人的诚信情况（包括但不限于报告期内是否涉嫌违法违规被有权机关调查；是否被采取强制措施；是否存在严重失信行为；是否存在债务违约等负面情形；是否存在重大负面舆情；是否被有权机关认定实施行贿犯罪或存在行贿行为等）、主要业务及资产情况、最近一年合并财务报表的主要财务数据（关注是否经审计）、所持有的发行人股份/股权的质押情况及其是否存在高比例质押、冻结或发生诉讼仲裁等可能造成发行人股权结构不稳定事项的情况。

结合实践操作，对于控股股东或实际控制人为法人的具体核查手段和方式可以参考以下内容：关注法人主体设立是否符合《公司法》等相关法律法规的规定；获取该法人的营业执照及公司章程，获取该法人的工商档案或通过外部查询方式获取其工商信息查询文件；通过外部查询、获取定期报告或经营报告等手段，调查该法人股东的业务经营状况和主要资产情况；通过公开信息渠道，查询并获取该法人的诚信信息查询文件，调查并了解其报告期内是否涉嫌违法违规被有权机关调查、被采取强制措施等情形，是否存在严重失信行为，是否存在债务违约、是否存在行贿犯罪等负面情形，是否存在重大诉讼仲裁事项及其他负面舆情报道等；关注该法人与发行人是否存在经营场所合署办公、人员重叠等影响独立性等情形；核查该法人是否存在将发行人股权进行质押的情形，判断股权质押情形对发行人控制权变动及偿债能力的影响，并及时履行信息披露及风险提示义务。

3.控股股东及实际控制人变化的核查。

鉴于控股股东及实际控制人变化对企业的生产经营、发展战略、治理结构稳定性以及债务偿付都可能带来重大的影响，根据《公司债券主承销商尽职调查指引》第十五条规定，主承销商应当关注报告期内实际控制人的变化情况。

结合实践操作，对于控股股东及实际控制人变动的具体核查手段和方式可以参考以下内容：通过查询发行人工商登记变更材料、公司章程、企业信用公示系统等渠道核查报告期内发行人股权结构是否发生重大变化或调整；获取出资人协议或股东出资证明文件、验资报告等；了解控股股东及实际控制人变化对发行人法人治理及日常经营决策的影响，是否存在对发行人现有业务及发展战略进行重大调整，进而可能对发行人经营稳定性产生重要影响的情形发生。

（三）发行人重要权益投资的核查

根据《公司债券主承销商尽职调查指引》规定，主承销商应当关注发行人对其他企业的重要权益投资情况。对发行人有重要影响的子公司，主承销商应当关注该子公司的工商信息，了解其主营业务等情况，获取近一年的财务报告或审计报告，分析主要财务数据（包括资产、负债、所有者权益、收入、净利润等）的重大增减变动情况及原因；对于发行人有重要影响的参股公司、合营企业和联营企业，应当查阅其工商信息、主营业务情况、诚信情况、重大诉讼仲裁情况、近一年的主要财务数据。发行人为经营成果主要来自子公司、参股公司、合营企业和联营企业，自身偿债能力较弱的投资控股型企业的，主承销商还应当了解相关子公司、参股公司、合营企业和联营企业的股权结构和股权质押情况，调查分红政策和实际分红情况。

1.重要子公司的核查。

对于重要子公司的核查,建议主承销商重点关注重要子公司的划定范围[①]是否全面和完整,关注重要子公司设立的合法合规性、了解其主营业务范围和经营表现情况。对于营业收入和盈利主要来自下属子公司的控股型发行人,需重点关注发行人对重要子公司的管理模式及实际控制力度,了解子公司的分红政策及报告期内实际分红情况,核查发行人对重要子公司股权的质押情况;股权质押比例偏高的,重点关注质押的背景和原因,是否对发行人对该类子公司的控制权产生不利影响及股权解质押安排等。

结合实践操作,对于重要子公司的具体核查手段和方式可以参考以下内容:通过获取重要子公司的营业执照、公司章程,调阅或通过外部渠道查询重要子公司的工商信息等方式,核查重要子公司营业范围及展业情况;获取重要子公司最近一年的财务报告或审计报告,分析主要财务数据的增减变动情况,了解重要子公司的经营及财务状况,了解主要财务数据的变动原因及对发行人合并报表的影响程度;通过外部网站或公开信息渠道,查询子公司的诚信情况及失信情形,涉及重大诉讼或仲裁事项的应进一步了解涉诉事项的审理进展及结果,结合查询结果判断重要子公司经营的合规性风险、或有债务情况及处罚风险。对于经营成果主要来自子公司,自身偿债能力较弱的投资控股型企业,可通过外部查询、访谈等方式,核查并了解重要子公司股权质押情况、质押融资用途、质押比例及期限、是否影响发行人对子公司控股权的稳定性;通过获取公司章程、相关分红文件等方式,了解重要子公司的分红政策及实际分红情况。

2.重要参股公司、合营企业和联营企业的核查。

对于重要参股公司、合营企业和联营企业的核查,建议主承销商重点关注其划定范围[②]及依据;关注重要参股公司、合营企业和联营企业的股权结构,重点判断是否存在发行人实际控制但不并表或未实际控制却并表的情形存在;关注重要参股公司、合营企业和联营企业的经营范围和主营业务;关注重要参股公司、合营企业和联营企业的经营表现及盈利状况,了解其收益分配情况;关注发行人

---

① 根据《公司债券主承销商尽职调查指引》第四章附则的规定,重要子公司,通常指最近一年末经审计的总资产、净资产或营业收入任一项指标占合并报表相关指标超过30%或对发行人偿债、经营能力影响较大的子公司,可根据实际情况加以判断。

② 根据《公司债券主承销商尽职调查指引》第四章附则的规定,重要参股公司、合营企业和联营企业,通常指最近一年末发行人持有的参股公司、合营企业和联营企业账面价值占发行人总资产比例超过10%的,或获得的投资收益占发行人当年实现的营业收入超过10%的。

对重要参股公司、合营企业和联营企业股权的质押情况。

结合实践操作，对于重要参股公司、合营企业和联营企业的具体核查手段和方式可以参考以下内容：通过调阅相关资料或外部渠道查询重要参股公司、合营企业和联营企业的工商信息等方式，了解公司营业范围及展业情况；获取重要参股公司、合营企业和联营企业近一年财务数据，了解其经营及盈利状况，分析主要财务数据的变动原因及对发行人合并报表的影响程度；通过外部网站或公开信息渠道，查询重要参股公司、合营企业和联营企业的诚信情况。对于经营成果主要来自参股公司、合营企业和联营企业，自身偿债能力较弱的投资控股型企业，可通过外部查询、访谈等方式，核查并了解重要参股公司、合营企业和联营企业的股权质押情况、质押比例及期限；通过获取公司章程、相关分红文件等方式，了解重要参股公司、合营企业和联营企业的收益分配政策。

3. 对持股比例超过50%不并表及持股比例不高于50%并表公司的核查。

根据《企业会计准则第33号——合并财务报表》应用指南第十三条规定，除非有确凿证据表明其不能主导被投资方相关活动，下列情况，表明投资方对被投资方拥有权力：(1)投资方持有被投资方半数以上的表决权的；(2)投资方持有被投资方半数或以下的表决权，但通过与其他表决权持有人之间的协议能够控制半数以上表决权的。一般情况下，发行人持股比例超过50%的子公司，理论上被认定为是发行人具有主导其相关活动的权力，通常会被纳入合并范围；反之则不纳入并表范围。实务中，受表决权行使的转移、董事、监事、高级管理人员任命权限及提名数量以及公司章程对出资人权利义务的额外约定等因素影响，可能导致持股比例不能作为子公司是否并表的单一标准，因此，在对发行人重要权益投资的核查中，需要重点关注以下两类情形。

一是持股比例超过50%不纳入并表范围子公司的情形。关注此类情形，主要在于发行人股权结构上作为绝对控股方，理应获得对应公司的控制权并享有资产收益和经营成果的获益权。如果此类主体不纳入并表范围，则需要重点关注此类子公司不纳入并表范围的合理理由和依据，关注是否因存在较重历史包袱、债务压力或其他负面事项导致被发行人主动调出并表范围的情形。

二是持股比例不高于50%但纳入合并报表范围的情形。关注此类情形，主要在于发行人没有股权比例上的绝对优势但合并了该子公司的资产、权益、收入及利润，因此建议重点关注并表此类主体是否具有合理依据，判断发行人对相关子公司是否具有实际控制权，避免出现虚增资产、收入的情形发生。

结合实践操作，对于存在上述两类情形的重要权益投资主体的具体核查手段和方式可以参考以下内容：获取相关权益投资主体的公司章程、投资协议、一致行动协议（如有）等文件，了解相关文件对发行人表决权及董事、监事、高级管理人员委派或提名的相关约定，并了解发行人对相关权益投资主体并表或不并表的具体原因；如有必要，可通过与审计师沟通，了解发行人对相关权益投资主体并表或不并表的合理依据。

（四）经营范围及主要业务的核查

《公司债券主承销商尽职调查指引》规定，主承销商应当查阅与发行人主营业务相关的业务许可资格或其他重要资质文件（如有）；应当结合行业属性和企业特点，了解发行人的经营模式和发展战略，调查发行人的采购模式、生产或服务模式和销售模式；应当调查发行人与主要客户、供应商之间的业务往来情况，了解发行人对供应商和客户的依赖程度以及供应商和客户的稳定性，判断是否存在严重依赖个别供应商和客户而影响发行人偿债能力的情况，必要时取得发行人同前述供应商和客户的主要交易合同等相关资料；应当调查重要客户和重要供应商是否涉嫌违法违规被有权机关调查、被采取强制措施或在"信用中国"网站、国家企业信用信息系统、最高人民法院失信被执行人名单等显示存在失信情形；应当调查发行人主营业务总体情况及各主要业务板块业务开展情况，各主要业务板块营业收入、毛利率较同期变化较大或毛利率对比同行业平均水平差距较大的原因及其影响情况；应当调查发行人所处行业的市场竞争状况及上下游产业链情况。

结合上述规定，下面将从发行人业务资质、常见主要业务、业务对手方、收入及毛利率、行业情况等方面进行阐述。

1.业务资质的核查。

主承销商应关注与发行人主营业务相关的业务资格许可证或者其他重要资质文件：某些特定行业需要有资质文件或特许经营权（如房地产开发资质登记证书，建筑企业相关证书，供水供热供暖的特许经营许可、景区特许经营权、砂石开采经营权等）。若资质文件已过有效期，主承销商应当关注发行人资质续办的可行性和时间进度，对相关业务开展是否产生影响。

2.主要业务的核查。

根据《公司债券主承销商尽职调查指引》第四十八条第五款规定，主要业务板块，通常指收入占近一年或近一期主营业务收入或毛利润比重较高的业务，一般为占比10%以上。

主要业务板块涉及项目建设的，发行人应当披露主要在建项目的具体情况，包括但不限于项目名称、总投资金额、资本金构成及到位情况、已投资金额、建设周期、建设进度及未来投资计划等。发行人应当披露报告期内已完工项目的具体情况，包括但不限于项目名称、总投资金额、收入确认情况、回款情况、未来收入确认、回款安排及回款对手方，对于已完工尚未结算的，还应当说明原因以及未来收入确认安排。如有拟建项目的，可简要披露项目名称、总投资金额、投资进度及未来投资计划等。

若发行人业务较为多元分散，最近一年不存在营业收入和毛利润比重均超过30%的业务板块的、应当结合业务开展情况，调查各业务板块协同性、对各业务板块实际控制情况，以及多元化经营对于盈利可持续性、偿债能力的影响。

结合实践操作，主承销商可以根据行业属性和企业特点，重点关注发行人报告期经营范围及发展战略规划、经营模式、上下游产业链情况、市场竞争情况等。

下面以常见发行公司债券的城市建设类企业和住宅地产类企业为例进行分析核查。

（1）城市建设企业。城市建设企业通常是指主营业务主要为市政基础设施项目建设与运营、土地一级开发等业务的地方国有企业。城市建设企业应当符合地方政府性债务管理的相关规定，有健全完善的决策机制和管理机制，独立经营，独立核算，自负盈亏，依法独立承担民事责任。

①市政基础设施项目包括城市建设企业在所在城市区域内从事的城市道路、公共交通、供水、排水、燃气、热力、园林、环卫、污水处理、垃圾处理、防洪、地下公共设施及附属设施的土建、管道、设备安装项目。不包括跨所在城市项目，符合规定的政府与社会资本合作模式项目（PPP项目），保障性住房、棚户区改造、易地扶贫搬迁、基础设施领域补短板等国家支持的项目。

发行人从事基础设施业务的，结合实践操作情况建议了解发行人展业范围，区域内其他城市建设企业在分工和定位上的区别；建议了解发行人基础设施建设的业务模式，委托代开发、政府采购工程及政府采购服务模式或市场化承接施工建设模式，各业务模式下的营利方式、资金流转程序及回款流程；建议了解发行人目前在建重大项目，包括但不限于项目类型、业务模式、建设周期、施工进度、资金投放进度安排、未来筹措资金渠道，完工后结算工程款项安排，结算标准，回款期限，是否存在长期未结算款项等；建议了解未来拟建基础设施项目名称、总投资金额、投资进度及未来投资计划等；建议获取与政府签订的代建合同或协议；政府及相关部门对于发行人承接基础设施建设项目所给予的相应补贴文件；

获取区域发展规划、分析该规划对发行人该业务造成的影响。

发行人从事供水、供热、公交等公共事业的，结合实际情况，建议核查供水供热供暖的特许经营许可证照或授权文件；建议取得当地政府定价文件、依据、特许经营期限；建议取得相关合同、报告期内收入情况说明、政府给予发行人或对应项目的相应补贴政策或优惠政策文件。

②土地一级开发包括城市建设企业按规定对国有土地、集体土地实施征地、拆迁、安置、补偿和相应的市政基础设施建设，以达到土地供应条件的土地开发。

结合实践操作，发行人从事土地一级开发的，建议了解发行人展业范围，与区域内其他城市建设企业是否存在土地一级开发相关业务的重叠；建议获取与政府签订的土地开发整理合同、协议、框架性文件以及政府补贴文件等，了解发行人土地一级开发项目的业务模式及政府补贴情况；建议了解发行人目前在开发项目情况未来拟开发项目情况。同时，可关注近年来区域内土地出让市场行情及区域发展规划对发行人业务的影响。

（2）住宅地产企业。住宅地产企业采用分类监管安排，即"基础范围+综合指标评价"分类监管标准。"基础范围"指住宅地产企业申报公司债券应当符合的基础条件；"综合指标评价"指对符合基础范围的住宅地产企业作进一步分类，根据指标将企业划分为正常类、关注类和风险类。具体分类标准请见本书"第二章 发行上市审核和重点关注事项"。主承销商应按上述要求对拟申报公司债券的住宅地产企业的基础范围和综合指标进行尽职核查并出具专项说明，最终结合综合指标评价结果的具体要求进行补充核查（见表3-1）。

表3-1　　　　　　　　住宅地产企业核查要点

对于评价结果为"正常类"的发行人，主承销商应检查事项	主承销商应强化对发行人执行房地产行业政策和市场调控政策的尽职调查，加大对住宅地产企业违法违规经营行为的核查力度。 1.主承销商应强化尽职调查责任。对于住宅地产企业主承销商应出具专项核查意见，说明尽职调查过程、主要核查工作、内核开展情况、发行人执行房地产行业政策和市场调控政策情况、偿债保障安排和存续期信息披露安排，以及对公司债券风险和偿债能力的分析和判断，并详细列明若出现违约将采取的相关处置措施。 2.主承销商应加大对发行人违法违规经营行为的核查力度。除通过相关行业主管部门指定的信息公示网站等渠道，对发行人及其下属房地产子公司是否存在闲置土地和炒地、捂盘惜售、哄抬房价等问题进行重点核查外，还应对是否存在扰乱房地产业秩序、以异常高价购买土地等其他违法违规行为进行核查，并出具明确核查意见

续表	
对于评价结果为"关注类"的发行人，主承销商除需按照"正常类"发行人进行核查外，还需进一步核查的事项	1.主承销商应对偿债安排的可行性和测算依据的合理性进行核查并发表核查意见。 2.主承销商应对发行人非一线、二线城市业务开展情况出具专项核查意见，说明业务基本情况，项目建设投资及销售情况，对此的风险分析和判断等
对于评价结果为"风险类"的发行人，主承销商应严格执行风险控制措施，审慎承接相关项目	

3.业务对手方的核查。

建议主承销商关注报告期内发行人与主要客户、供应商之间的业务往来情况及变动情况。了解发行人对供应商和客户的依赖程度，以及供应商和客户的稳定性，判断是否存在严重依赖个别供应商和客户而影响发行人偿债能力的情况。如有必要，根据发行人的业务板块区分，可分别抽查报告期内主要业务板块下与主要客户、供应商签订的业务合同。

4.主要业务收入、毛利率的核查。

建议主承销商关注发行人报告期内主要业务收入、毛利率等指标的变动情况，波动较大的应分析变动原因及影响，还应当结合所属行业整体情况、经营模式、业务开展实际情况等，进一步说明相关变动背后的经营原因及其合理性。结合发行人报告期内的财务报表及审计报告、同行业数据以及发行人出具的相关说明文件等，制作上述财务数据或指标的变动情况分析文件，分析与同行业平均水平差距较大（如有）的原因及其影响情况。

对于发行人报告期内新增开展贸易业务，或者贸易业务报告期内平均或最近一年营业收入占比达到30%的，主承销商应当对发行人贸易业务的商业合理性和真实性开展必要的核查，存有疑义的，应当进一步调查、复核。

5.发行人所处行业的市场竞争及上下游产业链情况的核查。

建议主承销商了解发行人所属行业的市场环境、发展前景及竞争状况，了解行业内主要企业及其市场份额情况，分析发行人在行业中所处的竞争地位及变动情况。同时，建议了解发行人与其上下游行业的关联度、上下游行业的发展前景，分析上下游行业变动及变动趋势对发行人所处行业的是否存在不利影响。

（五）公司治理及内部控制

1.对组织架构及"三会"运行情况的核查。

根据《公司债券主承销商尽职调查指引》规定，主承销商应当了解发行人的组织结构，了解发行人股东会（或者法律法规规定的有权决策机构）、董事会（如有）及监事会（如有）的设置及运行情况；发行人为非公司制企业的，主承销商应当了解发行人的组织结构，了解发行人的最高权力机构的设置及运行情况。

对组织架构及"三会"（即股东会、董事会、监事会）运行情况的核查，重点在于核查发行人是否按照《公司法》的要求建立了完善的法人治理结构，其三会运营决策是否正常履行；对于非公司制企业的发行人，重点核查企业最高权力机构的设置及运行情况。

结合实践操作，对于组织架构及"三会"运行情况的具体核查手段和方式可以参考以下内容：通过获取发行人公司章程、公司组织架构及部门职责约定的相关文件等形式，了解发行人组织架构的具体设立形式及各部门职责分工情况；获取"三会"议事规则（如有），了解股东会、董事会、监事会的会议召集程序、召开频率，核查重大经营事项的内部决策履行程序。

2.对董事、监事、高级管理人员的核查。

主承销商应当了解现任董事、监事、高级管理人员的基本情况（至少包括姓名、现任职务及任期），调查其是否持有发行人股份/权和债券，调查其是否涉嫌重大违法违纪、行贿犯罪等情况，核查报告期内发行人董事、监事、高级管理人员变动情况，变动频繁或变动比例较大的，核查变动的原因及其对发行人组织机构运行影响情况；对于非公司制企业，了解高级管理人员以及其他对发行人经营决策有重要影响的人员的基本情况（至少包括姓名、现任职务及任期），调查其是否持有发行人股份/权和债券，调查其是否涉嫌重大违法违纪、行贿犯罪等情况，核查报告期内发行人高级管理人员以及其他对发行人经营决策有重要影响的人员变动情况，变动频繁或变动比例较大的，核查变动的原因及其对发行人组织机构运行影响情况。

对发行人董事、监事、高级管理人员的核查，重点关注相关人员的数量是否符合公司章程的有关要求，是否按照法律法规的要求进行选聘和任命；关注董事、监事、高级管理人员的简历及兼职情况，了解是否存在公务员任职、职责冲突岗位交叉任职等情形；关注董事、监事、高级管理人员的变动情况及变动原因，频繁变动或变动比例较大的，需同时核查变动的原因、对发行人组织机构运行是否产生影响等；关注董事、监事、高级管理人员重大违法违纪、行贿犯罪情况及处理进展。

结合实践操作，对于董事、监事、高级管理人员情况的具体核查手段和方式可以参考以下内容：获取发行人公司章程，了解董事会、监事会及高级管理人员的设置情况;获取董事、监事、高级管理人员的简历和任职文件,存在公务员任职或者董事、监事、高级管理人员缺位情形的,应了解原因并征询律师的意见;了解董事、监事、高级管理人员变化的原因及对发行人组织机构运行的影响;通过外部查询等方式了解董事、监事、高级管理人员是否涉嫌重大违法违纪、行贿犯罪等情况,如存在相关情况的,应同时了解对发行人的负面影响、发行人是否及时选聘新的任职人员等。

3.对发行人内部管理制度的建立及运行、内控管理有效性的核查。

主承销商应当了解发行人财务管理、风险控制、关联交易、信息披露事务管理、募集资金使用等内部管理制度的建立及运行情况。对发行人内控管理有效性的核查,应重点关注发行人是否建立健全了内部管理架构、制定并完善内部管理制度文件,了解发行人日常经营及决策管理是否按照制定的相关规章制度要求执行。

结合实践操作,对于发行人内控管理有效性情况的具体核查手段和方式可以参考以下内容:获取发行人财务管理、风险控制、关联交易、信息披露事务管理、募集资金使用等内部管理制度文件,了解上述制度的建立和运行情况;对于上市公司,可同时获取发行人年度的《内部控制审计报告》或《内部控制鉴证报告》,了解当年度发行人内部控制管理的整体情况。

4.对关联方、关联交易必要性及定价公允性的核查。

主承销商应当调查发行人的重要关联方、关联关系及关联交易的决策权限、决策程序、定价机制;必要时查阅可能影响发行人偿债能力的重大关联交易的合同协议、定价机制的说明文件,并对该类关联交易可能产生的风险进行充分揭示。

对发行人关联方、关联交易的核查,重点了解关联交易发生的必要性、关联交易定价是否公允、分析判断是否存在"高买低卖"输送利益或"低买高卖"虚增盈利等情况。

结合实践操作,对于关联方及关联交易的具体核查手段和方式可以参考以下内容:查询发行人和控股股东股权架构及投资企业情况、查阅发行人定期报告等方式核查并确认关联方的认定范围是否完整、准确;获取报告期内主要业务板块的主要客户、供应商名单,通过外部公开渠道等方式查询、判断是否与发行人存在关联关系;获取报告期内重要关联交易的合同文件、发行人内部关于重大关联交易的决策程序文件、合同协议和关于定价机制的说明文件等,核查关联交易占比情况、关联交易定价方式和公允性。

5.对发行人独立性的核查。

主承销商应当调查发行人与控股股东、实际控制人在业务、资产、人员、财务、机构等方面的独立性。

对发行人独立性的核查，应重点关注发行人与其控股股东、实际控制人在业务、资产、人员、财务、机构等方面是否存在有效的分割和独立经营能力；如果存在发行人与控股股东、实际控制人的业务、资产、人员等重合度偏高的情况，需要重点判断是否存在多个主体（比如控股股东和发行人）重复融资的情形，对于控股股东作为发行人增信方时，也要重点判断两者重合度偏高对增信方担保效力的影响。

结合实践操作，对于发行人独立性情况的具体核查手段和方式可以参考以下内容：结合发行人、控股股东和实际控制人的营业执照、财务报告、业务合同、资产权属文件等材料，核查发行人与控股股东、实际控制人的独立性；关注发行人与控股股东、实际控制人是否存在合署办公、人员交叉任职的情况；对于发行人与控股股东、实际控制人的业务、资产、人员等重合度偏高的情形，应核查此类情形对发行人的独立经营能力及偿债保障能力的负面影响。

6. 对控股股东及关联方资金占用的核查。

主承销商应当调查报告期内发行人资金被控股股东、实际控制人及其关联方占用情况以及为控股股东、实际控制人及其关联方提供担保的情形。主承销商应当对前述情况进行分析并充分揭示其对偿债能力的影响。

结合实践操作，对控股股东及关联方资金占用的核查，重点关注控股股东及关联方对发行人资金形成占用的具体原因和背景，资金占用行为是否按照发行人内部管理制度文件履行了必要的内部决策程序，了解相关资金占用行为持续的时间、规模、是否约定归还时间及还款计划安排等；对于控股股东及关联方资金占用规模和比例偏大的情况，还应分析判断相关事项对发行人流动性及偿债能力的负面影响。

7. 对资金集中归集和统一使用的核查。

报告期内发行人资金因所属集团设置财务公司等原因受到集中归集、统一管理的，主承销商应当调查资金归集及支取的具体安排、相关安排对发行人自由支配自有资金能力及偿债能力的影响。

结合实践操作，对于发行人资金被集中归集并统一使用的情形，建议主承销商获取资金集中归集和使用的制度文件，重点关注资金集中管理并使用的背景和原因、内部规章制度建立情况，关注发行人资金归集频率和内部流程约定、发行人申请使用资金的条件及前置程序，关注发行人公司债券募集资金被集中管理是否存在资金混用的风险、是否采取了有效的账户资金隔离措施、募集资金流向是否清晰可查等。

（六）其他需要关注的情况

根据《公司债券主承销商尽职调查指引》规定，主承销商应当关注发行人及重要子公司在报告期内是否存在重大负面舆情，是否存在被媒体质疑的重大事项。主承销商应当分析前述情况对发行人偿债能力的影响。

对于发行人及重要子公司出现负面舆情（如频繁受到监管关注或问询、面临大额诉讼或频繁涉诉、存在被媒体质疑的重大事项、票据逾期或债务展期、评级下调、发行人及其相关人员存在多次行贿、巨额行贿或向多人行贿等重大违法违纪行为），主承销商应及时了解负面舆情的情况，审慎判断负面舆情对发行条件和偿债能力的影响。

结合实践操作，对于发行人及重要子公司负面舆情的具体核查手段和方式可以参考以下内容：通过网络核查等方式查询发行人及重要子公司是否存在负面舆情或负面新闻报道，确认负面舆情事项的原因和真实性，审慎判断负面舆情是否对发行条件构成影响，同时核查负面舆情对发行人偿债能力的负面影响。

二、发行人主要财务情况调查

（一）财务报告及相关财务资料

《公司信用类债券信息披露管理办法》规定，企业应当披露近三年及近一期财务会计信息。财务会计信息包括但不限于资产负债表、利润表及现金流量表。企业编制合并财务报表的，应当同时披露合并财务报表和母公司财务报表。

1.发行人审计报告、财务报表、会计师事务所资质调查。

主承销商应查阅发行人报告期内经审计的合并财务报表及最近一期财务报表，包括资产负债表、利润表、现金流量表及其附注和其他应当在财务会计报告中披露的相关信息和资料，编制合并财务报表的应包括母公司财务报表、编制基础、财务会计信息适用《企业会计准则》情况。对于报告期内发生重大资产重组的，应查阅重组前经审计或审阅的备考财务报告及其编制基础。如重组前一年在报告期内，应查阅重组前一年的备考财务报表和备考报表的编制基础。

主承销商应核查会计师事务所是否具有相关业务资质，并确认募集说明书引用的是最终盖章签字版审计报告及财务报表。

2.非标准审计意见调查。

主承销商应调查审计意见情况，报告期内发行人曾被会计师事务所出具带强调事项段无保留意见或保留意见等非标准审计意见审计报告的，应当查阅发行人董事会（或者法律法规及公司章程规定的有权机构）关于非标准意见审计报告处理情况的说明以及会计师事务所及注册会计师关于非标准审计意见审计报告的补充意见，非标准审计意见所涉情形是否已经消除，核查相关事项对发行人偿债能力的影响。

3.合并范围变化情况调查。

报告期内，发行人合并财务报表范围发生重大变化的，主承销商应当调查合并财务报表范围的具体变化情况、变化原因及其影响。对于发行人持股比例超过50%但未纳入合并报表或持股比例不高于50%但纳入合并报表的重要权益性投资，主承销商应当核查其合理性。具体核查内容及关注要点可参考本章"第二节 尽职调查内容"之"一、发行人基本情况调查"中关于发行人重要权益投资的相关内容。

4.重大会计政策、会计估计变更、重大会计差错更正核查。

报告期内发行人发生重大会计政策、会计估计变更或会计差错更正的，主承销商应当核查变更或更正的具体情况，包括但不限于变更或更正的主要内容、原因、合理性、对财务状况/经营成果的影响等。

5.更换会计师事务所核查。

报告期内发行人更换会计师事务所的，主承销商应当核查更换的理由及变更前后会计政策和会计估计是否存在重大变化。

6.特殊会计处理核查。

发行人存在特殊会计处理，可能影响本次债券发行条件或对投资决策影响较大的，申报会计师应结合《企业会计准则》的具体条款说明相关会计处理的合规性并发表核查意见；《企业会计准则》的适用涉及职业判断的，应当提供充分依据。

以高速公路、地铁线路等相关资产的折旧政策为例，申报会计师应当对发行人高速公路、地铁线路等相关资产的折旧政策进行专项核查，并对相关资产的折旧政策是否符合《企业会计准则》的规定发表核查意见。主承销商应当就下述事项进行补充核查，并发表明确意见：

（1）发行人是否满足以下要求：

①发行人为省级、副省级及省会城市地方政府全资或控股的国有企业及其子公司；

②发行人主体评级达到AAA级；

③发行人已取得所属地方政府主管部门对高速公路、地铁线路等相关资产折

旧政策的书面文件，或者发行人已经向地方政府财政部门报备过相关会计政策，未获不同意见；

④发行人报告期内的审计报告均为无保留意见，申报会计师对相关资产折旧政策出具符合《企业会计准则》的专项核查意见。

（2）发行人高速公路、地铁线路等相关资产折旧政策的合规性，及是否对发行人发行公司债券构成重大不利影响进行核查并发表核查意见。

（二）重要财务报表项目①和财务指标分析

根据《公司信用类债券信息披露管理办法》规定，企业应当披露近三年及近一期的财务指标，财务指标包括但不限于偿债能力指标、盈利能力指标、运营效率指标。企业对可能影响投资者理解企业财务状况、经营业绩和现金流量情况等信息，应当加以说明。

根据《公司债券主承销商尽职调查指引》规定，主承销商应当对发行人报告期内的重要财务报表项目和财务指标进行分析，分析其变动情况及原因：（1）分析报告期内各期营业收入与营业成本的构成及比例，分析营业收入、营业成本、毛利率等的增减变动情况及原因；（2）分析报告期内各期主要费用（含研发）及其占营业收入的比重和变化情况；（3）分析报告期内各期重大投资收益和大额资产处置收益、投资性房地产公允价值变动、计入当期损益的政府补助等非经常性损益情况；（4）分析报告期内各期末主要资产及重大变动情况，对于货币资金等科目变动存在明显异常的，应当关注相关财务指标异常的具体原因及合理性；（5）分析报告期内各期末主要负债情况；（6）分析报告期内现金流量情况，对于存在现金流量结构异常、经营活动现金流缺乏可持续性、投资活动净现金流出较大、筹资活动现金流缺乏稳定性的，应当关注其原因及合理性。

1.盈利能力分析。

通过对发行人营业收入、营业成本、毛利润、毛利率、期间费用、非经常性损益、净利润及净资产收益率的分析和比较，关注是否存在净利润持续为负，营业收入、净利润持续下滑或大幅波动，毛利率波动较大或与同行业可比企业存在较大差异的情形，判断发行人盈利能力的稳定性和可持续性。

上述有关财务指标计算标准如下：

---

① 根据《公司债券主承销商尽职调查指引》第四十八条第六款规定，重要财务报表项目，通常指近一年或近一期占总资产10%以上的资产类报表项目、占总负债10%以上的负债类报表项目以及变化幅度在30%以上且影响发行人偿债能力的报表项目。

毛利率=（营业收入－营业成本）/营业收入×100%

加权平均净资产收益率及扣除非经常性损益后加权平均净资产收益率均根据中国证监会《公开发行证券的公司信息披露编报规则第9号——净资产收益率和每股收益的计算及披露》（2010年修订）计算。

2.偿债能力分析。

计算发行人偿债能力指标，如资产负债率、流动比率、速动比率、EBITDA利息保障倍数等，就发行人报告期内主要偿债指标及其重大变动趋势和变动原因等进行分析，判断发行人的偿债能力和偿债风险。

上述财务指标计算标准如下：

资产负债率=负债总额/资产总额×100%

流动比率=流动资产/流动负债

速动比率=（流动资产－存货）/流动负债

EBITDA=利润总额+计入财务费用的利息支出+固定资产折旧+摊销（无形资产摊销+长期待摊费用摊销）

EBITDA利息保障倍数=EBITDA/利息支出=EBITDA/（计入财务费用的利息支出+资本化利息）

EBITDA全部债务比=EBITDA/全部债务×100%

发行人报告期内年均息税折旧摊销前利润（EBITDA）小于报告期末所有有息债务（含本次申报债券）一年利息的，主承销商应核查发行人是否具备持续稳定的盈利能力以及本次债券的偿付资金来源，要求发行人制定切实可行的偿债保障措施。

3.运营效率分析。

计算发行人资产周转能力指标，如总资产周转率、应收账款周转率、存货周转率等，结合发行人所处行业、业务特点，分析发行人各年度营运能力变动情况，判断发行人经营能力和经营风险。

上述财务指标计算标准如下：

总资产周转率=营业收入/平均总资产余额

应收账款周转率=营业收入/平均应收账款余额

存货周转率=营业成本/平均存货余额

发行人最近一年末存货及应收类款项（包括但不限于应收账款、其他应收款、长期应收款等）占总资产的比例高于70%的，主承销商应当结合存货周转情况、应收款项回收安排、行业特征等，核查存货及应收类款项占比较高的原因、合理性及对偿债能力的影响。

4.现金流量分析。

结合发行人行业特点、业务特征、销售结算模式、资产负债表和利润表相关数据勾稽关系等，对发行人经营活动、投资活动和筹资活动产生的现金流量进行分析。

发行人报告期内经营活动现金流缺乏可持续性的（如经营活动现金流量净额持续大额为负或持续下降；经营活动现金流入金额大幅波动或流入构成大幅变化；销售商品、提供劳务收到的现金流入占营业收入的比例持续显著低于同行业可比企业平均水平；经营活动现金流入对收到其他与经营活动有关的现金流入依赖度较高），应核查产生相关情形的原因、合理性及其对发行人偿债能力的影响，量化分析偿债资金来源，并充分说明偿债安排的可行性。

发行人存在购建固定资产、无形资产和其他长期资产支付的现金或投资所支付的现金金额较大的，应核查主要投资活动现金流出的具体投向、预计收益实现方式及回收周期，分析相关投资对发行人本次债券偿付能力的影响。

发行人存在筹资活动现金流量净额持续大额为负或大幅波动，或筹资渠道发生较大变化的，应核查变动情况、变动原因及其对自身偿债能力的影响。

（三）重要财务会计信息核查

根据《公司债券主承销商尽职调查指引》，主承销商应结合发行人的行业属性、经营风险、诚信情况等，查阅会计报表附注及管理层关于重要报表项目的说明，并分析判断其合理性；对于存在合理怀疑的财务报表项目，应当进行审慎核查。

结合《公司债券主承销商尽职调查指引》以及《上海证券交易所公司债券发行上市审核规则适用指引第3号——审核重点关注事项》中对于重要财务会计信息的核查要求，实践中，可参考以下方式。

1.往来款项核查。

主承销商应当关注经营性与非经营性往来占款或资金拆借情况，最近一年末存在金额较大的非经营性往来占款或资金拆借情形的，主承销商应当核查相关决策权限、决策程序、定价机制、存续期内是否计划新增非经营性往来占款和资金拆借事项、主要债务方的信用资质情况、形成该款项的原因、回款安排、报告期内回款情况及其与发行人的关联关系等，充分揭示该行为的合规性、合理性及对偿债能力的影响。

发行人非经营性往来占款和资金拆借余额超过最近一年末经审计总资产3%

的，主承销商应关注：（1）非经营性往来占款和资金拆借的决策权限、决策程序和定价机制。（2）非经营性往来占款和资金拆借前五名债务方及其与发行人是否存在关联关系。关联方往来参照《企业会计准则第36号——关联方披露》的相关要求认定。（3）发行人与前五名债务方形成非经营性往来占款和资金拆借的原因、回款相关安排、报告期内的回款情况。（4）债券存续期内是否新增非经营性往来占款和资金拆借事项。如有，应进一步核查相关事项应履行的决策程序和持续信息披露安排。

发行人非经营性往来占款和资金拆借余额超过最近一年末经审计总资产5%的，应关注发行人是否已承诺债券存续期内原则上不新增非经营性往来占款和资金拆借余额；如前次债券已作出相关承诺的，还应核查相关承诺的实际履行情况。

发行人非经营性往来占款和资金拆借余额超过最近一年末经审计总资产10%的，应关注主要债务方信用资质情况、偿还安排以及资金拆借必要性和合理性，分析对发行人偿债能力的影响。

2.货币资金核查。

货币资金科目包括库存现金、银行存款、其他货币资金（包括银行承兑汇票保证金、信用证保证金等）。可以通过查阅审计报告及附注，关注报告期货币资金科目的变动以及期末受限情况，了解货币资金变动及受限原因。若存在大额货币资金流入和流出的，应判断合理性及对发行人偿债能力的影响。

发行人存在"存贷双高"情形的（即持有大额非受限货币资金的同时进行大额有息借款的情形），申报会计师应当采取对发行人资产负债表日前后一段时期内的货币资金余额及其变动情况进行延伸核查等各类必要方式进行针对性核查。

3.非经常性损益核查。

非经常性损益，通常包括投资收益、公允价值变动损益、资产处置收入、其他收益、营业外收入/支出等。主承销商可以通过查阅审计报告及附注，调查非经常性损益的构成情况并计算非经常性损益占当期利润的比重，分析其对发行人财务状况、经营成果和偿债能力的影响。具体核查手段和方式可参考以下内容。

发行人报告期内存在净利润较为依赖大额资产处置收益，尤其扣除处置收益后不满足发行条件，或盈利较为依赖股票二级市场投资收益、投资性房地产增值等非经常性损益等情形的，应关注形成非经常性损益的具体事项及其对盈利能力稳定性的影响。

发行人报告期内存在大额资产处置交易事项的，可通过了解相关交易背景、相关交易协议签署、定价依据及交易价格合理性等情况，判断相关事项对发行人盈利能力可持续性的影响。

4.债务情况核查。

主承销商应核查报告期各期末有息债务的总余额、债务种类及余额、最近一期末有息债务的期限结构、担保结构、未来有息债务偿还计划、报告期内资产负债率的变化等情况，分析未来三年到期债务情况，了解发行人的偿债压力。具体核查手段和方式可参考以下内容。

（1）调查发行人及其重要子公司报告期内发行的境内外债券、债务融资工具、其他借贷债务以及偿还情况和尚未发行额度情况；如已发行的债券或其他债务有违约或延迟支付本息的事实，应核查违约金额、利率、借款用途、未按期偿还的原因、偿还计划等，并结合历史违约记录对本次公司债券的风险进行评估。

（2）对于报告期内发行人债务结构不均衡、有息债务结构发生大幅变化，如存在银行借款余额被动大幅减少、银行授信大幅下降等情形，核查有息债务结构的具体变动情况、变动原因以及对发行人偿债能力的影响。重点关注最近一期末同时存在银行借款余额低于有息债务总额的30%、银行借款与公司债券外其他公司信用类债券余额之和低于有息债务总额50%的情形，关注发行人融资渠道是否受限。

（3）对于报告期内发行人有息负债余额年均增长率超过30%、最近一年末资产负债率超过行业平均水平且速动比率小于1，或最近一年末资产负债率、有息负债与净资产比例均超出行业平均水平30%的，核查发行人有息债务增长幅度较大的原因、相关财务指标显著高于行业平均水平的原因及对偿债能力的影响。

（4）对于报告期内发行人短期债务占有息债务比重较大或显著上升、发行人或其所属企业集团报表范围内存量公司债券余额较大且存在集中兑付压力或存在过度融资情形的，核查发行人短期偿债压力较大的具体原因及合理性、短期债务及本次债券的偿付资金来源及偿债保障措施。如最近一期末发行人短期债券余额占全部债券余额比例显著高于同行业可比企业，且报告期内短期债券余额呈大幅增长趋势的，核查相关资金运营的内控制度、资金管理运营模式和短期资金调度应急预案方案，关注发行人经营性现金流、可变现流动资产等对到期债务本息的保障情况。

（5）对于发行人非标融资或其他融资占比较高的，关注报告期末发行人非标融资/其他融资的具体情况，包括但不限于非标融资具体类型、融资主体、与发行人关系、资金提供方、综合成本、偿付日以及可能影响本次债券偿付顺序的重要约定条款等。

5.非流动资产核查。

主承销商应当分析最近一年末非流动资产占总资产比例与同行业可比企业对比情况。发行人非流动资产占总资产的比例显著高于同行业可比企业的,主承销商可结合业务情况、行业特征等关注形成上述资产结构的原因及资产变现能力。

发行人最近一期末商誉账面价值超过总资产30%的,应关注商誉形成的原因、商誉金额的确定方法及合理性、报告期内增减变动情况、商誉减值准备计提情况以及减值测试过程与方法,关注是否存在商誉减值风险。

报告期内以评估价值入账且占总资产10%以上或因公允价值变动对当期经营成果产生重大影响的资产(如土地、投资性房地产等),主承销商应关注资产评估值的变化情况及对经营成果的影响。对于评估值增减变化幅度较大的,主承销商应关注评估值变化的合理性。

三、发行人及本次债券的信用情况调查

根据《公司债券主承销商尽职调查指引》第十七条、第十八条规定,主承销商应当了解发行人及其重要子公司的诚信情况及重大诉讼仲裁情况,查阅诚信信息文件;了解发行人报告期与主要客户发生业务往来时,是否有严重违约现象;关注报告期内发行人董事、监事、高级管理人员是否存在涉嫌违法违规被有权机关调查、被采取强制措施或存在严重失信行为的情况。主承销商应当调查发行人及其重要子公司报告期内发行的境内外债券、债务融资工具、其他借贷债务以及偿还情况和尚未发行额度情况;如已发行的债券或其他债务有违约或延迟支付本息的事实,主承销商应当调查相关事项的具体情形、产生原因、化解处置情况及其对发行人本次债券偿付能力的影响。主承销商应当调查发行人报告期内是否存在重大违法违规及受处罚的情况。

主承销商应当关注信用评级机构对发行人的信用评级结论,评级报告揭示的主要风险,历次主体评级情况、变动情况及原因,后续跟踪评级安排等。

(一)发行人信用调查

1.诚信核查对象与事项。

根据《上海证券交易所债券自律监管规则适用指引第1号——公司债券持续信息披露》中关于诚信情况的定义,诚信情况是指是否存在重大违法违规、重大债务逾期和失信行为等。结合实践操作,主承销商可通过网络核查等手段核查发行人是否存在上述行为,综合评价发行人的商业信用以及是否符合发行条件。

主承销商应当在尽职调查过程中对发行人及其重要子公司报告期内发行的境内外债券、债务融资工具、其他借贷债务以及偿还情况和尚未发行额度情况进行查询；如已发行的债券或其他债务有违约或延迟支付本息的事实，主承销商应当调查相关事项的具体情形、产生原因、化解处置情况及其对发行人本次债券偿付能力的影响。

2.诚信查询方法及范围。

（1）主承销商可通过查询中国证监会证券期货市场失信信息公开查询平台、调阅发行人所属地方证监局资本市场诚信档案、国家市场监督管理总局企业信用信息公示系统、国家税务总局的重大税收违法失信案件信息公布栏、最高人民法院失信被执行人信息查询平台、中国人民银行征信系统和"信用中国"网站等主要信用信息平台中的相关记录进行诚信核查。查询范围具体以沪、深、北证券交易所不定期更新的"发行人诚信信息查询情况表"为准。

（2）如有必要，可通过走访相关机构和发行人主要供应商、客户，访谈发行人相关人员，咨询中介机构等方式进行查询。

（二）债券评级的调查

发行人报告期内在境内发行其他债券、债务融资工具的债项评级和主体评级，或存续期债券主体评级跟踪评级结果，与本次评级结果有差异的，主承销商应当予以重点关注；发行人本次发行债项评级高于主体评级的，主承销商应关注其合理性。

报告期内发行人主体评级（如有）下调的，主承销商应结合发行人自身业务模式、盈利情况、偿债能力、评级机构主要关注的风险因素等，关注其债券申报方案是否合理，同时对其评级下调事项产生的相关风险予以充分揭示。

发行人评级与可比同类主体评级存在明显差异的，主承销商应当关注其合理性。

四、募集资金运用调查

根据《公司债券主承销商尽职调查指引》规定，主承销商应当调查募集资金用途、使用计划、募集资金专项账户管理安排、前次发行债券募集资金的使用情况、存续期间变更募集资金用途需要履行的程序，以及发行人关于变更募集资金用途前及时披露有关信息的承诺。

（一）前次募集资金使用情况

根据《公司债券主承销商和受托管理人工作底稿目录》规定，前次募集资金若用于补充流动资金或项目建设的，主承销商应当获取包括但不限于合同、发票、转账凭证等底稿；若用于偿还有息债务的，主承销商应当获取包括但不限于借款合同、转账凭证、银行贷款还款凭证等底稿。

结合实践操作，建议主承销商获取募集资金使用汇总表、专项账户流水明细、募集资金使用相关凭证等底稿，核查发行人募集资金专项账户的设立情况，募集资金是否通过专户接收、存储和划转，实际使用是否与募集说明书披露的用途一致，若不一致，是否履行了相关变更程序；是否存在转借他人、与非前次募集资金混同、违规购买理财等情形。

主承销商在对前次募集资金使用情况进行尽职调查的过程中，需穿透核查，若实际用款人为发行人子公司，建议核查其子公司用于接收募集资金的银行账户对账单、募集资金使用相对应的合同及凭证等文件，关注是否笔笔对应。

（二）本次募集资金用途

1.募集资金用于固定资产投资。

根据《公司债券主承销商尽职调查指引》规定，募集资金用于固定资产投资项目的，主承销商应当调查拟投资固定资产投资项目的基本情况，查阅债券募集资金投向项目的可行性研究报告（如有）或其他项目基础资料；涉及项目投资管理、立项、土地、环评、规划等有关报批事项的，应当核查取得的有关主管部门批准的进展情况。采用备案制的项目，主承销商应当获得相关备案文件。募集资金投向项目如无法获得或暂未获得上述批复的，主承销商应当对相关情况合法合规性进行充分调查。

主承销商应当调查募集资金投向项目的资金来源、已投资情况和资本金到位情况，核查项目资本金是否符合固定资产投资项目资本金制度的要求，确保募集资金投入到项目中的金额不超过项目总投资缺口，杜绝发生同一项目超额募资的情况。

2.募集资金投向项目的相关情况。

根据《公司债券主承销商尽职调查指引》规定，主承销商应当调查募集资金投向项目的建设计划及建设现状。如募集资金投向项目的实施主体不是发行人，主承销商应核查募集资金投向项目实施主体与发行人之间的股权关系，调查发行人或发行人合并报表范围内的公司对募集资金投向项目的权属关系，调查发行人对固定资产投资项目的直接及间接持股比例以及实际承担的投资金额。

主承销商应当调查募集资金投向项目的资产受限情况，确定募集资金投向项目是否进行了抵押、质押、留置或者其他限制用途的安排，确定项目未来收入的现金流是否受到限制或者存在其他可对抗第三人的优先偿付负债的情况。

主承销商应当调查募集资金投向项目的收入来源，查阅募集资金投向项目未来收益情况的相关文件（如有），并对项目收益来源的合规性、真实性、稳定性、可持续性及项目收益测算合理性进行核查。

结合实践操作，建议主承销商核查募投项目合规性，查验立项、环评、规划等是否取得有关主管部门的批准或备案，相关文件的名称、文号、发文机关、印发或签署时间和主要内容。涉及项目用地审批的，建议主承销商核查包括但不限于项目用地性质、用途、土地规费缴纳情况、权证取得情况等。若发行人暂未获取相关文件的，主承销商可以了解报批进度，对项目合法合规性进行充分调查。

在对项目建设进度和收益来源的尽职调查实践操作中，建议主承销商核查项目资本金到位情况、已投资金使用情况、资金缺口测算，核查是否存在项目超额融资、重复融资情形；对于项目未来收益来源，可以获取包括但不限于可行性研究报告、第三方机构出具的收益测算分析文件等专业意见，项目采用政府指导定价的，可以查阅获取政府定价等文件。

3.募集资金用于基金出资的。

根据《公司债券主承销商尽职调查指引》规定，募集资金用于基金出资的，主承销商应当对募集资金投向基金基本情况进行充分调查，包括但不限于基金募资规模、基金设立形式、各出资方出资情况、基金设立备案情况等。主承销商应当查阅债券募集资金投向基金的基础资料，包括但不限于基金合伙协议（合伙制基金）、基金公司章程（公司制基金）、基金管理团队主要成员简历及业绩、基金资金其他设立文件及资金托管协议，核查基金是否已建立完善风险内控制度、是否曾受过相关行政处罚、基金投资行为是否依法合规。如受过相关行政处罚，主承销商应当核查处罚影响是否已消除。

主承销商应当调查募集资金投向基金的股权或份额受限情况，核查募集资金投向基金是否进行了抵押、质押、留置或者其他限制用途的安排，调查基金未来收入的现金流是否受到限制或者其他可对抗第三人的优先偿付负债的情况。

结合实践操作，建议主承销商关注基金投资是否符合《关于规范金融机构资产管理业务的指导意见》等相关规定，是否投资于服务国家产业政策、支持实体经济发展的创业投资基金或政府出资产业投资基金，是否按规定完成备案登记等事宜。

4.募集资金用于股权投资或资产收购的。

主承销商应当调查拟投资股权的基本情况、拟收购资产的基本情况。

5.募集资金用于补充流动资金或者偿还有息债务的。

主承销商应当调查补充流动资金或者偿还有息债务的金额、合理性和对公司财务状况的影响。

结合实践操作，对于募集资金用于"借新还旧"的，建议主承销商关注募集说明书等披露文件中是否明确约定募集资金仅限用于偿还公司债券本金，是否遵循"前三后六"原则[①]；关注是否存在临时补充流动资金、债券存续期用途任意变更等不当条款。

对于募集资金用于偿还有息债务的，建议主承销商获取有息负债对应借款合同、拟偿还直接融资债务品种的查询记录、发行人说明性文件等。

对于募集资金用于补充流动资金的，建议主承销商询问发行人用于补充流动资金的具体业务板块和具体金额，分析测算规模合理性，涉及现金流预测的，对发行人提供的现金流预测明细及依据进行合理性判断，分析对发行人财务状况的影响。

此外，结合实践操作，建议主承销商核查发行人是否制定了募集资金使用相关制度、是否存在因设置财务公司等原因使募集资金可能受到集中归集、统一管理的情形。如存在集中归集、统一管理的，建议调查资金归集及支取的具体安排，关注集团资金管理制度。

五、增信机制、偿债计划及其他保障措施调查

（一）增信机制调查

1.调查保证人信息。

（1）保证人为法人或其他组织。根据《公司债券主承销商尽职调查指引》规定，提供保证担保的，且保证人为法人或其他组织，主承销商调查内容包括但不限于：基本情况（属融资性担保机构的，核实其业务资质）；最近一年的财务报告，重点关注净资产、资产负债率、净资产收益率、流动比率、速动比率等主要财务指标；诚信情况；最近一期末对外担保情况（累计对外担保余额、累计担保余额及其占净资产的比例等）以及发行人与保证人之间互相担保的情况；偿债能

---

① 指募集资金限定用于偿还或者置换公司债券的，发行人原则上应当在相应债券到期或者回售前6个月内，至到期或者回售后3个月内发行新的债券。

力情况；对公开市场信用类债券的担保履约情况。

通常情况下，对于保证人为法人的，会进一步区分为两种情形，一种是保证人为发行人控股股东或实际控制人的，另一种保证人为外部专业担保机构。

对于保证人为法人且是发行人控股股东或实际控制人的，结合实践操作，具体核查手段和方式可以参考以下内容：获取保证人的营业执照、公司章程、最近一年及一期审计报告或财务报表、征信报告，核查增信方的业务范围及盈利状况、资产情况（尤其是保证人所拥有的人除发行人股权外的其他主要资产情况及该部分资产的权利限制情况）等；获取保证人为发行人提供增信措施所履行的内部决策审批程序和决策文件、担保函或担保合同等文件，查阅相关文件中是否约定了反担保措施或反担保物等内容，如有应同时获取对应的反担保协议，调查反担保物的权属及权利受限情况；通过外部信息渠道，查询保证人的诚信情况；通过外部调查、分析比对等方式，核查增信方除发行人外的其他担保事项及担保规模。

对于保证人为法人且为外部专业担保机构的，结合实践操作，具体核查手段和方式可以参考以下内容：获取专业担保机构的营业执照及担保资质，确认担保机构资质的有效性；获取专业担保机构的定期财务报告（如有），获取其业务开展及财务指标变动的相关信息，分析计算专业担保机构累计对外担保余额及比例是否满足法律法规的相关要求；获取专业担保机构出具的担保文件；了解是否存在反担保措施，存在提供反担保措施或反担保物情形的，应进一步获取反担保合同或协议、反担保物的权属证明文件及权利受限情况的核查底稿，评判反担保物的效力及权属瑕疵是否对担保责任履行构成不利影响。

（2）保证人为自然人。对于提供保证担保，且保证人为自然人，主承销商应当调查保证人与发行人的关系、保证人的诚信情况、代偿能力、资产受限情况、对外担保情况、保证人配偶（如有）就本次提供担保事项是否知情以及可能影响保证权利实现的其他信息。

对于保证人为自然人的情形，由于债券发行规模一般较大，所以实践操作中此类情形并不多见。对于保证人为自然人的核查方法和要点包括：通过访谈了解该自然人的家庭及资产状况，核查其是否具有担保能力；通过访谈和外部信息渠道，查询自然人是否存在失信被执行人、破产等影响个人征信的行为；通过访谈等形式，确认增信方配偶是否知晓且对担保事项未提出任何异议，增信方是否存在其他担保事项等。

2.担保合同或担保函。

根据《公司债券主承销商尽职调查指引》第十九条规定，主承销商应当取得债券担保合同或担保函，查阅担保机构的决策文件，核查担保合同或担保函内容是否包括下列事项，并就相关担保合同或担保函的责任条款与担保人进行确认：担保金额；担保期限；担保方式；担保范围；发行人、担保人、债券受托管理人、债券持有人之间的权利义务关系及违约责任；发行人不能偿还债券本息时，债券持有人实现债权的方式；反担保和共同担保的情况（如有）；各方认为需要约定的其他事项。

结合实践操作，主承销商在获取担保合同或担保函时应注意甄别文件的真伪；主承销商应尽量获取担保机构的决策文件，对于较难获取专业担保机构内部决策文件的，主承销商应采取必要的替代核查手段，通过访谈等方式了解专业担保机构内部对于给发行人提供担保所履行的内部决策程序及实际进展情况。

3.抵押或质押担保。

对于提供抵押或质押担保的，主承销商应当查阅担保物的权属证明文件、评估报告或其他可证明担保物价值的文件（如有）、抵/质押合同等有关资料，了解担保物情况，包括但不限于担保物名称、账面价值、评估值、担保范围、担保物金额与所发行债券面值总额和本息总额之间的比例，担保物的登记、保管和相关法律手续的办理情况，以及后续登记、保管和发生重大变化时的安排。同一担保物上已经设定其他担保的，还应当核查已经担保的债务总余额以及抵/质押顺序。

对于增信机制为提供抵押或质押担保时，建议主承销商重点关注用于抵/质押的标的物的权利人、权属是否存在争议情形；关注抵/质押物的价值认定是否公允、是否足以覆盖担保债务本息规模；关注标的物是否已设定其他抵/质押担保或他项权利受限等情形，如存在相关情形的，主承销商还需了解标的物解除抵/质押的计划安排等情况。

结合实践操作，对提供抵押或质押担保的具体核查手段和方式可以参考以下内容：获取抵/质押标的物的权属证明文件；通过外部信息渠道查询抵/质押标的物的权属争议及受限情况，存在权属争议或权利受限情形的，核查原因并了解后续解决安排；获取抵/质押物的资产价值评估报告，分析计算标的物价值能否覆盖所提供的担保债务的本息金额，不能全额覆盖的应了解差额部分发行人是否可提供其他有效保障措施；通过访谈发行人及律师、查阅抵/质押协议、产权登记部门或外部信息渠道查询等方式，核查担保物的登记、保管和相关法律手续的办理情况，了解后续登记、保管和发生重大变化时的协议约定情况。

4.债务加入。

对于存在债务加入情形的，主承销商应当核查债务加入约定方式、获取债加入协议，了解第三人基本情况。第三人为自然人的，应当调查姓名、工作单位（如有）、职务（如有）、与发行人的关系、诚信记录、第三人配偶（如有）是否知晓本次债务加入事项及其他与资信水平相关的重要事项。第三人为非自然人的，应当调查有权内部决策机构履行决策文件、名称、注册地址、与发行人的关系、企业性质、资信状况、最近一年主要财务情况及其他与资信水平相关的重要事项。

对于增信机制为债务加入时，建议主承销商重点关注第三人加入债权债务关系、与债务人向债权人共同履行偿债义务是否有明确的意思表示且签署债务加入协议，同时应调查第三人的资信状况及债务负担能力。

结合实践操作，对债务加入的具体核查手段和方式可以参考以下内容：通过访谈方式确认第三人债务加入是其真实意愿；获取债务加入协议，查阅债务偿付安排及第三人债务偿付义务的具体约定；通过访谈、外部查询、获取第三人资信文件、财务报告（记录）等方式，核查第三人的资信情况及债务负担能力；第三人为非自然人的，同时获取相关的营业执照、公司章程、最近一年的财务报告、征信报告、内部有权决策机构就债务加入履行的内部决策文件等。

5. 其他增信方式。

对于采用限制发行人债务和对外担保规模安排、对外投资规模，限制发行人向第三方出售或抵押主要资产，设置债券回售条款，设置商业保险等商业安排，设立偿债专项基金等其他方式进行增信的，主承销商应当调查增信措施的具体内容、相关协议的主要条款、实现方式、相应风险以及相关手续的办理情况等事项。

对于其他增信方式，主承销商在尽职调查过程中应注意获取相关增信方式的合同协议，了解协议约定及条款设置情况、对债务偿付的实际保障程度；获取发行人内部有权决策机构履行的审批决策程序，核查内部决策程序的完备性及合法合规性；通过访谈、外部查询、查阅分析等方式相关增信措施的实现方式及增信效力等。

（二）偿债计划及其他保障措施调查

根据《公司债券主承销商尽职调查指引》第二十条规定，主承销商应当调查偿债安排计划及保障措施。主承销商应当调查发行人制定的具体偿债计划及保障措施。发行人设置专项偿债账户的，主承销商应当调查该账户的资金来源、提取的起止时间、提取额度、管理方式、监督安排及信息披露等内容。偿债计划中对未来现金流、营业收入及营业利润等进行预测的，主承销商应当核查关于预测合理依据及假设前提。主承销商应当调查发行人构成违约的情形、违约责任及其承担方式、违约责任的免除以及债券发生违约后的诉讼、仲裁或其他争议解决机制。

结合实践操作，对于偿债计划及其他保障措施的具体核查手段和方式可以参考以下内容：了解发行人的偿债计划安排及保障措施内容，获取书面承诺文件；偿债计划中对未来现金流、营业收入及营业利润等进行预测的，主承销商应评估并复核偿债计划中对未来现金流、营业收入及营业利润预测的假设前提及预测结果的合理性；通过查阅相关文件等方式核查发行人是否就债务发生违约的情形、违约责任及承担方式、违约责任免除、违约后诉讼、仲裁及其他争议解决机制等进行事先的书面约定，获取相关约定文件。

六、发行文件中与发行条件相关的内容调查

根据《公司债券主承销商尽职调查指引》第二十三条规定，主承销商应当核查发行文件中与发行条件相关的内容是否符合相关法律法规及部门规章规定以及核查发行文件的信息披露是否符合法律法规及部门规章规定。

对于特殊债券品种以及特定行业发行人发行公司债券的，主承销商应当核查发行人是否满足相关的特定发行条件。

如有特定行业主管部门出具的监管意见书，主承销商应当查阅其内容。

具体核查内容及关注要点可参考本书"第二章 发行上市审核和重点关注事项"之"第一节 发行条件"中相关内容。

七、发行人存在的主要风险调查

主承销商应当对发行人存在的主要风险及发行人相关应对措施进行核查。主承销商应当遵循重要性原则，核查发行人披露的可能直接或间接影响债券偿付的所有因素，包含发行人自身、担保或其他增信措施（如有）、外部环境、政策等相关风险，核查发行人针对风险已采取的具体措施。

主承销商可以通过实地调查、查阅发行人资料、查询相关网站、咨询审计机构、律师或法律顾问等形式，对上述风险进行调查，并建议发行人在募集说明书中进行风险提示。

结合实践操作，建议主承销商对发行人及本次债券存在的以下主要风险进行调查。

（一）财务风险

关注发行人的资产流动性、资产负债结构、坏账计提和主要利润来源。对于

应收款项周转率、存货周转率指标偏低，应关注资产流动性较差、变现能力较弱的风险；对于流动比率、速动比率指标偏低，应关注短期偿债能力较弱风险；对于资产负债率较高、有息债务规模较大的发行人，应关注长期偿债压力较大风险和财务费用支出压力较大风险；对于存在经营性净现金流持续为负、筹资活动现金流缺乏稳定性等情形的，应关注持续融资能力；对于单一资产科目余额占比较高情形，应关注资产减值准备计提是否充分，是否具备合理理由，是否存在调节利润嫌疑；对于主要利润来源于非经常性收益的，应关注该收益是否可持续、是否已实现并产生现金流。

（二）经营风险

关注发行人所处行业经济周期、行业景气度及竞争环境、市场集中度、客户集中度、安全环保和不可抗力等风险；对代建业务和贸易业务等典型业务应调查其合规性，分析评估是否对发行人经营及偿债能力产生重大影响。

（三）管理风险

关注发行人组织模式和管理制度是否完善，是否存在内部控制和高管缺位等情形，核查项目管理、安全管理、投融资管理、子公司管理、信息披露事务管理、募集资金管理制度和关联交易制度等是否健全及严格执行。

（四）政策风险

关注行业政策、政府支持政策（例如税收优惠和政府补贴）、安全环保政策和海外投资政策等变动对发行人日常经营产生的影响；对于垄断性经营业务，应关注特许经营风险。

（五）其他重大事项及或有事项风险

关注发行人是否存在大额对外担保、大额资产受限和大额代偿等风险，是否存在重大不良信用记录、行政处罚、重大仲裁、诉讼或其他重大事项及或有事项等，并分析对发行人的重大影响。

1.对外担保。

主承销商应获取发行人对外担保相关制度、对外担保明细、大额对外担保的担保合同以及发行人关于对外担保情况的说明性文件等。结合发行人审计报告附注、发行人和重要子公司征信报告，核查募集说明书中对外担保的披露信息是否准确、完整。

针对发行人最近一年末重大对外担保情况（通常指发行人尚未履行或未履行完毕的单笔对外担保金额或者对同一担保对象累计担保金额超过净资产10%的）或担保余额较大（通常指发行人对外担保余额超过当期末净资产）的，应核查被担保人的工商信息、诚信信息、财务状况、生产经营状况、是否存在失信情况等，分析是否存在重大代偿风险和主要资产的重大权属纠纷。

对于具有代偿可能的担保，应核查反担保措施或其他增信措施的有效性，如已出现代偿情况，应核查相关会计处理的合理性、后续追偿安排、代偿事项对发行人偿债能力的影响。

2.受限资产。

主承销商应核查发行人截至最近一年末的资产因抵押、质押、被查封、扣押、冻结、必须具备一定条件才能变现、无法变现、无法用于抵偿债务以及其他具有可对抗第三人的优先偿付负债情况，核查发行人股权质押、未来收益权质押、因发行资产证券化产品导致资产或权利受限的情况。

对于报告期末对发行人偿债能力有重大影响的土地、房产、货币资金、应收账款、重要子公司股权等资产，主承销商应当调查其主要权属证明文件，分析其受限情况。

主承销商应当取得受限资产明细，了解资产名称、抵押/质权人、资产账面价值、期限等信息，对于存在资产权利受限制的资产账面价值较大（通常指权利受限制的资产账面超过总资产50%）的，核查其受限原因、目前状态和对偿债能力的影响。对于预计可能产生较大损失的，应核查发行人对损失金额估计的依据和假设前提的合理性以及对偿债能力的影响。

3.未决诉讼、仲裁。

主承销商应询问管理层，咨询审计机构、律师或法律顾问，调查发行人及其重要子公司是否存在对其财务状况、经营成果、偿债能力、盈利能力等可能产生较大影响的诉讼、仲裁和其他重大事项及或有事项情况。重大诉讼、仲裁可根据涉案金额大小、涉案金额占发行人最近一期末净资产比例或对发行人偿债能力、盈利能力的影响程度等来判定，并分析重大诉讼、仲裁对发行人可能产生的重大影响。

（六）与本次债券相关的投资风险

除利率风险、流动性风险和偿付风险外，建议关注本次债券的评级风险（如有）、特殊品种债券条款等；涉及增信的，建议关注担保人资信状况或担保物现状对本次债券偿付的影响。

八、投资者保护机制调查

（一）投资者保护机制条款的常见类型及关注点

保护投资者合法权益的机制及措施包括但不限于：为债券设置特殊发行条款，为债券偿付设置增信机制，设置投资者保护条款，约定违约事项及纠纷解决机制，约定持有人会议机制并签署《持有人会议规则》，约定受托管理机制并签署《受托管理协议》等。

尽职调查过程中建议重点关注：

1. 相关机制及措施的设定是否满足监管规则要求。如：存在发行上市审核重点关注事项中可能严重影响发行人偿债能力的重点关注事项或其他重大不利情形的，原则上应当设置增信、财务承诺、行为限制承诺等投资者保护条款。

2. 相关机制及措施的内容是否具备可执行性。如：偿债保障措施承诺、财务承诺等的阈值设置应符合发行人经营实际情况，避免畸高或畸低导致无实质性保护效果或实践中难以操作；同时，相关事项的监测频率应合理设置，机制及措施设置的表述应严谨、规范。

3. 相关约定在不同协议文本之间是否存在冲突，如《持有人会议规则》《债券受托管理协议》与债券发行文件中涉及投资者保护的相关约定是否矛盾。

4. 发行人诚信情况及内部控制的有效性，是否具备严格按照相关规定及约定要求履行承诺的意愿和能力。

（二）特殊发行条款调查

"特殊发行条款"包括但不限于发行人票面利率调整选择权、投资者回售选择权、发行人赎回选择权、分期偿还、债券置换、债券购回、投资者债券转股权等，建议结合发行人自身经营情况、资金规划、偿债能力、融资目的和期限等因素设置特殊发行条款。

如设置特殊发行条款，建议关注发行人自身财务情况、资金规划、内部控制等因素是否能支持特殊条款的有效落实，相关条款的设置对投资者是否公允且具备可操作性等。例如：

1. 建议调查票面利率调整方向及拟变动幅度是否合理、公允；

2. 建议调查回售登记期是否充足，是否允许回售登记撤销，发行人是否有意愿及能力了解债券持有人的回售意愿、回售规模并积极筹备回售资金等；

3. 建议调查发行人自身财务情况及资金规划等是否支持赎回、分期偿还、债券置换等工作的有效开展；关注发行人内部控制机制及历史诚信情况，判断其是否可以按照相关约定履行承诺，不利用相关业务开展内幕交易、操纵市场等违法违规活动等。

（三）增信机制调查

增信机制具体调查手段可参考本章本节"五、增信机制、偿债计划及其他保障措施调查"关于增信机制调查的相关内容。

（四）投资者保护条款调查

"投资者保护条款"包括但不限于发行人偿债保障措施承诺、发行人财务承诺、发行人行为限制承诺、资信维持承诺、交叉保护承诺、调研发行人等。

投资者保护条款多与发行人财务情况及经营活动直接相关，建议在调查时重点关注相关指标数值及触发事项设置的适用性、监测频率、相关救济措施的可操作性等。

建议可参照《上海证券交易所公司债券发行上市审核业务指南第2号——投资者权益保护（参考文本）》《深圳证券交易所公司债券发行上市审核业务指南第2号——投资者权益保护（参考文本）》《北京证券交易所公司债券发行上市审核业务指南第2号——投资者权益保护（参考文本）》中对于投资者保护条款指标及触发事项的规范格式完成"投资者保护条款"表述。

（五）违约事项及纠纷解决机制调查

"违约事项及纠纷解决机制"主要包括违约情形及认定、违约责任及免除。建议关注"宽限期"（如有）的设置是否会对投资者权益产生潜在不利影响，同时建议结合发行人偿债意愿，判断发行人承担违约责任的方式（如：协商变更履行方式、支付逾期利息、支付违约金、提前清偿等）是否具备可行性。

此外，如违约处置涉及争议解决，建议需同步关注争议解决的方式及管辖权是否有利于保障投资者合法权益。

（六）持有人会议规则及受托管理机制调查

1.持有人会议规则。

核查发行人是否制定了符合《公司债券发行与交易管理办法》及其他法律法规要求的《持有人会议规则》，是否明确约定了应当召开债券持有人会议的情形、会议召集与决策程序、决议生效条件以及债券持有人决议的效力范围等。

2.受托管理机制。

核查发行人是否制定了符合《公司债券发行与交易管理办法》及其他法律法规要求的《债券受托管理协议》。

此外，建议核查涉及投资者权益保护的相关约定在不同协议文本之间是否存在冲突。

九、其他重要事项调查

（一）发行人履行规定的内部决策程序情况

主承销商应当核查公司债券发行是否履行了相关法律法规及公司章程规定的内部决策程序，取得与本次债券发行的相关决策文件。

主承销商应当核查股东会、董事会等有权机构关于本次债券发行的决议文件，并关注决议中签字董事是否均为任期内合法董事。

核查本次债券发行的相关议案（如有）。核查发行人上市/挂牌申请文件是否履行内部决策程序的核查记录（如有）。

（二）或有信息

主承销商应当关注发行人的资产负债表日后事项、或有事项、承诺事项及其他重要事项在募集说明书签署日的进展情况，了解相关事项对发行人未来财务状况、盈利能力以及偿债能力的影响。对于预计可能产生较大损失的，应对可能产生的损失作合理估计，了解可能产生的损失金额及其对发行人偿债能力的影响。

（三）重大利害关系

主承销商应当核查发行人与本次发行有关的中介机构及其负责人、高级管理人员及经办人员之间存在的直接或间接的股权关系或其他重大利害关系情况及其防范措施。发行人为企业集团或其下属企业的，主承销商应当关注发行人及其所在企业集团与本次发行有关的中介机构及其负责人、高级管理人员及经办人员之间存在的直接或间接的股权关系或其他重大利害关系情况及其防范措施。

发行人所在企业集团、发行人如为上市公司的，或发行人并表范围内如存在上市公司的，建议关注最近一年末或最近一期末各中介机构对前述上市公司的持股情况。

（四）中介机构及签字人员情况

主承销商应当对报告期内各中介机构资质以及是否被采取监管措施、受到行政处罚或被立案调查等情况进行核查。可通过查询中国证监会公告、询问相关中介机构等方式确认中介机构相关资质的合规性，判断相关监管措施、行政处罚等事项对本次债券发行是否构成重大实质性障碍。

对于被采取立案调查的中介机构，应当了解案件进展、对涉案中介机构相关业务资格的影响、涉案人员是否为本次债券发行相关的签字人员、涉案行为与其为发行人提供服务的行为是否构成重大影响等，并分析此事项是否对本次债券发行构成实质性影响。

（五）聘请第三方机构的核查

除发行人就本次公司债券项目依法需聘请的中介机构外，如主承销商存在直接或间接有偿聘请审计、资产评估、法律顾问、财务顾问、咨询顾问等其他第三方机构提供与尽职调查有关的服务的，应调查第三方机构的基本情况、资质、执业记录、聘请的必要性和具体服务内容，了解所聘请的第三方机构及具体参与人员是否具备执业所需要的资质及专业能力，是否存在不良执业记录，了解聘请第三方机构的定价方式、实际支付费用、支付方式和资金来源，关注相关聘请行为是否符合《关于加强证券公司在投资银行类业务中聘请第三方等廉洁从业风险防控的意见》相关规定的要求。

（六）中介机构廉洁从业情况

主承销商、证券服务机构及其相关人员应当按照法律法规、执业规范和证券交易所相关规定履行职责，廉洁从业。主承销商、发行人律师应当对为本次发行提供服务的中介机构及其相关人员近三年内是否存在以行贿行为干扰债券发行上市审核工作的情形进行核查，并在主承销商核查意见和法律意见书中以专门段落发表明确核查意见。

（七）对外报送申请材料至债券发行上市期间的重要事项

在对外报送申请材料至债券发行上市期间，对于影响发行条件、上市条件，或影响发行人偿债能力、投资者风险判断等其他有重大影响或属于信息披露范围的内容，主承销商应当持续开展尽职调查，取得明确结论，并按要求向中国证监会和证券交易所报告。

主承销商应跟踪调查发行人经营情况、财务状况、偿债能力、资信等情况；应跟踪调查发行人、发行人控股股东或实际控制人是否发生重大负面舆情；发行人发生可能影响偿债能力或投资者权益的重大事项时，应核查事项的起因、目前的状态和可能产生的影响。重大事项包括但不限于：

1. 企业名称变更、股权结构或生产经营状况发生重大变化；
2. 企业变更财务报告审计机构、债券受托管理人或具有同等职责的机构、信用评级机构；
3. 企业1/3以上董事、2/3以上监事、董事长、总经理或具有同等职责的人员发生变动；
4. 企业法定代表人、董事长、总经理或具有同等职责的人员无法履行职责；
5. 企业控股股东或者实际控制人变更；
6. 企业发生重大资产抵押、质押、出售、转让、报废、无偿划转以及重大投资行为或重大资产重组；
7. 企业发生超过上年末净资产10%的重大损失；
8. 企业放弃债权或者财产超过上年末净资产的10%；
9. 企业股权、经营权涉及被委托管理；
10. 企业丧失对重要子公司的实际控制权；
11. 债券担保情况发生变更，或者债券信用评级发生变化；
12. 企业转移债券清偿义务；
13. 企业一次承担他人债务超过上年末净资产10%，或者新增借款、对外提供担保超过上年末净资产的20%；
14. 企业未能清偿到期债务或进行债务重组；
15. 企业涉嫌违法违规被有权机关调查，受到刑事处罚、重大行政处罚或行政监管措施、市场自律组织作出的债券业务相关的处分，或者存在严重失信行为；
16. 企业法定代表人、控股股东、实际控制人、董事、监事、高级管理人员涉嫌违法违规被有权机关调查、采取强制措施，或者存在严重失信行为；
17. 企业涉及重大诉讼、仲裁事项；
18. 企业出现可能影响其偿债能力的资产被查封、扣押或冻结的情况；
19. 企业分配股利，作出减资、合并、分立、解散及申请破产的决定，或者依法进入破产程序、被责令关闭；
20. 企业涉及需要说明的市场传闻；
21. 募集说明书约定或企业承诺的其他应当披露事项；

22.其他可能影响其偿债能力或投资者权益的事项。

第三节 主承销商履行注意义务要求

公司债券承销发行过程中，涉及各证券服务机构的协调合作，需要厘清各机构之间的职责边界。为了让从业人员能够更好地履行勤勉尽责义务，本节重点阐述主承销商需要履行注意义务的要求与程序，为从业人员提供参考。

一、履行注意义务的总体要求

注册制的核心是信息披露。各证券服务机构履职尽责对于保证信息披露真实、准确、完整至关重要，而科学厘清证券服务机构责任边界是各机构勤勉尽责的重要基础。《公司债券发行与交易管理办法（2023年修订）》第四十九条规定"证券服务机构及其相关执业人员应当对与本专业相关的业务事项履行特别注意义务，对其他业务事项履行普通注意义务，并承担相应法律责任"，明确了以专业职责分工来划分不同层次注意义务。

（一）注意义务含义的分类

注意义务（duty of care）源于对过错（主要是过失）的判定。在现代侵权法上，无论是大陆法系还是英美法系，注意义务是过错侵权责任的核心要素。在英国，所谓注意义务，是指法律施加于行为人身上的一种责任。除此之外，很少有学者对注意义务加以明确的定义。[①]就证券虚假陈述而言，美国《1933年证券法》第11条确立了认定证券服务机构承担民事责任的尽职抗辩（due diligence defenses）原则，认定重心在于判定尽职抗辩中的"合理性"，法院在司法判例中通过区分专家与非专家的方式逐渐形成了对"合理性"的判断标准。我国证券服务机构的注意义务来源于《证券法》等相关法律法规对证券服务机构勤勉尽责义务的要求，对应于美国证券法上的尽职抗辩，在认定思路上与美国证券法关于证券服务机构民事责任的认定殊途同归。[②]

根据《证券法》关于中介机构必须严格履行法定职责的规定，以及《公司

[①] 屈茂辉：《论民法上的注意义务》，载《北方法学》，2007年第1期。
[②] 郭克军、孙巍、沈乐行：《证券服务机构虚假陈述责任及风险防范》，法律出版社，2020年版，第3页。

债券发行与交易管理办法（2023年修订）》第四十九条关于"特别注意义务"与"普通注意义务"规定，同时参考中国证券业协会《公司债券主承销商尽职调查指引》第六条"尽职调查过程中，对公司债券发行文件中无证券服务机构专业意见支持的内容，主承销商应当在获得充分的尽职调查材料并对各种尽职调查材料进行综合分析的基础上进行独立判断，审慎核查，履行特别注意义务。对发行文件中包含或引用证券服务机构出具专业意见的内容，主承销商应当保持职业怀疑，在履行审慎核查和必要的调查、复核程序的基础上，可以进行合理信赖。主承销商应当明确记录排除职业怀疑的理由并在主承销商核查意见等文件中予以充分揭示"，可以看出，目前规则层面对证券服务机构的注意义务分类为：一是各证券服务机构对各自出具的专项文件负责，对与本专业相关的业务事项负有特别注意义务；二是各证券服务机构可以合理信赖其他专业机构的专业意见，对其他业务事项负有普通注意义务。

总体而言，是以专业职责分工作为区分不同层次注意义务的核心要点，区分为特别注意义务和普通注意义务。

（二）履行注意义务的要求

随着证券发行注册制的深入实施，发行人作为信息披露第一责任人的职责正在强化，各证券服务机构作为信息披露辅助者的职责亦愈发重要，对于履行注意义务提出了更高要求。

基于专业分工及归位尽责的角度，同时考虑到公平原则及过错与责任相当的原则，履行注意义务应考虑以下要求。

1.界定特别注意义务应以法律法规及监管机构制定的规范性文件为依据。目前公司债券业务已经形成包括《证券法》《公司法》《公司债券发行与交易管理办法》《公司信用类债券信息披露管理办法》《关于深化债券注册制改革的指导意见》《关于注册制下提高中介机构债券业务执业质量的指导意见》《公司债券承销业务规则》《公司债券主承销商尽职调查指引》等相关法律法规、部门规章、规范性文件、自律规则及业务指引组成的规范体系，界定特别注意义务时，应以上述规范性文件作为依据，避免仅仅依赖"行业惯例"等难以判定的标准。

2.对于不同证券服务机构重合的查验事项，应当坚持以专业领域为核心划清特别注意义务的范围。尽职调查过程中，部分事项涉及不同证券服务机构，但这是基于不同证券服务机构专业分工不同，要求其从自身职责角度出发进行尽职调查，重合之处仍应当坚持以专业领域为核心划清特别注意义务的范围。

3.对于交叉引用其他证券服务机构的事项，应首先判断引用事项是否属于特别注意义务的范围。如前款所述，对于不同证券服务机构发表意见的事项存在重合的，如引用事项属于自身需履行特别注意义务的范围，则不能因为引用其他证券服务机构的结论而弱化自身的尽职调查责任。

4.履行普通注意义务应遵循排除职业怀疑，形成合理信赖原则。履行普通注意义务，并不一定要求再就其他中介服务发表意见的事项重复尽职调查，如果履行了审慎核查和必要的调查、复核，排除了职业怀疑并形成合理信赖，可以视为其履行了普通注意义务。

（三）证券服务机构的配合义务

针对证券服务机构的配合义务，《公司债券发行与交易管理办法》明确提出："主承销商对公司债券发行文件中证券服务机构出具专业意见的重要内容存在合理怀疑的，应当履行审慎核查和必要的调查、复核工作，排除合理怀疑。证券服务机构应当配合主承销商的相关核查工作。"对于证券服务机构不配合的情况，《公司债券主承销商尽职调查指引》第八条明确指出"履行普通注意义务相关的尽职调查程序时，主承销商可以向相应证券服务机构核查了解相关事项。对相关证券服务机构及其签字人员出具的专业意见存有疑义的，主承销商可以向其询问，要求其作出解释。发行人及证券服务机构不配合的，主承销商可以在核查意见、尽职调查底稿等文件中予以反映。"

因此，证券服务机构除负有勤勉尽责义务外，亦负有对其他机构的配合义务。上述义务均是证券服务机构的基本义务，共同发挥作用，确保信息披露文件更加真实、准确、完整。

二、合理信赖第三方的要求

（一）阅读证券服务机构报告

承销实务中，债券发行人或原始权益人一般会聘请审计、资产评估、法律顾问等证券服务机构，主承销商应全面审阅证券服务机构出具的专业意见。对于专业意见中的风险提示或重点关注事项应当保持合理怀疑。

（二）判断证券服务机构胜任能力

主承销商需要结合证券服务机构的基本情况、资质、执业记录、经验及独立性说明或相关文件，是否存在不良执业记录，判断其是否具有胜任能力。

（三）判断报告内容是否符合行业惯例

通过访谈、取得证券服务机构出具的说明或相关文件等方式，评估证券服务机构出具专业意见的前提及假设是否符合所在行业的工作惯例。

（四）分析证券服务机构尽职调查过程

通过访谈、取得证券服务机构出具的说明或相关文件等方式，了解证券服务机构的核查程序、核查范围和获取的核查资料情况，判断其核查范围是否与出具的核查意见相符，有无限制；评估其为出具专业意见获取的核查意见是否充分、可靠；评估已履行的核查程序及取得的关键性证据是否充分、恰当，能否有效支持其出具的专业意见。若存在核查程序缺失、核查范围受限或关键核查资料缺漏的，应进一步了解其采取的替代措施及替代措施的有效性。

（五）评估第三方报告有效性

主承销商应当保持合理职业怀疑，并采取必要手段进行分析。如对证券服务机构及其签字人员出具的专业意见存有疑义的，承销商应当要求其作出解释或者出具依据；证券服务机构应当予以配合。证券服务机构不配合的，主承销商可以在核查意见、尽职调查底稿等文件中予以反映。

主承销商发现证券服务机构专业意见存在重大异常、重大矛盾，与主承销商获得的信息存在重大差异，或者存在对本次公司债券发行有重大影响的其他事项的，可以采取分析比对、实地走访、查阅证券服务机构提供的工作底稿、聘请其他证券服务机构提供专业服务等方式进一步调查、复核。审慎核查后仍不能排除职业怀疑的，主承销商应当拒绝信赖证券服务机构的专业意见。有充分理由认为证券服务机构专业能力存在明显缺陷，或存在其他影响其报告结论可靠性情形的，主承销商应当建议发行人更换。

主承销商知道或应当知道证券服务机构专业意见内容存在重大异常、重大矛盾，或者与主承销商获得的信息存在重大差异但没有采取上述措施的，不能主张合理信赖。

主承销商应当建立合理信赖证券服务机构的内部控制制度，充分考虑其执业风险，明确合理信赖的标准、依据、程序等内容，取得能支持其形成合理信赖的充分证据。

第四节　尽职调查工作底稿与尽职调查报告

尽职调查工作底稿是主承销商在尽职调查过程中获取和编写的相关重要资料和工作记录的总称。工作底稿是支撑尽职调查报告内容的留痕记录和材料，尽职调查报告是对尽职调查工作底稿获取和分析过程的具体反映及总结。本节主要介绍尽职调查工作底稿与尽职调查报告的基本要求及内容。

一、尽职调查工作底稿基本要求

（一）原则要求

根据《公司债券主承销商尽职调查指引》规定，工作底稿应当真实、准确、完整地反映公司债券主承销商尽职调查相关工作，是公司债券主承销商出具尽职调查报告、发表核查意见、提交募集说明书等相关文件的基础，也是评价公司债券主承销商诚实守信、勤勉尽责的重要依据。因客观原因或不可抗力影响，主承销商无法获取相关工作底稿的，应当采取替代核查手段并作出合理说明。

（二）工作日志基本要求

主承销商应当根据尽职调查进度及时撰写项目工作日志，参与尽职调查工作的人员应当在工作日志上签字。工作日志电子化存储的，尽职调查工作人员应对工作日志予以确认，并妥善保存。

（三）保存要求

尽职调查工作底稿及尽职调查报告应当妥善存档，采取纸质、电子或者其他介质形式的文档留存，重要的工作底稿应当采用纸质文档的形式留存。保存期限在公司债券债权债务关系终止后不少于20年。终止项目工作底稿保存期限自终止之日起不少于20年。

二、尽职调查工作底稿主要内容

尽职调查工作底稿应当内容完整、格式规范、记录清晰、结论明确。工作底稿中涉及调查人员走访访谈、实地调查、信息分析等相关内容的文件应当有调查人员及与调查相关人员的签字或由调查相关单位盖章。调查人员应当为主承销商从事债券业务的正式员工。主承销商应当参照《公司债券主承销商与受托管理人工作底稿目录》编制工作底稿，对于确实不适用的部分，应当注明"不适用"并作出合理说明。

（一）承销机构履行内部程序的文件资料

该部分资料应当包括对项目进行立项、内核以及其他内部管理工作所形成的文件资料。

（二）履行注意义务、排除职业怀疑所形成的文件资料

该部分资料应当包括履行特别注意义务、普通注意义务、排除职业怀疑过程中获取和形成的文件资料。结合实践操作，对于履行普通注意义务，主承销商可以通过公司电子邮件或现场访谈等形式，获取该部分底稿，证券服务机构需通过公司电子邮箱回复明确结论，或在访谈纪要上签章；对于履行特别注意义务，主承销商应当获取充分的尽职调查材料，并进行综合分析、独立判断和审慎核查，最终形成结论性文件。

（三）申报、监管审核、发行、挂牌上市阶段文件资料

根据规定，该部分资料应当包括申报阶段的发行申请文件，监管审核阶段的反馈意见及回复文件，发行阶段的推介、公告、定价与配售等相关文件资料，挂牌上市阶段的上市/挂牌申请、登记等文件。

（四）其他资料

根据规定，其他资料应包括对主承销商履行职责或对债券持有人权益有重大影响的文件资料及信息。

三、尽职调查报告主要内容及要求

《公司债券主承销商尽职调查指引》规定，尽职调查工作完成后，主承销商应当撰写尽职调查报告。尽职调查报告应当说明尽职调查涵盖的期间、调查内容、调查程序和方法、调查结论等。尽职调查报告应当对发行条件相关的内容是否符合相关法律法规及部门规章规定、是否建议承销该项目等发表明确结论。对于非公开发行公司债券，主承销商应当对承接项目是否属于负面清单发表明确意见。

尽职调查人员应当在尽职调查报告上签字，并注明报告日期。

项目申报后，对于影响发行条件或发行人偿债能力、投资者风险判断等其他有重大影响或属于信息披露范围的内容，项目组应当持续开展尽职调查，补充相

应尽职调查底稿，取得明确结论，并在尽职调查报告、核查意见中如实反映。

结合实践操作，主承销商应根据取得的尽职调查资料整理工作底稿，制作尽职调查报告，并确认尽职调查报告是否涵盖调查内容、调查程序和方法，尽职调查时间是否涵盖报告期及期后事项，尽职调查结论是否有足够的支撑、是否与信息披露及工作底稿一致。

第四章
公司债券发行承销与挂牌上市

根据《证券法》《公司债券发行与交易管理办法》等法律法规，发行公司债券应当依法由具有证券承销业务资格的证券公司承销，需要满足公司债券发行与承销管理相关规定。公司债券发行并在证券交易场所交易或转让的，应当符合证券交易场所规定的上市、挂牌条件。本章主要介绍公司债券发行承销环节的承销机制、推介、定价与配售、禁止事项和信息披露等要求以及公司债券发行登记完成后挂牌上市、承销总结等内容。

第一节 公司债券发行与承销业务概述

承销机构应当按照法律法规的要求，规范公司债券发行承销业务中的行为，加强公司债券业务全过程质量和风险管控。本节主要介绍公司债券发行承销机制，以及发行承销和挂牌上市的规则体系、具体流程等。

一、承销机制

承销机构在债券承销环节扮演着重要角色。承销机构通常由具有证券承销业务资格的证券公司担任，其作为专业服务机构，在债券发行环节，不仅是发行人与投资者之间的桥梁和纽带，根据角色分工的不同，还承担着包括债券市场分析、发行窗口研判、发行方案设计及备案、信息披露、定价和发行、登记上市等重要职责，为债券成功发行提供服务保障。

（一）承销方式

承销机构承销公司债券，应当依照《证券法》相关规定采用包销或者代销方式。债券包销是指承销机构将发行人发行的公司债券按照协议全部购入或者在规定期限内将售后剩余债券全部自行购入，履行余额包销责任。债券代销即承销机构接受发行人委托代理发售公司债，在规定期限内未发售完的公司债券，承销机构可以全部退还给公司债券发行人，在代销方式下，承销机构与发行人之间是代理委托关系，不承担销售风险，但仍需履行相应的义务和责任。

发行人和主承销商应当签订承销协议，在承销协议中界定双方的权利义务关系，约定明确的承销基数。采用包销方式的，应当明确包销责任。公司债券承销协议需要载明下列事项：

1.当事人的名称、住所及法定代表人姓名；
2.代销、包销证券的种类、数量、金额及发行价格；
3.代销、包销的期限及起止日期；
4.代销、包销的付款方式及日期；
5.代销、包销的费用和结算办法；
6.违约责任；
7.国务院证券监督管理机构规定的其他事项。

根据中国证券业协会发布的《公司债券承销业务规则》，承销协议中明确承销费用时，承销机构应当综合评估项目执行成本与风险责任，严格执行承销报价内部约束制度，加强承销报价内部管理，不得以明显低于行业定价水平等不正当竞争方式招揽业务。主承销商应当在公司债券上市或挂牌日后5个交易日内将当期债券的承销收费情况通过会员信息系统报送证券业协会，由于客观原因未能按时报送的，应当说明具体理由及最晚报送时间。

组成承销团的承销机构应当签订承销团协议，由主承销商负责组织承销工作。公司债券发行由2家以上承销机构联合主承销的，所有担任主承销商的承销机构应当共同承担主承销责任，履行相关义务。承销团由3家以上承销机构组成的，可以设副主承销商，协助主承销商组织承销活动。承销团成员应当按照承销团协议及承销协议的约定进行承销活动，不得进行虚假承销。

（二）内控要求

根据《公司债券发行与交易管理办法》，承销机构应当建立完善相关制度，规范内部管理。

1.承销机构承销公司债券,应当依据该办法以及中国证监会、中国证券业协会有关风险管理和内部控制等相关规定,制定严格的风险管理和内部控制制度,明确操作规程,保证人员配备,加强定价和配售等过程管理,有效控制业务风险。

2.承销机构应当建立健全内部问责机制,相关业务人员因违反公司债券相关规定被采取自律监管措施、自律处分、行政监管措施、市场禁入措施、行政处罚、刑事处罚等的,承销机构应当进行内部问责。

3.承销机构应当制定合理的薪酬考核体系,不得以业务包干等承包方式开展公司债券承销业务,或者以其他形式实施过度激励。

4.承销机构应当综合评估项目执行成本与风险责任,合理确定报价,不得以明显低于行业定价水平等不正当竞争方式招揽业务。

上海证券交易所、深圳证券交易所、北京证券交易所均发布公司债券发行承销相关规则文件,对承销机构规范公司债券发行承销业务做出进一步规定。

1.承销机构应当分开办理发行承销和投资交易等业务,防范不同业务之间的利益冲突。

2.承销机构应当依照法律法规和相关规则规定,建立公司债券发行内部控制制度,明确发行决策、操作、存档、风控、应急处置等机制。

3.承销机构应当建立集体决策制度,对公司债券定价、配售安排等发行重要事项进行决策。参与集体决策的总人数不得少于3名。

承销机构合规或者风控部门应当对决策过程进行监督,并对决策结果予以书面确认。

4.承销机构应当协助发行人协调证券服务机构的相关工作。

承销机构不得干涉发行人聘请证券服务机构,但承销机构有充分证据证明证券服务机构及其相关人员不能胜任相关工作的,可以向发行人提议更换。

5.承销机构应当妥善保存信息披露、发行承销、定价配售等过程中的纸质文档、电子文档和录音录像等相关资料,任何人不得泄露、隐匿、伪造、篡改或者毁损,保存期限不得少于当期公司债券本息兑付结束后20年。

根据《公司债券承销业务规则》,承销机构应当建立健全承销业务制度和决策机制,制定风险管理和内部控制制度,加强债券业务全过程质量和风险管控,建立内控部门对业务前台的有效制衡机制,有效控制业务风险。

二、发行承销与挂牌上市规则体系

（一）法律法规

《公司法》《证券法》是公司债券（含企业债券）发行承销的基础性规定。

《公司法》规定，公司债券可以公开发行，也可以非公开发行。

《证券法》规定，除证券公司外，任何单位和个人不得从事证券承销业务。证券公司承销证券，应当同发行人签订代销或者包销协议，不得有进行虚假的或者误导投资者的广告宣传或者其他宣传推介活动、以不正当竞争手段招揽承销业务等行为。证券公司在代销、包销期内，对所代销、包销的证券应当保证先行出售给认购人，证券公司不得为本公司预留所代销的证券和预先购入并留存所包销的证券。

（二）证监会规章和规范性文件

《证券公司投资银行类业务内部控制指引》《公司债券发行与交易管理办法》《中国证监会关于企业债券过渡期后转常规有关工作安排的公告》《关于深化债券注册制改革的指导意见》《关于注册制下提高中介机构债券业务执业质量的指导意见》及《证券期货投资者适当性管理办法》等部门规章和规范性文件对《公司法》《证券法》关于公司债券（含企业债券）发行承销的相关要求做了细化规定。

《证券公司投资银行类业务内部控制指引》规定，证券公司应当建立健全承销业务制度和决策机制，加强对定价、发行等环节的决策管理，明确具体的操作规程，切实落实承销责任；证券公司应当设立相应的职能部门或团队，专门负责证券发行与承销工作。证券公司应当建立定价配售集体决策机制，以现场、通讯、书面表决等方式对定价配售过程中的重要事项进行集体决策。证券公司应当设立不同业务团队独立开展债券项目承做、发行定价（含簿记建档）和销售等环节的相关工作，保证相关工作的独立、公平。

《公司债券发行与交易管理办法》是中国证监会发布的规范公司债券业务的专项规则，系统规定了公司债券（含企业债券）公开发行及上市交易、非公开发行及转让、发行与承销管理、信息披露、债券持有人权益保护等内容。

《中国证监会关于企业债券过渡期后转常规有关工作安排的公告》规定，企业债券由交易所负责发行备案，并通过簿记建档系统发行。过渡期结束前已完成注册的企业债券项目，由注册批复文件所列的交易所负责发行备案。

《关于深化债券注册制改革的指导意见》《关于注册制下提高中介机构债券业务执业质量的指导意见》就加强公司债券（含企业债券）承销环节规范管理等内

容提出指导意见。

（三）交易所业务规则和业务指南

各证券交易所发布了一系列业务规则和指南，作为证监会规章和规范性文件的配套制度，对公司债券（含企业债券）发行承销过程中承销机构履职管理、发行备案、簿记建档、招标发行和协议发行、上市挂牌等内容作出详细规定。

发行承销规则方面，主要包括《上海证券交易所公司债券发行承销规则》《深圳证券交易所公司债券发行承销规则》《北京证券交易所公司债券发行承销规则》。

发行备案方面，主要包括《上海证券交易所公司债券发行承销规则适用指引第1号——发行备案》《深圳证券交易所公司债券发行承销业务指引第1号——发行备案》《北京证券交易所公司债券发行承销业务指引第1号——发行备案》。

簿记建档方面，主要包括《上海证券交易所公司债券发行承销规则适用指引第2号——簿记建档》《深圳证券交易所公司债券发行承销业务指引第2号——簿记建档》《北京证券交易所公司债券发行承销业务指引第2号——簿记建档》。

招标发行方面，主要包括《上海证券交易所债券招标发行业务操作指引》《深圳证券交易所债券招标发行业务指引》《北京证券交易所债券招标发行业务操作指引》。

上市挂牌方面，主要包括《上海证券交易所公司债券上市规则》《上海证券交易所非公开发行公司债券挂牌规则》《上海证券交易所公司债券和资产支持证券发行上市挂牌业务指南》《深圳证券交易所公司债券上市规则》《深圳证券交易所非公开发行公司债券挂牌规则》《深圳证券交易所债券发行业务指南第1号——公司债券（含企业债券）和资产支持证券发行上市挂牌业务指南》《北京证券交易所公司债券上市规则》《北京证券交易所公司债券发行上市业务指南》。

投资者适当性管理方面，主要包括《上海证券交易所债券市场投资者适当性管理办法》《深圳证券交易所债券市场投资者适当性管理办法》《北京证券交易所债券市场投资者适当性管理办法》。

（四）证券业协会自律规则

《公司债券承销业务规则》《证券经营机构投资者适当性管理实施指引（试行）》作为证监会规章和规范性文件的配套制度，对承销机构承销境内公司债券（含企业债券）的项目报价、承接、申请、推介、定价、配售和信息披露等业务活动作出详细规定。

三、发行承销与挂牌上市流程示意

公司债券（含企业债券）的发行、上市挂牌主要涉及询价推介，发行备案，定价、配售及缴款，登记托管，上市挂牌等环节。在定价环节，公开发行公司债券可以采用簿记建档、招标发行等方式，非公开发行公司债券可以采用簿记建档、招标发行、协议发行等方式，目前主流方式为簿记建档。发行承销主要流程示意图见图4-1、图4-2和图4-3。

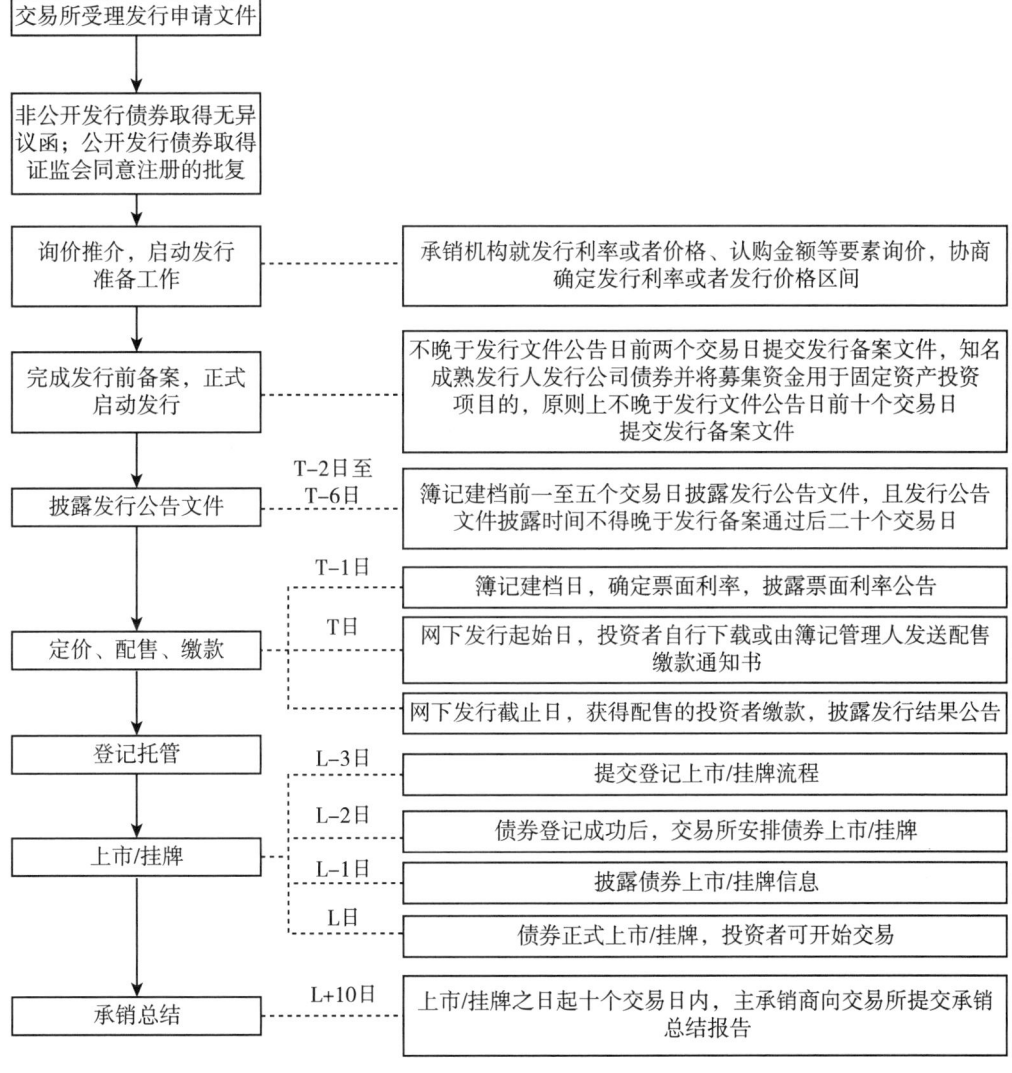

图4-1　仅在网下发行的向专业投资者公开发行的公司
债券和非公开发行的公司债券

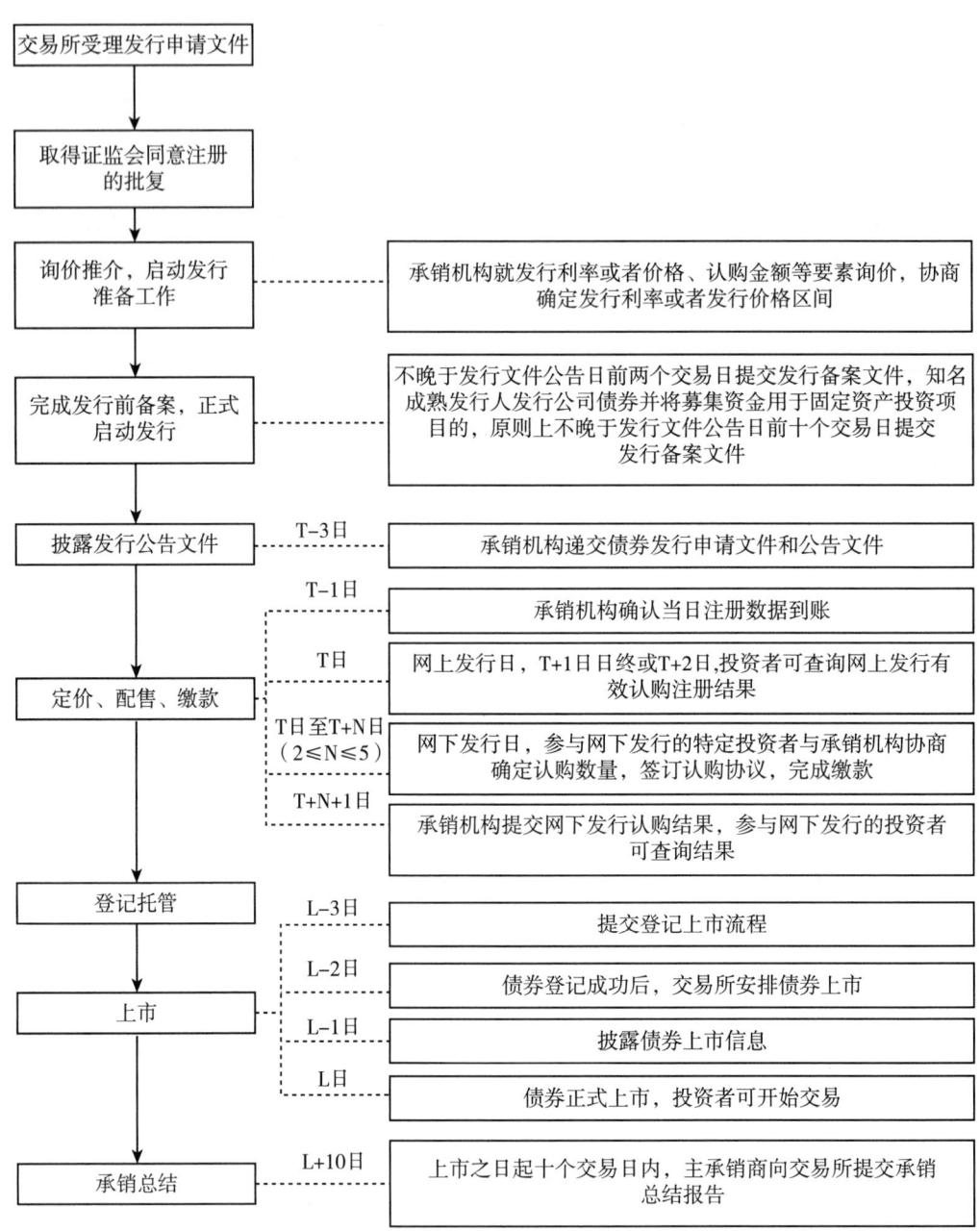

图4-2 网上发行+网下发行的向普通投资者公开发行的公司债券和向专业投资者公开发行的公司债券

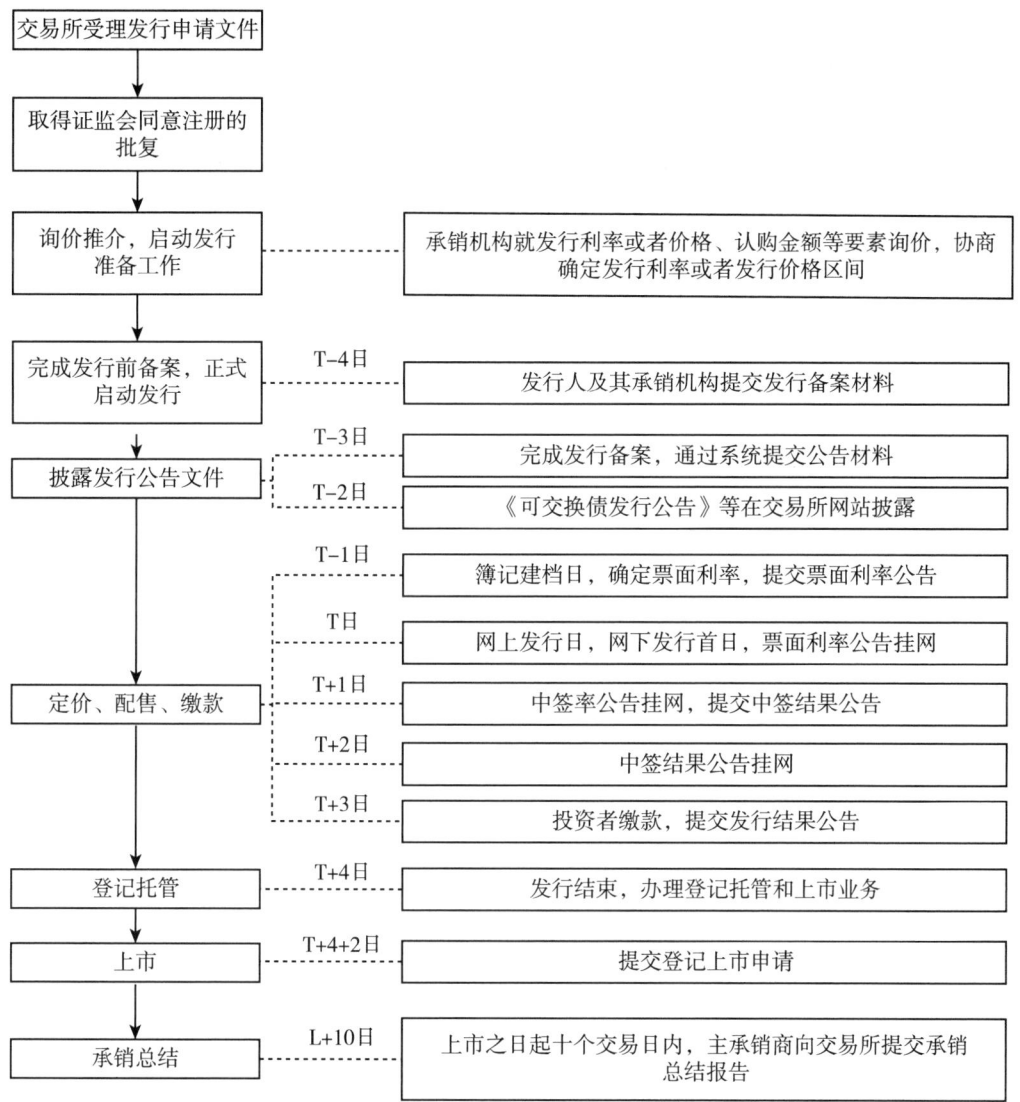

图4-3 向普通投资者公开发行的可交换债采用信用申购网上发行结合网下发行方式发行，向专业投资者公开发行的可交换债也可采用该方式，L日为上市日

第二节 推介、定价与配售

推介、定价与配售是债券承销过程中的三个重点环节。本节主要介绍各环节的相关规定、具体流程和业务实践，并梳理债券承销过程中的投资者适当性管理

要求以及承销禁止行为。

一、公司债券推介

《证券法》《公司债券发行与交易管理办法》《公司债券承销业务规则》以及各证券交易所的发行承销规则对公司债券推介事项作出了相关规定。

承销机构可以和发行人采用现场、电话、视频会议、互联网等合法合规的方式进行推介（含路演推介）。

采用公开方式进行路演推介的，发行人和承销机构应当事先披露举行时间、地点和参加方式。在通过互联网方式进行公开路演推介时，不得屏蔽投资者提出的与本次发行相关的问题。

发行人和承销机构在询价推介过程中应当如实介绍公司债券的相关情况，据实回答投资者提出的与本次发行相关的问题，充分揭示风险，不得夸大宣传，不得以虚假广告等不正当手段诱导、误导投资者，不得披露除发行公告文件和公开信息以外的发行人其他信息。承销机构不得自行或与发行人及与本次发行有关的当事人共同以任何方式向投资者发放或变相发放礼品、礼金、礼券等，也不得接受投资者的礼品、礼金、礼券等。不得通过其他利益安排诱导投资者，不得向投资者作出任何不当承诺。

非公开发行公司债券，不得采用广告、公开劝诱和变相公开等方式进行推介。

承销机构应当保留推介、定价、配售等承销过程中的相关资料，并按相关法律法规规定存档备查，包括推介宣传材料、路演现场录音等，如实、全面反映询价、定价和配售过程。相关推介、定价、配售等的备查资料应当按中国证券业协会的规定制作并妥善保管。

二、发行方案备案

（一）确定发行方案

在公开发行公司债券完成证监会注册领取批复文件或非公开发行公司债券取得交易所无异议函后，发行人和主承销商可启动公司债券发行相关工作，主承销商需针对发行人发生可能影响公司债券发行条件、上市挂牌条件或者对投资者作出价值判断和投资决策有重要影响事项开展核查。在满足发行条件下，发行人及主承销商可结合宏观环境、市场利率水平、公司融资需求以及投资人询价等情况确定债券发行方案，包括但不限于当期债券发行规模、期限等债券基本要素，以及发行利率区间、承销方式、发行时间计划安排等。同时，债券公开发行的，发行人和主承销商应当在债券发行前根据《公司债券发行与交易管理办法》，协商确定公开发行的定价与配售方案并予以公告，明确价格或利率确定原则、发行定价流程和配售规则等内容。

在发行人确定每期公司债券发行方案时，如在公司债券注册、封卷阶段，公司债券参与方、增信措施、募集资金用途、持有人会议安排、违约责任与争议解决安排等因素发生变化，可能对发行条件、上市挂牌条件产生实质影响的，发行人和主承销商应当在发行方案备案阶段向交易所提交的期后事项说明中说明具体情况、原因及进展（如有）、相关中介机构补充核查意见（如有）等。

（二）向交易所备案

发行人明确发行方案，发行人、主承销商及其他中介机构按照证监会、交易所相关监管法规、规则指引出具备案发行文件后，发行人和主承销商应当向交易所提交备案文件，主承销商应当指定专人负责备案文件的制作、提交以及业务联络。

根据上海证券交易所、深圳证券交易所、北京证券交易所发布的发行备案指引文件，每期公司债券发行前，发行人、主承销商应当不晚于发行文件公告日前2个交易日向交易所提交发行备案文件；知名成熟发行人发行公司债券并将募集资金用于固定资产投资项目的，备案文件原则上不晚于发行文件公告日前10个交易日提交至交易所。

发行人和主承销商应当向交易所提交下列备案文件：
（1）募集说明书；
（2）期后事项说明；
（3）相比封卷文件涉及修改的其他项目文件；
（4）中国证监会和交易所要求的其他文件。

上海证券交易所、深圳证券交易所发布的上市挂牌业务指南、北京证券交易所发布的上市指南，对公司债券（含企业债券、不含可转债）发行所需提交的备案文件、备案流程时间以及代码申请、债券简称要求等进行了更为详细的规定。

主承销商应当依照法律法规、交易所业务规则和执业规范履行职责，按照合理性、必要性和重要性原则，对当期公司债券是否符合发行条件、上市挂牌条件以及备案文件的真实性、准确性、完整性进行核查，保证其出具意见的真实、准确、完整。

在交易所对备案材料无异议后，发行人和主承销商应当在20个交易日内通过交易所网站披露发行公告文件,且披露时间应当在相应的同意注册文件、交易所出具的挂牌条件确认文件的有效期内。发生下列事项之一的,应当重新备案:

(1)逾期未披露;

(2)发行文件披露后取消发行;

(3)备案有效期内发生影响本期公司债券发行条件、上市挂牌条件的事项;

(4)发生对投资者作出价值判断和投资决策有重要影响的事项。

在交易所审核通过公司债券备案发行文件,并完成发行前信息披露后,发行人及主承销商可按照发行公告中明确的计划开展簿记、定价、配售以及上市挂牌等工作。

三、公司债券定价

(一)债券定价的含义及方式

债券定价是指确定债券的价格或利率。债券可以溢价发行、折价发行或者按面值发行。根据债券定价公式:$P = \sum_{t=1}^{n} \frac{C}{(1+r)^t} + \frac{M}{(1+r)^n}$,其中P是债券的市场价格,C是债券每期的利息,r是期望到期收益率,n是债券期限,M是到期本金。债券价格本质是对未来现金流的折现,实务中票面利率可以理解为影响每期利息的核心因素。溢价或折价发行是相较于面值而言,溢价意味着企业为以后各期多付利息而提前得到补偿,折价意味着投资者通过小于面值买入的方式,提前得到未来少付利息的补偿,本质上都是现金流折现的定价。溢价或折价发行多见于零息债券或债券续发的情况。由于中国债券市场的公司债券通常按照面值平价发行[①],下文债券定价特指确定票面利率。

根据《公司债券发行与交易管理办法》,公司债券公开发行的价格或利率以询价或公开招标等市场化方式确定。沪、深、北证券交易所对公司债券的定价原则及方式进行细化。根据各证券交易所发行承销规则,公开发行公司债券可以采用簿记建档、招标发行等方式。非公开发行公司债券可以采用簿记建档、招标发行、协议发行等方式。

采用招标方式发行公司债券的,发行人通过交易所招标系统对有效投标按照发行文件确定的招标方式、中标方式进行处理,形成招标结果。采用协议方式发行公司债券的,发行人与投资者签署定向发行协议,就各方权利义务以及发行相

---

① 根据WIND数据统计,历史公司债券的发行价格均为100元/百元面值。

关事项进行约定。采取询价方式的，承销机构与发行人应当进行询价，并协商确定发行价格或利率区间，以簿记建档方式确定最终发行价格或利率。实践中，簿记建档是公司债券定价的主流方式。

（二）公司债券的簿记建档

1.簿记建档简介。

簿记建档是指公司债券发行人和承销机构协商确定发行利率或者价格区间后，向市场披露发行公告文件，由投资者发出认购订单，由簿记管理人记录投资者认购利率或者价格及数量意愿，按约定的定价和配售规则确定最终发行利率或者价格并进行配售的发行方式。公司债券簿记建档参与方包括簿记管理人、发行人、主承销商、投资人及其他相关机构。

簿记建档开始前，簿记管理人应当根据询价情况，与发行人以及其他承销机构（如有）协商确定簿记区间，并在发行公告文件中披露。簿记区间应当充分考虑发行人信用溢价、期限溢价、流动性溢价等因素，参考市场同期限可比企业可比债券的发行利率、发行人历史发行债券的利率及二级估值情况、发行人对融资成本的要求、发行时的债券市场整体情况等因素合理确定。

簿记建档过程中，由簿记管理人负责簿记建档具体运作，具体包括：

（1）设立簿记建档发行流程；

（2）选定簿记场所，维护簿记现场秩序；

（3）在询价基础上与发行人和主承销商协商确定簿记建档利率区间；

（4）记录投资者申购债券的利率或者价格及数量意愿；

（5）按照法律法规及相关指引及约定的要求进行定价和配售；

（6）完整记录簿记建档过程，并对簿记建档过程中做出各重要事项的决策进行说明；

（7）组织开展簿记建档信息披露工作；

（8）有关机构要求或发行人委托的与簿记建档发行相关的其他工作。

2.簿记建档的定价。

簿记建档采用"荷兰式"定价方式，通过发行人、承销机构及投资者三方的充分沟通，有利于发现产品的合理价值、平衡供需双方的利益诉求并达到资源的有效配置。簿记建档以募满发行规模对应的申购利率作为最终发行利率，所有中标者的认购成本相同。发行后簿记管理人根据询价结果对所有有效申购进行配售，申购利率在最终发行利率以下（含发行利率）的投资者按照价格优先的原则配售（见图4-4）。

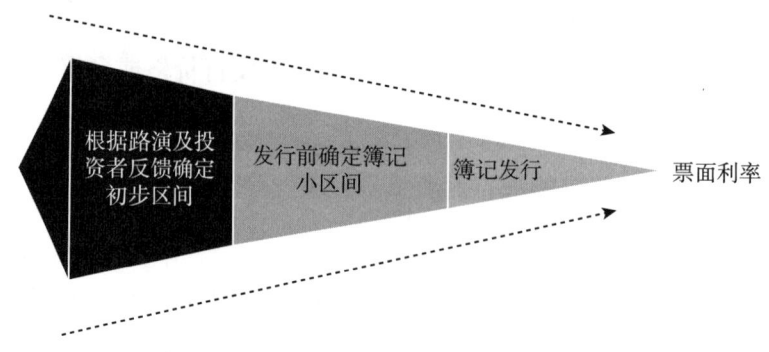

图4-4　公司债券定价示意性流程

3.簿记建档的原则。

簿记建档发行遵循公平、公正、公开原则，定价过程市场化、高效化、规范化。

（1）公平、公正、公开：簿记建档参与方在簿记建档过程中不得有违反公平竞争、进行不正当利益输送、破坏市场秩序等行为，相关工作人员不得为本人或他人、直接或间接谋取或输送不正当利益，以保证簿记建档过程公平公正；同时，在发行前、中、后各个环节均有信息披露的要求，促进簿记建档过程及结果的公开。

（2）市场化：为确保定价过程市场化，发行前簿记管理人需向意向投资人询价，并根据询价情况，与发行人及其他主承销商协商确定簿记建档利率区间。簿记建档过程中，投资人通过申购订单直接反映自身申购债券的利率及数量意愿，最终发行利率根据投资人的投标结果而定。

（3）高效化：簿记建档过程中，簿记管理人需要按照约定时间接受申购订单，根据在约定时间内的订单情况，作为定价和配售的依据。通过该方式，簿记管理人可在较为确定的短时间内完成定价及配售流程，使整体流程保持高效性。

（4）规范化：簿记建档参与方在簿记建档过程中应严格按照监管、行业自律组织、内部规章制度等内外要求严格履行规范的操作程序，避免发行流程不规范、发行定价不审慎、个别机构不正当竞争等情形，进一步推动加强债券发行规范。

四、公司债券配售

配售是指发行人和承销机构按照发行公告文件披露的配售方式对债券进行分配，所有认购者按照票面利率认购相应规模债券的过程。实践中，簿记建档是公司债券发行的主流方式，下文主要介绍簿记建档发行的配售规则。

（一）配售相关要求

1.配售总体原则。

簿记管理人应当遵循公开、公平、公正原则，按照发行公告文件中披露的定价和配售方式确定的最终发行利率或者价格进行配售，并做好书面记录和说明。

发行人、承销机构及其相关工作人员在发行定价和配售过程中，不得有违反公平竞争、进行利益输送、直接或间接谋取不正当利益以及其他破坏市场秩序的行为。

2.配售方案披露。

发行人和主承销商应当协商确定公开发行的定价与配售方案并予以公告，明确价格或利率确定原则、发行定价流程和配售规则等内容。

3.配售规则。

簿记管理人应当按照利率或者价格优先原则配售公司债券。对边际获配投资者的边际投标量进行配售时，簿记管理人原则上应当按照比例配售，并可以进行合理调整，同时应当书面记录配售依据及决策过程。任何机构或者个人不得通过配售直接或者间接谋取不正当利益。

4.配售依据。

簿记管理人按照发行公告文件约定的时间接收并在簿记建档系统中记录每笔认购订单，并以全部有效的认购订单信息作为定价和配售的依据。认购利率、价格及数量信息应当与认购订单保持一致。

对于配售过程中的纸质文档、电子文档和录音录像等相关资料，承销机构应当妥善保存，任何人不得泄露、隐匿、伪造、篡改或者毁损，保存期限不得少于当期公司债券本息兑付结束后20年。

5.配售行为见证。

发行人和主承销商应当聘请律师事务所对簿记建档发行过程、配售行为、参与认购的投资者资质条件、资金划拨等事项进行见证，并出具法律意见书。公司债券上市挂牌之日起10个交易日内，主承销商应当提交法律意见书。

6.配售后续事项。

配售结果确定后，簿记管理人应当向获得配售的投资者发送配售确认及缴款通知的文件，并按照发行公告文件约定安排募集资金的收缴和划付工作。

投资者应当配合簿记管理人在约定时间内完成缴款事项。出现未能按时缴款的情况，簿记管理人应当配合发行人按照发行公告文件或者相关约定进行应急处置。

（二）实操中的配售规则

在公司债的簿记建档工作中，簿记管理人根据网下询价结果对所有有效申购进行配售，专业机构投资者的获配金额不会超过其累计有效申购金额。

在荷兰式配售原则下，配售一般依照以下规则进行：按照专业机构投资者的申购利率从低到高进行簿记建档，按照申购利率从低向高对申购金额进行累计。申购利率在最终发行利率以下（含发行利率）的专业机构投资者按照价格优先的原则配售；申购利率相同且在该利率上的所有申购不能获得足额配售的情况下，原则上按照等比例原则进行配售。

在此定价与配售规则下，发行利率即边际利率，即按申购利率自低到高排列（实际即价格自高到低排列），累加申购规模至实际发行规模时的申购利率。在边际利率上的申购量与中标量之比，即边际倍数。

［例4-1］假设发行人甲计划面向专业投资者公开发行10亿元公司债券，本期债券票面利率的询价区间为1.90%~2.90%，有A、B、C、D四家机构参与申购。

A申购利率2.0%，申购金额2亿元；B申购利率2.1%，申购金额3亿元；C申购利率2.2%，申购金额6亿元；D申购利率2.3%，申购金额1亿元。

以上申购按利率自低到高排列，累加申购金额，达到计划发行规模10亿元时，为C机构，因此C机构的申购利率2.2%为边际利率。

C机构投标量是6亿元，但最终只获得5亿元的中标量，因此6/5=1.2为边际倍数。

全场倍数是指参与申购的机构申购总规模与发行规模之比。在例中，A、B、C、D四家机构认购的债券总规模为2+3+6+1=12亿元，而本期债券发行规模为10亿元，因此全场倍数为1.2倍。

（三）配售案例

［例4-2］假设发行人乙计划公开发行10亿元公司债券，本期债券票面利率的询价区间为2.50%~3.50%，本次发行共有20家机构参与申购（见表4-1）。

第四章 公司债券发行承销与挂牌上市

表4-1 发行人乙公开发行10亿元公司债券配售明细

序号	机构名称	申购利率（%）	边际以下申购量（万元）	边际申购量（万元）	边际利率（%）	绝对配售量（万元）	边际配售量（万元）	配售总量（万元）
1	投资者1	2.74	20 000	0	2.88	20 000	0	20 000
2	投资者2	2.84	31 000	0	2.88	31 000	0	31 000
3	投资者3	2.84	2 000	0	2.88	2 000	0	2 000
4	投资者4	2.84	5 000	0	2.88	5 000	0	5 000
5	投资者5	2.84	16 000	0	2.88	16 000	0	16 000
6	投资者6	2.86	3 000	0	2.88	3 000	0	3 000
7	投资者7	2.87	2 000	0	2.88	2 000	0	2 000
8	投资者8	2.87	2 000	0	2.88	2 000	0	2 000
9	投资者9	2.87	16 000	0	2.88	16 000	0	16 000
10	投资者10	2.88	10 000	10 000	2.88	0	2 000	2 000
11	投资者11	2.88	5 000	5 000	2.88	0	1 000	1 000
12	投资者12	2.89	5 000	0	2.88	0	0	0
13	投资者13	2.89	3 000	0	2.88	0	0	0
14	投资者14	2.96	10 000	0	2.88	0	0	0
15	投资者15	2.96	4 000	0	2.88	0	0	0
16	投资者16	2.97	4 000	0	2.88	0	0	0
17	投资者17	2.99	2 000	0	2.88	0	0	0
18	投资者18	2.99	2 000	0	2.88	0	0	0
19	投资者19	2.99	12 000	0	2.88	0	0	0
20	投资者20	3.01	10 000	0	2.88	0	0	0
合计			164 000	15 000	—	97 000	3 000	100 000

有效申购总量：16.4亿元；中标利率/边际利率：2.88%；

边际以下申购量：9.7亿元；边际申购量：1.5亿元；则：

全场倍数=16.4亿元/10亿元=1.64（倍）

边际倍数=（1亿元+0.5亿元）/（10亿元-9.7亿元）=5（倍）

簿记管理人按照利率（价格）优先原则配售公司债券。在边际区域配售时，簿记管理人原则上按比例配售。在此案例中，投资者10和投资者11在边际利率上分别申购1亿元和0.5亿元，边际倍数为5倍。边际按比例配售的原则下：

投资者10边际利率上获配=1亿元/5=0.2（亿元）

投资者11在边际利率上获配=0.5亿元/5=0.1（亿元）

在公司债边际配售实操过程中，边际配售量的分配还需要考虑步长因素：

公司债发行公告中一般会披露本期债券申购的步长，如专业机构投资者的最低申购金额不得少于1 000万元（含1 000万元），并为1 000万元的整数倍。而配售过程中往往会出现边际理论配售非取整的情况。例如表4-1中，如果投资者10和投资者11的边际理论配售量不是2 000万元和1 000万元，而是1 600万元和1 400万元，则需要采取四舍五入取整等方式使边际的实际配售量符合申购步长1 000万元的要求。

（四）簿记建档系统配售操作

目前上海证券交易所、深圳证券交易所、北京证券交易所发行公司债券分别采用上海证券交易所信用债集中簿记建档系统、深圳证券交易所债券簿记建档系统、北京证券交易所债券簿记建档系统（以下统称"簿记建档系统"）进行簿记建档。

经交易所认定的债券交易参与人以及承销机构认可的其他专业机构投资者，即直接投资者，应当通过交易所簿记建档系统进行申购。

除债券交易参与人以及承销机构认可的其他专业机构投资者以外的专业机构投资者，及因特殊不可抗力导致无法通过证券交易所簿记建档系统进行申购的债券交易参与人以及承销机构认可的其他专业机构投资者，采用向簿记管理人提交"网下利率询价及认购申请表"的方式参与询价申购。

在配售环节，簿记管理人及参与申购的直接投资者可以通过簿记建档系统进行配售后续环节的操作。

1.查看中标情况。配售完成后，直接投资者可以通过簿记建档系统查看最终中标情况。

2.发送和下载配缴通知书。簿记操作人完成配售操作后，可通过簿记建档系统向直接投资者发送配售缴款通知书。直接投资者可通过簿记建档系统自行下载配售缴款通知书，按配售缴款通知书的要求，足额将认购款项划至簿记管理人指定的银行账户。

3.分仓托管。在证券账户信息补充截止时间前，直接投资者应在簿记建档系统进行分仓及托管账户信息的填写、修改或确认。

除债券交易参与人以及承销机构认可的其他专业机构投资者以外的专业机构

投资者，及因特殊不可抗力导致无法通过簿记建档系统进行申购的债券交易参与人以及承销机构认可的其他专业机构投资者，应当在证券账户信息补充截止时间前，将最终账户信息发送至簿记管理人处。簿记管理人将以此为依据，在簿记系统上进行代分仓操作，为投资者办理登记上市流程。

五、投资者适当性管理

投资者适当性管理工作是保障债券合规发行、引导投资者理性参与债券市场、保护投资者合法权益、促进债券市场健康稳定发展的重要组成部分。

《证券期货投资者适当性管理办法》《公司债券发行与交易管理办法》《证券经营机构投资者适当性管理实施指引（试行）》以及各证券交易所债券市场投资者适当性管理办法对投资者适当性管理工作做了相关规定要求。承销商应在推介阶段、簿记前或簿记过程中，对意向性投资人是否符合标准进行判定。在公司债的投资者适当性管理工作中，承销商应当切实履行适当性管理职责，建立健全适当性管理的业务制度和操作流程，加强系统建设和业务人员培训，充分了解投资者信息，了解和评估客户的风险识别与承受能力，有针对性地进行风险揭示，建立客户分类管理服务的制度和流程，选择适当的投资者参与公司债交易，引导投资者在充分了解公司债特性的基础上审慎参与债券交易。

（一）投资者适当性标准

债券市场投资者按照财产状况、金融资产状况、投资知识和经验、专业能力等因素，分为专业投资者和普通投资者。

1. 专业投资者。

符合以下条件的投资者为专业投资者。

（1）经有关金融监管部门批准设立的金融机构，包括证券公司、期货公司、基金管理公司及其子公司、商业银行及其理财子公司、保险公司、信托公司、财务公司等；经行业协会备案或者登记的证券公司子公司、期货公司子公司、私募基金管理人。

（2）上述机构面向投资者发行的理财产品，包括但不限于证券公司资产管理产品、基金管理公司及其子公司产品、期货公司资产管理产品、银行理财产品、保险产品、信托产品、经行业协会备案的私募基金。

（3）社会保障基金、企业年金等养老基金，慈善基金等社会公益基金，合格境外机构投资者（QFII）、人民币合格境外机构投资者（RQFII）。

（4）同时符合下列条件的法人或者其他组织：

①最近1年末净资产不低于2 000万元；

②最近1年末金融资产不低于1 000万元；

③具有2年以上证券、基金、期货、黄金、外汇等投资经历。

（5）同时符合下列条件的个人：

①申请资格认定前20个交易日名下金融资产日均不低于500万元，或者最近3年个人年均收入不低于50万元；

②具有2年以上证券、基金、期货、黄金、外汇等投资经历，或者具有2年以上金融产品设计、投资、风险管理及相关工作经历，或者属于第（1）项规定的专业投资者的高级管理人员、获得职业资格认证的从事金融相关业务的注册会计师和律师。

（6）中国证券监督管理委员会和交易所认可的其他投资者。

上述所称金融资产按照《证券期货投资者适当性管理办法》相关规定予以认定，指银行存款、股票、债券、基金份额、资产管理计划、银行理财产品、信托计划、保险产品、期货及其他衍生产品等。其他材料证明可依据营业执照、相关行业的金融业务许可证、登记备案材料、金融产品成立登记或备案文件材料、基金会法人登记证明、QFII、RQFII登记证明材料、最近1年末投资者财务报表（经审计的优先）、金融资产证明文件、2年以上投资经历的证明材料、自然人本人金融资产证明文件或近3年收入证明、投资经历或工作证明或职业资格证书等认定。

专业投资者中的机构投资者可以认购及交易上海证券交易所、深圳证券交易所、北京证券交易所的全部债券，可以参与国债预发行交易。但以下类型的认购或交易仅限专业投资者中的机构投资者参与：

（1）依据《公司债券发行与交易管理办法》第十六条面向普通投资者公开发行的公司债券外的其他公司债券；

（2）交易所规定的其他仅限专业投资者中的机构投资者交易的债券；

（3）债券通用质押式回购的融资交易、债券质押式三方回购和债券质押式协议回购。

2.普通投资者。

专业投资者之外的投资者为普通投资者。普通投资者在信息告知、风险警示、适当性匹配等方面享有特别保护。根据《证券期货投资者适当性管理办法》第八条、第十条、第十一条、第十二条，《证券经营机构投资者适当性管理实施指引（试行）》第六条、第七条，普通投资者和专业投资者在一定条件下可以互相转化。

普通投资者可以认购及交易国债、地方政府债券、政策性银行金融债券、中国铁路建设债券等政府支持债券、政府支持机构债券、资信状况符合《公司债券发行与交易管理办法》第十六条规定①标准的面向普通投资者公开发行的公司债券以及交易所认可的其他债券品种。

专业投资者及普通投资者均可以作为债券通用质押式回购业务中的融出资金的逆回购方。

3.监管规定特别指出的特殊情形。

（1）发行人的董事、监事、高级管理人员及持股比例超过5%的股东可以认购及交易该发行人发行的债券。

（2）承销机构可以参与其承销的债券的认购及交易，但其自营、资产管理及投资顾问等不同业务类型下的债券业务应按照相关规定分开办理，实行严格分离，切实防范利益冲突。

（3）因继承、赠与、企业分立等非交易行为，普通投资者获得仅限专业投资者参与认购及交易的债券，或者专业投资者中的个人投资者获得仅限机构投资者参与认购及交易的债券的，相应投资者可以选择持有到期或者卖出，不得另行买入。

（4）在交易所上市交易或者挂牌转让的债券，发生下列情形之一的，发行人、受托管理人或者具有同等职责的机构应当及时发布公告提示投资风险，自该情形披露之日起，仅专业投资者中的机构投资者可以买入该债券：

①发行人最近一个会计年度经审计的财务报告显示为亏损，或者经更正的财务报告显示为亏损；

②发行人发生严重违反法律法规或者合同约定的行为，或者被证券监督管理部门立案调查，严重影响其偿债能力；

③发行人发生债务违约或者延迟支付本息事件；

④发行人发生严重影响其偿债能力的其他重大事项，导致债券偿付存在重大不确定性；

⑤发行人发生其他影响投资者权益保护的负面情形。

---

① 《公司债券发行与交易管理办法》第十六条规定为资信状况符合以下标准的公开发行公司债券，专业投资者和普通投资者可以参与认购：发行人最近三年无债务违约或者延迟支付本息的事实；发行人最近三年平均可分配利润不少于债券一年利息的1.5倍；发行人最近一期末净资产规模不少于250亿元；发行人最近36个月内累计公开发行债券不少于3期，发行规模不少于100亿元；中国证监会根据投资者保护的需要规定的其他条件。未达到前款规定标准的公开发行公司债券，仅限于专业投资者参与认购。

发行人、受托管理人或者具有同等职责的机构未按前款要求发布公告的，交易所可以根据实际情况，调整债券的投资者适当性管理要求。

（二）投资者适当性管理内容

证券经营机构应当采取有效措施，确保债券投资者符合交易所投资者适当性管理规定，并确认债券投资者具有相应投资的风险识别能力和承受能力。证券经营机构对投资者适当性管理可以分为三个方面，分别是认购交易管理、内部控制和投资者教育。

1.认购交易管理。

证券经营机构评估债券投资者风险识别和承受能力并告知不适合购买相关债券后，投资者仍要求购买的，证券经营机构应当确认其不属于风险承受能力最低类别的投资者，并进一步了解其投资的资金来源，投资损失后的损失计提、核销等损失承担方式，告知相关债券特别的风险点，就该债券风险高于其承受能力进行特别的书面风险警示。投资者仍坚持购买的，证券经营机构可以向其销售相关产品或者提供相关服务，也可以暂缓向其销售产品或者提供服务，给予其更多的考虑时间，或者增加回访频次等。

证券经营机构在销售债券产品或者提供相关服务时，应根据《证券期货投资者适当性管理办法》的规定，在信息告知、风险警示、适当性匹配等方面履行对普通投资者的特别保护义务。

证券经营机构应当根据相关规定、债券品种及业务的风险特征、投资者风险识别能力和承受能力等实际情况制定相关风险揭示书。证券经营机构应当要求参与公司债券（含企业债券）认购及交易的普通投资者签署风险揭示书。证券经营机构可以在充分提示业务风险的基础上，根据细化分类和管理情况决定是否要求专业投资者签署风险揭示书。风险揭示书可以采用纸面或者电子形式。证券经营机构对投资者进行告知、警示，内容应当真实、准确、完整，不存在虚假记载、误导性陈述或者重大遗漏，语言应当通俗易懂。

证券经营机构应当根据交易所相关规则对客户的债券认购及交易活动进行督导，发现存在异常行为和涉嫌违法违规行为的，应当根据与客户之间签订的证券交易委托代理协议拒绝接受委托，并及时向交易所报告。

可参与债券交易的投资者范围根据相关业务规则规定进行调整的，证券经营机构应当在调整事项披露日及时调整投资者参与该债券交易的权限，履行投资者适当性管理职责。

禁止证券经营机构进行下列销售产品或者提供服务的活动：向不符合准入要求的投资者销售产品或者提供服务；向投资者就不确定事项提供确定性的判断，或者告知投资者有可能使其误认为具有确定性的意见；向普通投资者主动推介风险等级高于其风险承受能力的产品或者服务；向普通投资者主动推介不符合其投资目标的产品或者服务；向风险承受能力最低类别的投资者销售或者提供风险等级高于其风险承受能力的产品或者服务；其他违背适当性要求，损害投资者合法权益的行为。

2.内部控制。

证券经营机构应当通过系统前端控制等方式，对客户的债券交易委托指令进行管理，对不符合交易权限的交易委托予以拒绝。

证券经营机构应当妥善保管债券市场投资者适当性管理的全部记录，包括客户开户时间、资产规模、信用状况以及风险承受能力等信息，依法对投资者信息承担保密义务。

申请人符合专业投资者条件的，证券经营机构应当填写专业投资者资格确认表，并于为申请人开通专业投资者相关认购及交易权限的当日，通过交易所网站相关专区提交专业投资者账户名单。

证券经营机构应当动态跟踪和持续了解专业投资者条件，至少每两年对投资者进行一次后续资格评估，根据评估情况更新专业投资者名单，并于当日通过交易所网站提交更新的专业投资者账户名单。

证券经营机构应当配合交易所的检查，如实提供相关资料。交易所发现有不符合专业投资者条件的，可以要求证券经营机构调整专业投资者名单。

证券经营机构应当妥善处理适当性相关纠纷。投资者与证券公司发生纠纷的，双方可以向投资者保护机构申请调解。普通投资者提出调解请求的，证券公司不得拒绝。

证券经营机构应当每半年开展一次适当性自查，形成自查报告。发现违反本办法规定的问题，应当及时处理并主动报告住所地中国证监会派出机构。

证券经营机构应当按照相关规定妥善保存其履行适当性义务的相关信息资料，防止泄露或者被不当利用，接受中国证监会及其派出机构和自律组织的检查。对匹配方案、告知警示资料、录音录像资料、自查报告等的保存期限不得少于20年。

3.投资者教育。

证券经营机构应当采取多种方式和途径开展投资者教育，帮助投资者熟悉交易所债券市场的产品及相关规则，提示参与债券认购及交易可能面临的风险。

鼓励证券经营机构将投资者分类政策、产品或者服务分级政策、自查报告在公司网站或者符合中国证监会规定条件的媒体进行披露。

证券经营机构应向投资者明确其责任。投资者应当配合证券经营机构的投资者适当性管理工作，如实提供有效证明资料，不得采用提供虚假材料等手段规避投资者适当性管理要求。投资者所提供的信息发生重要变化、可能影响其分类的，应当及时告知证券经营机构。投资者不按照规定提供相关信息，提供信息不真实、不准确、不完整的，应当依法承担相应法律责任，证券经营机构应当告知其后果，并拒绝向其销售产品或者提供服务。投资者不得以不符合投资者适当性标准为由拒绝承担认购及交易债券的履约责任。

六、承销禁止行为

根据《证券法》规定，证券公司承销证券，应当对公开发行募集文件的真实性、准确性、完整性进行核查。发现有虚假记载、误导性陈述或者重大遗漏的，不得进行销售活动；已经销售的，必须立即停止销售活动，并采取纠正措施。证券公司承销证券，不得有下列行为：

1.进行虚假的或者误导投资者的广告宣传或者其他宣传推介活动；

2.以不正当竞争手段招揽承销业务；

3.其他违反证券承销业务规定的行为。

证券公司有上述所列行为，给其他证券承销机构或者投资者造成损失的，应当依法承担赔偿责任。

《公司债券发行与交易管理办法》及交易所承销规则相关文件进一步明确，发行人及其控股股东、实际控制人、董事、监事、高级管理人员和承销机构不得操纵发行定价、暗箱操作；不得以代持、信托等方式谋取不正当利益或向其他相关利益主体输送利益；不得直接或通过其利益相关方向参与认购的投资者提供财务资助；不得有其他违反公平竞争、破坏市场秩序等行为。发行人不得在发行环节直接或间接认购其发行的公司债券。发行人的董事、监事、高级管理人员、持股比例超过5%的股东及其他关联方认购或交易、转让其发行的公司债券的，应当披露相关情况。

上海证券交易所、深圳证券交易所、北京证券交易所分别发布《关于进一步规范债券发行业务有关事项的通知》，在上述承销禁止行为基础上，进一步规范债券发行业务。其中明确：

1.承销机构应当加强发行业务询价、定价和配售等过程管理，不得存在承诺发行利率、返费等破坏市场秩序的行为。承销机构在债券包销等业务过程中，不得通过场外协议等方式协助开展非市场化发行和交易。

2.承销机构及其关联方参与认购其所承销债券的，应当报价公允、程序合规，不得接受债券发行相关方委托或者指令进行操纵发行定价、利益输送等破坏市场秩序的行为。承销机构应当在发行业务与投资交易业务之间设立防火墙，实现业务流程和人员设置的有效隔离。

发行人和承销机构在推介、定价、配售等过程中的其他具体禁止事项也可参见本章节前述内容。

第三节 挂牌上市与承销总结

公司债券挂牌上市是连接债券一级市场发行与债券二级市场交易、转让的桥梁。《公司债券发行与交易管理办法》规定，公开发行的公司债券，应当在证券交易场所交易，并应当符合证券交易场所规定的上市、挂牌条件。非公开发行公司债券，可以申请在证券交易场所、证券公司柜台转让，非公开发行公司债券并在证券交易场所转让的，应当遵守证券交易场所制定的业务规则，非公开发行公司债券并在证券公司柜台转让的，应当符合中国证监会的相关规定。本节主要介绍公司债券在交易所市场挂牌上市条件、挂牌上市申请流程以及发行承销总结报送要求。

一、公司债券挂牌上市

（一）公司债券挂牌上市条件

1.公司债券上市条件。

根据各证券交易所发布的公司债券上市规则，发行人申请债券在交易所上市，应当符合下列条件：

（1）符合《证券法》等法律、行政法规规定的公开发行条件；
（2）经有权部门同意予以注册并依法完成发行；
（3）符合交易所投资者适当性管理相关规定；
（4）交易所规定的其他条件。

交易所可以根据市场情况，调整债券上市条件。

债券申请在交易所上市的，发行人应当在发行前根据相关法律法规、上述上市规则以及交易所其他相关规定，明确交易机制和投资者适当性安排。

承销机构应当协助发行人申请债券上市，确保债券上市符合交易所相关规定。债券发行人完成发行至其债券上市交易前，发生重大事项的，发行人及承销机构应当及时报告交易所，承销机构应当按规定进行核查并出具核查意见。

交易所收到完备的上市申请有关文件后，及时决定是否同意上市。同意上市的，交易所按照相关规定办理债券上市，并与上市发行人签订证券上市协议，明确双方的权利义务和自律管理等有关事项。

因债券完成发行后发生重大事项导致债券不再符合上市条件的，交易所根据相关规定决定不予上市。

2.公司债券挂牌条件。

根据沪、深证券交易所发布的《上海证券交易所非公开发行公司债券挂牌规则》《深圳证券交易所非公开发行公司债券挂牌规则》[①]，债券拟在沪、深证券交易所挂牌的，发行人应当在发行前向交易所申请确认债券挂牌条件，在完成发行后及时向交易所提交发行结果公告、债券实际募集数额的证明文件等挂牌所需材料。

发行人申请债券挂牌，应当符合下列条件：

（1）符合《公司债券发行与交易管理办法》等的相关规定；

（2）债券持有人符合交易所投资者适当性管理规定；

（3）交易所规定的其他条件。

交易所可以根据市场情况，调整债券挂牌条件。

承销机构应当协助发行人申请债券挂牌，确保债券挂牌符合交易所相关规定。在交易所出具符合挂牌条件的相关意见前，债券发行人发生重大事项的，发行人及承销机构应当及时向交易所报告，承销机构应当按规定进行核查并出具核查意见。重大事项导致债券可能不再符合挂牌条件的，交易所根据相关规定重新决定是否同意挂牌转让。因发生重大事项导致债券不再符合挂牌条件的，交易所根据相关规定不予挂牌。

（二）公司债券挂牌上市的流程

根据交易所挂牌上市规则要求，债券依法完成发行后，发行人应当及时向交易所提交发行结果公告、债券实际募集数额的证明文件等挂牌上市申请所需材料。在经过交易所审核同意后，发行人应当与交易所签订上市（挂牌）协议，明确双方权利、义务和自律管理等有关事项。并按照规定在债券挂牌上市后，通过交易

---

① 北京证券交易所暂未发布非公开发行公司债券挂牌相关规则文件。

所网站或中国证监会规定条件的信息披露媒体披露上市挂牌的公告文件。

交易所发布的上市挂牌指南对公司债券挂牌上市申请及流程进行了详细的规定，具体梳理如表4-2所示：

表4-2　　　　　　　　　公司债券挂牌上市申请及流程

流程名称	上海证券交易所	深圳证券交易所	北京证券交易所
挂牌上市申请文件	1.债券上市（挂牌）申请书 2.债券上市（挂牌）协议 3.其他上市申请文件 已在本所预审核阶段提交且无变化的材料，申请上市时可以不再重复提交。债券分期发行的，可以仅提交有更新内容的申请文件	1.《上市/转让服务公告》 2.《完成证券业协会备案事项承诺函》（私募债适用，如有） 3.其他申请材料与上海证券交易所基本一致	1.北京证券交易所证券上市协议 2.其他上市申请文件 同一债券发行人在本所有多只上市债券，原则上只需与本所签订一次《债券上市协议》。本所上市公司发行债券上市不需签订《债券上市协议》
挂牌上市申请流程	承销机构应在公司债券缴款日日终提交登记上市流程，T日（T日为缴款日，下同）提交次日完成登记，T+2日本所披露上市信息，T+3日上市 债券如申请上市仪式的，承销机构应提前与本所联系办理上市仪式事宜	主承销商应在提交初始登记申请的同时提交上市/转让服务申请，具体路径为固收专区–公开发行债券–上市申请，固收专区–非公开发行债券–转让服务申请	承销机构应在公司债券缴款日17∶00前提交登记上市流程，登记完成后，本所将安排债券上市，确定上市日期L日 L-2日前，本所确定上市日期，承销机构通过"上市公告披露申请"流程发起正式的上市公告披露申请，提交上市公告 L-1日，本所披露债券上市信息 L日，债券正式上市，投资者可开始交易
挂牌上市后续事项	1.发行人和承销机构应当在公司债券上市后五个交易日内将《证券登记及服务协议》材料原件邮寄至中国结算，并划付登记费至指定银行账户 2.公司债券上市/挂牌后10个交易日内，主承销商报备承销总结报告、法律意见书	1.承销机构应协助发行人在公司债券上市/挂牌后5个交易日内邮寄《深圳证券交易所公司债券上市（挂牌）协议》至本所 2.邮寄《证券登记及服务协议》 3.公司债券上市/挂牌后10个交易日内，主承销商报备承销总结报告、法律意见书	1.发行人和承销机构应当在公司债券上市后五个交易日内将《证券登记及服务协议》材料原件邮寄至中国结算。如需申请证券登记费发票的，可通过中国结算网上业务平台填报增值税发票信息，中国结算根据该信息开立、发送或寄送发票 2.公司债券上市后10个交易日内，主承销商报备承销总结报告、法律意见书

二、公司债券发行承销总结

公开发行公司债券的，发行人和主承销商应当聘请律师事务所对发行过程、配售行为、参与认购的投资者资质条件、资金划拨等事项进行见证，并出具专项法律意见书。公开发行的公司债券上市后10个交易日内，主承销商应当将专项法律意见、承销总结报告等文件一并报证券交易场所。

承销总结报告应当包括发行安排及实际发行过程、询价情况及认购情况、簿记建档系统使用情况、资金到账情况、效果评价及承销机构费用收取情况等内容。主承销商应当在承销总结报告中对是否存在以下所涉事项进行充分核查并发表核查意见，具体如下：

（1）发行人不得直接或者间接认购自己发行的债券。发行人不得操纵发行定价、暗箱操作；不得以代持、信托等方式谋取不正当利益或者向其他相关利益主体输送利益；不得直接或者通过其他主体向参与认购的投资者提供财务资助、变相返费；不得出于利益交换的目的通过关联金融机构相互持有彼此发行的债券；不得有其他违反公平竞争、破坏市场秩序等行为。发行人的控股股东、实际控制人不得组织、指使发行人实施前款行为。

（2）发行人的董事、监事、高级管理人员、持股比例超过5%的股东及其他关联方参与相关债券认购，属于应当披露的重大事项。发行人应当在发行结果公告中就相关认购情况进行披露。

在上述基础上，根据沪、深、北证券交易所发布的《关于进一步规范债券发行业务有关事项的通知》要求，发行人应当在发行公告文件中承诺合规发行，不从事该通知第三条第二款规定的行为。投资者应当在认购环节向承销机构承诺审慎合理投资，不从事该通知第八条第二款、第三款规定的行为。

主承销商应当对发行人、投资者是否作出并履行前款承诺进行充分核查，并在承销总结报告中发表核查意见。

在实践中，非公开发行公司债券亦在债券挂牌后10个交易日内参照执行。

第四节　发行与承销阶段信息披露

发行人及其他信息披露义务人应当及时、公平地履行披露义务。各证券交易所的公司债券发行承销规则、公司债券上市挂牌业务指南、公司债券发行承销业务指引等文件，对公司债券发行承销阶段信息披露提出了具体要求。本节主要围绕上述规则，介绍发行承销环节的信息披露要求。

一、发行公告文件

在公司明确发行方案、发行计划安排，并完成公司债券备案后，主承销商应当督促和协助发行人于簿记建档前1至5个交易日通过交易所网站披露募集说明书、发行公告、资信评级报告（如有）、更名公告（如有）等发行公告文件，对发行方式、发行对象、发行规模、簿记区间、发行利率或者价格确定原则、配售规则、簿记建档场所、应急认购、起息日、到期日等相关安排进行明确。发行公告文件披露时间不得晚于发行前备案通过后20个交易日。

发行公告中应当包含拟发行规模、发行期限、发行方式、发行利率或者价格区间、发行时间、起息日、到期日等发行要素。

除发行方式、发行利率或者价格区间、起息日、到期日等可以调整的发行要素外，发行公告文件内容应当与发行备案文件保持一致。文件披露后，发行前拟调整相关发行要素或调整簿记建档、协议定价日期的，发行人与主承销商应当重新披露发行公告文件，并同时披露更正公告。

北京证券交易所均为网下发行方式，满足上述公告发行一般信息披露要求即可。在上海证券交易所和深圳证券交易所，采用网上发行+网下发行的向普通投资者公开发行的公司债券和向专业投资者公开发行的公司债券。除上述披露要求外，上海证券交易所规定，发行人应在发行公告中明确发行日程安排、网上发行代码、发行简称、网上发行价格、网上和网下预设的发行比例及发行数量。深圳证券交易所规定，应在《发行公告》的重要事项提示章节明确本期债券采用网上发行+网下发行的方式、是否设立网上/网下回拨机制、网上发行的方式等，并在《发行公告》的正文中说明网上发行的发行对象、发行规模、发行时间、认购方法、结算与登记等事项。

二、簿记发行文件

（一）延长簿记时间公告

公司债券若采取簿记建档发行，则发行公告文件中需明确簿记建档时间区间，簿记管理人应当按照公告约定的申购截止时间结束簿记建档，不得擅自延长簿记时间。簿记建档截止时间原则上不得晚于簿记建档当日18：00。经发行人与簿记管理人协商一致，可以在原定的截止时间前延时一次并予以披露，延长后的簿记建档截止时间不得晚于簿记建档当日19：00。

因市场环境变化或其他原因，导致发行人、主承销商和投资者需要调整簿记建档时间的，发行人、主承销商应当于原簿记建档结束前提交调整簿记时间的公告文件至债券业务办理系统。

（二）票面利率公告

主承销商应在簿记建档结束后当天通过债券业务办理系统披露票面利率公告。票面利率公告中应当明确发行利率或者价格。

（三）发行结果公告

发行结束日，主承销商应提交发行结果公告，并加盖发行人、所有主承销商公章。发行结果公告内容应包括实际发行规模、票面利率、认购倍数等基本要素。所有公司债券均不晚于发行结束日当天18：00提交发行结果公告。确有不可抗力原因导致无法及时提交发行结果公告的，主承销商应当提交书面文件说明原因。未实际发行的品种也需提交发行结果公告（发行规模为0）。

发行人的董事、监事、高级管理人员、持股比例超过5%的股东及其他关联方参与相关债券认购，属于应披露的重大事项，发行人应当在发行结果公告中就相关认购情况进行披露。

簿记建档延时公告、票面利率公告以及发行结果公告一经提交自动挂网，无需交易所确认。发行人与主承销商应当确保填报信息和提交文件的准确性和及时性。

（四）应急处置公告

簿记建档过程中，出现人为操作失误、系统故障等情形导致簿记建档无法继续的，发行人和簿记管理人应当按照应急预案采取变更簿记建档场所、变更簿记建档时间、应急认购、取消发行等应急处置措施。发行人和簿记管理人应当通过债券业务办理系统流程及时披露应急处置的相关情况，并向交易所报告。

三、中止发行安排

发行人取得注册批复文件或者无异议函后、启动本期公司债券发行前，发生可能影响本期公司债券发行条件、上市挂牌条件或者对投资者作出价值判断和投资决策有重要影响事项的，主承销商应当进行审慎核查。

主承销商发现发行备案文件或者信息披露存在虚假记载、误导性陈述或者重大遗漏的，不得进行销售活动；已经销售的，应当立即停止销售活动，采取纠正措施并及时向交易所报告。

发行文件披露后，公司债券无法按照披露的时间开始簿记建档，或者发行人和承销机构对取消发行达成一致的，应当公告取消公司债券的发行。目前市场上取消发行的原因，主要为市场波动，融资计划调整和技术性等因素。

取消发行公告应当于簿记建档日结束前披露。簿记建档结束并披露票面利率公告后，本期公司债券不得取消发行。

发行人和承销机构可以在发行公告文件中约定取消发行的具体情形，但取消发行的公告时点应当符合上述时点要求。

第五章
公司债券的登记、托管与结算

公司债券的登记与托管，是确保交易结算准确的前提，也是明晰债权债务关系，保障投资人权益的有效途径。债券结算是债券交易实现的关键环节，了解债券结算的基本类型、结算方式以及结算参与人管理，可以对债券结算逻辑有一个较好的把握。根据《公司债券发行与交易管理办法》规定，发行公司债券并在证券交易场所交易或转让的，应当由中国证券登记结算有限责任公司（以下简称"中国结算"）依法集中统一办理登记结算业务。非公开发行公司债券并在证券公司柜台转让的，可以由中国结算或者其他依法从事证券登记、结算业务的机构办理。中国结算提供登记服务的公司债券种类包括：面向普通投资者和专业投资者公开发行的公司债券、仅面向专业投资者公开发行的公司债券、非公开发行公司债券、企业债券和可交换公司债券等。上海、深圳和北京市场公司债券的登记、结算业务分别由中国结算上海分公司、深圳分公司和北京分公司办理。

2023年，企业债券已纳入公司债券管理体系。按照《中国证监会关于企业债券过渡期后转常规有关工作安排的公告》要求，企业债券登记、托管、交易结算等安排总体保持不变，在交易所债券市场、银行间债券市场上市（挂牌）交易，由中国结算、中央国债登记结算有限责任公司（以下简称"中央结算"）提供登记、托管、结算等服务。

本章主要介绍中国结算提供的公司债券（含企业债券）登记、托管、结算等服务。

第一节 登记业务

公司债券登记业务是指中国结算接受证券登记申请人的委托，通过设立和维护证券持有人名册确认证券持有人持有证券事实的行为。中国结算设立电子化证券登记簿记系统集中办理公司债券的登记，在债券持有人或名义持有人的证券账户中登记其持有及变动情况。公司债券登记包括发行登记、变更登记和退出登记。

一、发行登记

（一）业务概述

发行登记也指初始登记，中国结算遵循"发行人申报制原则"办理发行登记。中国结算对发行人有效送达的登记资料进行形式审核，发行人应当对其提供的登记资料的合法性、真实性、准确性及完整性负责并承担相应的法律责任。发行人及承销机构应保证通过交易所指定渠道提交的电子申报信息、电子扫描件与纸质材料相一致，前述材料内容存在不一致的，以电子申报信息为准。

发行登记主要包括以下4个业务环节。

1.协议及承诺函签署。

债券发行登记业务前，公司债券发行人应当与中国结算签订《证券登记及服务协议》等有关协议，并按照相关规定提交证券登记申请、证券登记数据等申请资料。

2.通过交易所指定渠道提交电子材料。

公司债券在上市或挂牌前，债券发行人应自行或委托承销商（如有）通过交易所指定渠道提交债券发行登记、上市或挂牌业务申报，沪、深、北证券交易所、全国股转公司与中国结算协同支持一站式电子化提交。

3.寄送协议原件（如有）。

发行人和承销机构应当在债券上市或挂牌转让后5个交易日内将《证券登记及服务协议》《证券登记及服务协议补充协议》（如有）的原件寄送给中国结算。

4.缴纳登记费。

发行人应在上市或挂牌转让后5个交易日内缴纳登记费用。对逾期未完成缴费的，由承销机构督促发行人完成缴费工作。

（二）登记流程

公司债券缴款日日终，公司债券发行人及承销机构发起登记上市申请流程，具体流程如图5-1所示：

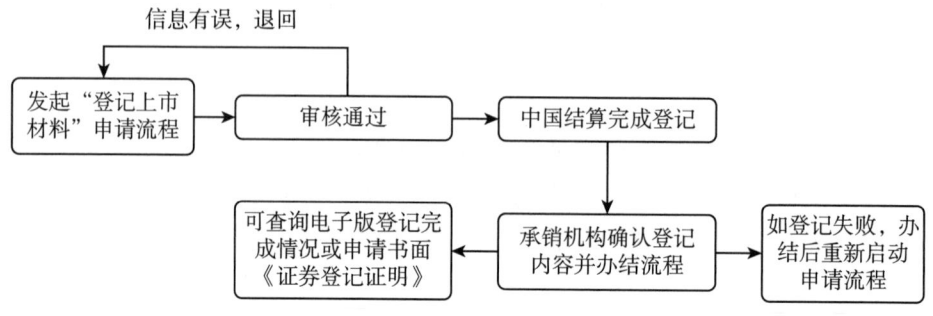

图5-1　公司债券发行登记流程

（三）发行登记更正

债券发行登记完成后，发现登记有误需要进行调整的，由债券发行人按照要求提供相关申请或证明材料，中国结算依据生效的司法裁决或认可的证明材料办理更正手续。具体申请材料要求如表5-1所示。

表5-1　　　　　　　　　　　　发行登记更正申请材料

上海	深圳	北京
（1）通过证券交易所交易系统发行的债券发生初始登记错误的，根据交易所确认的分销更正结果办理初始登记更正 （2）不通过证券交易所交易系统发行的债券发生初始登记错误的，根据债券发行人和主承销商的申请办理初始登记更正，需提交以下材料： ①发行人初始登记更正申请； ②主承销商初始登记更正申请； ③债券调入方原始认购协议和划款凭证等证明材料； ④经办人员授权委托书及身份证明复印件； ⑤债券调出方的同意函； ⑥承诺函等 （3）中国结算认可的其他证明材料	（1）发行人、主承销商、调入方及调出方等相关方的更正申请、有效营业执照复印件 （2）发行人关于登记更正的公告 （3）调入方原始划款凭证等证明材料 （4）涉及托管单元调整的，需提供调出方账户对应托管单元所属机构的同意函 （5）发行人、调入方及调出方对经办承销商的授权委托书 （6）经办承销商对经办人的授权委托书及经办人身份证复印件 （7）中国结算视业务情况要求提交的其他证明材料	（1）发行人初始登记更正申请 （2）承销机构初始登记更正申请 （3）调入方原始认购协议和划款凭证等证明材料 （4）调出方出具的同意函；涉及托管单元调整的，还需提供调出方账户对应托管单元所属机构的同意函 （5）经办人授权委托书及身份证明材料 （6）中国结算要求提交的其他证明材料

（四）登记上市一站式服务

中国结算对公司债券实施登记上市业务一站式电子化服务，债券发行人自行或委托承销机构通过交易所指定渠道提交债券发行登记、上市或挂牌转让业务申报，中国结算以交易所转送至中国结算的发行登记电子材料及电子数据为原始业务凭证，办理发行登记。通过网下发行[①]的债券，中国结算根据交易所转送的网下发行证券持有人名册，将债券登记到持有人名下。通过交易系统发行[②]的债券，中国结算根据交易所传送的网上发行认购数据及中国结算办理的相关交收结果，将债券登记到持有人名下。

各证券交易所市场登记上市申请发起入口及申请材料要求如下表5-2所示：

表5-2　　沪深北证券交易所市场登记上市申请发起入口及申请材料要求

项目类型	上海	深圳	北京
申请发起入口	上海证券交易所债券业务系统	深圳证券交易交所固定收益业务专区	北京证券交易所业务办理系统
申请材料	（1）证券登记表 （2）《证券登记及服务协议》《证券登记与服务协议补充协议》（适用通过交易系统发行的公司债券提供） （3）主承销商和发行人联合提交的《××公司债券发行登记上市及债券存续期相关业务的承诺函》 （4）网下发行登记时提供债券持有人名册清单	（1）中国证监会关于债券发行的注册文件（适用于公司债券、企业债券）或深圳证券交易所出具的无异议函（适用于私募债券） （2）发行人的有效营业执照复印件、对指定联络人的授权委托书、指定联络人有效身份证明文件复印件 （3）发行承销协议（如有） （4）网下发行登记数据（以证券代码命名，******.xlsx）	（1）发行人和承销机构联合提交的债券发行登记上市及存续期相关业务的承诺函 （2）网下发行登记电子数据 （3）国家有权部门关于债券发行的注册文件 （4）符合《证券法》规定的会计师事务所出具的验资报告或发行人承诺全部募集资金已足额到账的说明

[①] 网下发行是通过簿记建档或者协议认购的方式向专业投资者销售的债券发行方式，仅在网下发行的公司债券主要包括：向专业投资者公开发行的公司债券和非公开发行的公司债券。

[②] 也指网上发行，此种方式目前仅适用于公开发行的公司债券（向普通投资者公开发行的公司债券必选，向专业投资者公开发行的公司债券可选）。

续表

项目类型	上海	深圳	北京
申请材料	（5）国家有关部门关于公司债券等其他债券公开发行的注册文件复印件；非公开发行债券可提交上交所出具的无异议函等有关文件 （6）债券发行承销协议（如有） （7）符合《证券法》规定的会计师事务所出具的验资报告。提交验资报告有困难的，非公开发行债券可提交发行人承诺全部募集资金已足额到账的说明替代 （8）债券发行人有效的企业法人营业执照副本原件及复印件；法定代表人对指定联络人的授权委托书 （9）债券担保协议（如有） （10）如有司法冻结或质押登记的，还需提供司法协助执行、质押登记相关申请材料 （11）指定联络人有效身份证明文件 （12）可交换公司债券发行人除需提交上述登记申请材料外，还需提交预备用于交换的股票已过入"担保及信托专户"的证明材料。非公开发行可交换公司债券可用"质押专户"代替"担保及信托专户" （13）中国结算上海分公司要求提供的其他材料	（5）符合《证券法》规定的会计师事务所出具的关于发行人全部募集资金到位的验资报告。提交验资报告确有困难的，可提供《资金到账证明及责任承诺》 （6）发行人已签章的《证券登记及服务协议》；通过网上发行的公司债券还需提供《证券登记及服务协议补充协议》 （7）可交债必备：可交换公司债券发行人证券账户信息备案表、用于交换的股票信托及担保账户证券持有信息表（公募可交债或者开立信托担保账户的私募可交债适用） （8）网下发行登记数据——签字版（以证券代码命名，******.pdf） （9）《民企承诺函》（如发行人为民企） （10）中国结算深圳分公司要求的其他登记申请文件	（5）发行人签署的《证券登记及服务协议》 （6）承销协议（如有） （7）发行人有效的企业法人营业执照，法定代表人对指定联络人的授权委托书、指定联络人有效身份证明文件 （8）中国结算北京分公司要求提交的其他材料

二、变更登记

变更登记包括过户登记和其他变更登记。过户登记包括集中交易过户登记和非集中交易过户登记（以下简称"非交易过户登记"）。

办理非交易过户登记限于以下情形：

1.司法扣划；

2.继承、捐赠；

3.依法进行的财产分割，暂仅指离婚情形；

4.法人终止；

5.相关法律、行政法规、中国证监会规章及中国结算业务规则规定的其他情形。

其他变更登记包括司法冻结、质押等引起的变更登记。

中国结算根据证券公司或中国结算认可的其他机构（本段简称"其他机构"）的委托，依据证券交易场所集中交易的交收结果，办理证券交易场所集中交易债券的过户登记。证券公司或其他机构发送的证券交易场所集中交易申请视同为其向中国结算发出的办理证券交易场所集中交易交收后的过户登记申请。证券公司或其他机构应当与投资者签订协议，明确该证券公司或其他机构受投资者委托向中国结算申请办理证券交易场所集中交易交收后的过户登记。

申请人办理非交易过户以及司法冻结、质押等其他变更登记手续的，按中国结算相关业务规则的规定办理。

三、退出登记

（一）业务情形及办理要求

1.兑付、回售或赎回后退出登记。

债券通过中国结算完成全部兑付、回售或赎回，且投资者证券账户所持债券被注销后，中国结算完成债券正常退出登记，债券发行人无需向中国结算申请办理退出登记。

2.终止上市或终止挂牌后退出登记。

债券被交易所决定终止上市或终止挂牌转让的，中国结算有权视其终止原因，决定是否继续为债券发行人提供相关登记服务。中国结算决定终止登记服务的，债券发行人应向中国结算申请办理退出登记。具体流程如图5-2所示：

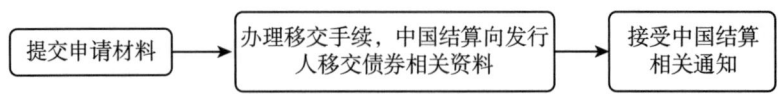

图5-2　终止上市或终止挂牌后退出登记流程

（二）注意事项

1.发行人委托中国结算代理发放的利息，如有因为投资者证券份额冻结或者未托管等原因无法发放给投资者的，发行人应向中国结算提交关于退还滞留利息的申请。中国结算根据申请将滞留利息退还至发行人指定的银行账户。

2.债券到期兑付或提前全部兑付，且发行人委托中国结算进行兑付资金派发的，视同退出登记手续办理完毕，发行人无须申请办理退出登记。发行人不委托中国结算兑付的，需向中国结算申请办理退出登记。

3.债券发行人未按要求向中国结算申请办理退出登记的，中国结算可将其证券登记数据和资料送达该发行人或其代办机构，并由公证机关进行公证，视同退出登记手续办理完毕。

第二节　托管与转托管

中国结算设立电子化债券存管系统，统一管理债券的存管业务。投资者应当委托证券公司托管其持有的债券，证券公司应当将其自有债券和所托管的客户债券交由中国结算存管。本节重点介绍投资者办理托管和转托管业务的相关内容。

一、托管

托管是指证券公司接受客户委托，代其保管债券并提供代收红利等权益维护服务的行为。

（一）业务概述

投资者在进行债券交易前，必须与其选定的证券公司签订债券托管协议，或者在与其选定的证券公司签订的委托买卖协议或指定交易协议中，明确双方债券托管的权利和义务（见图5-3）。

第五章 公司债券的登记、托管与结算

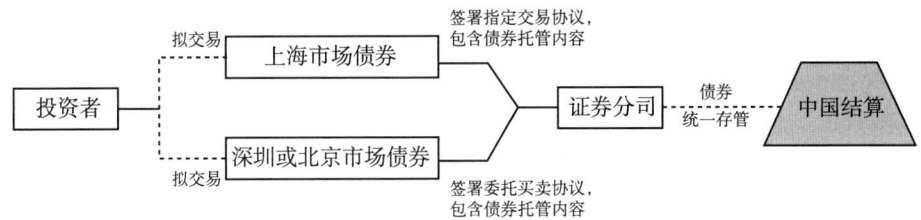

图5-3 债券托管流程

拟持有或买卖上海证券交易所上市债券的投资者，办理的指定交易一经确认，其与指定交易证券公司的托管关系即建立；拟持有或买卖深圳证券交易所或北京证券交易所上市债券的投资者，在选定的证券公司根据其委托买入债券成功后，其与该证券公司的托管关系即建立；如认购通过其他方式发行的债券，其债券托管在投资者指定的证券公司。

（二）相关要求

证券公司应当将投资者债券与自有债券分户管理，妥善保管投资者的债券资产，不得通过变卖、回购等方式挪用或变相挪用。同时，应当确保投资者所托管债券的安全，并对投资者债券托管情况负有保密责任。除投资者本人或司法机关等有权机构依法查询外，证券公司不得向他人透露投资者的债券托管情况。

二、转托管

投资者如需将其所持债券从一个证券公司转到另一证券公司，或从一个交易场所转到另一交易场所，必须办理债券的转托管。跨市场发行的企业债券可以在交易所市场和银行间市场相互转托管。

上海通过改变指定交易关系来实现债券的转托管，深圳和北京通过报盘转托管或整体转托管[①]来实现债券的转托管。

（一）上海转托管

1.业务概述。

持有上海证券交易所债券的投资者通过撤销、重新办理指定交易，来完成转托管手续。

---

① 报盘转托管是一般由投资者发起，填写证券代码、证券数量等要素发起转托管，可以是部分转托管，也可以是全部转托管；整体转托管一般由证券公司发起，因为托管单元转让或公司吸收、合并等，需将该证券公司名下投资者的证券转托管至其他证券公司。

2.具体操作要求。

投资者按照证券公司要求提交材料以及申请表进行办理;证券公司按照中国结算上海分公司的规定提交申请材料。

有下列情况之一的,不能办理上海证券交易所市场撤销指定交易:

(1)有委托申报且相应结算参与人未完成交收义务;

(2)该证券账户存在未到期回购交易,或有债券被申报为回购质押券的;

(3)中国结算认为不能撤销指定交易的其他情况。

3.注意事项。

证券公司因合并、撤销等原因,需要将其托管的在上海证券交易所上市和已发行拟上市记账式债券部分或全部转托管到其他证券公司,应当按照上海证券交易所相关规定办理。

(二)深圳或北京转托管

1.业务概述。

投资者申请将债券从证券公司的某一托管单元转托管至另一托管单元,须通过转出方证券公司申报办理转托管手续。

投资者所持可通过报盘转托管的方式办理转托管手续,但未到账的债券权益不能办理转托管。

2.具体操作要求。

(1)报盘转托管指令在集中竞价交易时间内申报,已申报的指令在当日集中竞价交易时间内可以撤单。

(2)在同一法人的不同托管单元之间,当日买入债券可以转托管;在不同法人的托管单元之间,当日买入债券不可以转托管。

(3)每个交易日收市后,转出方接收中国结算下发的已确认和未确认的转托管数据,据此调整相应证券明细数据。转托管数据确认后的次一交易日,相应证券在转入托管单元可用。如收到转托管未确认数据,可根据返回的错误代码查询转托管不成功原因。

以下情形不允许办理报盘转托管:

①存在质押或司法冻结的债券;

②处于交收锁定期或相关法律法规禁止转托管的。

3.注意事项。

证券公司因合并、撤销等原因,需要将其托管在深圳证券交易所或北京证券交易所上市和已发行拟上市债券部分或全部转托管到其他证券公司，可采用报盘转托管或整体转托管，转出方须至少提前2个交易日向中国结算提交以下材料：

（1）证券整体转托管申请表。

（2）转出托管单元与转入托管单元不属于同一法人的，需提交证券监管部门出具的关于同意托管单元关、停、并、转的批文。不能提供相关批文的，转入方需提交同意承接相关在途债券和资金交收责任的确认函。

（3）中国结算要求提交的其他材料。

（三）跨市场转托管

跨市场发行上市的同一计量标准债券可以在中国结算上海分公司与深圳分公司之间[①]、中国结算（含沪、深、北）与中央结算之间、中国结算与银行柜台市场之间办理跨市场转托管。

1. 上海跨市场转托管。

（1）转出上海证券交易所市场。债券跨市场转出通过PROP[②]或书面方式申报办理。对于在上海证券交易所固定收益证券综合电子平台（本节简称"综合电子平台"）挂牌的、可跨市场转托管的债券品种，具备综合电子平台交易商资格的参与人可以通过综合电子平台对其自营证券账户中持有的债券进行跨市场转出申报。转托管方向为从上海证券交易所市场转出到银行间债券市场，对T日完成记减处理的，中国结算上海分公司于T+1日上午将核查无误的转托管指令发送给中央结算。

（2）转入上海证券交易所市场。对于转入到上海证券交易所市场的转托管，中国结算上海分公司收到中央结算的转托管指令，核对无误后办理转入手续。中央结算通过PROP系统发送指令的，中国结算上海分公司对于在业务处理时间收到的指令，于当日进行核查，对于核查通过的指令当日记增转入投资者证券账户，次一交易日可用。中央结算通过其他方式（包括书面方式等）发送的指令，对当日14：00前收到的转入指令，中国结算上海分公司当日进行入账处理；对当日14：00以后收到的转入指令，于次一交易日进行入账处理。

（3）注意事项：

①转入市场在中央结算的账号务必准确；对转入深圳证券交易所的，还需同时填写深圳托管单元和深圳证券账户号；对转入银行柜台市场的，还需同时填写

---

① 北京证券交易所交易的公司债券暂不支持在中国结算各分公司之间进行跨市场转托管。

② PROP，是参与人远程操作平台（Participant Remote Operating Platform）的简称，是中国结算上海分公司为完善市场运作功能、提高市场服务效率而开发的电子数据交换及服务系统。

在银行开立的账户号。

②通过PROP系统进行申报的有效时间为每个交易日的9：00~15：30，在此时间段外，中国结算不受理申报指令。

③债券发行期结束并在上海证券交易所上市后可进行转托管。企业债券到期或付息日前10个交易日暂停转托管转入上海证券交易所市场；企业债券到期或付息日前11个交易日暂停转托管转出上海证券交易所市场，付息后的第一个交易日恢复转托管。

④当日买入或跨市场转入的债券可以申报转出。

⑤同一天同一个账户同一债券转出除PROP申报外，还有书面申报和综合电子平台申报的，日终将按PROP申报、综合电子平台和书面申报的先后顺序处理。

⑥日终转出处理时点，账户内债券可用余额少于申报转出数量的，有多少转多少。

⑦申报的债券数量须为1 000的整数倍，单位"元"仅代表债券的数量单位，债券的实际面额可能会因分期偿还等原因有所变化。

（4）具体申请资料和办理流程请参照《中国证券登记结算有限责任公司上海分公司债券登记结算业务指南》。

2.深圳跨市场转托管。

（1）转出深圳证券交易所市场。

①投资者在证券公司或托管银行发起跨市场转出申请；证券公司或托管银行审核投资者的申请材料无误后，于交易日8：30~15：00通过中国结算D-COM[①]系统电子申报通道为投资者申报转托管指令。

②申报转托管指令内容错误的，可以在当日8：30~15：00内，通过D-COM系统电子申报转托管撤销指令。

③投资者申请由深圳证券交易所市场转出的债券数量的最小单位为10张。

（2）转入深圳证券交易所市场。

①对于转入深圳证券交易所市场的转托管申请，中国结算根据中央结算的转托管指令办理转入手续。

②转入深圳证券交易所市场的债券，可于转托管完成后下一深圳证券交易所交易日用于交易。

③企业债到期或付息日前10个交易日暂停转托管转入深圳证券交易所市场，

---

① D—COM，全称为深圳证券综合结算平台，是中国结算深圳分公司为完善市场运作功能、规范清算交收、登记和存管业务，提高对市场服务的效率而开发的建立在深圳证券市场综合结算通信系统的，用于实现结算参与人与中国结算深圳分公司之间的数据交换的系统。

到期或付息日前11个交易日暂停转托管转出深圳证券交易所市场。付息日后的第一个交易日恢复转托管。

④当日买入的债券可以申报转出。日终转出处理时点，账户内债券可用余额少于申报转出数量的，该笔申报处理失败。

（3）具体申请资料和办理流程请参照《中国证券登记结算有限责任公司深圳分公司债券登记结算业务指南》。

3.北京跨市场转托管。

（1）转出北京证券交易所市场。

①投资者在证券公司或托管银行发起跨市场转出申请；证券公司或托管银行对申请材料审核无误的，应在交易日15：30前提交债券跨市场转托管转出申请或申报指令。

②在转出指令申报时间截止之前，证券公司或托管银行可以撤销已经发出的转出指令。

（2）转入北京证券交易所市场。

①投资者办理债券从银行间市场转入北京证券交易所市场的，中央结算可根据投资者委托，在完成银行间市场投资者债券数量记减处理后，向中国结算发送债券跨市场转托管转入指令。

②转入北京证券交易所市场的债券，可于跨市场转托管完成后下一交易日用于交易。

③债券发行期结束并在北京证券交易所上市后可进行跨市场转托管。企业债券到期或付息日前10个交易日暂停跨市场转托管转入北京证券交易所市场；到期或付息日前11个交易日暂停跨市场转托管转出北京证券交易所市场，付息日后的第一个交易日恢复跨市场转托管。

④申报的债券数量须为10张的整数倍，单位"张"仅代表债券的数量单位，债券的实际面额可能会因分期偿还等原因有所变化。

（3）具体申请资料和办理流程请参照《中国证券登记结算有限责任公司北京分公司债券登记结算业务指南》。

第三节　结算业务与结算参与人管理

对于公司债券的交易或转让，中国结算依据结算参与人的委托，办理结算参与人之间的债券和资金结算。结算参与人是经中国结算核准，在中国结算设立和管理的电子化证券资金结算系统内,直接参与中国结算组织的证券、资金清算交收业务的证券公司、商业银行和其他合格机构。中国结算依据有关规定对结算参与人实行自律管理。本节重点介绍债券的结算业务及结算参与人管理。

一、结算业务概述

(一)结算原则

1.法人结算原则。

以结算参与人法人为单位进行结算。

2.分级结算原则。

中国结算负责办理中国结算与结算参与人之间、结算参与人与结算参与人之间的清算交收,结算参与人负责办理其与客户之间的清算交收。结算参与人证券交收账户与其客户证券账户之间证券的划付,应当依据《证券法》和《证券登记结算管理办法》的相关规定,委托中国结算代为办理,另有规定的除外。

3.货银对付原则。

交付资金的同时,进行证券过户,"一手交钱,一手交货"。对于多边净额结算的业务品种,中国结算按照货银对付原则提供担保交收。

4.可选结算方式原则。

对于匹配成交方式达成的符合净额结算标准的债券交易,投资者不可选结算方式,均采用多边净额结算。对于点击成交、询价成交、竞买成交、协商成交所达成的债券现券交易,其中符合净额结算标准的债券,投资者可选净额结算或者逐笔全额结算方式,不符合净额结算标准的债券则默认采用逐笔全额结算方式。

(二)结算方式

结算是由清算和交收两部分组成,清算方式包含多边净额清算、双边净额清算、全额逐笔清算等。交收,根据是否由中国结算作为所有结算参与人的共同对手方可以分为担保和非担保交收(见表5-3)。

表5-3　　　　　　　　　清算、交收方式

清算方式	交收方式
多边净额	担保
双边净额	非担保
逐笔全额	

根据清算模式、清算形式、交收模式、交收标的、交收期、交收对盘六大要素，形成了不同的结算方式（见图5-4）。

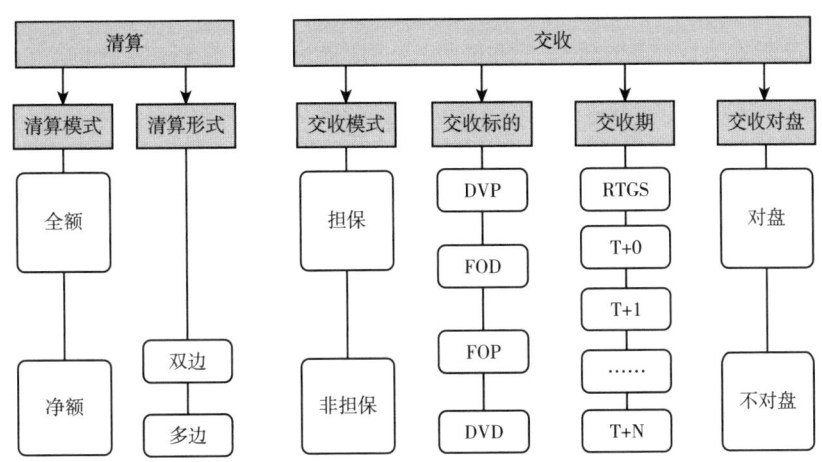

图5-4 清算及交收要素示意

目前中国结算提供的结算方式种类包含多边净额担保结算、逐笔全额结算、双边净额结算等。

1.多边净额担保结算。

多边净额结算，是指证券登记结算机构将每个结算参与人达成的所有交易进行轧差清算，计算出相对每个结算参与人的应收应付证券数额和应收应付资金净额；中国结算根据交易日（T日）纳入多边净额结算的交易及其他非交易数据，作为结算参与人的共同对手方，组织中国结算与结算参与人之间的多边净额清算，并依据净额清算结果，在T+1日日终与结算参与人完成不可撤销的资金交收。

2.逐笔全额结算。

逐笔全额结算是指在规定的交收时点，证券登记结算机构将买方结算参与人应付资金足额划付给卖方结算参与人的同时，将卖方结算参与人应付债券足额划付给买方结算参与人。

每一笔债券交易均独立清算，逐笔检查买卖双方的证券和资金，足额则交收，否则失败；交收期可以是RTGS[①]，或者从T+0到T+N；交收方式主要是货银对付

---

① RTGS，实时逐笔全额结算，全称为Real Time Gross Settlement，是非担保交收方式。

（DVP[①]），亦可纯券过户（FOP[②]）、券券对付（DVD[③]）。在逐笔全额结算过程中，中国结算不作为共同对手方，不提供交收担保。

逐笔全额结算的优点在于，由于买卖双方是一一对应的，每个市场参与者都可监控自己参与的每笔交易结算进展情况，从而评估自身对不同对手方的风险暴露，对逐笔金额进行结算，有利于保持交易的稳定和结算的及时性，降低结算本金风险。而其缺点在于对资金的要求较高，资金负担较大，结算成本较高。

3.双边净额结算。

双边净额结算，是指中国结算对买卖双方之间的证券交易进行轧差清算，分别形成结算参与人的应收应付证券数额、应收应付资金净额，按照清算结果为结算参与人办理交收。目前仅质押式报价回购业务采用这种结算模式。

在双边净额结算模式下，中国结算不作为双方的共同对手方，不提供交收担保。

（三）其他规定

1.公司债券采用净额结算的标准。

（1）对于公开发行的公司债券，若上市时资信状况符合《公司债券发行与交易管理办法》第十六条的规定标准，其现券交易均可纳入多边净额担保结算范围；若上市时资信状况不符合该标准，但同时满足以下条件的，其现券交易可纳入多边净额担保结算范围：

①债项评级不低于AA；

②资产负债率不高于75%，或净资产不低于5亿元；

③最近三个会计年度实现的年均可分配利润应不少于债券一年利息的1.5倍。

（2）对于不符合多边净额担保结算规定的公开发行公司债券以及全部非公开发行的公司债券，其现券交易纳入逐笔全额结算范围。

（3）纳入多边净额担保结算范围的公司债券，若存续期内发生下列情形之一，

[①] DVP，货银对付，全称为Delivery Versus Payment，是指债券交易达成后，在双方指定的结算日，债券和资金同步进行相对交收并互为交割条件的一种结算方式。

[②] FOP，纯券过户，全称为Free of Payment，是指买卖双方要求中国结算在结算日办理债券的交割过户时无须通知其资金结算情况的结算方式，只用于现券买卖结算。

[③] DVD，券券对付，全称为Delivery Versus Delivery，指结算双方通过簿记系统只完成借贷标的债券过户和用于质押担保的质押债券冻结及解押，融券费用的资金收付由结算双方自行解决的一种结算方式，质押置换和债券互换是券券对付的重要应用。

其现券交易调整为纳入逐笔全额结算范围（若相关情形消除后，其现券交易仍可恢复纳入多边净额担保结算范围）：

①债项评级调整为AA（不含）以下；

②中国结算认为需调整的其他情形。

2.净额结算和逐笔全额品种。

净额结算和逐笔全额对应产品品种见表5-4所示。

表5-4　　　　　　　　净额结算和逐笔全额对应产品品种

产品品种		代码段	交易平台	结算方式	交收方式
企业债券	纳入净额	122500~122999 124000~124999 127000~127999 120000~120999 129000~129999	竞价交易系统 固定收益平台	净额结算	担保
	未纳入净额	123000~123499 139000~139999	固定收益平台	逐笔全额结算/RTGS[①]	非担保
公司债券	纳入净额	122000~122499 136000~136999	竞价、固定收益平台	净额结算	担保
	未纳入净额	123000~123499	固定收益平台	逐笔全额结算/RTGS	非担保
可转换公司债券	纳入净额	100000~100899 110000~110799 111000~111499 113000~113999 118000~118499 126000~126999	竞价、大宗交易、固定收益平台	净额结算	担保
	未纳入净额	110800~110999 118500~118699	固定收益平台	逐笔全额结算/RTGS	非担保
可交换公司债券	纳入净额	132000~132999	竞价、大宗交易、固定收益平台	净额结算	担保
	未纳入净额	137000~137999	固定收益平台	逐笔全额结算/RTGS	非担保

---

① RTGS，全称为Real Time Gross Settlement，指中国结算提供的实时逐笔非担保交收的结算方式。

续表

产品品种	代码段	交易平台	结算方式	交收方式
通用质押式回购	204001；204002 204003；204004 204007；204014 204028；204091 204182	竞价交易系统	净额结算	担保
报价回购	205001；205003 205007；205008 205010；205030 205042；205063 205119；205154 205182；205273 205357	综合业务平台	双边净额	非担保
协议回购	206001；206007 206014；206021 206030；206090 206180；206270 206365	固定收益平台	RTGS	非担保
三方回购	207001；207007 207014；207021 207030；207090 207180；207270 207365	固定收益平台	RTGS	非担保

注：本表格列举的产品品种均以上海证券交易所为例。

二、结算流程[①]

（一）多边净额结算

1.结算安排。

每个交易日（T日）日终，中国结算根据交易所发送的纳入净额结算的公司债券（含企业债券）成交数据以及其他业务数据，清算形成结算参与人担保交收账户在交收日应收或应付资金净额，和相应证券账户应收或应付。证券净额，并将清算数据发送给各结算参与人。

[①] 本小节（一）（二）（三）以中国结算上海分公司为例进行说明，（四）以中国结算深圳分公司为例进行说明。

2.结算金额。

公司债券（含企业债券）实行净价交易、全价结算，结算价为成交价（净价）与债券应计利息之和。

结算金额计算公式为：

结算金额=全价×成交数量=（净价+应计利息）×成交数量

3.交收。

交收日16：00，中国结算根据T日清算结果进行担保交收处理。

（二）双边净额结算

对于质押式报价回购交易，中国结算提供双边净额结算服务。T日（交易日），分别以证券公司的自营非担保交收账户（自营专用资金交收账户）和客户非担保交收账户（客户专用资金交收账户）为单位，对当日全部报价回购交易（包括初始交易、到期购回和提前购回）进行轧差清算，相关结果发送给证券公司，并据此在证券公司的自营和客户非担保交收账户之间代为进行资金划付。

中国结算对质押式报价回购交易采用非担保结算模式，在T+1日16：00通过结算参与人的非担保交收账户完成交收。

（三）逐笔全额结算

1.债券交易的实时逐笔全额结算。

对于采用RTGS的债券交易，每个交易日，中国结算根据交易所实时发送的成交数据，计算相关结算参与人每笔债券交易所涉及的应收或应付资金以及应付或应收证券数量，进行实时清算交收。

2.债券交易的日终逐笔全额结算。

（1）对于采用T+0日终逐笔全额结算的债券交易，中国结算根据交易所发送的成交数据于T日清算、T日交收。每个交易日（T日）日终，中国结算根据交易所发送的成交数据进行逐笔全额清算，证券和资金不做轧差清算处理，并将清算数据发送给各结算参与人。

T+0日16：00，中国结算根据当日清算结果进行非担保交收处理。

（2）对于采用T+1日终逐笔全额结算的债券交易，中国结算根据交易所发送的成交数据于T日清算、T+1日交收。

（四）发行类业务的清算交收

1.公司债券网上发行的资金结算。

对采用网上挂牌分销方式发行的公司债券（含企业债券），中国结算于分销日（T日）清算并于T+1日在非担保交收账户中完成逐笔全额交收，参照以下流程办理相关资金结算业务：

（1）T日中国结算根据交易所传送的公司债券认购申报数据对结算参与人当日所有公司债券认购申报逐笔进行清算，计算结算参与人每笔申报应付资金和应收证券的数量，同时确定主承销商应收资金和应付证券数量；

（2）T+1日终，中国结算根据申报顺序按逐笔全额结算方式组织完成认购方结算参与人与主承销商之间的交收。

2.可交换债券发行业务的资金结算。

公募可交换债券及私募可交换债券采用网下发行方式的，相关结算业务由发行人和承销商自行组织办理。公募可交换债券通过交易所交易系统向不特定对象发行的，相关资金结算业务按以下流程办理。

（1）T日，投资者通过交易所交易系统进行申购，投资者申购时无须缴纳资金。

T日日终，中国结算向结算参与机构发送有效申购结果数据及投资者配号数据，结算参与机构应及时向投资者发布配号结果。

（2）如申购数量大于网上发行总量，T+1日，由承销商主持摇号抽签并确认摇号中签结果。中国结算根据中签结果确认有效认购数据。

T+1日日终，中国结算向结算参与机构发送有效认购数据，结算参与机构计算投资者须缴纳的认购资金。

（3）T+2日，结算参与机构应保证中签投资者在T+2日日终有足额资金用于可交换债的认购。投资者认购资金不足的，结算参与机构应为其申报放弃认购。T+2日日终，中国结算向结算参与机构发送资金清算结果及应缴认购资金总额数据，结算参与机构应据此准备T+3日应付认购资金。

（4）T+3日，放弃认购申报及认购资金交收。

①放弃认购申报。T+3日，对因投资者资金不足而全部或部分放弃认购的情况，结算参与机构应当认真核验，并在T+3日8：30~15：00向中国结算申报。若结算参与机构未对放弃认购信息进行申报，则视同投资者已全额缴款，在结算参与机构日终交收成功后，相应的债券将登记至该投资者名下。

②认购资金交收。T+3日16：00前，结算参与机构应根据D-COM终端揭示的尚未支付金额及放弃认购的情况，及时向中国结算结算备付金专用存款账户划付足额资金并及时跟踪到账情况。若日间申报了放弃认购，尚未支付金额不实时调整。

中国结算对可交换债认购资金实行非担保交收，资金不足的部分，视为无效认购。

③认购资金划付。T+3日日终，中国结算将认购资金划入主承销商的自营结算备付金账户，并向结算参与机构发送投资者最终认购数据及资金变动情况。

三、结算参与人的管理

只有具备中国结算的结算参与人结算业务资格，才能参与公司债券的发行及日常交易等业务的清算交收。

公司债券的品种和交易方式不同，其结算方式也不同，有多边净额担保结算方式，也有非担保结算业务资格，因此不同机构在申请参与人资格时，应向中国结算明确结算业务资格类型，提交申请资料。

（一）参与人分类

中国结算对结算参与人进行分类管理，按照机构类型来看，结算参与人分为证券公司类结算参与人、银行类结算参与人和其他类结算参与人。

证券公司类结算参与人分为甲类和乙类。证券公司类结算参与人（甲类）可以接受其他结算参与人或者直接参与交易但没有取得中国结算结算参与人资格的机构的委托，办理委托结算业务。证券公司类结算参与人（乙类）不可接受委托办理委托结算业务。

银行类结算参与人包括经监管部门批准取得相关托管人资格的商业银行，按规定可参与证券交易所债券交易的商业银行等。

其他类结算参与人是指中国结算核准的其他合格机构，包括经监管部门批准为证券公司融资融券业务提供转融通服务及其他相关业务的机构，参与中国结算清算交收业务的其他机构等。

（二）申请多边净额担保结算业务资格的规定

1.申请人申请参与多边净额担保结算业务资格的，应当同时符合以下条件：

（1）获得监管部门颁发的相关许可证书（经营证券业务许可证、金融许可证等），获得监管部门或证券交易所批准的相关业务资格（证券投资基金等产品的托管资格、合格境外机构投资者托管资格、特定交易业务资格等）或符合相关监管规定；

（2）承诺对中国结算提供多边净额担保结算服务的证券交易承担最终交收责任；

（3）有关财务指标和风险控制指标符合监管部门及中国结算的规定；

（4）建立完善的结算风险控制制度；

（5）按照监管部门要求建立压力测试机制；

（6）设立开展证券结算业务的独立部门，并配备充足的专职结算人员；

（7）建立符合中国证监会及中国结算要求的结算业务相关技术系统和风险控制系统；

（8）中国结算要求的其他条件。

2.申请成为证券公司类结算参与人（甲类）的，除上述条件外，还应在最近3年连续获得中国结算结算业务综合评价的"A级"评价结果。

3.银行申请开通证券交易所债券现券交易结算业务的，应满足如表5-5所示要求。

表5-5　　　　　　银行申请债券结算业务资格资质要求

	指标项	结算业务资格管理要求
财务状况	净资产	最近3个会计年度的年末净资产≥200亿元
	盈利能力	最近3个会计年度连续盈利
风险情况	风险管理能力	满足中国结算的风险评价要求
人员配置	团队人员	具有丰富的债券交易结算管理经验和专业的结算团队
内控情况	制度、系统建设	相关业务管理制度、风险管理制度、技术系统能够支持结算业务的开展
经营状况	经营能力	具有较好的持续经营能力，近2年债券交易结算未发生重大违法违规事件
其他	其他	符合中国结算规定的其他条件

根据市场发展需要，中国结算可以对前述资格管理要求进行调整。

（三）申请非担保结算业务资格的规定

申请人申请仅参与非担保结算业务资格的，应当同时符合多边净额担保结算业务资格的第（3）、第（4）、第（6）、第（7）、第（8）项条件。该申请人拟参与证券交易所场内交易结算业务的，还应符合相关监管规定并获得证券交易所批准的相关交易业务资格。

（四）结算参与人资格申请的相关要求

申请中国结算参与人资格，应当以电子或书面方式提交申请材料。具体材料参照《中国证券登记结算有限责任公司结算参与人管理工作指引》。

中国结算自收到完整的电子申请材料之日起20个工作日内，对申请材料进行审核，作出核准或者不核准结算参与人资格的决定。决定核准的，出具书面核准文件，向中国证监会报告并在中国结算网站予以公告；决定不核准的，书面通知申请人。

经核准取得结算参与人资格且参与多边净额担保结算业务的申请人，应与中国结算签订相应的结算协议，设立相关结算账户，缴纳结算保证金（仅适用于按照中国结算业务规则及规定应缴纳结算保证金的结算参与人），并完成中国结算要求的其他事项后，方可开展结算业务。

（五）日常管理

1.常规管理。

（1）定期提交资料。结算参与人参与多边净额担保结算业务的，应以电子方式向中国结算提交以下材料：

①每一会计年度结束后4个月内提交年度结算业务工作报告，包括表5-6所列内容：

表5-6　　　　　　　年度结算业务工作报告内容

年度结算业务工作报告内容
年度证券资金结算业务的基本情况
对中国结算结算业务相关规则的执行情况
发生的结算风险、风险隐患及应对措施
内部结算风险控制制度的完善和执行情况
技术系统的运行和故障情况
客户交易结算资金存管情况（仅适用于证券公司类结算参与人）

②企业法人营业执照；

③按照中国证监会《证券公司年度报告内容与格式准则》规定制作的年度报告以及具有证券期货相关业务资格的会计师事务所出具的内部控制报告（仅适用

于证券公司类结算参与人）；

④中国结算要求的其他材料。

参与证券交易所市场债券交易结算业务的银行类结算参与人还应提供债券自营资产情况。

除提交上述年度报告材料外，证券公司类结算参与人还应每月向中国结算提交按照中国证监会相关规定提交的财务数据。

（2）异常情况报告。结算参与人遇有下列情况之一的，应立即告知中国结算，并在获得监管部门或相关单位的书面文件或相关事项发生后7个工作日内正式提交书面材料，并且持续报告进展情况：

①被监管部门采取停业整顿、托管、接管、撤销、关闭等监管措施；

②发生并购、重组、解散、破产等重大事项；

③因违法违规行为被中国证监会、其他主管机关及证券交易所调查或处罚；

④因财务状况或经营状况恶化或司法强制执行等原因导致不能正常完成与中国结算之间的多边净额担保结算业务（仅适用于参与多边净额担保结算业务的结算参与人）；

⑤通信系统或技术系统发生重大故障，影响与中国结算进行数据传输或办理业务；

⑥根据相关法律法规、部门规章、中国结算的业务规则等应当向中国结算报告的其他情况。

（3）年度监督检查。中国结算在每一会计年度结束后6个月内，对结算参与人的多边净额担保结算业务进行年度检查。年度检查包括现场检查和非现场检查。

①现场检查。现场检查是指检查人员在结算参与人经营场所，通过听取报告、查验资料等方式对结算参与人及其分支机构进行实地检查。

中国结算根据实际业务需要实施现场检查的，实施现场检查前将通过电话或邮件形式与相关结算参与人进行前期沟通，至少提前5个工作日以发函的形式通知结算参与人，并向结算参与人明确检查提纲及需要其提供的文件。

在不违反相关法律法规的前提下，检查人员可采取如下检查形式：查阅、记录、复制相关情况资料及文件；检查结算业务相关技术系统的运行状况；约谈技术或业务相关人员；中国结算要求的其他检查形式。

②非现场检查是对结算参与人的结算业务开展情况、财务报表等资料进行分析核查，通过设置风险预警指标及时发现结算参与人存在的问题，非现场检查要求结算参与人定期或不定期报送有关报告材料。

2.风险管理。

根据《中国证券登记结算有限责任公司结算参与人管理规则》(以下简称《参与人规则》)第三十五条,中国结算对结算参与人进行持续风险监控,定期对参与多边净额担保结算业务的结算参与人进行结算业务综合评价,并将综合评价情况向中国证监会报告。

(1)综合评价周期。综合评价以结算参与人整体作为评价单位,分为月度评价和年度评价:

①月度评价。中国结算于每月月底前,通过结算参与机构管理平台或其他方式向结算参与人告知其上月月度综合评价情况。

②年度评价。年度评价期为上一年度5月1日至本年度4月30日,与中国证监会对证券公司分类评价的周期保持一致。中国结算于每年8月31日前,通过结算参与机构管理平台或其他方式向结算参与人告知其年度综合评价结果。

(2)综合评价标准。月度综合评价从多边净额担保结算业务开展情况、非多边净额担保结算业务开展情况、结算相关工作开展情况、监管机构处罚或采取自律措施情况以及月度财务状况五个方面进行评价。

年度综合评价从多边净额担保结算业务开展情况、非多边净额担保结算业务开展情况、结算相关工作开展情况、被监管机构处罚或被采取自律措施情况、财务状况以及行业资质状况六个方面进行评价。具体评价标准如下。

①多边净额担保结算业务开展情况。中国结算结合日常风险监控指标对结算参与人结算业务开展情况进行评价,包括如下指标。

A.结算参与人质押式回购质押品不足情况以及融资回购未到期情况。每日对发生质押式回购质押品不足的情况进行记录,并将《参与人规则》第五十条规定的情形,作为不良记录;将《中国证券登记结算有限责任公司 上海证券交易所 深圳证券交易所债券质押式回购交易结算风险控制指引》第十二条、第十三条规定的情形,作为不良记录。

B.结算参与人最低备付不足情况。每日对发生最低备付不足的情况进行记录,并将《参与人规则》第四十九条规定的情形,作为不良记录。

C.结算参与人备付金账户资金交收违约规模。对发生资金交收违约的情况进行记录,根据资金交收违约规模评判对中国结算流动性造成的影响。

D.股票期权业务风险管理情况。每日对股票期权业务的风险情况进行记录,并将《中国证券登记结算有限责任公司关于上海证券交易所股票期权试点结算规则》第六十八条规定的情形,作为不良记录。

②非多边净额担保结算业务开展情况。

A.首次公开发行股票风险管理情况。对首次公开发行股票业务风险情况进行记录，如出现违反沪、深证券交易所首次公开发行股票网下发行实施细则、首次公开发行股票网上发行实施细则相关规定的情形，将作为结算参与人的不良记录。

B.报价回购业务交收失败情况。对报价回购业务交收失败天数进行记录，如出现中国结算沪、深市场质押式报价回购交易及登记结算业务办法第二章规定的可暂停或终止报价回购业务权限的情形的，将作为结算参与人的不良记录。

③结算相关工作开展情况。

A.材料报送完成情况。对未按照《参与人规则》第二十条、第三十四规定，按时向中国结算提交完整相关材料的，将作为结算参与人的不良记录。

B.结算参与人业务培训及技术测试情况。对无故不参加中国结算组织的培训及测试情形，作为不良记录。

C.现场检查配合完成情况。对无故不接受或不配合中国结算现场检查情形，作为不良记录。

D.技术系统安全运行情况。对结算业务技术系统和风险控制系统不符合中国证监会及中国结算的要求，或系统接入不符合技术规范要求，导致与公司结算数据传输或业务办理出现问题的情形，作为不良记录。

E.中国结算要求的其他结算业务评价指标。

④被监管机构处罚或被采取自律措施。被采取自律措施、纪律处分、行政监管措施和行政处罚情况，是指结算参与人及其业务人员因中国结算业务规则而被中国结算采取自律措施，及因违法违规被中国证监会及其派出机构采取行政处罚、行政监管措施的情况。

中国结算视被监管机构处罚或被采取自律措施的具体情形，对结算参与人进行综合评价。

⑤财务状况（仅针对证券公司类结算参与人）。中国结算以证券公司通过中国证监会CISP系统[①]报送的财务数据作为来源，以中国证监会对证券公司风险控制指标的相关管理办法作为参考，应用统计分析方法，针对月度评价与年度评价分别选取指标，对财务状况进行评价。

---

① CISP系统，全称中国证监会监管综合信息系统，是中国证监会为了加强对证券公司的监管而建立的信息系统。该系统要求证券公司定期通过CISP系统报送公司有关信息，以确保证券市场的透明度和监管的有效性。

⑥行业资质（仅针对证券公司类结算参与人及银行类结算参与人年度评价）。中国结算将以中国证监会每年对证券公司进行的分类评价结果，作为年度评价证券公司类结算参与人行业资质评价的参考；中国结算将以银行业协会每年对银行的排名，作为年度评价银行类结算参与人行业资质评价的参考。

第四节　回购业务及回购质押品管理

质押式回购交易，是指资金融入方（正回购方）将债券出质给资金融出方（逆回购方）以融入资金，约定在未来返还资金和支付回购利息，同时解除债券质押登记的交易。交易所针对各类债券提供了丰富的质押式回购交易品种，可有效盘活债券资产，满足债券投资人融资需求，提高债券流动性。交易所质押式回购，根据交易方式与担保品的不同，分为通用质押式回购、质押式三方回购、质押式协议回购。上海证券交易所及深圳证券交易所均可开展上述三类质押式回购，北京证券交易所暂无回购产品。结算规则及质押品的管理统一按照上海证券交易所、深圳证券交易所及中国结算相关制度执行。本节主要介绍三类质押式回购交易业务以及回购质押品的管理规则。

一、债券通用质押式回购

（一）业务概述

债券通用质押式回购（以下简称"通用回购"）指资金融入方将符合要求的债券申报质押，以相应折算率计算出的质押券价值为融资额度进行质押融资，交易双方约定在回购期满后返还资金同时解除债券质押的交易。出质债券并融入资金的交易方为正回购方，融出资金的交易方为逆回购方。

通用回购交易正回购方按照《中国证券登记结算有限责任公司 上海证券交易所 深圳证券交易所债券质押式回购交易结算风险控制指引》和《上海证券交易所债券市场投资者适当性管理办法》《深圳证券交易所债券市场投资者适当性管理办法》等相关规定，实行投资者适当性管理。

（二）回购担保品要求及管理

1.回购担保品一般性要求。

正回购方申报的质押券品种应当符合登记结算机构关于质押券准入标准的相

关规定。交易所可以根据市场和发行人情况的变化，暂停有关债券用于通用回购交易。

质押券应当依据登记结算机构的相关规定，转移至质押券保管库（以下简称"质押库"）。质押券转移至质押库（以下简称"入库"）后，正回购方的可用融资额度相应增加，增加额度为入库债券按照相应质押券折算率计算出的质押券价值。

质权自登记结算机构将质押券转入质押库、进行出质登记时设立。前述质权的担保范围包括质权人享有的债权、利息、违约金以及处置质押券产生的全部税费等。

2.回购担保品准入标准及管理规则。

通用质押式回购为多边净额结算的质押式回购业务，为完善证券交易所市场纳入多边净额结算的质押式回购业务风险管理，明确回购质押品的资格准入标准和标准券折算率（值）计算公式中的折扣系数取值标准，建立根据质押品的风险状况对折扣系数取值进行灵活调整的机制，适当简化回购担保品信用评级要求，提升市场服务水平，中国结算于2025年3月修订发布了《中国证券登记结算有限责任公司债券通用质押式回购担保品资格及折算率管理业务指引》。

（1）回购担保品范围。

①证券交易所上市交易的国债、地方政府债和政策性金融债和政府支持机构债券可作为回购担保品。

②满足中国结算多边净额结算标准的公司债券，且符合以下条件之一的，发行人可向中国结算申报回购担保品资格：专业投资者与普通投资者均可参与认购的；适用上海证券交易所、深圳证券交易所知名成熟发行人优化审核安排的；主体评级为AAA级且主体评级展望为正面或稳定的。

满足中国结算多边净额结算标准，且主体评级为AAA级、主体评级展望为正面或稳定的可转换公司债券、可交换公司债券，发行人可向中国结算申报回购担保品资格。

满足中国结算多边净额结算标准，且符合以下条件的次级债券，发行人可向中国结算申报回购担保品资格：主体评级与债项评级均为AAA级、主体评级展望为正面或稳定，且不含债务减记条款的；发行人相关财务指标符合下列其所在行业相应表格中第一档标准的：

表5-7　　　　　　　　一般行业发行人财务指标分档标准

档位	最近一年总资产（亿元）	最近三年平均营业收入（亿元）	最近一年资产负债率（%）	最近三年平均总资产报酬率（%）	最近两年每年平均经营活动现金流净额（元）
第一档	≥3000	≥1000	<75	≥1.5	>0
	≥1500	≥600	<70	≥2	>0
	≥1000	≥200	<70	≥5	>0
第二档	≥1200	≥600	<80	≥1.5	>0
	≥800	≥350	<75	≥2	>0
	≥500	≥100	<75	≥2.5	>0
第三档	其他				

表5-8　　　　　　　　房地产行业发行人财务指标分档标准

档位	最近一年总资产（亿元）	最近三年平均营业收入（亿元）	最近一年剔除预收款项与合同负债的资产负债率（%）	最近三年平均总资产报酬率（%）	最近两年每年平均经营活动现金流净额（元）
第一档	≥2000	≥1000	<65	≥5	>0
第二档	≥1500	≥700	<70	≥4	>0
第三档	其他				

表5-9　　　　　　　　金融行业发行人财务指标分档标准

档位	最近一年总资产（亿元）	最近三年平均营业收入（亿元）	最近三年平均净资产收益率（%）
第一档	≥2500	≥100	≥4
第二档	≥1000	≥50	≥2
第三档	其他		

其中：房地产行业，参照《中国上市公司协会上市公司行业统计分类指引》的标准确定；金融行业，仅包括经国务院相关监管管理机构批准设立的证券公司以及按《金融控股公司监督管理试行办法》设立并备案的金融控股公司；发行人如依据相关准则对其财务报表采用了除《中国企业会计准则》外的其他会计准则编制年度财务报告的，应当参照《企业会计准则》要求对财务数据进行必要调整后计算填报。

中国结算可以根据风险管理需要，对单一发行人次级债券申报回购担保品进行限额管理，或调整次级债券申报回购担保品的资格条件。

对于满足中国结算多边净额结算标准的主体评级AA或AA+级、债项评级AAA级信用债券进行过渡期管理。过渡期计划2年，过渡期内，满足以下条件的主体评级AA或AA+级、债项评级AAA级信用债券可申报回购担保品资格，其中，主体评级为AA级的，其评级展望应当为正面或稳定；截至2025年3月21日，其债券发行人有主体评级AA或AA+级、债项AAA级信用债券已取得回购担保品资格；申报债券不含清偿顺序在普通债务之后的次级条款；申报债券取得回购担保品资格后，发行人分别在沪深证券交易所具有回购担保品资格的债券规模不得高于其在2025年3月21日的规模，具有回购担保品资格的债券规模按照债券存续余额计算。

发行人依据指引规定为公司债券、次级债券申报回购担保品资格的，应委托主承销商或受托管理人通过证券交易所向中国结算申报财务数据、财务指标等相关信息。发行人、主承销商、受托管理人应当确保申报信息真实、准确、完整。

信用债券申报回购担保品资格的主体或债项评级应由中国结算认可的资信评级机构评定。发行人委托多家中国结算认可的资信评级机构对其在证券交易所上市交易的信用债券进行主体评级的，在每一家资信评级机构给出的最新主体评级结果中按照最低结果认定该发行人所有信用债券的主体评级。对于主体评级符号相同的，按照评级展望负面、稳定、正面的顺序优先认定较低的评级结果。

满足中国结算多边净额结算标准，且符合相关规定条件的受信用保护债券，可申报回购担保品资格。受信用保护债券申报回购担保品资格的，由中国结算另行规定。

符合中国结算相关规定条件的证券交易所上市交易债券型基金，基金管理人可向中国结算申报回购担保品资格。债券型基金申报回购担保品资格的，由中国结算另行规定。

（2）回购担保品折扣系数规则。

①国债、地方政府债、政策性金融债折扣系数取值为0.98，政府支持机构债券折扣系数取值为0.96。

专业投资者与普通投资者均可参与认购的，或适用上海证券交易所、深圳证券交易所知名成熟发行人优化审核安排的取得回购担保品资格的公司债券，折扣系数取值为0.9。

符合相关评级要求的公司债券，中国结算按照上述表5-7至表5-9的标准分行业对发行人财务指标进行分档，并根据分档结果确定折扣系数取值。第一档、第二档、第三档财务指标对应的折扣系数取值分别为 0.9、0.8、0.7。

对于科技创新公司债券、绿色公司债券两类特定品种公司债券，其折扣系数在前款规定的各档位对应折扣系数取值基础上上浮 0.1，最高不超过 0.9。

中国结算可以根据市场变化情况，结合风险管理的需要动态调整发行人行业分类、财务指标分档标准等。

可转换公司债券、可交换公司债券、次级债券折扣系数取值为 0.6。

符合回购担保品资格要求的主体评级 AA 级、债项 AAA 级信用债券折扣系数取值为 0.45，主体评级 AA+级、债项 AAA 级信用债券折扣系数取值为 0.6。可转换公司债券、可交换公司债券折扣系数在上述折扣系数取值基础上再下调 0.1。

符合中国结算规定的合格受信用保护债券，主体评级为 AA+级的，折扣系数取值为 0.6；主体评级为 AA 级的，折扣系数取值为 0.45。

对于取得回购担保资格的债券型基金，中国结算根据债券型基金及其投资标的的风险状况审慎确定其折扣系数取值。在债券型基金作为回购担保品开展回购期间，中国结算可以对其折扣系数取值调整。

（3）回购担保品持续管理。

中国结算有权根据公司债券的信用资质变化及公司债券发行人的舆情变化，对回购担保品采取下调折扣系数或取消回购资格等措施。

例如，当资信评级机构撤销或终止评级，或因主体或债项评级发生变动，或主体评级展望被调整至负面，相关信用债券不再符合回购担保品资格条件的；当发行人不再适用上海证券交易所、深圳证券交易所知名成熟发行人优化审核安排的，中国结算依据相应回购担保品类别及评级情况，认定其是否继续符合回购担保品资格，并确定折扣系数取值；当发行人未在披露年度报告后的 15 个交易日内，向中国结算申报最新财务数据、财务指标等相关信息的；信用债券发行人未按照募集说明书等发行文件约定或发行人公告，按时足额支付债券本金、利息，或生其他违约情形的；当相关债券发生风险情形的，或发行人公告重大经营不利事项的，或发行人未按要求履行公开信息披露义务的，中国结算有权对该发行人的全部信用债券采取折扣系数下调或取消回购资格等措施。具体情形及要求可参考中国结算发布的《中国证券登记结算有限责任公司债券通用质押式回购担保品资格及折算率管理业务指引》。

（4）质押券派息、兑付、赎回、转股和回售。

在质押期间，作为质押券的公司债券发生派息、兑付的，中国结算在派息、兑付处理时将相应利息或本息留存于质押库，该利息或本息与质押库中的质押券共同作为融资回购交易的质押物。

质押券有赎回情形的，按照质押券兑付的情形处理。

在质押期间，作为质押券的公司债券，正回购方不得卖出、转股、换股或回售。

二、债券质押式协议回购

（一）业务概述

债券质押式协议回购交易是指回购双方自主协商约定，由资金融入方将债券出质给资金融出方融入资金，并在未来返还资金和支付回购利息，同时解除债券质押登记的交易。

投资者参与协议回购前，应当签署债券质押式协议回购交易主协议并报送交易所备案。签署方为证券公司经纪客户的，由所在证券公司留存备查。回购双方可以就协议回购相关事宜签订补充协议。

（二）质押券要求及管理

1.质押券要求。

协议回购的质押券包括在交易所交易或转让的各类债券、资产支持证券以及交易所认可的其他产品；交易所可以根据市场情况调整用于协议回购的质押券品种。质押券现货交易停牌的，不影响其用于协议回购交易，但交易所另有规定的除外。

2.质押券管理。

质押券在质押期间发生付息、分期偿还、分期摊还、提前赎回、兑付、回售、转股、换股和违约等情形的处理，由主协议进行约定，具体如下。

（1）质押债券发生付息、分期偿还（不含最后一期），或资产证券化产品发生分期摊还（不含最后一期）的，对应资金派发给正回购方，不作为质押财产。

（2）质押券发生提前赎回和到期兑付的，相关资金作为质押财产，待债券解除质押登记后方可提取；到期未能足额兑付的，已经兑付的资金作为质押财产，不足部分由正回购方提供补充质押券或者由回购双方另行协商处理。

（3）质押券含回售条款的，正回购方不得行使回售权利；可交换债等质押期间，正回购方不得行使转股、换股权利。

（4）存续期内可变更质押券。

同时，质押券在质押期间发生分期偿还、分期摊还等情形，回购双方应当充分评估质押券面值或数量减少对协议回购可能产生的影响，并可以在补充协议中约定变更质押券等处理方式。

三、债券质押式三方回购

（一）业务概述

债券质押式三方回购交易（以下简称"三方回购"），是指资金融入方（正回购方）将债券出质给资金融出方（逆回购方）以融入资金，约定在未来返还资金和支付回购利息，同时解除债券质押，并由交易所、中国结算根据《上海证券交易所 中国证券登记结算有限责任公司债券质押式三方回购交易及结算暂行办法》《深圳证券交易所 中国证券登记结算有限责任公司债券质押式三方回购交易及结算暂行办法》规定提供相关的担保品管理服务的交易。

交易所组织开展三方回购，提供交易申报及成交确认平台，并制定担保品管理的相关标准，开展对三方回购参与者和质押券篮子的管理。中国结算对三方回购进行集中登记、存管、结算，并根据相关业务规则规定提供担保品的选取分配、质押登记等服务。中国结算为三方回购的回购交易、提前终止、到期购回、到期续做提供实时逐笔全额结算服务，根据交易所确认的交易申报数据按货银对付原则组织结算参与人之间的资金结算，并办理相应债券的质押登记或解除质押登记。结算参与人负责履行交收责任，并办理其与经纪客户之间的清算交收。资金交收通过结算参与人用于逐笔全额结算的专用资金交收账户办理。

开展三方回购前，正回购方需向中国结算申请开立或设定三方回购专用证券账户，并完成三方回购专用证券账户的指定交易。回购双方开展三方回购，应当通过交易系统进行授信。交易系统仅对正回购方在逆回购方授信白名单内的三方回购进行确认。

回购双方参与三方回购前应当签署债券质押式三方回购交易主协议。主协议内容包括但不限于各方权利义务、担保品管理及违约责任的相关条款等。回购双方可以就三方回购相关事宜签订补充协议，也可以在进行三方回购申报时填写交易补充约定。

（二）质押券要求及管理

1.质押券要求。

三方回购的质押券是交易所上市交易或者挂牌转让的债券，包括公开发行债券、非公开发行债券和资产支持证券。交易所可以根据市场情况调整用于三方回购的品种。目前,资产支持证券次级档、已经发生违约或经披露其还本付息存在重大风险的债券和资产支持证券、已在其他业务中充当担保品的债券和资产支持证券以及交易所认为不适合充当回购担保品的其他债券,不可作为三方回购的质押券。

2.质押券篮子。

(1)质押券篮子定义及划分标准。交易所根据债券类型、发行方式和评级结果等将债券划分为若干个篮子。各质押券篮子的债券清单、折扣率标准由交易所确定。当前,担保品按债券类型、发行方式和债券评级划分为8个质押券篮子。质押券篮子划分及折扣率标准如表5-10所示。

表5-10　债券质押式三方回购质押券篮子划分及折扣率标准

质押券篮子	简称	篮子标准(信用值不含ABS次级档)	折扣率
篮子1	利率债	政府债券(含国债、地方政府债券)、政策性金融机构债券、政府支持机构债券	0
篮子2	AAA(公)	公开发行的、评级AAA信用债	3%
篮子3	AA+(公)	公开发行的、评级AA+信用债	8%
篮子4	AA(公)	公开发行的、评级AA信用债	15%
篮子5	AAA(私)	非公开发行的、评级AAA的信用债	8%
篮子6	AA+(私)	非公开发行的、评级AA+的信用债	15%
篮子7	AA(私)	非公开发行的、评级AA的信用债	25%
篮子8	其他	篮子1~7以外的挂牌交易或转让信用债	40%

正回购方可将普通证券账户中拟用作担保品的债券转入三方回购专用证券账户,也可将三方回购专用证券账户内未被质押登记的债券转至对应的普通证券账户。

(2)质押券篮子的清算交收与质押登记。中国结算在交收处理时,根据交易所提供的质押券篮子标准及具体构成、折扣率标准、担保品估值,按以下原则选取质押券。

①对双方自行指定质押券的,中国结算将优先选取双方指定的质押券品种。指定的质押券品种中任意一只质押券数量不足,该笔交收失败。

②双方未指定具体质押券品种或者已指定具体质押券的担保品价值低于回购金额,则按质押券篮子编号从大到小的顺序从质押券篮子中选取质押券。同一质

押券篮子中以一手为最小单位按可用数量由多到少的原则依次选取到期日晚于回购到期日的质押券，质押券数量相同时按质押券证券代码由小到大原则依次选取，直至所选质押券担保品价值足额。

3.质押券管理。

质押券在质押登记期间发生付息、分期偿还、分期摊还、提前赎回、到期兑付、回售、等情形的，按主协议的约定办理，具体如下。

（1）正回购方收取质押券利息、分期偿还或分期摊还的本金和利息（不含最后一期）。若正回购方发生主协议特定项下违约事件，逆回购方可单方面申请将正回购方尚未收取的上述资金一并质押（质押券已被司法冻结的除外）。

（2）质押券提前赎回或到期兑付的，正回购方应收的质押券赎回款或兑付资金（含最后一期利息）一并质押，其担保价值由回购双方自行计算。

（3）质押券含回售、转股、换股等条款的，并且正回购方需要行使回售、转股、换股等权利的，正回购方须与逆回购方协商一致，将质押券解除质押并转出至普通证券账户再行使回售、转股、换股等权利。

出质债券在质权存续期间，发生违约、债券本息兑付面临重要风险或其他事件致使质押券价值明显减少，足以危害逆回购方权利的，逆回购方有权要求正回购方补充、变更相应的质押券或提供其他相应担保。

三方回购存续期间，回购双方协商一致后，可以通过交易系统申报质押券变更，换入的债券需要满足回购协议的质押券篮子要求。因换入债券数量不足等原因导致变更质押登记失败的，原质押券的质押状态不变。

债券质押期间，如发生国家有权机关要求办理质押债券冻结、扣划等情形，由中国结算根据有关规定按照国家有权机关的要求办理。

第五节　其他相关服务支持

中国结算为公司债券发行人提供债券回售、转售服务、赎回服务、持有人名册及查询服务、债券派息兑付服务、其他信息查询服务等。本节主要介绍上述服务的相关内容。

一、回售、转售

回售业务是指公司发行含有调整票面利率选择权、投资人回售选择权的公司债券在行权期内发出关于是否调整本次债券利率及调整幅度的公告后，投资者有权选择在公告的投资者回售登记期内进行登记，将持有的本次债券按票面金额全部或部分回售给发行人。发行人应按照交易所和中国结算相关业务规则完成回售支付的工作。发行人可在回售转售期内通过交易系统或根据证券交易所债券交易转让有关规定与投资者进行转售。具体操作流程如表5-11所示：

表5-11　　　　　　　　回售、转售业务操作流程

时间	事项			备注
	上海	深圳	北京	
H-5日前	按照募集说明书约定，确定有关票面利率表述情况，发行人需提前做好决策流程，如拟下调票面利率，受托管理人应就本次票面利率向下调整是否符合募集说明书相关约定进行核查，并向交易所提交正式核查意见			—
H-3日	发布债券回售实施公告，提交《回售实施公告》、债券回售申请表及关于回售账户的说明			—
	上海证券交易所公司债券发行人通过PROP系统向中国结算上海分公司提出回售申请	—	—	—
H-2日	—	—	北京证券交易所公司债券发行人最晚于此日向中国结算北京分公司提出回售申请	—
H-1日	发布《票面利率调整公告》，公告新票面利率			深圳证券交易所要求发行人应于回售申报起始日前至少披露3次票面利率调整公告
	—	深圳证券交易所公司债券发行人最晚于此日向中国结算深圳分公司提出回售申请	—	—
H日—K日	存量投资者债券回售登记期			

续表1

时间	事项			备注
	上海	深圳	北京	
K+1日[①]	中国结算向发行人提供债券回售登记结果及付款通知			—
K+1日、K+2日	发布《回售结果公告》			1.深圳证券交易所发行人可在回售登记结果后两个交易日内披露《回售情况公告》(如需) 2.深圳证券交易所债券《回售结果公告》原则上应当在回售资金到账日前2个交易日内披露
T-5日	发布《付息公告》，发行人向中国结算提交《付息公告》及申报表			深圳证券交易所一般于T-2日披露《付息公告》
T-2日	—	披露《付息公告》和《提前摘牌公告》（如有）	—	
	发行人向中国结算指定账户划付债券回售资金和利息款			—
T-1日前	—	确认回售资金足额到账后，中国结算深圳分公司进行回售款资金处理及投资者证券账户债券持有余额计减工作	确认回售资金足额到账后，中国结算北京分公司进行回售款资金处理及投资者证券账户债券持有余额计减工作	—
T-1日	—	债券摘牌日（如有）	—	
T日	回售资金兑付日，中国结算将资金划付投资者。（若兑付日为休息日，顺延至其后第一个交易日）			
	中国结算上海分公司记减转售部分以外的回售债券	—	—	—
T+1日	发布提前摘牌公告[②]（上海证券交易所）	—	—	—

[①] 如设置回售撤销期，则有关回售登记结果的相关通知及回售结果公告时间相应顺延至回收撤销期结束后。

[②] 仅涉及债券全额回售不转售的情形。

续表2

时间	事项			备注
	上海	深圳	北京	
T+7日	债券登记日（摘牌）	债券登记日	债券登记日（摘牌）	—
T日—T+19日	债券转售期（原则上不超过20个交易日）：发行人可在转售期内通过交易系统或根据交易所债券交易转让有关规定与投资者进行转售，中国结算依据交易所确认的成交结果办理过户			1.沪、深证券交易所规定的转售期起始日分别为回售资金发放日和回售资金到账日的次日 2.转售期开始前，深圳证券交易所发行人需向中国结算深圳分公司提交《关于转售证券账户的说明》 3.深圳证券交易所转售期为T+1日—T+20日
T+21日前	发行人披露《转售结果公告》，中国结算根据交易所确认的转售结果记减、注销未成功实施转售部分的回售债券。			—

注：表中H日为登记起始日，K日为登记结束日，T日为行权日。

二、赎回

债券触发赎回条件后，发行人行使赎回权的，可委托中国结算办理赎回业务。表5-12为中国结算沪、深、北三个分公司关于赎回业务的相关要求对比。

表5-12　　　　　中国结算各分公司赎回业务要求对比

业务要点	上海分公司	深圳分公司	北京分公司
提交申请时间	债券赎回款发放日前五个交易日	T-6日（T日为投资者赎回款到账日）	H-6日（H日为赎回资金派发日）
申请材料	（1）通过PROP在线业务受理系统进行业务申报（无法通过PROP提交申请的公司债券，需提供加盖发行人公章及指定联系人签字的"委托代理债券兑付、兑息确认表"）	（1）证券赎回申请表	（1）债券赎回申请表

续表3

业务要点	上海分公司	深圳分公司	北京分公司
申请材料	（2）债券发行人委托承销机构通过PROP在线业务受理系统进行业务申报前，应已完成对主承销商的授权，并已向上海分公司提交相关承诺 （3）上海分公司要求提供的其他材料	（2）赎回公告	（2）在北京证券交易所或全国股转公司官网披露的债券赎回公告 （3）北京分公司要求的其他材料
支付赎回款	公司债券发行人进行业务申报时，应根据债权登记日在上海分公司实际托管的债券总份额，按照募集说明书或发行公告规定的计息事项计算拟分派的税前赎回总金额。申报完成后，公司债券发行人应根据税前赎回总金额及时办理汇款，确保分派资金及手续费最迟在发放日前第二个交易日划入上海分公司指定的收款银行账户	T-4日前，深圳分公司向发行人出具债券赎回预付款通知，付款金额包括预估赎回款（税前赎回价格×赎回债券数量）及预估手续费（预估赎回款×赎回手续费率）。债券发行人须于指定时间前将预估赎回款及预估手续费足额划入深圳分公司指定银行账户	北京分公司审核通过后，出具债券赎回预付款通知，付款金额包括赎回款（税前赎回价格×赎回债券数量）及手续费（赎回款×赎回手续费率）。发行人应于T-2日中午12:00前将赎回款及手续费足额划入北京分公司指定银行账户。汇款时务必在汇款单用途（备注/摘要）栏注明"债券代码+赎回款项"
发放赎回款	上海分公司确认发行人足额汇付款项后，在资金发放日前一交易日与债券持有人指定的结算参与人办理资金清算，并于资金发放日与其完成资金交收。结算参与人在资金发放日将相应的赎回资金划付给持有人	深圳分公司确认资金足额到账后，于T-1日日终进行债券赎回资金处理及投资者证券账户债券持有余额计减工作，并将赎回款于指定日期划入结算参与人备付金账户，由结算参与人划入投资者资金账户	北京分公司确认款项足额到账后，于T-1日日终对债券持有人证券账户债券持有余额进行注销，并于T日将赎回款划入结算参与人备付金账户，由结算参与人划入债券持有人资金账户

需要注意的是，QFII、RQFII按税后金额派发利息，发行人应在申请时明确QFII、RQFII按税后金额计算并发放利息。中国结算先按税前金额全部收取，在完成资金发放后，再将QFII、RQFII持有人需缴纳的税金及相应手续费退还发行人。

三、持有人名册及查询服务

（一）服务内容

中国结算向债券发行人提供以下持有人名册服务：

1.每月向债券发行人提供截至上月最后一个交易日、本月10日和本月20日（该日为非交易日的，应为该日前一个交易日）的按债券总规模统计的前200名持有人名册。

2.因召开债券持有人会议、派发本息、回售、赎回等原因，发行人可申请发送持有人名册；根据债券发行人的申请，向其提供持有人名册。

3.中国结算认可的其他情形。

债券发行人可以委托承销机构，代为办理持有人名册相关业务。受托管理人为履行受托管理职责，有权代表债券持有人向中国结算申领持有人名册及相关登记信息。

发行人、受托管理人取得持有人名册后，应当妥善保管，并在法律、行政法规和部门规章许可的范围内使用持有人名册。因发行人、受托管理人不当使用持有人名册所产生的一切法律责任，由不当使用的发行人、受托管理人承担。

（二）注意事项

1.T日（交易日）买入债券的投资者在T日完成交收后列入T日债券持有人名册，T日卖出债券的投资者在T日完成交收后不列入T日债券持有人名册。

2.公司债券受托管理人为履行受托管理职责代表债券持有人查询债券持有人名册及相关登记信息的，需提交受托管理协议及相关情况说明等，查询申请和材料在业务核对通过后，以电子数据形式反馈至公司债券受托管理人指定接收邮箱。

3.中国结算支持网络服务系统查询和书面查询等方式查询。

4.公司债券持有人名册及查询业务不收费。

四、债券派息兑付服务

（一）办理程序

债券发行人委托中国结算办理公司债券的派息、兑付业务，需按以下程序办理：

1.债券发行人应当提前向中国结算提交债券派息、兑付申请，办理具体委托手续。

2.中国结算确认后,债券发行人应在派息、兑付日两个交易日前将代发债券本息总额及代发手续费划至中国结算指定银行账户。

3.中国结算收到相应款项后,通过资金结算系统将债券托管在证券公司或中国结算认可的其他机构的投资者的债券本息,划付给相应的证券公司或中国结算认可的其他机构,投资者可于派息日、兑付日领取相应的债券利息或本息。

4.发行人若不能在规定期限内将委托中国结算派发的公司债券本息划入中国结算指定账户的,发行人应当事前及时通知中国结算,并按有权机构规定方式进行信息披露,说明原因。

发行人应保证提交的申请信息的合法、真实、准确、完整;确保提交的申请信息与付息/兑付公告或收益分配公告一致。

（二）申请材料及具体流程

申请材料及具体流程见表5-13。

表5-13　中国结算三家分公司办理派息、兑付业务相关要求

项目名称	上海分公司	深圳分公司	北京分公司
申请材料	（1）通过PROP在线业务受理系统进行业务申报（无法通过PROP提交申请的公司债券,需提供加盖发行人公章及指定联系人签字的"委托代理债券兑付、兑息确认表"） （2）发行人委托承销机构通过PROP在线业务受理系统进行业务申报前,应已完成对主承销商的授权,并已向上海分公司提交相关承诺 （3）上海分公司要求提供的其他材料	（1）办理债券派息、兑付需提交"债券派息、兑付申请表" （2）办理债券部分兑付需提交"债券部分兑付申请表"	（1）债券派息申请表/债券兑付申请表 （2）北京分公司要求的其他材料
提交申请入口	PROP在线业务受理系统	E通道	网上业务平台

续表

项目名称	上海分公司	深圳分公司	北京分公司
提交申请时间	债券兑付、兑息发放日前5个交易日	1.发行人通过E通道申请公司债券派息、兑付业务的，应在R-2日前提交申请（R日为权益登记日） 2.发行人因技术故障不能使用E通道的，应在R-5日前通过邮件方式提交申请材料	R-5日前（含R-5日，R为权益登记日）
发行人付款	申报完成后，发行人应根据税前兑付、兑息总金额及时办理汇款，确保分派资金及手续费最迟在发放日前第二个交易日16:00前划入上海分公司指定的收款银行账户	发行人接收到深圳分公司发送的付款通知后，应及时确认。发行人应确保派息兑付款及手续费在深圳分公司指定时间前足额汇至指定的银行账户	北京分公司向发行人出具债券派息、兑付及其手续费划款通知。发行人应于R-1日中午12:00前将款项足额划入北京分公司指定银行账户。汇款时务必在汇款单用途（备注/摘要）栏注明"债券代码+派息/兑付款项"
派息、兑付资金划付	上海分公司确认发行人足额汇付款项后，在资金发放日前一交易日与债券持有人指定的结算参与人办理资金清算，并于资金发放日与其完成资金交收。结算参与人在资金发放日将相应的兑付兑息资金划付给持有人	深圳分公司确认发行人足额汇付款项后，在R日日终向结算参与机构发送兑付派息清算数据，并于下一交易日向结算参与机构划付兑付派息资金。 债券部分兑付业务结束后，深圳分公司根据发行人的申请按兑付比例计减债券面值或张数	北京分公司于R+1日将派息、兑付资金划至结算参与人备付金账户，由结算参与人划入债券持有人资金账户
接收兑付派息结果	资金分派完成后，发行人或经授权的承销机构可通过PROP在线业务受理系统查询并下载《债券兑付/兑息确认书》	发行人可在R+1日接收深圳分公司出具的兑付派息结果报表，并在业务资金专户中查收退款	R+1日，发行人或承销机构查看北京分公司出具的债券派息、兑付结果报表等文件
接收手续费发票	上海分公司将在兑付兑息业务完成后将手续费电子发票发送至公司债券发行人或经授权的承销机构通过PROP营改增涉税信息申报菜单填报的邮箱地址	发行人如需获取相关发票，应及时维护和更新机构信息和发票信息，深圳分公司将在派息、兑付业务完成后寄送手续费发票	—

（三）注意事项

1. 发行人应在申报时明确 QFII（RQFII）持有人按税后金额计算并发放利息。中国结算先按公司债券利息税前金额全部收取，在完成公司债券资金发放后将 QFII（RQFII）持有人须缴纳债券利息企业所得税及相应手续费退还给债券发行人。

2. 发行人进行申报时，应根据债权登记日在中国结算实际托管的债券总份额，按照募集说明书或发行公告规定的计息事项计算拟分派的税前兑付、兑息总金额。

3. 债券部分兑付涉及面值调整的，每张本金兑付金额应与兑付比例、面值调整保持一致，调整后的面值可保留至小数点后两位。若发行人自行部分兑付，应向中国结算申请调整面值。

4. 投资者在R日买入债券的，即可享有该债券派发的利息；在R日卖出债券的，不享有该债券派发的利息。

5. 发行人不能在规定时间内足额向中国结算指定收款银行账户划入派息、兑付款项的，应当立即通知中国结算并予以公告，中国结算终止为其提供代理派息、兑付服务。因发行人导致派息、兑付无法按时完成的，由此产生的一切损失和法律后果由发行人承担。

6. 发行人应确保披露的派息、兑付公告内容与提交的申请材料内容一致。

五、其他信息查询服务

公司债券发行人、投资者可以通过中国结算提供的电子网络服务系统或现场柜台方式向中国结算申请查询与自己相关的公司债券的登记信息。对通过网络查询服务系统等非现场办理方式获得的查询结果有异议的，应以中国结算现场确认的查询结果为准。

六、银行间债券市场与交易所债券市场互联互通

2022年，上海证券交易所、深圳证券交易所、全国银行间同业拆借中心、银行间市场清算所股份有限公司、中国证券登记结算有限责任公司联合发布《银行间债券市场与交易所债券市场互联互通业务暂行办法》，就银行间债券市场与交易所债券市场的投资者通过两个市场相关基础设施机构连接，买卖两个市场交易流通债券做出机制安排。

根据该暂行办法规定，银行间市场清算所股份有限公司（以下简称"上海清算所"）和中国结算之间建立登记结算系统连接，联合为投资者提供登记、托管、

结算等服务，投资者通过互联互通取得的债券由其所在市场的登记托管结算机构作为名义持有人持有，其中，对于"通交易所"业务，上海清算所为名义持有人；对于"通银行间"业务，中国结算为名义持有人。标的债券的登记托管结算机构应当根据本市场交易平台传输的标的债券成交信息办理结算业务，并将结算信息传输至相应的名义持有人，供其完成明细结算。派息、兑付、回售、赎回等业务由标的债券的登记托管结算机构负责，名义持有人应当配合完成其名义持有人账户下的明细处理，并为本市场投资者提供查询及出具债券持有记录等其他服务。

第六章 信息披露

强化信息披露是推进债券注册制改革走深走实的重要内容。中国证监会、交易所等监管部门近些年不断完善、优化信息披露制度及监管业务指引，进一步加强以偿债能力为重点的信息披露机制建设，持续提升信息披露有效性、针对性。公司债券发行人及其他信息披露义务人应当及时、公平地履行披露义务，所披露或者报送的信息必须真实、准确、完整，简明清晰，通俗易懂，不得有虚假记载、误导性陈述或者重大遗漏。在公司债券发行及存续期间，信息披露义务人主要涵盖公司债券发行人及其董事、监事、高级管理人员、主承销商、其他中介机构以及增信主体等。本章主要介绍公司债券在发行及存续期间的信息披露要求。

第一节 债券发行期间

本节主要介绍公司债券发行期间的信息披露要求，内容主要包括债券发行期间信息披露的基本要求、债券发行期间主要信息披露义务人的义务和责任以及募集说明书内容与格式的要求等。

一、基本要求

债券发行期间信息披露的规则主要包括如下。

中国人民银行、国家发改委、中国证监会制定的《公司信用类债券信息披露管理办法》，明确了公司债券发行及存续期企业信息披露、中介机构信息披露的基本要求。

中国证监会制定的《公开发行证券的公司信息披露内容与格式准则第24号——公开发行公司债券申请文件》，进一步规范了注册制下公开发行公司债券（含企业债券）申请文件目录、格式及报送要求等内容。

沪、深、北证券交易所分别制定的《上海证券交易所公司债券发行上市审核规则适用指引第1号——申请文件及编制》（简称《上交所审核指引1号》）、《深圳证券交易所公司债券发行上市审核业务指引第1号——申请文件及其编制要求》（简称《深交所审核指引1号》）、《北京证券交易所公司债券发行上市审核规则适用指引第1号——申请文件及编制》（简称《北交所审核指引1号》）等，进一步规范公司债券（含企业债券）发行上市审核工作，便于发行人、主承销商和证券服务机构编制、提交申请文件。

二、主要信息披露义务人的义务和责任

根据《公司信用类债券信息披露管理办法》等有关规定，信息披露应当遵循真实、准确、完整、及时、公平的原则，不得有虚假记载、误导性陈述或重大遗漏。发行人及其董事、监事、高级管理人员和为债券的发行提供中介服务的专业机构应当对募集说明书等债券发行文件签署书面确认意见。

（一）发行人及其董事、监事、高级管理人员的信息披露义务和责任

发行人应当及时、公平地履行信息披露义务。发行人及其董事、监事、高级管理人员应当忠实、勤勉地履行信息披露职责，保证信息披露内容真实、准确、完整，不存在虚假记载、误导性陈述或重大遗漏。发行人还应当确保其向中介机构提供的与债券相关的所有资料真实、准确、完整。

发行人的董事、高级管理人员应当对债券发行文件签署书面确认意见。监事会应当对董事会编制的债券发行文件进行审核并提出书面审核意见。监事应当签署书面确认意见。发行人及其董事、监事、高级管理人员应在募集说明书中签署相关声明页，签章要求请参见本节"三、募集说明书"之"（二）募集说明书的内容与格式"。

董事、监事和高级管理人员无法保证债券发行文件内容的真实性、准确性、完整性或者有异议的，应当在书面确认意见中发表意见并陈述理由，发行人应当披露。发行人不予披露的，董事、监事和高级管理人员可以直接申请披露。发行人控股股东、实际控制人应当诚实守信、勤勉尽责，配合发行人履行信息披露义务。

此外，发行人应当建立信息披露事务管理制度。信息披露事务管理制度应当经发行人董事会或其他有权决策机构审议通过。发行人应当设置并披露信息披露事务负责人。信息披露事务负责人负责组织和协调债券信息披露相关工作，接受投资者问询，维护投资者关系。根据沪、深、北证券交易所公司债券上市规则和沪、深证券交易所非公开发行公司债券挂牌规则，公司债券信息披露事务负责人应当由发行人董事或高级管理人员担任。

（二）中介机构的信息披露义务和责任

为债券的发行提供中介服务的专业机构（包括但不限于债券承销机构、信用评级机构、会计师事务所、律师事务所、资产评估机构、受托管理人等）和人员，应当勤勉尽责，严格遵守相关法律法规、执业规范和自律规则，按规定和约定履行义务，对所出具的专业报告、专业意见以及其所披露的其他信息负责。

（1）主承销商、受托管理人应当按照规定和约定履行信息披露职责或义务，并督促发行人依照规定履行信息披露义务。此外，发行人的重要客户、供应商、大额资金往来对手方以及发行人控股股东、重要子公司等主体为上市公司或者其他公开披露信息主体的，主承销商应当对申报文件中上述主体相关重要信息与公开披露信息进行核查比对，存在不一致的，应当说明申报文件信息披露的准确性。

（2）会计师事务所应当严格执行注册会计师执业准则及相关规定，合理运用职业判断，通过设计和实施恰当的程序、方法和技术，获取充分、适当的证据，并在此基础上发表独立意见。

（3）信用评级机构应当按照规定和约定持续跟踪受评对象信用状况的变化情况，及时发布定期跟踪评级报告。跟踪评级期间，发生可能影响受评对象偿债能力的重大事项时，信用评级机构应当及时启动不定期跟踪评级程序，发布不定期跟踪评级报告。

（4）中介机构应当对发行人提供的文件资料内容的真实性、准确性、完整性进行必要的核查和验证。中介机构认为发行人提供的材料存在虚假记载、误导性陈述、重大遗漏或其他重大违法行为的，应当要求其补充、纠正。

（5）债券承销机构应当对债券募集说明书的真实性、准确性、完整性进行核查，确认不存在虚假记载、误导性陈述和重大遗漏。

信用评级机构、会计师事务所、律师事务所、资产评估机构等中介机构应当确认债券募集说明书所引用内容与其就本期债券发行出具的相关意见不存在矛盾，对所引用的内容无异议，并对所确认的债券募集说明书引用内容承担相应法律责任。

三、募集说明书

募集说明书是公司债券发行过程中重要的信息披露载体，是投资者作为价值判断和投资决策的基本依据，是发行人进行债券融资过程中核心的法律文件。关于公司债券申请文件清单，请参见本书"第二章 发行上市审核和重点关注事项"之"第二节 审核程序"；关于发行期间的备案文件和其他信息披露文件，请参见本书"第四章 公司债券发行承销与挂牌上市"之"第四节 发行与承销阶段信息披露"。

发行人作为信息披露的第一责任人，应以重要性原则为导向编制募集说明书，以发行人偿债能力为披露核心，为投资者作出价值判断和投资决策提供充分且必要的信息。信息披露事项涉及重要性水平判断的，发行人应以偿债能力为核心因素结合所属行业、自身业务、财务情况、资信状况、或有事项、关联交易、募集资金使用等不同事项，确定重要性水平的披露标准。

本部分以沪、深、北证券交易所对于公开发行公司债券信息披露要求作为基准并结合非公开发行公司债券信息披露的差异化要求，综合梳理募集说明书的信息披露要求。

（一）募集说明书编制的总体要求

根据《公司信用类债券信息披露管理办法》，募集说明书的编制应当遵循以下要求：

（1）使用通俗易懂的事实性描述语言，不得有祝贺性、广告性、恭维性或诋毁性的词句，并尽量以较为直观的方式准确披露企业及本期债券的情况；

（2）引用的信息应当有明确的时间范围和资料来源，应当有充分、客观、公正的依据；

（3）引用的数字应当采用阿拉伯数字，货币金额除特别说明外，应当指人民币金额，并注明金额单位；

（4）发行人可编制募集说明书外文译本，但应当保证中、外文本的一致性，并应当分别在中、外文本中声明，在对中、外文本的理解上发生歧义时，以中文文本为准。

此外，募集说明书摘要（如有）仅为向投资者提供有关本次发行的简要情况。募集说明书摘要内容应当忠实于募集说明书全文，不得与全文相矛盾。

（二）募集说明书的内容与格式

发行人应按照《公司信用类债券信息披露管理办法》以及《上交所审核指引

1号》《深交所审核指引1号》《北交所审核指引1号》等规定编制募集说明书。

同时，发行人应当按照《上海证券交易所公司债券发行上市审核规则适用指引第3号——审核重点关注事项》（简称《上交所审核指引3号》）、《深圳证券交易所公司债券发行上市审核业务指引第2号——审核重点关注事项》（简称《深交所审核指引2号》）、《北京证券交易所公司债券发行上市审核规则适用指引第3号——审核重点关注事项》（简称《北交所审核指引3号》）的要求合理制定公司债券申报发行方案，强化上述指引所列重点关注事项的针对性信息披露，便于投资者在信息充分的情况下作出投资决策。

沪、深、北证券交易所公司债券优质发行人可分别根据《上海证券交易所债券发行上市审核业务指南第5号——简明信息披露》（简称《上交所审核指南5号》）、《深圳证券交易所公司债券发行上市审核业务指南第3号——简明信息披露》（简称《深交所审核指南3号》）、《北京证券交易所公司债券发行上市审核业务指南第5号——简明信息披露》（简称《北交所审核指南5号》）的相关安排，按照重要性、针对性、简明通俗性原则，适当简化募集说明书部分章节信息披露。具体规定请参见下文"（三）募集说明书信息披露的其他重要事项"。

上述规定的信息披露要求是募集说明书信息披露的最低要求。凡对投资者作出价值判断和投资决策有重大影响的信息，均应披露。

此外，发行人应依据参考文本编制募集说明书，编制内容应符合法律法规、部门规章或其他规范性文件规定。参考文本的相关参考条款和要求，发行人在制定募集说明书时可根据自身实际情况进行选择适用或适应性调整。沪、深、北证券交易所制定的公司债券相关业务指南文件（参考文本）主要包括募集说明书参考文本、投资者权益保护参考文本和债券持有人会议规则参考文本。具体请参见表6-1。

表6-1　沪、深、北证券交易所公司债券业务指南（参考文本）

文本类别	证券交易所	文件名称
募集说明书参考文本	上海证券交易所	《上海证券交易所公司债券发行上市审核业务指南第1号——公开发行公司债券募集说明书编制（参考文本）》（简称《上交所审核指南1号》）
	深圳证券交易所	《深圳证券交易所公司债券发行上市审核业务指南第1号——募集说明书（参考文本）》（简称《深交所审核指南1号》）
	北京证券交易所	《北京证券交易所公司债券发行上市审核业务指南第1号——公开发行公司债券募集说明书编制（参考文本）》（简称《北交所审核指南1号》）

续表

文本类别	证券交易所	文件名称
投资者权益保护参考文本	上海证券交易所	《上海证券交易所公司债券发行上市审核业务指南第2号——投资者权益保护（参考文本）》（简称《上交所审核指南2号》）
	深圳证券交易所	《深圳证券交易所公司债券发行上市审核业务指南第2号——投资者权益保护（参考文本）》（简称《深交所审核指南2号》）
	北京证券交易所	《北京证券交易所公司债券发行上市审核业务指南第2号——投资者权益保护（参考文本）》（简称《北交所审核指南2号》）
债券持有人会议规则参考文本	上海证券交易所	《上海证券交易所公司债券存续期业务指南第1号——公司债券持有人会议规则（参考文本）》（简称《上交所存续期指南1号》）
	深圳证券交易所	《深圳证券交易所公司债券持有人会议规则编制指南（参考文本）》（简称《深交所持有人会议规则编制指南》）
	北京证券交易所	《北京证券交易所公司债券持有人会议规则编制指南（参考文本）》（简称《北交所持有人会议规则编制指南》）

1.募集说明书文本封面和扉页。

（1）募集说明书文本封面应当标有"××公司20××年面向【普通/专业】投资者【公开/非公开】发行【公司债券/企业债券/专项品种公司债券】募集说明书"字样。本次债券涉及分期发行的，发行阶段应当明确具体期数。募集说明书封面还应当载明发行人、主承销商、受托管理人的名称、信用评级机构名称及信用评级结果（如有）、增信情况（如有）等。此外，募集说明书封面还应披露文件签署日期。

（2）募集说明书扉页的信息披露要求如下。

①根据《公司信用类债券信息披露管理办法》，公司债券募集说明书扉页应体现如下内容：中国证券监督管理委员会、证券交易所对债券发行的注册或审核，并不代表对债券的投资价值作出任何评价，也不表明对债券的投资风险作出任何判断。凡欲认购本期债券的投资者，应当认真阅读本募集说明书全文及有关的信息披露文件，对信息披露的真实性、准确性和完整性进行独立分析，并据以独立判断投资价值，自行承担与其有关的任何投资风险。

发行人应当及时、公平地履行信息披露义务，发行人及其全体董事、监事、高级管理人员或履行同等职责的人员应当保证募集说明书信息披露的真实、准确、完整，不存在虚假记载、误导性陈述或重大遗漏。董事、监事、高级管理人员或履行同等职责的人员不能保证所披露的信息真实、准确、完整的，应当作出相应声明并说明理由。

投资者认购或持有本期债券视作同意募集说明书关于权利义务的约定，包括债券受托管理协议、债券持有人会议规则及债券募集说明书中其他有关发行人、债券持有人、债券受托管理人等主体权利义务的相关约定。发行人承诺根据法律法规和本募集说明书约定履行义务，接受投资者监督。

②根据《上交所审核指南1号》《深交所审核指南1号》《北交所审核指南1号》，公司债券募集说明书扉页还应体现如下内容：

主承销商已对募集说明书及其摘要（如有）进行了核查，确认不存在虚假记载、误导性陈述和重大遗漏，并对其真实性、准确性和完整性承担相应的法律责任。

③根据《深交所审核指南1号》，深交所公司债券募集说明书扉页还应体现如下内容：

发行人承诺在本次债券发行环节，不直接或者间接认购自己发行的债券。债券发行的利率或者价格应当以询价、协议定价等方式确定，发行人不会操纵发行定价、暗箱操作，不以代持、信托等方式谋取不正当利益或向其他相关利益主体输送利益，不直接或通过其他利益相关方向参与认购的投资者提供财务资助、变相返费，不出于利益交换的目的通过关联金融机构相互持有彼此发行的债券，不实施其他违反公平竞争、破坏市场秩序等行为。

发行人如有董事、监事、高级管理人员、持股比例超过5%的股东及其他关联方参与本次债券认购，发行人将在发行结果公告中就相关认购情况进行披露。

2.重大事项提示。

发行人应充分评估相关事项对投资者作出价值判断和投资决策的影响程度，对确有显著影响的事项进行重点提示。

发行人应当在募集说明书扉页中就可能对投资者作出投资决策或价值判断产生重大影响的重要约定条款和重要影响事项作"重大事项提示"，提醒投资者关注。

重要约定条款可参考下列条款：

（1）债券发行条款，以及涉及调整债券偿付期限或利率的含权条款的相关安排及其对投资者可能产生的影响；

（2）债券募集资金用途，以及债券存续期内变更募集资金用途的程序和信息披露义务；

（3）设置保证担保、抵押、质押等增信措施的，相关增信措施的具体安排；

（4）违约与争议解决条款；

（5）投资者保护条款；

（6）债券持有人会议规则、债券受托管理协议中可能对投资者权益产生重要影响的约定内容。

重要影响事项可参考下列事项：

（1）报告期内发行人发生重大资产重组；

（2）发行人控股股东或实际控制人可支配的发行人股权存在高比例质押、冻结或发生诉讼仲裁等事项，可能造成发行人股权结构不稳定；

（3）发行人报告期内短期债务占比显著上升或最近一期末有息债务构成以短期债务为主，或非标融资等高成本债务占比较高；

（4）发行人经营活动现金流量净额持续为负或下降趋势明显，发行人流动比率、速动比率及其他偿债能力指标较弱或下降趋势明显；

（5）发行人对外担保金额占发行人净资产比例较大，或发行人主要资产已被抵押、质押或被查封、扣押、冻结等存在权利受到限制的其他情况；

（6）资信评级机构对公司债券进行信用评级的，资信评级机构、债券资信等级、评级报告中揭示的主要风险及跟踪评级安排；

（7）审计报告意见为带强调事项段无保留意见或保留意见的，带强调事项段或保留意见所涉及事项对发行条件和偿债能力的影响，以及对发行人募集说明书及其他信息披露文件的真实性、准确性、完整性的影响；

（8）发行人重大不良信用记录、行政处罚或重大未决诉讼事项、仲裁事项；

（9）其他需要提醒投资者关注的事项。

3.风险提示及说明。

发行人应遵循重要性原则，按顺序披露可能直接或间接对其生产经营状况、财务状况和债务偿付能力产生重大不利影响的因素，特别是发行人在业务、市场营销、技术、财务、行业环境、发展前景、融资渠道等方面存在的困难、障碍及或有损失。相关风险因素在最近一个会计报告期内已造成损失的，应予以清晰表述。经评估后认为相关事项影响不显著或相关风险发生可能性较小的，无须提示。

发行人应当针对自身的实际情况，充分、准确、具体地描述相关风险因素，并对所披露的风险因素做定量分析，无法进行定量分析的，应当进行有针对性的定性描述。

发行人应当披露的风险包括但不限于：本次债券的投资风险，包括利率风险、流动性风险、偿付风险、本期债券安排所特有的风险等；发行人的相关风险，包括财务风险、经营风险、管理风险、政策风险等。此外，发行人申请发行专项品种公司债券的，应当结合产品特点披露产品特有风险。

发行人如披露风险的应对对策，主要应当披露发行人针对风险已经采取的具体措施。发行人不得对尚未采取的措施进行任何描述。

由于公开发行公司债券和非公开发行公司债券在证券交易所的交易方式不同，发行人还应在募集说明书风险提示及说明章节披露不同的债券流动性风险，参考文本如表6-2所示。

表6-2　　　　　投资风险中流动性风险的参考文本差异

公开发行公司债券	非公开发行公司债券
由于本次债券具体交易流通的审批事宜需要在本次债券发行结束后进行，发行人将在本次债券发行结束后及时向证券交易所办理上市交易流通事宜，但发行人无法保证本次债券上市交易的申请一定能够获得交易所的同意，亦无法保证本次债券会在债券二级市场有活跃的交易。如果交易所不同意本次债券上市交易的申请，或本次债券上市后在债券二级市场的交易不够活跃，投资者将可能面临流动性风险	本次债券面向专业投资者非公开发行。发行人将在本次发行结束后向证券交易所提出关于本次债券挂牌转让的申请。鉴于债券的交易活跃程度受到宏观经济环境、投资者分布、投资者交易意愿等因素的影响，发行人无法保证本次债券会在债券二级市场有活跃的交易流通，由此可能产生由于无法及时完成交易带来的流动性风险

4.发行条款。

发行人应当详细披露债券的基本信息，包括但不限于：债券名称，企业全称，注册或备案文件，发行金额、期限、面值，发行价格或利率确定方式，募集资金用途，发行方式、发行对象，承销方式，发行日期、起息日期、兑付价格、兑付方式、兑付日期，偿付顺序，信用评级机构及信用评级结果（如有），赎回条款或回售条款（如有）、可交换为股票条款（如有），增信情况（如有），质押式回购安排（如有）等。债券发行、登记托管结算及上市流通安排，包括但不限于簿记建档、招标（如有）、分销、缴款、结算等。

发行人设置债券特殊发行条款的，需按照上市或挂牌证券交易所制定的公司债券投资者权益保护相关业务指南文件要求在募集说明书发行条款章节进行披露。目前常见的债券特殊发行条款包括票面利率调整选择权、投资者回售选择权、赎回选择权、分期偿还、债券置换、债券购回以及投资者债券转股权等。

关于专项品种公司债券发行条款信息披露的特殊要求，请见本书"第二章发行上市审核和重点关注事项"。

5. 募集资金运用。

发行人应当合理、审慎确定募集资金规模和用途，并披露募集资金使用合规性、使用主体、使用金额等使用安排及使用管理制度安排等。发行公司债券募集资金可用于偿还到期债务、补充流动资金、项目建设及运营、股权投资、设立或者认购基金份额等。

（1）偿还或置换到期债务。公司债券募集资金偿还或置换到期债务的，发行人需在募集说明书中披露拟偿还或置换有息债务（含存量公司债券）的明细。特别注意的是如果募集资金限定用于偿还或者置换公司债券的，发行人原则上应当在相应债券到期或者回售前6个月内，至到期或者回售后3个月内发行新的债券。拟偿还或者置换回售公司债券的，债券发行备案前相应债券回售撤销期原则上应已届满。

（2）补充流动资金。公司债券募集资金补充流动资金的，发行人需在募集说明书中披露公司债券补充的流动资金不用于新股配售、申购，或用于股票及其衍生品种、可转换公司债券等的交易及其他非生产性支出。此外，发行人应披露拟补充流动资金的业务板块，并测算规模合理性。

（3）固定资产投资项目（简称"募投项目"）的建设和运营。

①公司债券募集资金用于募投项目建设和运营的，发行人需在募集说明书披露拟投向募投项目的实施主体、发行人持股比例、项目总投资、项目资金来源构成、募集资金使用金额、占项目总投资比例、占募集资金总额比例。

②发行人需披露募投项目的建设背景，并结合当地经济发展情况、人口发展、产业发展等情况论证募投项目建设的必要性、经济效益和社会效益。

③发行人需对于募投项目是否符合国家宏观调控政策、产业政策和固定资产管理法规制度有关规定作出明确信息披露。同时，发行人需对于募投项目已取得的合法性文件进行信息披露。如未取得，应当披露未取得的原因及其对项目建设和公司债券募集资金使用合规性的影响。

④发行人需披露募投项目的收入分析、成本分析以及收益分析。其中，募投项目收入来源包含财政补贴的，应当披露财政补贴的金额、占比、程序和内容；募投项目采用政府指导定价的，应当披露政府定价依据；募投项目采用市场化定价的，应当披露可比价格并合理测算项目收益。此外，发行人应对披露债券存续期内募投项目净收益对项目建设部分公司债券利息的覆盖情况。债券存续期内经营性净收益不能覆盖用于项目建设部分的债券本息的，发行人应当进一步合理测算债券本息偿还资金缺口来源及相关安排。

⑤债券募集资金用于偿还项目对应有息债务的,除需披露有关项目的基本情况外,还应披露拟偿还有息债务的具体情况,具体可参考前文"(1)偿还或置换到期债务"的信息披露要求。

(4)股权投资。公司债券募集资金用于股权投资或者资产收购的,发行人应当披露拟投资标的、拟收购资产的基本情况等。

(5)基金投资。公司债券募集资金用于基金投资的,应当符合《关于规范金融机构资产管理业务的指导意见》等相关规定,投资于服务国家产业政策、支持实体经济发展的创业投资基金或政府出资产业投资基金,披露基金设立情况、运营情况及退出方式等。实操中,拟出资的基金需在公司债券发行备案前完成在中国证券投资基金业协会的备案工作,并在募集说明书中披露对应的备案编号。

(6)募集资金的现金管理和临时补充流动资金。

①发行人可在募集说明书披露募集资金现金管理的相关条款。在不影响募集资金使用计划正常进行的情况下,经发行人公司董事会或者内设有权机构批准,发行人可将暂时闲置的募集资金进行现金管理,投资于安全性高、流动性好的产品,如国债、政策性银行金融债、地方政府债、交易所债券逆回购等。

②发行人可在募集说明书披露临时补充流动资金的相关条款。在不影响募集资金使用计划并履行财务管理制度履行内部决策程序的前提下,发行人可将债券募集资金用于临时补充流动资金(单次补充流动资金最长不超过12个月)。约定临时补流条款的,发行人应当在募集说明书中明确约定临时补流的使用期限、回收机制、决策程序。募集说明书未明确约定的,发行人不得将募集资金用于临时补流。

实操中部分发行人在临时补流后未在约定时间内将资金返还募集资金专户,导致了违规情形的发生,需特别关注募集说明书临时补流使用期限和回收机制的约定安排。

(7)募集资金使用计划调整的授权、决策和风险控制措施。发行人应当在募集说明书中披露募集资金使用计划调整的授权、决策和风险控制措施。

表6-3列示了公开发行公司债券和非公开发行公司债券关于募集资金使用计划发生调整的信息披露参考文本。

表6-3　　　　　　　　　关于募集资金使用计划调整的对比

公开发行公司债券	非公开发行公司债券
本次债券存续期内，根据生产经营和资金使用计划需要，募集资金使用计划可能发生调整，发行人应履行有权机关_____内部决策程序，经债券持有人会议审议通过，并及时进行信息披露，变更后的募集资金用途依然符合相关规则关于募集资金使用的规定	本次债券存续期内，根据生产经营和资金使用计划需要，募集资金使用计划可能发生调整。发行人调整用于补充流动资金和偿还债务的具体金额，或者将用于募投项目的闲置资金用于临时补充流动资金的，调整金额在募集资金总额××%或××万元以下的，应履行_____内部程序并及时进行临时信息披露。调整金额高于募集资金总额××%或××万元，或者可能对债券持有人权益产生重大影响的（提示：明确需经过持有人会议审议的具体情形），应履行_____内部程序，经债券持有人会议审议通过，并及时进行信息披露，变更后的募集资金用途依然符合相关规则关于募集资金使用的规定

（8）本次债券募集资金专项账户管理安排。发行人应当披露本次债券募集资金专项账户管理安排情况。发行人资金因所属集团设置财务公司等原因受到集中归集、统一管理的，发行人应披露资金归集及支取的具体安排、相关安排对其自由支配自有资金能力以及自身偿债能力的影响等。

（9）募集资金运用对发行人财务状况的影响。发行人应披露募集资金运用对发行人财务状况的影响情况，包括对发行人负债结构的影响和对于发行人偿债能力的影响。可参考文本如下。

以××年××月××日发行人财务数据为基准，本次债券发行完成且根据上述募集资金运用计划予以执行后，将引起发行人资产负债结构的变化。发行人的资产负债结构在以下假设基础上发生变动：

①相关财务数据模拟调整的基准日为20××年××月××日；

②假设不考虑融资过程中产生的需由发行人承担的相关费用，本次债券募集资金净额为××亿元；

③假设本次债券募集资金净额××亿元全部计入20××年××月××日的资产负债表；

④假设本次债券募集资金的用途为××亿元全部用于××；

⑤假设公司债券发行在20××年××月××日完成。

基于上述假设，本次发行对发行人合并报表财务结构的影响见表6-4：

表6-4　　　　关于本次发行对发行人合并报表财务结构的影响　　（单位：万元）

项目	20××年××月××日	本次债券发行后（模拟）	模拟变动额
流动资产			
非流动资产			
资产合计			
流动负债			
非流动负债			
负债合计			
资产负债率			
流动比率			

（10）关于前次公司债券的发行情况和募集资金使用情况。发行人再次申请发行公司债券的，应当在募集说明书中披露前一次发行公司债券募集资金使用的下列情况：①募集资金总额、实际使用金额与募集资金余额；②募集资金专户运作情况；③募集资金约定用途、用途变更调整情况与实际用途；④募集资金违规使用及其整改情况。

（11）公司债券募集资金使用承诺。结合募集资金使用计划，发行人在募集说明书需披露募集资金使用承诺。常见的公司债券募集资金使用承诺如下。

①发行人将严格按照募集说明书约定的用途使用本次债券的募集资金，不用于弥补亏损和非生产性支出。

②如在存续期间变更募集资金用途，发行人将履行相关程序并及时披露有关信息。

③城市建设企业[①]应当承诺本次发行符合地方政府性债务管理的相关规定，承诺所偿还的存量债务不涉及地方政府隐性债务。

④房地产企业应当承诺本次公司债券募集资金不用于购置土地。

⑤公司债券募集资金用于固定资产投资项目的，发行人应在募集说明书中承诺募投项目债券存续期内所产生收入优先用于偿还债券本息。

⑥公司债券募集资金用于符合规定的支持保障性住房或城中村改造或"平急两用"公共基础设施等领域募投项目的，发行人应当承诺并核查募集资金不用于

---

① 城市建设企业是指主营业务主要为市政基础设施项目建设与运营、土地一级开发等业务的地方国有企业。

缴纳土地出让金。

（12）其他规定。发行人属于知名成熟发行人或者不存在其募集资金用途需受限定情形的，募集资金可以约定用于发行人生产性支出，无须按照规定在募集说明书中约定募集资金的具体用途类别规模。报告期内及期后存在违规使用募集资金情形的或者法律法规、证券交易所业务规则另有规定的除外。

关于专项品种公司债券募集资金运用信息披露的特殊要求，请见本书"第二章 发行上市审核和重点关注事项"。

6.发行人基本情况。

发行人应当根据企业自身特点，结合相关事项对投资者作出价值判断或投资决策的影响程度，有针对性、详略适当地披露发行人基本情况。发行人基本情况章节的披露内容主要包括：发行人基本情况、历史沿革及重大资产重组情况、股权结构、重要权益投资情况、治理结构等情况、董事、监事、高级管理人员情况、主营业务情况、其他与发行人主体相关的重要情况。

（1）发行人基本情况。发行人应当简要披露其基本情况，包括但不限于注册名称、法定代表人、注册资本、实缴资本、设立（工商注册）日期、统一社会信用代码、住所、邮政编码、电话、传真号码、信息披露事务负责人名称、职位、联系方式、所属行业、经营范围等。

其中，所属行业的认定标准，参照适用《中国上市公司协会上市公司行业统计分类指引》的规定。

（2）发行人的历史沿革及重大资产重组情况。发行人应当以主要实体的承继关系为主线，简要披露发行人设立、历史沿革、经历的改制重组情况及股本结构的历次变动情况；披露历史上改制、重大增减资、合并、分立、破产重整及更名等代表发行人阶段性进程的重要事件。

报告期内发行人发生重大资产重组的，发行人应披露包括但不限于相关事项的主要内容，发生时间，交易对手方，该事项对发行人经营状况、财务情况和偿债能力的影响，重大资产重组所涉及的资产评估情况（如有）等。发行人拟实施重大资产重组的（已公布或已有明确的重大资产重组方案），发行人应结合重组方案，披露该重组事项对发行人生产经营、偿债能力的影响。重大资产重组的认定标准，参照适用《上市公司重大资产重组管理办法》的规定。

（3）发行人的股权结构。发行人应当披露控股股东和实际控制人的基本情况及持股比例。实际控制人应当披露到国有控股主体或自然人为止。

若发行人控股股东或实际控制人为自然人，应当披露其姓名、简要背景及所持有的企业股份被质押的情况，同时披露该自然人对其他企业的主要投资情况、与其他主要股东的关系。

若发行人控股股东或实际控制人为法人，应当披露该法人的名称、成立日期、注册资本、主要业务、资产规模及所持有的企业股份被质押情况等。

对于注册地在境外、主要经营活动在境内的企业，其境内注册企业申请发行公司债券的，发行人应当充分披露境内外企业股权架构及特殊安排（如有）、管理架构等治理情况、报告期内有息债务规模和结构变动情况、分红政策及报告期内实际分红等情况，并承诺不得有损害境内投资者合法权益的特殊安排和行为。

（4）发行人的重要权益投资情况。发行人应当披露对其他企业的重要权益投资情况，包括重要子公司以及其他有重要影响的参股公司、合营企业和联营企业等。此外，发行人应当披露上述企业的基本情况、主营业务、近一年的主要财务数据（包括资产、负债、所有者权益、收入、净利润等）及其重大增减变动的情况及原因。根据《公司债券主承销商尽职调查指引》，重要子公司，通常指最近一年末经审计的总资产、净资产或营业收入任一项指标占合并报表相关指标超过30%或对发行人偿债、经营能力影响较大的子公司，可根据实际情况加以判断；重要参股公司、合营企业和联营企业，通常指最近一年末发行人持有的参股公司、合营企业和联营企业账面价值占发行人总资产比例超过10%的，或获得的投资收益占发行人当年实现的营业收入超过10%的。

对于发行人持股比例未达50%但纳入合并报表范围的公司以及持股比例大于50%但未纳入合并范围的公司，应当披露原因。

投资控股型发行人经营成果主要来自子公司的，应当结合母公司单体资产受限、资金拆借、有息债务、对核心子公司控制力、股权质押、子公司分红政策、报告期内实际分红等情况披露投资控股型架构对自身偿债能力的影响。投资控股型发行人关于财务情况的特别信息披露要求，请参见下文"7.发行人主要财务情况"之"（2）发行人财务会计信息及主要财务指标"。

（5）发行人的治理结构等情况。发行人应当简要披露治理结构、组织机构设置及运行情况，财务管理、关联交易等内部管理制度的建立及运行情况。发行人应当披露与控股股东、实际控制人之间在资产、人员、机构、财务、业务经营等方面的相互独立情况。

（6）发行人的董事、监事、高级管理人员情况。发行人应当列表披露现任董事、监事、高级管理人员的基本情况，至少包括姓名、现任职务及任期（如有）

等，并对董事、监事、高级管理人员设置是否符合《公司法》等相关法律法规及公司章程要求进行说明。

发行人董事、监事、高级管理人员涉嫌重大违纪违法的，发行人应当充分说明并披露相关事项。

报告期内发行人董事、高级管理人员变动频繁或者变动比例较大的，发行人应当披露变动原因及其对自身组织机构运行的影响。

（7）发行人主营业务情况。发行人应当披露收入占近一年或近一期主营业务收入或毛利润比重较高的主要业务板块（一般为占比10%以上的业务板块）运营情况，信息披露内容包括但不限于报告期各期营业收入、经营模式、上下游产业链情况、产销区域、关键技术工艺以及能说明其行业地位和经营优势的行业关键指标数据，并说明相关数据来源。报告期各期营业收入、毛利润及毛利率等有关指标发生大幅波动的，应当披露变动原因并分析其影响。

主要业务板块涉及项目建设的，发行人应当披露主要在建项目的具体情况，包括但不限于项目名称、总投资金额、资本金构成及到位情况、已投资金额、建设周期、建设进度及未来投资计划等。发行人应当披露报告期内已完工项目的具体情况，包括但不限于项目名称、总投资金额、收入确认情况、回款情况、未来收入确认、回款安排及回款对手方，对于已完工尚未结算的，还应当说明原因以及未来收入确认安排。如有拟建项目的，可简要披露项目名称、总投资金额、投资进度及未来投资计划等。

实操中，沪、深、北证券交易所对于城市建设企业和住宅地产企业主营业务情况的信息披露要求基本一致。根据《上交所审核指引1号》，城市建设企业和住宅地产企业相关信息披露要求见表6-5和表6-6。关于城市建设企业和住宅地产企业申请发行公司债券的特殊要求，请参见本书"第二章　发行上市审核和重点关注事项"。

表6-5　关于城市建设企业主营业务的特定信息披露要求

企业类型	业务板块	特定信息披露要求
城市建设企业	市政基础设施建设和土地开发整理板块	发行人应当披露运营模式，包括但不限于业务合法合规性依据、政府授权或委托文件（如有）、运营主体、盈利模式、收入定价方式及收回期限，包括但不限于收入基数确认原则、利润率、支付期限及过往支付进度；土地一级开发业务请披露收入返还模式或固定收益率、过往支付进度等

续表

企业类型	业务板块	特定信息披露要求
城市建设企业	公用事业板块①	发行人应当披露运营模式和经营情况，包括但不限于经营合法合规性依据、相关部门授权、运营年限、收费定价依据、收费标准、主要经营资产情况、该资产产权模式（自有、租赁、委托运营，租赁需披露租赁费用情况，委托运营需披露期限和委托模式）、政府补贴情况（补贴金额、相关文件支持、补贴标准）、主要运营指标（行业可比指标）、成本构成及支出情况、结算方式（是否需要相关政府部门代为收取后支付）、结算回款周期

表6-6 关于住宅地产企业主营业务的特定信息披露要求

企业类型	分类情况	特定信息披露要求
住宅地产企业	对于评价结果为"正常类"的发行人	发行人应在募集说明书中强化行业相关信息披露，对行业宏观影响因素、市场环境状况、公司自身商业模式及经营情况、业务所在区域等进行有针对性的分析披露
		发行人应在募集说明书中披露报告期内的拿地情况，包括但不限于地块名称、地块所在地、土地面积、取得时间、出让金额、截至最近一期已交出让金、后续出让金缴纳计划及资金来源、拟建项目类别等
		发行人应在募集说明书中说明报告期内公司及其房地产行业子公司是否存在闲置土地和炒地、捂盘惜售、哄抬房价等违法违规行为，是否存在被行政处罚或调查的情况及相应的整改措施和整改效果
	对于评价结果为"关注类"的发行人②	发行人应结合报告期内业务规模、营业收入、现金流等因素，量化分析偿债资金来源、偿债安排的可行性，并细化偿债安排。偿债安排测算涉及现金流预测的，应提供明细及预测依据
		若发行人房地产业务（非一、二线城市）占比超过50%的，发行人应当披露主要业务所在地房地产市场供求、价格变动及去库存化情况等，结合上述情况披露发行人的业务经营情况和所面临的主要竞争状况，并就相关风险因素在募集说明书中作风险提示和重大事项提示

此外，根据《上交所审核指引3号》《深交所审核指引2号》《北交所审核指引

---

① 公用事业类业务指发行人主要经营资产属于城市公用基础设施，或者主要用于向城市居民提供公共服务，并且以市场化运营的情况，包括但不限于供水、供气、道路管养等业务。

② 对于评价结果为"关注类"发行人，发行人需按照"正常类"相关要求进行披露并补充额外披露。

3号》，新增开展贸易业务或者贸易业务占比较高的发行人以及主营业务较为多元分散的发行人应当分别关注以下情形和披露要求。

报告期内新增开展贸易业务，或者贸易业务报告期内平均或最近一年营业收入占比达到30%的，发行人应当充分披露下列事项。①主要客户和供应商情况，主要客户和供应商存在重复、互为关联方或其他异常情形的，说明原因及合理性；②结合发行人在贸易业务中承担的权利义务关系以及货物风险转移情况等，说明会计核算方法及其合理性；③结合发行人开展贸易业务的具体经营模式、发行人在贸易业务中承担的职责、具备的经营基础或优势等，说明发行人开展贸易业务的商业合理性及必要性。

主营业务较为多元分散，最近一年不存在营业收入和毛利润比重均超过30%的业务板块的，发行人应当结合业务开展情况，说明各业务板块协同性、对各业务板块实际控制情况，以及多元化经营对于盈利可持续性、偿债能力的影响。

（8）发行人所在行业状况、行业地位及面临的主要竞争状况。发行人应当披露所在行业状况、行业地位、面临的主要竞争状况、经营方针及战略以及能说明其行业地位和经营优势的行业关键指标数据，并说明相关数据来源。

（9）其他与发行人主体相关的重要情况。报告期内发行人、发行人控股股东或实际控制人存在下列重大负面舆情或被媒体质疑事项的，应披露其对发行人偿债能力的影响，包括但不限于：①频繁受到监管关注或问询；②面临大额诉讼或频繁涉诉；③存在被媒体质疑的重大事项；④发行人及相关人员存在多次行贿、巨额行贿或向多人行贿等情形。

报告期内发行人存在因违反相关法律法规而受到有关主管部门重大行政处罚的，应披露违法违规和受处罚情况，以及对本次发行的影响。

7.发行人主要财务情况。

发行人主要财务情况章节的披露内容主要包括：发行人财务报告总体情况、发行人财务会计信息及主要财务指标、发行人财务状况分析。对于公开发行公司债券，发行人应当披露近三年一期的财务数据；对于非公开发行公司债券，发行人应当披露近两年一期的财务数据。以下以公开发行公司债券项目信息披露要求为例，非公开发行公司债券项目应按照两年一期的报告期参照执行。

（1）发行人财务报告总体情况。

①发行人应当披露近三年经审计的财务报告及近一期财务报表的编制基础、重大会计政策变更（如有）、会计估计变更（如有）、会计差错更正（如有）、审计情况、合并财务报表范围变化情况。其中，发行人近三年及一期合并财务报表范围发

生重大变化的，还应当披露合并财务报表范围的具体变化情况、变化原因及其影响。

募集说明书引用的财务报表在其最近一期截止后6个月内有效。特别情况下发行人可申请适当延长，延长时间最多不超过1个月，中国证监会或者证券交易所另有规定的除外。关于财务报表有效期的其他要求，请见本部分"（三）募集说明书信息披露的其他重要事项"。

②发行人报告期内更换会计师事务所的，应当披露更换会计师事务所的理由，变更前后会计政策和会计估计是否存在重大变化。发行人报告期内两次更换会计师事务所的，还应当对报告期内采取的会计政策、会计估计以及重大会计事项处理是否审慎进行说明。

③审计报告为带强调事项段无保留意见或保留意见的，发行人应当披露董事会或有权机构关于带强调事项段或保留意见段所涉及事项处理情况的说明。

④报告期内发行人合并财务报表范围发生重大变化的（除新设子公司外），应当披露合并财务报表范围的具体变化情况、变化原因及其影响。

（2）发行人财务会计信息及主要财务指标。

①发行人应当披露近三年及近一期财务会计信息及主要财务指标。财务会计信息包括但不限于资产负债表、利润表及现金流量表。发行人编制合并财务报表的，应当同时披露合并财务报表和母公司财务报表。财务指标包括但不限于偿债能力指标、盈利能力指标、运营效率指标。发行人对可能影响投资者理解企业财务状况、经营业绩和现金流量情况等信息，应当加以说明。

②最近三年内发生重大资产重组的发行人，如重组前一年在报告期内，应当披露重组前一年的备考财务报表和备考报表的编制基础，并于募集说明书中明确相关财务数据及分析的数据来源（实际数据或模拟数据）。

③投资控股型发行人主要资产和业务集中于下属上市公司的，还应披露剔除上市公司后的财务报表、主要财务指标、重要报表科目及变动情况等。

（3）发行人财务状况分析。

①发行人应当对近一年及近一期占总资产10%以上的资产类报表项目、占总负债10%以上的负债类报表项目以及变化幅度在30%以上的报表项目分析变动情况及变动原因。

②发行人报告期内以评估价值入账的资产（如土地、投资性房地产等）对发行人财务状况/经营成果有重大影响的，发行人应披露资产评估值的变化情况及对经营成果的影响。资产评估值增减变化幅度较大的，发行人应当分析原因。

③发行人存在特殊会计处理，可能影响本次债券发行条件或对投资者投资决

策影响较大的，应当分析相关会计处理的依据及合理性。例如，高速公路、地铁线路等相关资产折旧政策较为特殊的，发行人应当披露相关资产的折旧政策是否符合《企业会计准则》的规定。

④根据《上交所审核指引3号》《深交所审核指引2号》《北交所审核指引3号》，存在下列情形的发行人应当在募集说明书相关章节中补充针对性信息披露、风险提示、重大事项提示等，具体参见表6-7。

表6-7　　　关于发行人财务情况存在审核重点关注事项情形的信息披露要求

涉及的财务报表	审核重点关注事项的情形	信息披露要求
资产负债表	除金融机构（含融资租赁等类金融机构）和适用优化审核安排的发行人外，其他发行人非经营性往来占款和资金拆借余额超过最近一年末经审计总资产3%的	发行人应充分披露下列事项，并作风险提示或重大事项提示： （一）非经营性往来占款和资金拆借的决策权限、决策程序和定价机制 （二）非经营性往来占款和资金拆借的前五名债务方及其与发行人是否存在关联关系。关联方往来参照《企业会计准则第36号——关联方披露》的相关要求认定 （三）发行人与前5名债务方形成非经营性往来占款和资金拆借的原因、回款相关安排、报告期内的回款情况 （四）明确披露债券存续期内是否新增非经营性往来占款和资金拆借事项。如有，应进一步披露相关事项应履行的决策程序和持续信息披露安排
	除金融机构（含融资租赁等类金融机构）和适用优化审核安排的发行人外，其他发行人非经营性往来占款和资金拆借余额超过最近一年末经审计总资产5%的	发行人应在募集说明书中承诺债券存续期内原则上不新增非经营性往来占款和资金拆借余额
	除金融机构（含融资租赁等类金融机构）和适用优化审核安排的发行人外，其他发行人非经营性往来占款和资金拆借余额超过最近一年末经审计总资产10%的	发行人应审慎确定公司债券申报方案，且应进一步披露主要债务方信用资质情况、偿还安排以及资金拆借必要性和合理性，并说明对发行人偿债能力的影响
	发行人非流动资产占总资产的比例显著高于同行业可比企业的	发行人应结合业务情况、行业特征等披露形成上述资产结构的原因，并加强对资产变现能力的针对性信息披露

续表1

涉及的财务报表	审核重点关注事项的情形	信息披露要求
资产负债表	发行人最近一期末商誉账面价值超过总资产30%的	发行人应充分披露商誉的形成原因、形成的商誉金额的确定方法及合理性、报告期内增减变动情况、商誉减值准备计提情况以及减值测试过程与方法。存在商誉减值风险的，发行人应在募集说明书中作风险提示和重大事项提示
	发行人非流动资产占总资产的比例显著高于同行业可比企业的	发行人应结合业务情况、行业特征等披露形成上述资产结构的原因，并加强对资产变现能力的针对性信息披露。
	除金融机构（含融资租赁等类金融机构）和适用优化审核安排的发行人外，发行人最近一年末存货及应收类款项（包括但不限于应收账款、其他应收款、长期应收款等）占总资产的比例高于70%的	发行人应当结合存货周转情况、应收款项回收安排、行业特征等披露存货及应收类款项占比较高的原因、合理性及对偿债能力的影响。
	发行人属于主营业务涉及市政基础设施建设、土地开发整理、公益性住房建设等业务的地方国有企业	发行人应充分披露报告期内总资产构成中，拟开发土地、待结算的基础设施代建项目、应收和预付地方政府或与政府相关联的企事业单位款项的金额和占比。
利润表	发行人报告期内存在净利润持续为负，营业收入、净利润持续下滑或大幅波动，毛利率波动较大或与同行业可比企业存在较大差异等情形的	发行人应结合业务开展情况披露具体原因、盈利可持续性及其对自身偿债能力的影响
	发行人报告期内存在净利润较为依赖大额资产处置收益，尤其扣除处置收益后不满足发行条件，或盈利较为依赖股票二级市场投资收益、投资性房地产增值等非经常性损益等情形的	发行人应充分披露形成非经常性损益的具体事项及其对盈利能力稳定性的影响涉及资产处置交易事项的，发行人应充分披露相关交易背景、相关交易协议签署、定价依据及交易价格合理性等情况以及自身盈利能力可持续性
	发行人属于主营业务涉及市政基础设施建设、土地开发整理、公益性住房建设等业务的地方国有企业	发行人应充分披露以下事项。①报告期内主营业务收入中市政基础设施建设和土地开发整理、公益性住房建设等业务收入的金额和占比，及贸易业务和来自上市公司子公司的收入金额和占比；②报告期内净利润构成中地方政府补贴的金额和占比。

续表2

涉及的财务报表	审核重点关注事项的情形	信息披露要求
现金流量表	发行人报告期内现金及现金等价物净增加额持续大额为负，或现金流量结构特征显著异于同行业可比企业的	发行人应披露具体原因及合理性，并作风险提示。对发行人偿债能力影响较大的，发行人应量化分析本次债券偿付资金来源，细化偿债安排，并充分说明偿债安排的可行性
	发行人报告期内经营活动现金流缺乏可持续性的	发行人应加强针对性信息披露并作风险提示。发行人应结合行业特征、具体业务板块经营情况等披露产生相关情形的原因、合理性及其对自身偿债能力的影响，量化分析偿债资金来源，并充分说明偿债安排的可行性
	发行人报告期内购建固定资产、无形资产和其他长期资产支付的现金或投资所支付的现金金额较大的	发行人应披露主要投资活动现金流出的具体投向、预计收益实现方式及回收周期，说明相关投资对发行人本次债券偿付能力的影响
	发行人报告期内筹资活动现金流量净额持续大额为负或大幅波动，或筹资渠道发生较大变化的	发行人应披露变动情况、变动原因及其对自身偿债能力的影响

此外，发行人最近一年末来自所属地方政府的政府性应收款占扣除重点关注资产后的净资产比例高于30%的，应当披露具体原因及合理性、报告期内回款情况、后续回款安排、回款安排的可行性及对偿债能力的影响。

房地产企业申报发行公司债券，发行人存在扣除合同负债后资产负债率较高、净负债率较高或现金对短期债务覆盖程度较低情形的，应结合报告期内经营情况、财务状况细化本次债券的偿付安排，制定切实可行的偿债保障措施。

⑤通常情况下发行人应当披露最近一期末有息债务的总余额、债务类型及期限结构等情况。相关数据与财务报表存在差异的，应在募集说明书中披露原因。

发行人存在报告期内有息债务增长较快、资产负债率较高、有息债务结构发生大幅变化等情形的，应当披露变动情况、变动原因及对偿债能力的影响。

发行人有息债务的余额和类型的披露格式如表6-8、表6-9所示。

表6-8　　　　　　　上海证券交易所和北京证券交易所关于
　　　　　　　　　有息债务余额和类型的披露格式

项目	一年以内（含1年）		20××年×-×月		20××年		20××年	
	金额	占比	金额	占比	金额	占比	金额	占比
银行贷款								
其中：担保贷款								
其中：政策性银行								
国有六大行								
股份制银行								
地方城商行								
地方农商行								
其他银行								
债券融资								
其中：公司债券								
企业债券								
债务融资工具								
非标融资								
其中：信托融资								
融资租赁								
保险融资计划								
区域股权市场融资								
其他融资								
其中：请按企业实际情况列举具体构成								
地方专项债券转贷等								
合计								

表6-9　　深圳证券交易所关于有息债务余额和类型的披露格式

项目	金额	占比
银行借款		
公司债券		
债务融资工具		
企业债券		

续表

项目	金额	占比
信托借款		
融资租赁		
境外债券		
债权融资计划、除信托外的资管融资等		
其他有息负债		
合计		

根据《上交所审核指引3号》《深交所审核指引2号》《北交所审核指引3号》，表6-10列示了常见的关于发行人报告期内有息债务存在审核重点关注事项情形的信息披露要求。

表6-10　关于发行人有息债务存在审核重点关注事项情形的信息披露要求

审核重点关注事项的情形	信息披露要求
发行人报告期内存在银行借款余额被动大幅减少、银行授信大幅下降情形、剩余可使用授信额度较少等	发行人应当披露报告期各期末有息债务结构、变动情况、变动原因及对公司偿债能力的影响
除金融机构（含融资租赁等类金融机构）和适用优化审核安排的发行人外，其他发行人报告期内存在有息负债余额年均增长率超过30%、最近一年末资产负债率超过行业平均水平且速动比率小于1的情形，或最近一年末资产负债率、有息负债与净资产比例均超出行业平均水平30%的情形	发行人应当披露报告期各期末全口径有息债务情况、报告期内有息债务增长幅度较大的原因，以及相关财务指标显著高于行业平均水平的原因
发行人存在"存贷双高"等财务指标明显异常、财务信息不透明特征的情形	发行人应当详细说明相关财务指标异常的具体原因和合理性
上交所和北交所：除证券公司和适用优化审核安排的发行人外，其他发行人存在下列情形之一：①报告期内短期债务占比显著上升或最近一期末有息债务构成以短期债务为主的情形；②最近一期末短期债券余额占全部债券余额比例显著高于同行业可比企业，且报告期内短期债券余额呈大幅增长趋势的情形	上交所和北交所：发行人应当披露具体原因及合理性、资金运营内控制度、资金管理运营模式和短期资金调度应急预案方案，量化说明本次债券的偿付资金来源，制定切实可行的偿债保障措施
深交所：发行人存在报告期内短期债务占比显著上升或者最近一期末有息债务构成以短期债务为主的情形	深交所：发行人应当披露具体原因和合理性，量化说明短期债务和本次债券的偿付资金来源，制定切实可行的偿债保障措施

续表

审核重点关注事项的情形	信息披露要求
深交所：除证券公司和适用优化审核安排的发行人外，其他发行人存在最近一期末发行人短期债券余额占全部债券余额比例显著高于同行业可比企业，且报告期内短期债券余额呈大幅增长趋势的情形	深交所：发行人应当充分披露相关资金运营内控制度、资金管理运营模式和短期资金调度应急预案
除适用优化审核安排的发行人外，其他发行人存在报告期内年均息税折旧摊销前利润（EBITDA）小于报告期末所有有息债务（含本次申报债券）一年利息的情形	上交所和北交所：发行人应当披露自身是否具备持续稳定的盈利能力以及本次债券的偿付资金来源，并制定切实可行的偿债保障措施 深交所：发行人应当披露是否具备充足的偿债保障能力以及本次债券的偿付资金来源，并制定切实可行的偿债保障措施

此外，根据《上交所审核指南1号》《北交所审核指南1号》，发行人非标融资或其他融资占比较高的，发行人应当披露截至报告期末非标融资和其他融资的明细情况。根据《深交所审核指南1号》，发行人非标融资或其他融资占比较高的，发行人应当披露原因并说明是否存在融资渠道受限等情况。

⑥发行人应当根据《公司法》和《企业会计准则》等相关规定披露关联方、关联关系及关联交易情况，主要包括关联方及与关联方的产品销售、原材料采购、劳务提供、资产租赁、应收应付款项、融资、担保等交易情况及金额。上市公司、全国股转系统挂牌公司另有规定的，从其规定。

⑦根据《上交所审核指引1号》《北交所审核指引1号》发行人应当对最近一个会计年度期末对外担保、未决诉讼、仲裁等重大或有事项或承诺事项作详细披露，对于预计可能产生较大损失的，发行人应对可能产生的损失作合理估计并披露可能产生的损失金额及其对偿债能力的影响。截至募集说明书签署之日，除已披露信息外，如有其他影响偿债能力的重大事项也应当披露。根据《深交所审核指引1号》，发行人应当披露截至最近一期末的对外担保余额及其占总资产的比例、未决诉讼、仲裁等重大或有事项或者承诺事项，以及相关或有事项预计负债计提情况及其充分性。相关事项影响重大的，应当作重大事项提示。截至募集说明书签署之日，如发生其他影响偿债能力的报告期后重大事项也应当补充披露。

根据《上交所审核指引3号》《深交所审核指引2号》《北交所审核指引3号》，发行人最近一期末对外担保余额超过当期末净资产的，发行人应充分披露被担保人的基本情况和资信状况、担保类型、被担保债务的到期时间等以及对外担保事项对自身偿债能力的影响，并审慎确定公司债券申报方案。此外，发行人与被担保企业存在相互融资担保情形的，发行人应当充分披露互保涉及担保债务的具体情况。

⑧根据《上交所审核指引1号》《北交所审核指引1号》发行人应当披露最近一个会计年度期末的资产抵押、质押、担保和其他限制用途安排以及除此以外的其他具有可对抗第三人的优先偿付负债的情况。截至募集说明书签署之日，除已披露信息外，如有其他影响偿债能力的重大事项也应当披露。根据《深交所审核指引1号》发行人应当披露截至最近一期末的资产抵押、质押、担保和其他具有可对抗第三人优先偿付负债的情况。截至募集说明书签署之日，如发生其他影响偿债能力的报告期后重大事项也应当补充披露。

根据《上交所审核指引3号》《深交所审核指引2号》《北交所审核指引3号》，发行人最近一期末存在资产因抵押、质押、被查封、扣押、冻结、必须具备一定条件才能变现、无法变现、无法用于抵偿债务等情况，导致权利受限制的资产账面价值超过总资产50%的，发行人应充分披露受限资产明细、受限原因、目前状态和对自身偿债能力的影响，并审慎确定公司债券申报方案。

8.发行人信用状况。

发行人信用状况章节的披露内容主要包括：发行人及本次债券的信用评级情况（如有）和发行人其他信用情况。

（1）发行人及本次债券的信用评级情况（如有）。发行人应当披露所聘请的信用评级机构对发行人的信用评级情况（如有），包括但不限于：报告期内历次主体评级、变动情况及原因；信用评级结论及标识所代表的含义；评级报告揭示的主要风险；跟踪评级的有关安排；其他重要事项。

其中，发行人最近三年在境内发行其他债券、债务融资工具委托进行资信评级且最近一次主体评级结果（含主体跟踪评级结果）与本次主体评级结果有差异的，应当在募集说明书中充分披露原因。资信评级机构应当结合评级标准、方法、重要评级参数选取情况等因素，说明给出相应主体评级的理由及相关评级参数选取的合理性和审慎性，并在募集说明书中充分披露。

特别需要关注的是，报告期内发行人主体信用评级下调的，发行人应当结合自身业务模式、盈利情况、偿债能力、评级机构主要关注的风险因素等，强化评级下调事项相关信息披露和风险揭示，并审慎确定公司债券申报方案。

（2）发行人其他信用情况。发行人应当披露下列与发行人有关的信用情况，包括但不限于：发行人获得主要贷款银行的授信情况及使用情况；发行人及主要子公司报告期内债务违约记录及有关情况；发行人及主要子公司报告期内境内外债券偿还情况，截至报告期末境内外债券存续情况，以及尚未发行的各债券品种额度；其他与发行人有关的信用情况。

特别需要关注的是，发行人及其主要子公司报告期内曾发生公开发行公司债券或其他债务违约（含银行贷款违约）或延期支付本息的事实，已归还或按规定处理且未处于继续状态的，发行人应当在募集说明书中说明违约或延期支付本息以及归还和按规定处理的相关情况。

9.增信情况。

沪、深、北证券交易所对于增信情况的信息披露要求基本一致。发行人应按照不同增信方式披露如下内容。

（1）发行人发行债券由法人或其他组织提供保证担保的，应当披露担保人的基本情况，包括但不限于下列事项：①担保人基本情况及业务情况；②担保人与发行人的关联关系；③担保人至少最近一年主要财务情况（并注明相关财务报告是否经审计）；④信用状况；⑤最近一期末累计对外担保的余额；⑥最近一期末累计担保余额占其净资产的比例等；⑦发行人与担保人之间的担保、连环担保情况，包括但不限于金额、发生原因、期限、是否设置反担保措施以及担保行为是否符合主管部门的相关规定等。

担保人为发行人控股股东或实际控制人的，发行人还应当披露担保人所拥有的除发行人股权外的其他主要资产以及该部分资产的权利限制、是否存在后续权利限制安排。

（2）发行人发行债券提供保证担保的，发行人应当披露债券担保合同或担保函的主要内容，包括但不限于下列事项：①担保金额；②担保期限；③担保方式；④担保范围；⑤发行人、担保人、发行人与担保人之间的权利义务关系等；⑥发行人不能偿还公司债券本息时，债券持有人实现债权的方式，包括担保人代为偿付的期间、具体方式、争议解决机制等；⑦反担保和共同担保的情况（如有）；⑧各方认为需要约定的其他事项。

（3）发行人发行债券设置抵押或质押担保的，发行人应当披露担保物的名称、金额（账面值和评估值）、担保物金额（账面值和评估值）与所发行债券面值总额和本息总额之间的比例。

发行人应当披露担保物的评估、登记、保管、抵/质押顺位、相关法律手续的办理情况、执行担保的程序和风险。

发行人与担保人应当按照相关法律法规在担保合同中约定并在募集说明书中

披露发行人不能偿还公司债券本息时,债券持有人实现债权的方式,包括实现债权的期间、处置担保物的具体方式、处置价款分配、争议解决机制等。

(4)发行人发行债券约定发生特殊情形时,由第三方对债券进行收购的,发行人应当在募集说明书中披露第三方的名称、基本情况、第三方出具的承诺函或签订的收购协议等相关文件的内容,明确第三方收购债券的情形、实现方式、第三方资信维持承诺、争议解决机制等,并提供第三方出具的相关文件。

(5)发行人发行债券存在商业保险、债务加入、差额补足、流动性支持等其他增信措施的,发行人应当与相关增信机制的提供方按照相关法律法规约定增信机制的触发条件、增信措施的具体实施方式、责任承担的前置条件、责任承担方式和承担期间、信息披露安排、争议解决机制等事项并在募集说明书中披露。

此外,募集说明书增信情况章节的编制还应分别参照《上交所审核指南2号》《深交所审核指南2号》《北交所审核指南2号》。

10.税项。

发行人应当披露投资者投资债券需缴纳税种、税收政策、税收风险,并明确告知投资者所应缴纳税项是否与债券的各项支付构成抵扣。

11.信息披露安排。

根据《公司信用类债券信息披露管理办法》,发行人应当对债券信息披露作出安排,包括信息披露的依据、披露时间、披露内容、重大事项信息披露、存续期内定期信息披露、本息兑付事项等。

根据交易所信息披露相关指引和指南文件,发行人应当披露其制定的信息披露事务管理制度,信息披露事务管理制度应当至少包括如下内容:①未公开信息的传递、审核、披露流程;②信息披露事务负责人在信息披露中的具体职责及其履职保障;③董事和董事会、监事和监事会、高级管理人员等的报告、审议和披露的职责;④对外发布信息的申请、审核、发布流程;⑤涉及子公司的信息披露事务管理和报告制度。

12.投资者保护机制。

根据《公司信用类债券信息披露管理办法》,发行人关于投资者保护机制应该披露如下。

(1)应当明确披露债券违约事件的定义、触发条件、违约责任、应急事件及债券违约的救济机制和处置程序、不可抗力、弃权、争议解决机制等。

(2)应当披露债券持有人会议机制,包括触发债券持有人会议召开的情形、会议召集与决策程序、决议生效条件以及债券持有人决议的效力范围和其他重要事项。

（3）应当披露涉及债券持有人权益的重要条款的修改、变更机制及生效条件。

（4）应当说明债券持有人会议按照公司信用类债券监督管理机构或市场自律组织规定及会议规则约定的程序要求所形成的决议对全体债券持有人具有约束力。

根据交易所信息披露相关指引和指南文件，投资者保护机制的披露要求具体如下。

（1）发行人应根据自身风险特征和风险因素，在募集说明书等有关文件中有针对性地合理设置偿债资金保障、财务承诺、行为限制、调研发行人、查阅会计账簿等投资者保护契约条款，并明确披露相关条款的触发情形、修改及变更机制、处置机制及生效条件。

（2）发行人应当披露所制定的具体偿债计划及保障措施。偿债计划及保障措施安排应具有合理性和可操作性，避免宽泛性陈述。偿债计划中对未来现金流、营业收入及营业利润等进行预测的，应当披露预测的合理依据及假设前提。

（3）发行人应当在募集说明书中约定并披露构成债券违约的具体情形、违约责任及其承担方式、应急事件及预计或已经发生违约时相应的救济机制、化解处置机制和具体化解处置措施、不可抗力、弃权等，相关内容应同时在《债券受托管理协议》和《债券持有人会议规则》中进行约定。

（4）发行人应在募集说明书中约定并披露公司债券存续期间或违约后发生争议的协商、诉讼、仲裁等争议解决机制。募集说明书中披露的争议解决机制应与担保函（如有）、担保合同（如有）、《债券受托管理协议》《债券持有人会议规则》等文件中的相关约定不冲突。

（5）发行人应当制定符合《公司债券发行与交易管理办法》及其他法律法规要求的《债券持有人会议规则》，并披露债券持有人会议机制，包括触发债券持有人会议召开的情形、会议召集与决策程序、决议生效条件以及债券持有人决议的效力范围和其他重要事项。

（6）发行人应当说明债券持有人会议按照中国证监会及上海证券交易所相关规定及会议规则约定的程序要求所形成的决议对全体债券持有人具有约束力。

（7）发行人应当制定符合《发行与交易管理办法》及其他法律法规要求的《债券受托管理协议》，并披露受托管理协议的主要内容，包括但不限于债券受托管理人履行的主要义务，受托管理事务报告的披露安排。

此外，募集说明书中投资者保护机制章节的编制还应分别参照《上交所审核指南2号》《深交所审核指南2号》《北交所审核指南2号》。

《债券持有人会议规则》的编制还应分别参照《上交所存续期指南1号》《深交所持有人会议规则编制指南》《北交所持有人会议规则编制指南》。

公开发行公司债券的《债券受托管理协议》应当至少包括中国证券业协会《公开发行公司债券受托管理协议必备条款》，非公开发行公司债券的《债券受托管理协议》应参照上述必备条款制定。

13. 发行有关机构。

发行人应当披露发行人、主承销商、律师事务所、会计师事务所、其他承销机构（如有）、信用评级机构（如有）、增信机构（如有）、登记、托管、结算机构、债券受托管理人、债券申请上市或转让的证券交易所等与本次债券发行有关的机构的名称、住所、法定代表人、联系电话、传真和有关经办人员的姓名，并披露发行人、主承销商、与发行有关的证券服务机构及其负责人、高级管理人员、经办人员之间存在的直接或者间接的股权关系和其他重大利害关系。

14. 备查文件。

募集说明书结尾应当列明备查文件、查询地址、查询网站。公开发行公司债券项目备查文件包括但不限于公司债券发行的注册文件、募集说明书、最近三年经审计的财务报告及最近一期会计报表、信用评级报告（如有）等；非公开发行公司债券项目备查文件包括但不限于公司债券发行的无异议函、募集说明书、最近两年经审计的财务报告及最近一期会计报表、信用评级报告（如有）等。

15. 声明页。

实操中，沪、深、北证券交易所对于募集说明书声明页的签章要求基本一致，募集说明书声明页签章的具体要求如下。

（1）发行人声明：由发行人法定代表人或授权代表人签名并加盖发行人公章。

（2）发行人全体董事、监事、高级管理人员或履行同等职责的人员的声明：由发行人全体董事、监事、高级管理人员或履行同等职责的人员签名，并加盖发行人公章。

（3）主承销商声明：由项目负责人、公司法定代表人或其授权代表签名，并加盖主承销商公章。

（4）发行人律师声明：由经办律师、律师事务所负责人签名，并加盖律师事务所公章。

（5）会计师事务所声明：由签字注册会计师及会计师事务所负责人签名，

并加盖会计师事务所公章。如报告期内由不同会计师事务所出具年度审计报告的，则应由提供审计服务的会计师事务所分别出具声明，并按本指南要求签名及盖章。

（6）资信评级机构声明（如有）：由评级人员及单位负责人签名，并加盖资信评级机构公章。

（7）资产评估机构声明（如有）：由资产评估人员及单位负责人签名，并加盖资产评估机构公章。

此外，根据《上交所审核指南5号》《深交所审核指南3号》《北交所审核指南5号》，在沪、深、北证券交易所发行公司债券的优质发行人可以适当简化申报发行材料签章文件。发行人董事、监事和高级管理人员已对发行申请文件真实性、准确性和完整性签署确认意见的，可以将确认意见作为募集说明书的后附文件，无须另行对募集说明书签署书面确认意见。发行人董事、监事、高级管理人员在债券项目申请阶段按照规定对债券发行文件签署书面确认意见，并于确认意见中承诺认可各期发行文件、履行规定职责的，每期债券发行前无须另行签署书面确认意见。董事、监事、高级管理人员或履行同等职责的人员不能保证所披露的信息真实、准确、完整或者有异议的，不适用上述规定。

（三）募集说明书信息披露的其他重要事项

1.发行人的财务报告有效期。

发行人编制的财务报告应当符合《企业会计准则》或者国家相关会计制度的要求。上市公司编制的财务报告还应当符合《公开发行证券的公司信息披露编报规则第15号——财务报告的一般规定》的要求。中国证监会对非上市公众公司财务报告披露另有规定的，从其规定。

（1）通常情况下发行人财务报告的有效期。发行人最近一期财务报告或财务报表在其截止日（年度、半年度、季度财务报告以年度末、半年末或季度末为截止日）后6个月内有效。特别情况下发行人可申请适当延长，延长时间最多不超过1个月，中国证监会或者证券交易所另有规定的除外。存在影响公司经营或偿债能力的重大不利变化且预计影响发行条件的不得延期。

此外，发行人已经在证券交易所或者其他市场披露最新一期财务报表的，应当提交最新一期财务报表，并相应更新募集说明书。发行人无重大不利变化或者其他特殊情形的，可以按照下列要求简要披露或者补充索引式披露：

①在募集说明书"重大事项提示"及其他相关章节中，披露最新一期财务报

告主营业务收入、净利润、总资产、净资产等主要财务数据和财务指标；

②在募集说明书中通过增加附件或索引的方式补充披露最新一期财务报告。

发行人已在证券交易所或其他市场披露经审计的年度财务报告的，应提供年度报告，并同步更新全套申报文件。

（2）适用优化审核安排发行人的财务报告有效期。适用优化审核安排的知名成熟发行人不存在影响公司经营或偿债能力的重大不利变化，且不存在影响发行上市条件的重大事项的，可以申请适当延长年度、半年度财务报告有效期。年度财务报告有效期最多延长至当年8月末，半年度财务报告有效期最多延长至次年4月末。已披露季度财务报告的，应当同步披露主要季度财务数据。

发行人半年度经营和财务指标无重大不利变化或不存在对偿债能力产生重大影响的事项，可适当简化募集说明书中发行人基本情况、财务会计信息等相关章节信息披露内容，首次申请公开发行公司债券的发行人除外。

（3）科技创新公司债券发行人的财务报告有效期。根据沪、深、北证券交易所专项品种公司债券审核指引，资产负债率不高于同行业平均水平，且具有行业领先地位的科技创新公司债券发行人可以申请适当延长年度、半年度财务报表有效期。年度财务报表有效期最多延长至当年8月末，半年度财务报表有效期最多延长至次年4月末。已披露季度财务报表的，应当同步披露季度主要财务数据。经营财务状况存在重大不利变化或者存在其他对偿债能力、发行条件产生重大影响的事项的科技创新公司债券发行人除外。关于专项品种公司债券的信息披露要求，请见本书"第二章 发行上市审核和重点关注事项"。

2.公司债券优质发行人的简明信息披露安排

根据《上交所审核指南5号》《深交所审核指南3号》《北交所审核指南5号》，沪、深、北证券交易所公司债券优质发行人可以按照重要性、针对性、简明通俗性原则，适当简化募集说明书部分章节信息披露，以图表、总结性语言等直观、清晰的方式披露关键事项。三个交易所对于优质发行人的简明信息披露安排基本一致（《北交所审核指南5号》未包括非公开发行公司债券优质发行人的简化信息披露安排）。

（1）优质发行人经营和财务情况无重大不利变化或不存在对偿债能力产生重大影响事项的，可参考表6-11适当简化募集说明书中"募集资金运用""发行人基本情况""发行人主要财务情况""发行人信用状况"等章节信息披露。但是，首次申请公开发行公司信用类债券的发行人除外。

表6-11　　公司债券优质发行人的简化信息披露安排

上海证券交易所规则及条款号	深圳证券交易所规则及条款号	北京证券交易所规则及条款号	规则具体要求	简化信息披露安排
《上交所审核指引1号》第三章募集说明书编制要求之第六节发行人基本情况3.6.2	《申请文件编制指引》第三章之第一节募集说明书编制要求第四十二条	《申请文件及编制指引》第三章募集说明书编制要求之第六节发行人基本情况3.6.2	发行人应当以主要实体的承继关系为主线，简要披露发行人设立、历史沿革、经历的改制重组情况及股本结构的历次变动情况；披露历史上改制、重大增减资、合并、分立、破产重整及更名等代表发行人阶段性进程的重要事件	可以列表形式汇总披露代表企业阶段性进程的重要事件，针对性披露对发行人偿债能力存在重大不利影响的事件
《上交所审核指引1号》第三章募集说明书编制要求之第六节发行人基本情况3.6.5	《申请文件编制指引》第三章之第一节募集说明书编制要求第四十五条	《申请文件及编制指引》第三章募集说明书编制要求之第六节发行人基本情况3.6.5	发行人应当简要披露治理结构、组织机构设置及运行情况，财务管理、关联交易、信息披露事务相关安排等内部管理制度的建立及运行情况	原则上可以组织结构图形式披露治理结构、组织机构设置，结论性披露前述机制设置和运行情况，针对性披露前述机制存在特殊或运行异常情况
			发行人应当披露与控股股东、实际控制人之间在资产、人员、机构、财务、业务经营等方面的相互独立情况	原则上可以结论性披露前述情况
《上交所审核指引1号》第三章募集说明书编制要求之第六节发行人基本情况3.6.6	《申请文件编制指引》第三章之第一节募集说明书编制要求第四十六条	《申请文件及编制指引》第三章募集说明书编制要求之第六节发行人基本情况3.6.6	发行人应当列表披露现任董事、监事、高级管理人员的基本情况，至少包括姓名、现任职务及任期（如有）等，并对董事、监事、高级管理人员设置是否符合《公司法》等相关法律法规及公司章程要求进行说明发行人董事、监事、高级管理人员涉嫌重大违纪违法处理的，发行人应当充分说明并披露相关事项	原则上可不披露现任董事、监事、高级管理人员的简历。针对性披露发行人董事、监事、高级管理人员涉嫌重大违纪违法情况

续表1

上海证券交易所规则及条款号	深圳证券交易所规则及条款号	北京证券交易所规则及条款号	规则具体要求	简化信息披露安排
《上交所审核指引1号》第三章募集说明书编制要求之第七节发行人主要财务情况3.7.2	《申请文件编制指引》第三章之第一节募集说明书编制要求 第五十四条	《申请文件及编制指引》第三章募集说明书编制要求之第七节发行人主要财务情况3.7.2	发行人应当披露近三年及近一期财务会计信息及主要财务指标……财务指标包括但不限于偿债能力指标、盈利能力指标、运营效率指标。发行人对可能影响投资者理解公司财务状况、经营业绩和现金流量情况等信息,应当加以说明	发行人可以分别按照《上交所审核指南5号》附件2和附件3、《深交所审核指南3号》附件1和附件2、《北交所审核指南5号》附件2中主要财务数据和财务指标表的格式进行简要披露
《上交所审核指引1号》第三章募集说明书编制要求之第八节发行人信用状况3.8.2	《申请文件编制指引》第三章之第一节募集说明书编制要求第五十九条《申请文件编制指引》第三章之第一节募集说明书编制要求第六十二条	《申请文件及编制指引》第三章募集说明书编制要求之第八节发行人信用状况3.8.2	上海证券交易所和北京证券交易所:发行人应当披露下列与发行人有关的信用情况:(一)发行人获得主要贷款银行的授信情况及使用情况……深圳证券交易所:发行人应当披露截至最近一期末的其他事项,包括但不限于下列内容:(一)对外担保余额及其占总资产的比例;(二)资产存在的抵押、质押、担保和其他具有可对抗第三人的优先偿付负债情况;(三)未决诉讼、仲裁等重大或有事项或者承诺事项,以及相关或有事项预计负债计提情况及其充分性。深圳证券交易所:发行人应当披露截至最近一期末合并报表范围内获得的主要贷款银行等金融机构的授信和使用情况……	上海证券交易所和北京证券交易所:近一期较最近一个会计年度期末无重大变化的,授信情况原则上可披露至最近一个会计年度期末的情况深圳证券交易所:在载明截至募集说明书签署日无重大不利变化的前提下,对外担保、资产受限、重大或有事项或者承诺事项、金融机构授信和使用情况可以仅披露至最近一个会计年度期末

续表2

上海证券交易所规则及条款号	深圳证券交易所规则及条款号	北京证券交易所规则及条款号	规则具体要求	简化信息披露安排
《上交所审核指引1号》附件5：募集说明书——募集资金运用（参考文本）	《深圳证券交易所公司债券发行上市审核业务指南第1号——募集说明书（参考文本）（2024年修订）》之第三节募集资金运用	《申请文件及编制指引》附件5：募集说明书——募集资金运用（参考文本）	募集资金运用对发行人财务状况的影响	原则上可豁免披露

（2）优质发行人非公开发行公司债券的，除适用上述的规定外，还可以参考表6-12简化募集说明书中"发行人基本情况""发行人主要财务情况"等章节信息披露。

表6-12　非公开发行公司债券优质发行人的简化信息披露安排

上海证券交易所规则及条款号	深圳证券交易所规则及条款号	规则具体要求	简化信息披露安排
《上交所审核指引1号》第三章募集说明书编制要求之第六节发行人基本情况3.6.4	《申请文件编制指引》第三章之第一节募集说明书编制要求第四十四条	发行人应当披露对其他企业的重要权益投资情况，包括主要子公司以及其他有重要影响的参股公司、合营企业和联营企业等发行人应当披露上述企业的基本情况、主营业务、近一年的主要财务数据（包括资产、负债、所有者权益、收入、净利润等）及其重大增减变动的情况及原因	报告期内，发行人重要的参股公司、合营企业和联营企业不存在对净利润造成重大不利影响的，原则上可以豁免披露上述企业的具体情况（持股比例高于50%的除外）
《上交所审核指引1号》第三章募集说明书编制要求之第六节发行人基本情况3.6.7	《申请文件编制指引》第三章之第一节募集说明书编制要求第四十七条	发行人应当披露收入占近一年或近一期主营业务收入或毛利润比重较高的主要业务板块（一般为占比10%以上的业务板块）的运营情况……	发行人报告期内主营业务板块未发生重大变化的，应按照交易所要求，披露营业收入、毛利润及毛利率数据，原则上可以仅披露收入占近一年或近一期主营业务收入或毛利润比重20%以上的主要业务板块运营情况，并可豁免披露季度或半年度业务运营情况

续表

上海证券交易所规则及条款号	深圳证券交易所规则及条款号	规则具体要求	简化信息披露安排
《上交所审核指引1号》第三章募集说明书编制要求之第六节发行人基本情况3.6.8	《申请文件编制指引》第三章之第一节募集说明书编制要求第四十八条	发行人应当披露所在行业状况、行业地位、面临的主要竞争状况、经营方针及战略以及能说明其行业地位和经营优势的行业关键指标数据，并说明相关数据来源。	原则上可豁免披露
《上交所审核指引1号》第三章募集说明书编制要求之第七节发行人主要财务情况3.7.3	《申请文件编制指引》第三章之第一节募集说明书编制要求第五十六条	上海证券交易所：发行人应当对近一年及近一期占总资产10%以上的资产类报表项目、占总负债10%以上的负债类报表项目以及变化幅度在30%以上的报表项目，分析变动情况及变动原因 深圳证券交易所：发行人应当分析最近一年和最近一期末占总资产10%以上的资产类报表项目、占总负债10%以上的负债类报表项目的构成情况	上海证券交易所：原则上可以仅对近一年及近一期占总资产20%以上的资产类报表项目、占总负债20%以上的负债类报表项目以及变化幅度在30%以上的报表项目，分析变动情况及变动原因 深圳证券交易所：可以仅披露最近一年和最近一期末占总资产20%以上的资产类报表项目、占总负债20%以上的负债类报表项目的构成情况

（3）知名成熟发行人按相关规定简化半年度财务数据信息披露的，可以在募集说明书单独章节中以列表形式就主要资产科目、负债科目分析变动情况及变动原因，且主要会计科目明细列示最低信息披露时间可以为年度。此外，深圳证券交易所要求，在载明最近一期末较最近一年末无重大变化的前提下，主要会计科目可以仅列示年度情况。

（4）优质发行人募集说明书中"发行人基本情况""发行人主要财务情况""发行人信用状况"等章节内容，已经在公开发行或公开转让的股票或债券的募集说明书、招股说明书、公开转让说明书、上市公告书、定期报告和临时报告等相关监督管理机构规定的信息披露渠道披露过的信息，且不存在重大不利变化或其他特殊情形的，可采用索引的方法披露。

按照采用索引方式的，应当在相应章节以列表形式概述章节信息披露方式和索引内容查询方式。索引的内容也是募集说明书的组成部分，发行人、主承销商、证券服务机构及相关人员应对其承担相应的法律责任。

（5）优质发行人募集资金用于募投项目，按照相关规定披露项目合法性文件、建设内容、用地情况、资金来源构成等内容的，可以按照下列方式进行简要披露。

①知名成熟发行人申报的公司债券（含企业债券）项目，申报阶段无须明确募集资金投向募投项目的具体使用安排。

②优质发行人可以简要概述项目建设必要性、是否符合国家宏观调控政策、产业政策和固定资产管理法规制度有关规定。

③上海证券交易所优质发行人原则上可以结论性论述募投项目收入来源、在债券存续期内和运营期内收入、净收益及测算依据，以及净收益对项目建设部分债券利息和项目总投资的覆盖情况。

深圳证券交易所和北京证券交易所优质发行人原则上可以结论性论述募投项目收入来源、在债券存续期内和运营期内收入、净收益及测算依据，以及债券存续期内募投项目净收益对项目建设部分公司债券利息的覆盖情况、募投项目运营期内净收益对项目总投资的覆盖情况或者募投项目税后内部财务收益率。

（6）优质发行人根据相关规定延长财务数据有效期，但已在公开市场披露最新一期财务报告的，发行人可以采用索引的方式，在募集说明书"重大事项提示"章节披露最新一期财务报告查询方式，列示最新一期财务报告主营业务收入、净利润、总资产、净资产等主要财务数据和财务指标，并在"发行人主要财务情况"章节中披露最新一期"主要财务数据和财务指标表"。

3.豁免信息披露的适用。

发行人在制作、修改募集说明书等发行上市申请文件或者根据审核问询作出回复时，拟披露的信息属于国家秘密、发行人商业秘密，披露后可能导致其违反国家保密相关法律法规或者严重损害公司利益的，可以向证券交易所申请豁免披露并承诺已披露信息符合相关保密法律法规的规定。证券交易所认为豁免披露理由不成立的，发行人应当按照规定予以披露。

发行人不得泄露国家秘密，也不得滥用商业秘密信息影响信息披露的真实性、准确性、完整性。

第二节 债券存续期间

本节主要介绍公司债券存续期间的信息披露要求,内容主要包括信息披露总体要求、发行人定期报告及临时报告的编制及披露要求、增信主体及中介机构的信息披露要求以及相关典型案例。

一、总体要求

债券持续信息披露的规则主要包括《公司信用类债券信息披露管理办法》《上海证券交易所债券自律监管规则适用指引第1号——公司债券持续信息披露》(简称《上交所自律监管规则指引1号》)、《深圳证券交易所公司债券存续期监管业务指引第1号——定期报告》(简称《深交所存续期指引1号》)、《深圳证券交易所公司债券存续期监管业务指引第2号——临时报告》(简称《深交所存续期指引2号》)、《北京证券交易所公司债券存续期监管业务指引第1号——定期报告》(简称《北交所存续期指引1号》)、《北京证券交易所公司债券存续期监管业务指引第2号——临时报告》(简称《北交所存续期指引2号》)、《公司债券受托管理人执业行为准则》等。沪、深、北证券交易所规则内容总体差异较小。

(一)信息披露原则

债券存续期内,发行人发生可能影响偿债能力、债券价格或投资者权益的重大事项时,应当及时披露,并说明事项的起因、目前的状态和可能产生的影响;上述已披露事项出现重大进展或变化的,也应当及时履行信息披露义务。

债券存续期内,发行人应当在债券本金或利息兑付日前披露本金、利息兑付安排情况的公告;债券发生违约的,应当及时披露债券本息未能兑付的公告。发行人、主承销商、受托管理人应当按照规定和约定履行信息披露义务,及时披露公司财务信息、违约事项、涉诉事项、违约处置方案、处置进展及其他可能影响投资者决策的重要信息。

发行人进入破产程序的,信息披露义务由破产管理人承担,公司自行管理财产或营业事务的除外。发行人转移债券清偿义务的,承继方应当履行信息披露义务。

债券上市挂牌期间,增信主体应当在每个会计年度结束之日起4个月内披露年度财务报告,发生可能影响其代偿能力的重大事项时应当及时披露。发行人采取内外部增信机制、偿债保障措施的，应当在债券存续期内积极落实并及时披露相关机制或措施的变化及执行情况。

主承销商、受托管理人应当按照规定和约定履行信息披露职责或义务，并督促发行人依照规定履行信息披露义务。对于受托管理人在履行受托管理职责时可能存在的利益冲突情形及相关风险防范、解决机制，发行人应当在公司债券募集说明书及债券存续期间的信息披露文件中予以充分披露，并同时在受托协议中载明。

发行人未按照交易所相关规定及时履行信息披露义务，或者已经披露的信息不符合要求的，交易所可以对债券实施停牌，待发行人按规定披露后予以复牌。

对违约债券、绿色债券等特殊类型债券以及境外企业在中国境内发行债券的信息披露有特殊要求的，从其规定执行。

（二）信息披露制度

发行人应当建立信息披露事务管理制度，健全完善信息披露业务流程，配备必要人员和资源，保障合规履行信息披露义务。

信息披露事务管理制度应当明确下列事项：信息披露事务主管部门及其职责；信息披露事务负责人的选任、具体职责及其履职保障；信息披露审核与发布规范，包括拟披露信息的传递、申请、审核、披露的流程、相应决策机构或人员及其履职要求；内幕信息管理规范，包括内幕信息知情人范围、保密责任、未公开信息的保密措施；暂缓、豁免信息披露管理规范，包括适用情形、决策程序、档案管理规范；涉及子公司的信息披露事务管理和报告制度；信息披露文件、相关决策过程或者履职记录等资料的档案管理制度。

信息披露事务管理制度应当经发行人董事会或其他有权决策机构审议通过。企业发行债券应当披露信息披露事务管理制度的主要内容；对已披露信息披露事务管理制度进行变更的，应当在最近一期定期报告中披露变更后的主要内容。

发行人应当设置并披露信息披露事务负责人。信息披露事务负责人负责组织和协调债券信息披露相关工作，接受投资者问询，维护投资者关系。发行人应当披露信息披露事务负责人的姓名、职务、联系方式等；信息披露事务负责人发生变更的，应当及时披露。

（三）信息披露文件

债券存续期间，发行人的主要信息披露文件包括定期报告、临时报告。

定期报告包括年度报告和中期报告。定期报告应当符合相关法律法规、交易所业务规则的规定及债券募集说明书等的约定。发行人的董事、高级管理人员应当对定期报告签署书面确认意见。发行人的监事会应当对定期报告进行审核并提出书面审核意见。监事应当签署书面确认意见。

发生能影响发行人偿债能力或者债券价格的重大事项，或者存在关于发行人及其发行债券的重大市场传闻的，发行人应当按照相关法律法规、交易所规则及其他规定及时提交并披露临时报告，说明事件的起因、目前的状态和可能产生的后果。

债券上市挂牌期间，增信主体、受托管理人、资信评级机构等信息披露义务人应当按照法律、行政法规、部门规章、规范性文件、交易所指引和其他业务规则的规定以及相关文件的约定和承诺履行临时报告披露义务。受托管理人、增信主体、资信评级机构的信息披露文件主要包括受托管理事务报告、增信主体临时报告、跟踪信用评级报告。

在公司债券存续期内，受托管理人应当建立对发行人的定期跟踪机制，及时披露临时受托管理事务报告；债券存续期超过1年的，受托管理人应当在每年6月30日前披露上一年度的年度受托管理事务报告。

债券上市挂牌期间，增信主体应当在每个会计年度结束之日起4个月内披露年度财务报告；发生可能影响增信主体代偿能力、增信措施有效性、债券交易价格或债券持有人权益的重大事项，或者发生增信文件约定或增信主体承诺的应当披露的重大事项时，增信主体应当及时披露临时报告及进展公告。

债券上市挂牌期间，发行人委托资信评级机构进行债券信用跟踪评级的，资信评级机构应当按照规定和约定持续跟踪受评对象信用状况的变化情况，按规定及时向市场披露跟踪评级报告。

信息披露文件一经公布不得随意变更。确有必要进行变更的，应披露变更公告和变更后的信息披露文件。

（四）专项品种披露

参照《上海证券交易所公司债券发行上市审核规则适用指引第2号——专项品种公司债券（2024年修订）》（简称《上交所审核指引2号》）、《深圳证券交易所公司债券发行上市审核业务指引第7号——专项品种公司债券》（简称《深交所审核指引7号》）、《北京证券交易所公司债券发行上市审核规则适用指引第2号——专项品种公司债券》（简称《北交所审核指引2号》），专项品种公司债券在存续期内存在特殊披露要求。具体内容详见本书"第二章 发行上市审核和重点关注事项"。

（五）风险处置披露

发行人、增信主体、受托管理人等中介机构应在公司债券存续期内做好信用风险管理，及时披露影响发行人偿债能力和债券还本付息的风险事项；如发生公司债券预计或者已经违约的风险事件，应及时处置，采取有效措施化解信用风险或者处置违约事件，并按照规定和约定履行信息披露义务，保护投资者合法权益。具体内容详见本书"第八章 公司债券违约风险处置"。

二、发行人定期报告

（一）定期报告的披露要求

1.披露时间及场所。

定期报告包括年度报告、半年度报告。

发行人应当在每个会计年度结束之日起4个月内披露上一年年度报告；在每个会计年度的上半年结束之日起2个月内披露半年度报告。

上市公司、全国中小企业股份转让系统挂牌公司发行的公司债券在交易所上市挂牌的，应当按照《公开发行证券的公司信息披露内容与格式准则第2号——年度报告的内容与格式》《公开发行证券的公司信息披露内容与格式准则第3号——半年度报告的内容与格式》等中国证监会以及有关证券交易场所的规定编制和披露定期报告，并同时将定期报告在交易所网站、交易所指定信息披露网站和符合中国证监会或者国务院授权部门规定条件的信息披露媒体披露。

发行人无法按时披露定期报告的，应当于规定的披露截止时间前，披露未按期披露定期报告的说明文件，文件内容包括但不限于未按期披露的原因、预计披露时间等情况。发行人披露前述说明文件的，不代表豁免其定期报告的信息披露义务。

发行人更正定期报告相关信息的，应当及时披露更正公告和更正后的定期报告。

2.编制要求。

发行人在编制定期报告时应当遵循下列要求：

（1）尽量采用图表或者其他较为直观的方式准确披露发行人以及公司债券的情况；

（2）引用的信息应当有明确的时间范围和资料来源，应当有充分、客观、公正的证据；

（3）引用的数字应当采用阿拉伯数字，货币金额除特别说明外，应当指人民币金额，并注明金额单位；

（4）发行人可编制定期报告外文译本，但应当保证中、外文文本的一致性，并应当分别在中、外文本中声明"在对中外文本的理解上发生歧义时，以中文文本为准"。

发行人应当客观、全面披露报告期内生产经营、财务管理、公司治理等方面的实际情况，重点突出重大变化情况，并深入分析导致相关变化的内外部原因以及对公司资信状况和偿债能力的具体影响。相关变化可能对发行人资信状况和偿债能力产生不利影响的，发行人应当进一步披露为了修复、改善公司信用已采取或者拟采取的措施及其成效。

定期报告的财务报表部分应当至少包含资产负债表、利润表和现金流量表。具体而言，年度报告应当包含报告期内审计机构出具的审计报告、经审计的财务报表、附注以及其他必要信息；半年度报告应当包括资产负债表、利润表、现金流量表，各报表项目应包括本期末及上年末数（年初至本期末数及上年同期数）。编制合并财务报表的发行人，除提供合并财务报表外，还应当披露母公司财务报表。

发行人转移债券清偿义务的，定期报告披露义务由承继方承担。

3.董事、监事、高级管理人员书面确认要求。

发行人的董事、高级管理人员应当对定期报告签署书面确认意见。监事会应当对董事会编制的债券定期报告进行审核并提出书面审核意见。监事应当签署书面确认意见。

董事、监事和高级管理人员无法保证债券定期报告内容的真实性、准确性、完整性或者有异议的，应当在书面确认意见中发表意见并陈述理由，发行人应当披露；发行人不予披露的，相关人员可以直接披露或者通过受托管理人披露。

发行人的董事、监事、高级管理人员应当及时关注定期报告披露内容，发现与其据以签署书面确认意见的内容存在重大不一致或者未能真实、准确、完整披露其意见的，应当立即通知受托管理人并向交易所报告。

（二）定期报告的内容

根据《公司信用类债券信息披露管理办法》《上交所自律监管规则指引1号》

《深交所存续期指引1号》《北交所存续期指引1号》，定期报告中应当披露如下内容。

1.重要提示、目录和释义。

报告封面应当载明发行人的中文名称、定期报告类型、报告期及披露时间。发行人应当在扉页刊登如下重要提示："发行人承诺将及时、公平地履行信息披露义务，发行人及其全体董事、监事、高级管理人员保证定期报告信息披露的真实性、准确性、完整性，不存在虚假记载、误导性陈述或者重大遗漏。"

董事、监事、高级管理人员不能保证定期报告内容的真实性、准确性、完整性或者有异议的，发行人应当披露相关人员的姓名及其理由。执行审计的会计师事务所出具了非标准意见审计报告的，发行人应当在重要提示中说明相关情况，提醒投资者关注。

发行人应当刊登风险提示，披露可能直接或间接对公司生产经营状况、财务状况、经营业绩、债券偿付能力和投资者权益保护产生重大不利影响的风险。目录应当标明各章节的标题及其对应的页码，内容编排应当逻辑清晰。发行人应当对有助于投资者理解以及有特定含义的术语作出释义。

在不影响信息披露完整性，并保证阅读方便的前提下，对于可公开获得且内容未发生变化的信息披露事项，发行人可以采用索引的方式进行披露。索引内容也是定期报告的组成部分，发行人及其相关人员应当对索引内容承担相应的法律责任。

2.发行人及中介机构基本情况。

发行人应当披露其基本情况，包括名称、公司法定代表人、信息披露事务负责人姓名、职务、联系地址、电话、传真、邮箱等；应当披露报告期内控股股东、实际控制人、董事、监事、高级管理人员或履行同等职责人员的变更情况；发行人应当披露截至报告批准报出日董事、监事、高级管理人员的姓名及其职务。

发行人应当披露报告期内与控股股东、实际控制人在资产、人员、机构、财务、业务经营等方面的相互独立情况，报告期内是否有违反法律法规、公司章程、信息披露事务管理制度规定的情况，报告期内业务范围、主营业务情况、业务发展目标、行业状况、行业地位及面临的主要竞争状况发生的重大变化以及上述重大变化对企业经营情况及偿债能力的影响。

发行人应当披露报告期内是否发生违反法律法规、自律规则、公司章程、信息披露事务管理制度等规定以及债券募集说明书约定或者承诺的情况，并披露相关情况对投资者权益的影响。

发行人应当披露报告期末除债券外的有息债务逾期情况，包括但不限于金额、发生原因及处置进展、对应债券相关中介机构情况等。

年度报告中，发行人还应当披露以下内容。

应当披露占合并报表范围营业收入或毛利润10%以上，或者营业收入或者毛利润占比最高的产业类产品或服务的经营情况；相关收入、成本等指标同比变动达30%以上的，还应当进一步说明相关变动背后的经营原因及其合理性。

应当披露下列关联交易情况：发行人与关联方之间关联担保的金额；发行人与合并报表范围外关联方之间购买、出售、借款等其他各类关联交易的金额；与同一关联方发生前述交易累计占发行人上年末净资产100%以上的，应当披露交易对方名称、交易类型及各类交易累计发生额。

应当披露以下中介机构情况：会计师事务所名称、办公地址及签字会计师姓名；受托管理人名称、办公地址、联系人及联系电话；报告期内对债券进行跟踪评级的资信评级机构（如有）名称、办公地址。报告期内上述中介机构发生变更的，应当披露变更的原因、履行的程序及对债券投资者权益的影响等。

发行人应当在年度报告中说明其是否属于应当履行环境信息披露义务的主体；属于应当履行环境信息披露义务主体的，应当披露年度环境信息的索引链接。

3.债券存续情况。

发行人应当以列表形式披露所有在定期报告批准报出日存续的债券情况。存在逾期未偿还债券的，应当说明未偿还余额、未按期偿还的原因及处置进展等情况。发行人应当披露报告期内信用评级机构对公司或债券作出的信用评级结果调整情况，包括但不限于信用评级级别及评级展望变动，以及信用评级结果变化的原因等。

发行人应当按债项逐一披露截至报告期末的募集资金使用情况，包括募集资金总金额、已使用金额、未使用金额、募集资金专项账户运作情况、募集说明书约定的募集资金用途、截至报告期末募集资金实际用途；募集资金实际用途与约定用途不一致的，应当进一步说明原因。

报告期内变更债券募集资金用途的，需说明募集资金变更履行的程序、信息披露情况及变更后用途的合法合规性；募集资金违规使用的，应当披露整改措施、进展情况、整改后募集资金的实际用途及其合法合规性等。

募集资金用于建设项目的，发行人应当披露项目的进展情况及运营效益；报告期内项目发生重大变化，可能影响募集资金投入使用计划的，发行人应当披露项目变化情况、程序履行情况和募集资金用途的变更情况（如有）。报告期末项目净收益较募集说明书等文件披露内容下降50%以上，或者报告期内发生其他可能影响项目实际运营情况的重大不利事项的，发行人应当在定期报告中披露变化情况、对发行人偿债能力和投资者权益的影响、应对措施等。

债券附发行人或投资者选择权条款、投资者保护条款等特殊条款的，发行人应当披露报告期内相关条款的触发和执行情况；发行人应当披露担保情况、偿债计划及其他偿债保障措施在报告期内的现状、执行、变化情况及变化情况对债券投资者权益的影响；报告期内上述担保情况、偿债计划及其他偿债保障措施发生变更的，发行人应当披露变更后情况，说明变更原因，变更是否已取得有权机构批准以及相关变更对债券投资者权益的影响。

报告期内资信评级机构作出评级调整的，发行人应当披露评级机构名称、受评对象、评级调整时间、调整前后的评级结果以及评级调整的原因等。

发行人应当披露公司债券增信机制、偿债计划及其他偿债保障措施在报告期内的变化、执行情况和截至报告期末的情况以及变化、执行情况对投资者权益的影响。报告期内增信机制、偿债计划及其他偿债保障措施发生变更的，发行人应当披露变更前后的内容，并说明变更原因、变更是否已取得有权机构批准以及相关变更对债券投资者权益的影响。

4.报告期内重要事项。

报告期内作出会计政策、会计估计变更或会计差错更正的，发行人应当披露变更、更正的原因及影响，涉及追溯调整或重述的，应当披露对以往各年度经营成果和财务状况的影响；如财务报告被会计师事务所出具了非标准意见审计报告，发行人应当就所涉及事项作出说明，并分析相关事项对公司生产经营和偿债能力的影响。

报告期内发行人合并报表范围发生重大变化，新增或者减少的子公司的收入、利润、总资产或者净资产占发行人合并报表相应数据10%以上的，应披露变动原因、子公司的经营和财务状况及对企业生产经营和偿债能力的影响。单个子公司的净利润或者单个参股公司的投资收益对发行人合并报表范围净利润的影响达到20%以上的，应当披露公司名称、与发行人的关系、发行人持股比例，该公司主营业务经营情况及总资产、净资产、主营业务收入、主营业务利润等财务数据。

发行人报告期内合并报表范围亏损超过上年末净资产10%的，应当披露亏损情况、亏损原因以及对其生产经营和偿债能力的影响。报告期内发行人合并报表范围利润主要源自非主要经营业务的，发行人应当详细说明涉及金额、形成原因、是否具有可持续性等情况。

发行人应当披露截至报告期末的资产抵押、质押、被查封、扣押、冻结、必须具备一定条件才能变现、无法变现、无法用于抵偿债务的资产情况和其他权利受限制的情况和安排以及其他具有可对抗第三人的优先偿付负债情况，并说明相关事项的起因、目前的状态和可能产生的影响。发行人应当披露截至报告期末的重大未决诉讼、证券特别代表人诉讼情况。截至报告期末发行人直接或者间接持有的重要子公司股权存在权利受限的，发行人还应当披露子公司名称、子公司主要财务情况、发行人持股比例及受限数量、股权受限的原因等。

发行人应当在报告中披露报告期末占发行人合并报表范围总资产10%以上的资产类报表项目的项目名称和主要构成；主要资产项目同比变动超过30%的，发行人应当披露项目名称、变动比例及原因。

发行人应当披露截至报告期末的对外担保金额；报告期末尚未履行及未履行完毕的单笔对外担保金额或者对同一担保对象累计超过报告期末净资产10%的，应当披露被担保人的基本情况和资信状况、担保的类型、被担保债务的到期时间等，并分析对外担保事项对发行人偿债能力的影响。

发行人在报告期内变更信息披露事务管理制度的，应当说明变更内容以及对投资者权益的影响，并披露变更后制度的主要内容。

发行人应当披露报告期内合并报表范围未收回的非经营性往来占款和资金拆借的期初余额、期末余额，说明报告期内非经营性往来占款或者资金拆借情形是否符合相关约定或者承诺。报告期末合并报表范围未收回的非经营性往来占款和资金拆借余额超过发行人合并报表范围净资产10%的，发行人应当披露非经营性往来占款和资金拆借的金额、主要构成、形成原因、账龄结构和回款相关安排，并说明截至报告期末占款和拆借余额合计前5名的债务人名称、资信状况、占款和拆借报告期内发生额、报告期末未收回金额、未收回原因及未来回款安排等。

发行人应当披露报告期末发行人及其合并报表范围有息债务总额及其同比变动、有息债务种类和期限结构等情况。主要负债项目同比变动超过30%的，应当披露项目名称、变动比例及原因。报告期末发行人及其子公司存在公司信用类债券逾期或者其他有息债务重大逾期的，发行人应当说明逾期金额、逾期类型、逾期时间、逾期原因、截至报告期末的未偿还余额、处置进展、未来处置计划等情况。

在定期报告批准报出日，发行人存续有面向普通投资者交易债券的，发行人还应当采用数据列表方式，披露合并报表范围近2年如下会计数据和财务指标：扣除非经常性损益后净利润；税息折旧及摊销前利润（EBITDA）全部债务比

（EBITDA/全部债务）、利息保障倍数、现金利息保障倍数、EBITDA利息保障倍数、贷款偿还率、利息偿付率。

5.财务报告。

发行人应当在年度报告中披露审计报告和财务报告，在中期报告中披露财务报告。法律法规和交易所业务规则规定中期报告需经审计的，应当在中期报告中披露审计报告。

年度财务报告应当由符合法律规定的会计师事务所审计，审计报告应当由会计师事务所和至少两名注册会计师签章。财务报告应当按照《企业会计准则》的规定编制。

财务报表应包括企业资产负债表、利润表、现金流量表。各报表项目应包括期初数和期末数（本期数和上期数）。编制合并财务报表的企业，除提供合并财务报表外，还应当提供母公司财务报表。

6.备查文件。

定期报告结尾应列明备查文件、查询地址、查询网站。备查文件包括但不限于财务报告、审计报告、信息披露文件原件等。

7.特殊规定。

根据沪、深、北证券交易所简明信息披露安排，对于优质发行人[1]，定期报告中发行人经营情况、评级调整情况、合并报表范围重大变化情况已经在公开发行或公开转让的股票或债券的募集说明书、招股说明书、公开转让说明书、上市公告书、定期报告和临时报告等相关监督管理机构规定的信息披露渠道披露过的信息，不存在重大不利变化或其他特殊情形的，可以采用索引的方法进行披露。按照规定采用索引方式的，应在相应章节以列表形式概述章节信息披露方式和索引内容查询方式，如"经营情况、评级调整情况、合并报表范围重大变化情况，采用索引式披露，投资者可以访问××网址进行查询"。索引的内容也是定期报告的组成部分，发行人、受托管理人及相关人员应对其承担相应的法律责任。

发行人进入破产程序的，定期报告披露义务由破产管理人承担，发行人自行管理财产或者营业事务的除外。发行人转移债券清偿义务的，定期报告披露义务由承继方承担。具体要求详见本书"第八章　公司债券违约风险处置"。

---

[1] 指《上海证券交易所债券发行上市审核业务指南第5号——简明信息披露》《深圳证券交易所公司债券发行上市审核业务指南第3号——简明信息披露》《北京证券交易所公司债券发行上市审核业务指南第5号——简明信息披露》所称优质发行人。

三、发行人临时报告

（一）一般规定

债券上市挂牌期间，发行人应当按照法律、行政法规、部门规章、规范性文件、交易所指引和其他业务规则的规定以及相关文件的约定和承诺履行临时报告披露义务。债券发行完成后上市挂牌前，发生规定的披露事项的，发行人应当按照交易所相关要求编制并及时披露临时报告。

发行人转移债券清偿义务的，信息披露义务由债券承继方承担。发行人进入破产程序的，信息披露义务一般由破产管理人承担。前述情形下的特殊信息披露要求详见本书"第八章 公司债券违约风险处置"。下文主要介绍发行人临时报告的一般规定。

1.披露时间要求。

发生法律法规及交易所业务规则规定可能影响发行人偿债能力、债券交易价格或者投资者权益的重大事项的，发行人应当于知道或者应当知道相关事项的2个交易日内，提交并披露临时报告，说明相关主体、标的、交易安排或者重大事项的基本情况、事项起因或者背景、相关决策程序（如有）、目前的状态和可能产生的后果。

已经披露的重大事项出现重大进展或者变化的，发行人应当于知道或者应当知道的2个交易日内披露重大事项最新进展、变化情况及其可能产生的后果。

同一事件触发不同事项披露标准的，发行人披露的临时报告应当同时符合不同事项的披露要求。相同类型的重大事项持续触发披露标准，发行人应当持续履行信息披露义务。

发行人知道或者应当知道之日，是指下列任一情形的最早发生日当日：

（1）发行人董事会、监事会就该重大事项形成决议；

（2）发行人与相关方就该重大事项签署意向书或者协议；

（3）发行人董事、监事、高级管理人员知悉该重大事项的发生；

（4）发行人收到相关主管部门关于该重大事项的决定或者通知；

（5）该重大事项相关信息已经发生泄露或者出现市场传闻；

（6）其他发行人知道或者应当知道的情形。

2.涉及发行人及其重要子公司以外的其他主体的一般披露要求。

重大事项涉及发行人及其重要子公司以外的其他主体的，信息披露义务人应当按照下列要求披露相关主体的基本情况。

（1）相关主体为法人的，应当披露其名称、法人性质、成立时间、注册地、主要办公地点、法定代表人姓名、注册资本、实缴资本、主要股东或者实际控制人、主要业务及其最近一年开展情况、最近一年主要财务状况、资信和诚信情况等。相关主体成立时间不足一年或者专为该项交易而设立的，应当披露其实际控制人或者控股股东最近一年的主要财务状况。

（2）相关主体为自然人的，应当披露其姓名、性别、国籍、最近一年的职业或者职务、资信和诚信情况、其控制的核心企业主要业务及其最近一年开展情况、最近一年主要财务状况等。

（3）说明相关主体是否为发行人关联方及其关联关系。

3.涉及发行人重要子公司、控股股东、实际控制人的一般披露要求。

发行人重要子公司触发相关披露要求的，发行人应当披露该子公司的基本情况，包括名称、发行人直接或者间接持股情况、资信和诚信情况、主要业务及其最近一年开展情况、最近一年主要财务状况及其占发行人合并报表范围相应数据的比例等。

发行人控股股东、实际控制人触发相关披露要求的，发行人可以简要披露其名称、与发行人的关系等。

4.对重大事项所涉标的的一般披露要求。

信息披露义务人应当按照下列要求分别披露重大事项所涉标的基本情况。

（1）相关标的为股权的，应当披露持股股东名称、与发行人关联关系（如有）、股权最近一年又一期的价值、股权对应标的公司的基本情况；

（2）相关标的为债权的，应当披露债权人和债务人名称、债权发生原因、债权金额和价值、到期时间、增信情况（如有）、权利救济情况等；

（3）相关标的为其他资产的，应当披露资产名称、类别、权属、运营情况、最近一年又一期的资产价值等。

5.涉及协议安排的一般披露要求。

重大事项存在协议安排的，发行人应当在临时报告中披露协议主要内容，包括协议各方主要权利义务、交易对价的确定依据和公允性、支付方式和期限、标的权属变更安排、协议生效条件、协议的保留或者附加条款、交易履约风险、协议违约责任以及其他可能对发行人财务状况和偿债能力产生重大影响的安排。

6.涉及重大事项决策情况的一般披露要求。

信息披露义务人应当按照下列要求在临时报告中披露重大事项的决策情况。

（1）法律法规或者公司章程规定应当由公司有权决策机构审议通过后实施的，应当披露决策机构、决策时间、决策结果、后续决策安排（如有），并说明决策程序是否符合相关规定。涉及关联交易的，还应当披露关联交易审议情况。

（2）法律法规规定应当由相关主管部门批准或者向其备案的，应当披露批准或者备案的机构、实施时间或者拟提交批准、备案的安排。

（3）说明相关事项是否符合法律法规、交易所业务规则的规定以及募集说明书、受托管理协议、持有人会议规则等文件的约定。根据规定或者约定应当征求债券持有人意见的，应当披露持有人会议召开情况或者其他持有人意见征求情况。可能违反相关规定或者约定的，还应当披露已采取或者拟采取的持有人权益救济措施及其成效。

（二）重大事项的情形

债券存续期内，企业发生可能影响偿债能力或投资者权益的重大事项时，应当及时披露，并说明事项的起因、目前的状态和可能产生的影响。

1.重大事项包括但不限于：

（1）企业名称变更、股权结构或生产经营状况发生重大变化；

（2）企业变更财务报告审计机构、债券受托管理人或具有同等职责的机构、信用评级机构；

（3）企业1/3以上董事、2/3以上监事、董事长、总经理或具有同等职责的人员发生变动；

（4）企业法定代表人、董事长、总经理或具有同等职责的人员无法履行职责；

（5）企业控股股东或者实际控制人变更；

（6）企业发生重大资产抵押、质押、出售、转让、报废、无偿划转以及重大投资行为或重大资产重组；

（7）企业发生超过上年末净资产10%的重大损失；

（8）企业放弃债权或者财产超过上年末净资产的10%；

（9）企业股权、经营权涉及被委托管理；

（10）企业丧失对重要子公司的实际控制权；

（11）债券担保情况发生变更，或者债券信用评级发生变化；

（12）企业转移债券清偿义务；

（13）企业一次承担他人债务超过上年末净资产10%，或者新增借款、对外提供担保超过上年末净资产的20%；

（14）企业未能清偿到期债务或进行债务重组；

（15）企业涉嫌违法违规被有权机关调查，受到刑事处罚、重大行政处罚或行政监管措施、市场自律组织作出的债券业务相关的处分，或者存在严重失信行为；

（16）企业法定代表人、控股股东、实际控制人、董事、监事、高级管理人员涉嫌违法违规被有权机关调查、采取强制措施，或者存在严重失信行为；

（17）企业涉及重大诉讼、仲裁事项；

（18）企业出现可能影响其偿债能力的资产被查封、扣押或冻结的情况；

（19）企业分配股利，作出减资、合并、分立、解散及申请破产的决定，或者依法进入破产程序、被责令关闭；

（20）企业涉及需要说明的市场传闻；

（21）募集说明书约定或企业承诺的其他应当披露事项；

（22）其他可能影响其偿债能力或投资者权益的事项。

2.企业应当在最先发生以下任一情形的时点后，原则上不超过2个工作日（交易日）内，履行重大事项的信息披露义务：

（1）董事会、监事会或者其他有权决策机构就该重大事项形成决议时；

（2）有关各方就该重大事项签署意向书或者协议时；

（3）董事、监事、高级管理人员或者具有同等职责的人员知悉该重大事项发生时；

（4）收到相关主管部门关于重大事项的决定或通知时。

重大事项出现泄露或市场传闻的，企业也应当及时履行信息披露义务。上述已披露事项出现重大进展或变化的，企业也应当及时履行信息披露义务。

不论交易所指引是否明确规定，若相关信息可能对发行人资信状况或偿债能力、增信主体代偿能力、增信措施有效性、公司债券交易价格、投资者权益产生重大影响，或者触发约定的投资者权益保护条款、构成持有人会议召开事由的，信息披露义务人均应当披露。

（三）公司生产经营相关重大事项

1.生产经营状况发生重大不利变化。

发行人或者其重要子公司的生产经营状况发生下列重大不利变化的，发行人应当于知道或者应当知道的2个交易日内披露相关事项的基本情况、产生原因、预计持续时间及其依据、对生产经营和偿债能力的具体影响、已采取或者拟采取的应对措施及相应成效：

（1）主要或者全部业务陷入停滞；

（2）丧失重要特许经营权或者其他生产经营业务重要资质；

（3）主要产品或者服务的销售或者回款情况、资金归集情况等发生重大变化，对公司的收入、现金流管理等带来不利影响；

（4）严重拖欠职工工资，即公司实发工资总额不足应发工资总额50%且持续时间达到1个季度以上，公司已经履行法律法规规定或者相关主管部门要求的程序减免或者延缓支付职工工资的除外；

（5）其他可能严重影响发行人偿债能力的情形。

发行人或者其重要子公司的主要或者全部业务陷入停滞的，发行人应当在基本情况中详细披露涉及主体的基本情况，具体业务类型，最近1年产生的收入、利润及其占发行人合并报表范围收入及净利润的比重等。

发行人应当于导致相关重大不利变化的情形消除或者发生严重恶化等重大事项发生进展的2个交易日内披露进展公告，说明进展情况、具体影响和已采取或者拟采取的应对措施及相应成效等。相关重大事项持续超过1个季度仍无实质进展的，发行人应当于每个季度的前5个交易日内披露相关事项对生产经营和偿债能力的具体影响、已采取或者拟采取的应对措施及相应成效。

2.生产经营外部环境发生重大变化。

发行人或者其重要子公司的生产经营外部环境发生下列变化，导致公司生产经营状况出现重大不利变化的，发行人应当于知道或者应当知道的2个交易日内披露涉及主体的基本情况、外部环境变化的主要内容、产生原因、对生产经营及偿债能力的具体影响、已采取或者拟采取的应对措施及相应成效：

（1）所在地区或者所属行业的产业政策、竞争格局、融资环境等发生重大变化；

（2）生产、采购、销售外部环境发生重大不利变化；

（3）遭遇重大自然灾害；

（4）其他可能严重影响发行人偿债能力的情形。

发行人应当于导致相关重大不利变化的情形消除或者发生严重恶化等重大事件发生进展的2个交易日内披露进展公告，说明进展情况、具体影响和已采取或者拟采取的应对措施及相应成效等。相关重大事项持续超过1个季度仍无实质进展的，发行人应当于每个季度的前5个交易日内披露相关事项对生产经营和偿债能力的具体影响、已采取或者拟采取的应对措施及相应成效。

3.因实施重大投资或者重大资产重组导致重大变化。

发行人或者其重要子公司因实施重大投资或者重大资产重组行为导致发行人

合并范围经营战略、经营模式或者主营业务发生重大变化的，发行人应当于内部有权决策机构审议同意或者知道子公司决定实施相关交易的2个交易日内披露临时报告，并在签订协议、决策程序取得进展、交易安排或者其执行情况发生重大变化、相关交易交割完毕等事项发生的2个交易日内披露进展公告。

发行人应当披露相关交易行为的考虑、交易涉及各方基本情况、交易标的基本情况、交易安排、各方承诺、决策情况、当前进展等，重点分析相关交易行为对发行人生产经营、偿债能力的具体影响。

4.发生重大损失。

发行人或者其子公司因下列原因导致公司发生损失，且预计损失金额超过发行人合并报表范围上年末净资产10%的，发行人应当于决定确认损失或者知道子公司相应决定的2个交易日内披露发生损失主体的基本情况、损失相关事由的具体情况、发生时间、决策情况、预计涉及的损失金额、对生产经营和偿债能力的具体影响，并及时披露损失确定、后续处理应对等进展情况：

（1）主要对手方资信状况或者偿债意愿发生不利变化，相应债权出现逾期或者预计难以实现；

（2）资产发生减值；

（3）公允价值发生变动导致损失；

（4）主要投资项目预计出现亏损；

（5）发生安全生产事故或者遭受自然灾害；

（6）其他可能导致发行人或者其合并报表范围内子公司发生重大损失的情形。

（四）资产情况重大事项

1.出售转让资产。

发行人或者其子公司出售转让资产且符合下列条件之一的，发行人应当于内部有权决策机构审议同意或者知道子公司相关决定的2个交易日内披露临时报告，并于知道协议签订、获得主管部门批准（如有）、完成资产权属变更登记等情形发生的2个交易日内披露进展公告，但发行人合并报表范围内的子公司之间相互出售、转让资产的除外：

（1）资产总额价值占发行人合并报表范围上年末总资产的10%以上；

（2）资产净额价值（如股权）占发行人合并报表范围上年末净资产的10%以上，且超过1 000万元；

（3）交易的成交金额（包括承担的债务和费用）占发行人合并报表范围上年

末净资产的10%以上，且超过1 000万元；

（4）交易产生的损益占发行人合并报表范围上年度净利润的10%以上，且超过100万元；

（5）交易标的（如股权）上年度相关的营业收入占发行人合并报表范围上年度营业收入的10%以上，且超过1 000万元；

（6）交易标的（如股权）上年度相关的净利润占发行人合并报表范围上年度净利润的10%以上，且超过100万元。

发行人应当披露下列事项：

（1）交易背景；

（2）交易各方情况；

（3）交易标的基本情况；

（4）交易安排、协议签署情况及履约进展；

（5）与交易相关的决策情况；

（6）对发行人偿债能力的影响分析。

2.放弃债权、无偿划转或者赠予资产。

发行人或者其子公司放弃债权、无偿划转或者赠予资产，且单次被处分财产价值超过发行人合并报表范围上年末净资产10%的，发行人应当于内部有权决策机构审议同意或者知道子公司相关决定的2个交易日内，披露相关考虑、交易各方基本情况、标的债权或者资产情况、相关决策情况、对发行人偿债能力的影响分析、已采取或者拟采取的应对措施和相应成效等。

发行人应当于签订协议、获得主管部门批准（如有）、完成权属变更登记等情形发生的2个交易日内披露进展公告。

发行人及其子公司放弃债权、无偿划转或者赠予资产，单次被处分财产价值超过发行人合并报表范围上年末净资产10%，且1个自然年度内被处分财产价值累计每超过发行人合并报表范围上年末净资产30%的，发行人应当于下一季度的前5个交易日内披露该年度内累计放弃财产价值总额、按财产类型分列的财产价值、相关决策情况、对发行人偿债能力的影响分析、已采取或者拟采取的应对措施及相应成效等。

发行人或者其子公司出售转让资产、放弃债权、无偿划转或者赠予资产触发披露标准，且相关事项可能导致发行人合并报表范围发生变更的，发行人还应当披露发行人与该可能不再纳入合并报表范围子公司之间的关联担保、资金占用情况及后续调整安排。

3.丧失重要子公司实际控制权。

发行人因出售转让股权、对外委托重要子公司的股权、重要子公司股东非同比例增资、重要子公司股权在二级市场被收购等原因，导致丧失对该子公司的实际控制权的，发行人应当于内部有权决策机构审议同意或者知道相关重大事项（孰早）的2个交易日内披露下列事项，并持续披露事项的重大进展：

（1）重要子公司的基本情况；

（2）丧失控制权的原因；

（3）发行人与该子公司之间关联担保、资金占用情况及后续调整安排；

（4）相关决策情况及资产登记过户情况；

（5）对发行人生产经营、财务状况和偿债能力的影响分析。

4.固定资产提前报废清理。

发行人或者其子公司的固定资产未达到正常使用年限而报废清理，且单项资产价值占发行人合并报表范围上年末净资产10%以上的，发行人应当于资产报废处理完成的2个交易日内披露报废资产的所有权人与使用主体、资产价值变动情况、报废原因、资产清理情况、相关决策情况、对发行人偿债能力的影响分析。

5.资产被查封、扣押或者冻结。

发行人或者其子公司的资产被查封、扣押或者冻结，且单项资产受限价值占发行人合并报表范围上年末净资产10%以上或者受限资产对发行人生产经营具有重要影响的，发行人应当于收到有权机关通知或者知道子公司资产被查封、扣押或者冻结的2个交易日内，披露受限资产情况、受限原因及相关案件进展情况、实施机构、起止期限、受限资产的其他权利限制安排、对发行人偿债能力的影响分析、发行人已采取或者拟采取的应对措施及相应成效。

发行人应当于收到有权机构解除查封、扣押或冻结通知或者知道子公司资产被解除查封、扣押或冻结的2个交易日内披露进展公告，并说明该受限资产是否存在其他权利受限安排。因发行人及其合并报表范围内子公司提供其他形式担保措施导致查封、扣押或冻结被解除的，发行人还应当披露相应担保措施的具体情况。

发行人及子公司的资产被查封、扣押或冻结，且季末资产受限价值合计每新增达到发行人合并报表范围上年末净资产30%以上的，发行人应当于下一季度的前5个交易日内披露被查封、扣押或冻结的资产价值总额及受限金额、按资产类型分列的资产价值及受限金额、对发行人偿债能力的影响分析、已采取或者拟采取的应对措施及相应成效等。

6.因抵押、质押所致资产受限。

发行人或者其子公司抵押、质押资产，且单项受限资产价值占发行人合并报表范围上年末净资产10%以上的，发行人应当于内部有权决策机构审议同意或者知道子公司相应决定的2个交易日内，披露抵（质）押情况、抵（质）押资产的基本情况及其累计抵（质）押情况、相关决策情况、对发行人偿债能力的影响分析。

融资性担保公司、经国务院金融管理部门批准成立的金融机构提供的融资性担保，房地产开发公司因自身房地产开发业务为购房业主提供的按揭担保不适用前述披露要求。

发行人及其子公司抵押、质押资产，且季末抵（质）押资产受限价值合计每新增超过发行人合并口径上年末净资产50%的，发行人应当于下一季度的前5个交易日内，披露抵（质）押资产的价值总额及受限金额、按资产类型分列的各类资产价值及受限金额、对发行人偿债能力的影响分析、已采取或者拟采取的应对措施及相应成效等。

7.抵（质）押担保的担保物灭失或价值下降。

发行人或者其子公司为发行人的公司债券提供抵（质）押担保，且发生担保物灭失、价值同比下降超过30%或者其他影响担保物价值的风险情况的，发行人应当于知道或者应当知道的2个交易日内披露相关风险事件起因、风险具体情况、拟采取或者已采取的应对措施及相应成效、公司债券持有人享有的救济权利等。

8.发生担保代偿。

发行人及其子公司为发行人合并报表范围外主体的债务提供担保，1个自然年度内对同一担保对象实际代偿的金额超过发行人合并报表范围上年末净资产10%的，发行人应当于知道或者应当知道的2个交易日内披露担保人和被担保人基本情况、代偿金额、剩余担保情况、对发行人偿债能力的影响分析、发行人已采取或者拟采取的应对措施及相应成效等。

（五）债务情况重大事项

1.新增借款金额较大。

发行人新增借款且单笔金额超过发行人上年末净资产20%的，发行人应当于签署借款协议2个交易日内，披露债权人类型、借款金额、借款用途、借款期限、担保措施（如有）、协议签署情况、对发行人偿债能力的影响分析等。经国务院金融管理部门批准设立的金融机构新增借款的除外。

发行人及其子公司新增借款且季末合计借款余额每新增超过发行人合并报表范围上年末净资产50%的，发行人应当于下一季度的前5个交易日内，披露新增借款余额及其占上年末净资产的比例、按借款类型分列的各类借款余额、对发行人偿债能力的影响分析、已采取或者拟采取的应对措施及相应成效等。经国务院金融管理部门批准设立的金融机构新增借款的除外。

发行人及其子公司仅因发行公司信用类债券触发该项披露要求，且发行人已经披露相应债券募集说明书、发行公告等文件的，可以免于披露相应临时公告。

发行人及其子公司承担他人的有息债务，单笔或者1个自然年度内累计新增金额每超过发行人合并报表范围上年末净资产10%的，发行人应当于内部有权决策机构审议同意或者知道子公司相应决定的2个交易日内，披露下列事项：

（1）债务承担主体基本情况；

（2）原有债务情况，包括原债务人基本情况、债务金额、债务期限、履约情况、担保情况（如有）、权利救济情况（如有）等；

（3）承担他人债务的原因、对价；

（4）债务承担形式，原债务人是否承担清偿或者担保责任；

（5）决策情况、相关协议签署及履行情况；

（6）对发行人偿债能力的影响分析、发行人已采取或者拟采取的应对措施及相应成效。

发行人应当于签订债务承担协议、召开债券持有人会议（如有）、收取交易对价（如有）等重大事项发生的2个交易日内披露进展公告。

2. 对外提供增信金额较大。

发行人或者其子公司对外提供保证担保，或者承担流动性支持、差额补足义务等以自身信用对外提供增信，且单笔金额超过发行人合并报表范围上年末净资产20%的，发行人应当于内部有权决策机构审议同意或者知道子公司相应决定的2个交易日内，披露下列事项：

（1）增信提供方和被增信方的基本情况；

（2）接受增信的债权等权利的金额、类型、起止期限；

（3）增信类型、金额、对关联方提供的增信类型及金额、增信期限、保证期间等增信责任承担期间；

（4）共同增信措施、反增信措施（如有）；

（5）增信方内部决策情况、增信协议签署情况；

（6）对发行人偿债能力的影响分析等。

发行人及其子公司当年新增前款规定的增信行为，且季末合计未实际承担增信责任的余额每新增超过发行人合并报表范围上年末净资产50%的，发行人应当于下一季度的前5个交易日内，披露合计未实际承担增信责任的余额及其占发行人合并报表范围上年末净资产的比例、按增信类型分列的各类或有负债余额、对发行人偿债能力的影响分析等。

融资性担保公司、经国务院金融管理部门批准成立的金融机构提供的融资性担保，房地产开发公司因自身房地产开发业务为购房业主提供的按揭担保不适用前述披露要求。

3.发生重大诉讼、仲裁事项。

发行人或者其子公司作为被告、被申请人或者第三人发生诉讼、仲裁事项，且符合下列任一条件的，发行人应当于收到诉讼、仲裁通知之日或者知道子公司涉及诉讼、仲裁的2个交易日内披露案件各方基本情况、案由、受理时间、审理机构、诉讼或者仲裁请求及其理由、涉案金额或者可能产生的损益（如有）、对发行人偿债能力的影响分析等：

（1）涉案金额超过5 000万元，且占发行人合并报表范围上年末净资产5%以上；

（2）可能导致的损益超过1 000万元，且占发行人合并报表范围上年度净利润的10%以上；

（3）虽未达到前述标准，但基于案件特殊性可能对发行人的生产经营、财务状况、偿债能力或者债券交易价格产生重大影响的。

发行人应当根据案件诉讼、仲裁及执行程序的进展情况，于案件发生进展的2个交易日内披露进展公告。

4.拟转移公司债券清偿义务。

发行人拟转移公司债券清偿义务的，应当于内部有权决策机构审议同意的2个交易日内，披露拟转移公司债券的基本要素、转移原因、承继方基本情况、转移及承继双方相关决策情况、发行人或者其重要子公司是否继续承担全部或者部分清偿或者担保责任、承继协议签署及其履行情况、对发行人偿债能力的影响分析等。

承继方为发行人关联方的，发行人应当进一步披露关联关系、关联交易审议情况，说明相关决策程序是否符合法律法规规定和公司章程约定。

发行人拟转移公司债券清偿义务的，应当按照规定或者约定的程序取得债券持有人的同意。发行人应当参照法律法规、自律规则关于债券募集说明书中发行人主体的披露要求，在持有人会议召开前详细披露公司债券承继方的情况，供债券持有人审议时了解。

5.未能清偿到期债务。

发行人或者其子公司未能清偿到期债务且符合下列任一条件的，发行人应当于相关协议约定的违约构成之日起的5个交易日内披露公告：

（1）未能清偿公司信用类债券或者其他境外债券；

（2）未能清偿其他债务，且单次违约金额达到1 000万元或者占发行人合并报表范围上年末净资产5%以上；

（3）未能清偿其他债务，且1个自然年度内累计违约未偿余额达到5 000万元或者占发行人合并报表范围上年末净资产10%以上；

（4）违约债务金额虽不满足前三项标准，但违约后果将直接或者间接导致发行人的公司信用类债券面临提前偿付，且需提前偿付的金额达到发行人合并报表范围上年末净资产10%。

发行人应当于形成处置方案、资金筹措取得重大进展、完成处置等重大事项发生的2个交易日内披露进展公告。公司债券违约处置超过1个季度未有实质进展的，发行人应当至少每季度披露一次进展公告，说明已采取或者拟采取的应对措施及相应成效、后续处置安排等。

发行人应当披露下列事项：

（1）债务人及违约债务的基本情况、债务金额及期限、违约时间、违约金额；

（2）结合债务人主要风险点说明违约原因，包括但不限于生产经营、财务管理、公司治理、内外部环境变化、偿债意愿等；

（3）违约债务的处置安排、目前进展及后续处置计划；

（4）债务人目前有息债务总额、债务类型及期限结构、逾期未偿还债务的累计总额；

（5）违约事件对债务人生产经营、财务状况、外部融资的具体影响；

（6）增信主体代偿情况或者后续安排（如有）；

（7）对发行人偿债能力的影响、已采取或者拟采取的应对措施及相应成效。如为公司债券违约的，发行人应当披露持有人权益保护的具体安排及其进展。

6.实施债务重组。

发行人或者其重要子公司对符合下列任一条件的有息债务实施债务重组的，发行人应当于债务重组协议生效的5个交易日内披露临时报告，结合债务人资产、负债、现金流、再融资等情况说明债务重组的发生原因及其目标、重组债务基本情况、重组安排、内部决策情况、协议签署及履约进展情况、金融机构债权人委员会（以下简称"债权人委员会"）成立及履职情况（如有）、对发行人偿债能力的影响分析等：

（1）发行人发行的公司债券或者作为特定原始权益人的企业资产支持证券；

（2）发行人或者其重要子公司发行或者作为特定原始权益人的其他公开市场融资产品，且最近12个月内已重组债务的重组前本金单独或者累计超过发行人合并报表范围上年末公开市场融资产品本金的30%；

（3）对发行人偿债能力或者债券持有人权益保护具有重要影响的其他债务重组事项。

7.成立债权人委员会。

发行人或者其重要子公司成立债权人委员会的，发行人应当于知道或者应当知道债权人委员会成立后2个交易日内披露临时报告，说明债权人委员会的成立背景、公司目前流动性情况、债权人委员会关于公司融资的后续安排，并及时披露债权人委员会实施的重要举措及其对公司融资稳定性的影响。

（六）公司治理及资信相关重大事项

1.公司股权、经营权等被委托管理。

发生下列情形之一的，发行人应当于知道有关事项的2个交易日内披露公司股权、经营权等被委托管理事项，并于委托管理协议签订、生效、解除、终止等事项发生的2个交易日内披露进展公告：

（1）发行人或者重要子公司的经营权被委托管理；

（2）可以对发行人实施控制、共同控制或者施加重大影响的股东将其持有的发行人股权或者表决权的50%以上委托他人管理；

（3）可以对发行人重要子公司实施控制、共同控制或者施加重大影响的主体将其持有的该子公司股权或者表决权全部委托他人管理，但发行人子公司之间的委托管理除外。

发生前述股权、经营权等被委托管理事项的，发行人应当披露下列信息：

（1）相关背景；

（2）委托方基本情况、决策情况（如有）；

（3）受托方基本情况；

（4）委托管理基本情况，包括委托管理标的公司的基本情况、权利事项、对价、委托管理的生效、解除、终止条件或者期限、协议签署及其进展等；

（5）结合委托管理的权利事项、公司治理及收益分配等安排，分析对发行人生产经营及独立性的影响；

（6）发行人与委托管理标的公司之间的关联担保、资金占用情况及后续调整安排；

（7）对发行人偿债能力的影响。

2.股权结构发生重大变化（控股股东、实际控制人不变）。

发行人的股权结构发生下列任一重大变化，但控股股东、实际控制人不变的，发行人应当于知道有关事项的2个交易日内披露相关背景、变化前后的股权结构及持股比例、新增股东情况（如有）、对发行人生产经营及独立性的影响等：

（1）发行人新增或者减少可以对公司实施共同控制或者施加重大影响的股东；

（2）发行人控股股东的持股比例由超过50%下降至50%以下；

（3）其他对公司生产经营和独立性有重大影响的股权结构变化事项。

3.控股股东、实际控制人发生变更。

发行人的控股股东、实际控制人发生变更的，发行人应当于变更发生后的2个交易日内披露下列信息。

（1）变更原因。因交易行为导致的变更，应当简要披露交易背景、交易方案、交易实施进展及变更生效时间。因非交易行为导致的变更，应当简要披露相关考虑、决策情况、变更安排及生效时间。

（2）披露变更后的控股股东、实际控制人基本情况。

（3）变更前后的发行人股权结构图。

（4）发行人与变更后控股股东、实际控制人在资产、人员、机构、财务、业务经营等方面的独立性安排及执行情况。

（5）对发行人生产经营、独立性和偿债能力的影响分析。

发行人原控股股东、实际控制人为公司债券提供担保或者作出相关承诺的，发行人应当进一步披露相关担保措施或者承诺事项的履行义务主体是否发生变更，已采取或者拟采取的债券持有人权益保护措施等。

4.减少注册资本超过5%。

发行人或者其重要子公司1个自然年度内拟减少注册资本超过其原注册资本5%的，发行人应当于内部有权机构审议通过或者知道子公司决定的2个交易日内，披露拟减资主体、减资原因、决策程序、实施方案、债券持有人会议召开情况（如有）、对发行人偿债能力的影响分析等。

发行人应当于决策程序取得进展、通知债权人、完成工商变更登记等重大事项发生的2个交易日内披露进展公告。

5.发生合并或分立。

发行人或者其重要子公司发生合并或者分立的,发行人应当于内部有权机构审议通过或者知道子公司决定的2个交易日内,披露相关背景、决策程序、实施方案、合并或者分立前后相关主体的基本情况、公司债券相关权利义务的承继情况、对发行人生产经营和偿债能力的影响分析等。

发行人应当于决策程序取得进展、签订协议、完成工商或者产权登记等重大事项发生后的2个交易日内披露进展公告。

6.出现《公司法》所规定的解散事由。

发行人或者其重要子公司出现《公司法》规定的解散事由的,发行人应当于内部有权机构审议通过或者知道相关事项的2个交易日内披露下列事项:

(1)被解散主体的基本情况;

(2)解散原因、依据及其决策程序;

(3)解散的实施方案;

(4)清算组组成及其履职情况;

(5)相关主体清算结果、产权或者工商登记情况;

(6)公司债券持有人权益保护的安排及成效。

发行人应当于决策程序取得进展、成立清算组、完成清算、完成工商或者产权登记等重大事项发生的2个交易日内披露进展公告。

7.被有权机关决定托管或者接管。

发行人或者其重要子公司被有权机关决定托管或者接管的,发行人应当于收到有权机关通知,知道或者应当知道重要子公司收到有权机关通知的2个交易日内披露被托管或者接管的背景、托管或者接管的决定方、托管或者接管方基本情况、被托管或者接管方基本情况、托管或者接管期限、对发行人生产经营和偿债能力的影响分析等,并持续披露托管或者接管事项的进展。

8.申请破产或者进入破产程序。

发行人重要子公司申请破产或者进入破产程序的,发行人应当于知道或者应当知道子公司(被)申请破产的2个交易日内披露下列事项:

(1)重要子公司基本情况;

(2)破产案件申请情况,包括申请主体、申请时间、申请原因、申请的破产程序等;重要子公司自行申请破产的,还应当披露相关决策情况;

（3）破产案件进展情况，包括受理破产、指定破产管理人、债权申报、招募重整投资人（如有）、债权人会议审议、人民法院裁定情况等；

（4）重整方案、和解协议或者破产财产变价分配方案及执行情况；

（5）发行人与子公司之间的债权债务情况以及发行人对子公司提供的担保情况；

（6）对发行人生产经营、偿债能力的影响；

（7）已采取或者拟采取的应对措施及相应成效。

发行人应当于知道或者应当知道破产程序相关重大进展的2个交易日内披露进展公告。

9.涉嫌违法违规被有权机关立案调查。

发行人或者其重要子公司涉嫌违法违规被有权机关立案调查的，发行人应当自收到或者知悉子公司收到相关文书的2个交易日内，披露立案调查的实施机关、涉嫌违法违规主体、涉嫌违规的基本情况及对发行人偿债能力的影响分析等。

发行人应当于立案调查取得进展后的2个交易日内披露进展公告。

10.受到重大处罚、行政监管措施或业务相关处分。

发行人或者其重要子公司受到刑事处罚、重大行政处罚或者行政监管措施、被市场自律组织作出公司信用类债券业务相关处分的，发行人应当于收到相关责任查处决定文书或者知道子公司收到相关文书的2个交易日内，披露违规主体基本情况、违规行为认定情况、处分措施及作出时间、整改情况及对发行人偿债能力的影响分析等。

11.涉嫌违法违规被调查、采取强制措施。

发行人法定代表人、控股股东、实际控制人、董事、监事、高级管理人员等涉嫌违法违规被纪检监察机关、司法机关或者其他有权机关调查、采取强制措施的，发行人应当于知道或者应当知道相关重大事项发生的2个交易日内，披露实施调查或者采取强制措施的机关名称、收到调查或者强制措施文书的时间、被调查或者采取强制措施的主体、涉嫌的违法违规行为、违法违规行为是否与发行人的生产经营活动相关、相关职务的过渡期安排、继任人选情况或者相关选聘安排、对发行人生产经营及偿债能力的影响分析等。

12.存在严重失信行为。

发行人或者其重要子公司，发行人法定代表人、控股股东、实际控制人、董事、监事、高级管理人员等存在严重失信行为的，发行人应当于知道或者应当知道相关主体被列为失信被执行人或者被实施其他失信惩戒的2个交易日内，披露存在失信行为的主体、失信事项具体情况、被实施的失信惩戒措施、失信惩戒实施机构、实施时间、对发行人生产经营及偿债能力的影响分析等。

13. 法定代表人、董事长、总经理无法履职。

发行人法定代表人、董事长、总经理因患病、失去联系、发生意外事故或者其他原因导致无法履行职责时，发行人应当于相关人员无法履行职责的2个交易日内，披露具体原因、预计持续时间、相关职务的过渡期安排、继任人选情况或者相关选聘安排、对发行人生产经营及偿债能力的影响分析、已采取或者拟采取的应对措施及相应成效等。

发行人应当于相关人员恢复履职或者继任人员开始履行职责的2个交易日内披露进展公告。

14. 董事长、总经理发生变动或董事监事变动较大

发行人在1个自然年度内发生董事长、总经理、1/3以上董事、2/3以上监事变动的，发行人应当于内部有权决策机构审议通过或者相关人员辞任申请被批准的2个交易日内披露原任职人员的基本情况、人员变动的原因和依据、相关决策情况、相关职务的过渡期安排、继任人选情况或者相关选聘安排等。

15. 变更信息披露事务负责人。

公司债券存续期内，发行人变更信息披露事务负责人的，应当在变更后2个交易日内披露原负责人任职情况、变更原因、相关决策情况、相关职务的过渡期安排、继任人选情况或者相关选聘安排、新任信息披露事务负责人及其联系方式。

16. 董事长、总经理、财务负责人、信息披露事务负责人无法履职。

发行人董事长、总经理、财务负责人、信息披露事务负责人被调查、被采取强制措施、发生变更或者因其他原因无法履行职责，且因故未能及时安排继任人员的，发行人应当于首次公告中明确相关职务空缺期间，代行相应职责的人员、职务及职责范围。

（七）公司债券相关重大事项

1. 拟变更募集资金用途。

公司债券存续期内，发行人拟变更募集资金用途的，应当按照规定和约定履行必要程序。发行人应当披露临时报告，说明变更调整程序、变更调整后的募集资金用途是否符合规定和募集说明书约定。

根据交易所关于债券存续期募集资金管理重点关注事项相关业务指南，存在下列情形之一的，变更调整募集资金用途应当经债券持有人会议作出决议：募集

说明书没有约定变更调整程序或者约定不明确；公开发行公司债券，变更调整前后的募集资金用途分别属于偿还债务、补充流动资金、固定资产投资项目、股权投资或资产收购等用途中的不同类别。

发行人应当于变更决策程序完成后的2个交易日内披露变更的募集资金用途、已履行的变更程序、变更后募集资金用途的合法合规情况。

2.募投项目发生重大变化或对债券持有人有重大影响。

债券募集资金用于固定资产投资项目或者股权投资、债权投资等其他特定项目，且债券存续期内项目情况发生重大变化或者发生对债券持有人权益有重大影响事项的，发行人应当于重大事项发生之日起2个交易日内披露事件起因、目前状态、可能产生的影响、拟采取或已采取的应对措施及其成效、所需决策程序及其履行情况。

发行人披露重大事项后，已经披露的重大事项出现可能对债券持有人产生较大影响的进展或者变化的，应当于发生进展或者变化之日起2个交易日内披露后续进展或者变化情况及其影响。

3.本息兑付。

发行人应当在约定的债券本息兑付日前，披露本金或者利息兑付安排相关事宜。

4.利率调整。

债券附利率调整条款的，发行人应当在利率调整日前，及时披露利率调整相关事宜。深圳证券交易所及北京证券交易所规定，调整票面利率条款与回售业务相关的，发行人应于回售申报起始日前至少披露三次票面利率调整相关公告。

5.回售及转售[①]。

债券附投资者回售条款的，发行人应当在回售申报起始日前披露回售程序、回售申报期、回售撤销期（如有）、回售价格、回售资金到账日和转售安排等内容，并在回售申报结束日前至少披露三次。回售、转售（如有）完成后，发行人应当及时披露债券回售、转售（如有）情况及其影响。上海证券交易所要求，发行人应当于回售登记期起始日前发布回售实施公告，说明回售登记期间、回售申报及其撤销方式、回售价格、回售款项偿付日期及偿付方式等事宜，并在回售开始前、回售登记期内、登记期结束前至少各披露一次回售提示性公告。发行人应

---

① 对于债券存续期内发生利率调整、回转售、债券赎回事项，深圳证券交易所和北京证券交易所的披露要求基本相同，上海证券交易所要求略有差异。

当在回售实施公告中明确回售撤销期的相关安排，回售撤销期应当至少涵盖回售登记期间。

发行人应当在回售资金到账日前（上海证券交易所规定为：回售登记期届满后）及时披露债券回售结果公告，说明回售申报金额、回售资金发放及债券注销安排等，并按规定注销相应债券。

发行人拟转售债券的，应当在回售实施公告中披露拟转售安排，在回售结果公告中披露拟转售数量、转售期间，并承诺转售符合相关规定、约定及承诺的要求。发行人应当于转售期间届满后的2个交易日内披露转售结果公告，并注销未转售部分的债券。

发行人拟申请延长转售期间的，应当于转售期间届满前5个交易日向交易所提交书面申请，说明目前转售进度、申请延长转售期的必要性和可行性、拟申请延长的期间。交易所同意发行人申请的，发行人应当及时披露延长转售期公告，说明相关安排。

延长的转售期间内，发行人应当至少每5个交易日披露一次进展公告，说明目前转售进展、发行人为推进转售工作所采取的措施及成效、预计转售完成时间。

6.债券赎回。

债券附赎回条款的，发行人应当在满足债券赎回条件后及时发布公告，明确是否行使赎回权。深圳证券交易所及北京证券交易所要求，行使赎回权的，应当披露赎回程序、赎回价格、赎回资金到账日等内容，并在赎回权行权日前至少披露三次。上海证券交易所要求，发行人应当于赎回期开始前及时披露赎回公告，于赎回期结束前发布赎回提示性公告。

赎回完成后，发行人应当及时披露债券赎回的情况及其影响，并按规定办理债券注销。

7.召开持有人会议。

发行人作为召集人召集债券持有人会议的，应当按照规定和持有人会议规则约定，及时披露会议的召集、通知、变更、取消等公告，并在会议召开后及时披露会议决议公告。

持有人会议生效决议需要发行人履行义务或者推进、落实的，发行人应当按照规定、约定或者有关承诺切实履行相应义务，推进、落实生效决议事项，并及时披露决议落实的进展情况。

8.新增、变更或者解除增信措施。

公司债券新增、变更或者解除增信措施的，发行人应当于内部有权决策机构审议同意的2个交易日内，披露下列事项：

（1）公司债券基本情况、原有增信措施内容、执行情况（如有）；

（2）增信措施变更原因及变更程序履行情况；

（3）变更后的增信措施基本情况，包括增信主体、增信类型、金额、责任承担范围、责任承担的前提条件、增信期间及责任承担期间等；

（4）变更后的增信措施为财产担保的，披露变更后的担保财产的基本情况，登记、交付、保管和相关法律手续的办理情况，公司债券在担保财产中的担保顺位情况等；

（5）变更后的增信措施为保证或者其他主体增信的，应当披露增信主体基本情况、累计对外担保余额（如有），但增信主体为融资性担保公司的，仅需披露最近1年及1期末担保责任余额；

（6）共同担保或者反担保情况（如有）；

（7）对发行人偿债能力和公司债券偿付的影响分析。

发行人应当于协议签署、召开持有人会议（如有）、完成增信法律程序等重大事项发生的2个交易日内披露进展公告。

9.实施停牌或者复牌。

公司债券根据上市规则、挂牌规则等要求实施停牌或者复牌的，发行人或者受托管理人应当于债券停牌或者复牌前提交申请并披露停牌或者复牌公告，说明原因、依据、生效时间以及后续进展公告的披露安排。

公司债券停牌期间，发行人应当至少每个月披露一次未能复牌的原因、相关事件的进展情况以及对发行人偿债能力的影响等。

（八）其他重大事项

1.出现重大不利报道或者负面不利传闻。

出现关于发行人及其重要子公司、控股股东、实际控制人或者其同一控制下重要关联方的重大不利报道或者负面不利传闻的，发行人应当及时核查报道或者传闻的真实性，评估对发行人生产经营、财务管理、外部融资及偿债能力的具体影响，并于知道或者应当知道相关报道或者传闻后的2个交易日内披露报道或者传闻内容、发行人核实的情况或者截至目前的核实进展、对发行人的偿债能力的影响分析、是否存在应披露未披露事项等，并根据核实进展情况进行持续信息披露。交易所可以要求发行人核实相关报道或者传闻内容并予以澄清或者说明。

2.债券价格异常。

公司债券首次出现价格异常大幅下跌,或者连续多日成交价格明显低于合理价值的,发行人应当自查近期生产经营、财务管理、外部融资、偿债能力及持有人权益保护等方面是否发生重大不利变化,及时披露自查公告,说明自查结果以及是否存在应披露未披露事项,但3个月内已披露过自查公告且前次披露事项未发生变化的除外。交易所可以要求发行人自查交易价格异常情况并披露自查公告。

3.拟分配现金股利超过上年末净资产10%。

发行人1个自然年度内拟分配现金股利超过上年末净资产10%的,应当于内部有权决策机构同意的2个交易日内披露分配股利的依据,股利分配方案,分配金额,分配股利对公司资产、股本、现金流情况和偿债能力的影响,并于股利分配完成后2个交易日内披露进展公告。

4.名称或者注册地址发生变更。

发行人名称或者注册地址发生变更的,应当于完成工商变更登记的2个交易日内披露变更前后的公司名称、注册地址及工商登记完成情况。

5.受托管理人、资信评级机构或会计师事务所发生变更。

公司债券受托管理人、资信评级机构或者发行人聘请的会计师事务所发生变更的,发行人应当于内部有权决策机构同意的2个交易日内披露下列事项:

(1)变更前中介机构名称及其履职情况;

(2)变更原因、变更程序履行情况;

(3)新任中介机构情况或者拟聘任中介机构的安排;

(4)新任中介机构资信和诚信情况;

(5)工作移交办理情况;

(6)原中介机构停止履职时间,新任中介机构开始履职时间;

(7)受托管理协议主要内容(变更受托管理人适用);

(8)持续跟踪评级安排(变更资信评级机构适用)。

发行人应当于决策程序取得重大进展、签订变更协议、完成工作移交办理等重大事项发生进展的2个交易日内披露重大事项进展。

6.信用评级发生调整。

发行人境内外主体信用评级或者公司信用类债券信用评级发生调整的,发行人应当于2个交易日内披露资信评级机构名称、评级对象及调整前后的评级结论、评级调整原因。评级结论为负向调整的,发行人应当结合评级关注事项、公司实际情况、投资者权益保护条款约定情况等综合分析对发行人偿债能力和投资者权益保护的影响，并说明已采取或者拟采取的应对措施及相应成效。

资信评级机构终止对发行人或者其公司信用类债券信用评级的，发行人应当于2个交易日内披露资信评级机构名称、终止原因、终止时间，但因债券到期兑付而导致的终止评级除外。

四、增信主体信息披露

为公司债券提供增信的主体（以下简称"增信主体"）属于债券存续期间的信息披露义务人之一，需根据《融资担保公司证券市场担保业务规范》、公司债券的各项信息披露指引和被担保债券相关约定、承诺的要求履行信息披露义务。

根据增信机制安排，主要增信主体类型为提供保证担保的担保人、提供资产抵/质押担保的资产所有人，其他增信主体类型还包括收购债券的第三方、债务加入方、差额补足方、流动性支持方等。

增信主体的信息披露遵循真实性、准确性、完整性、及时性和可比性的原则，以"增信能力或增信措施有效性"为核心，相关信息可能对增信主体代偿能力、增信措施有效性产生重大影响的，或者触发约定的投资者权益保护条款、构成持有人会议召开事由的，无论法律法规是否明确规定，均应当披露。

（一）定期信息披露

债券存续期间，增信主体应当在每个会计年度结束之日起4个月内，披露年度财务报告，并注明是否经审计。无法按时披露年度财务报告的，应当于上述披露截止时间前披露公告，说明未按期披露的原因、应对措施、预计披露时间等情况，但仍不能豁免其按时披露财务报告的义务。

增信机构更正定期报告相关信息的，应当及时披露更正公告和更正后的定期报告。

（二）临时信息披露

债券存续期间，发生可能影响增信主体（不包含其子公司）代偿能力、增信措施有效性、债券交易价格或债券持有人权益的重大事项，或发生增信文件约定或增信主体承诺的应当披露的重大事项时，增信主体应及时披露临时报告，并根据事项进展情况披露进展公告。

1.增信主体重大事项。

（1）增信主体因增信代偿相关纠纷被起诉或者被申请仲裁，且单笔涉案金额占增信主体净资产10%以上的：应当于收到通知之日的2个交易日内披露知道案件的时间、案件各方基本情况、案由、审理机构、诉讼或者仲裁请求及其理由、涉案金额或者可能产生的损益（如有）、案件进展情况、对增信主体代偿能力的影响分析等。增信主体应当根据案件诉讼、仲裁及执行程序的进展情况，于案件发生进展后2个交易日内披露进展公告。

（2）增信主体未能按约定履行增信代偿义务，单次金额达到5 000万元且占上年末净资产10%以上，或者1个自然年度内累计违约未偿余额达到1亿元且占上年末净资产30%以上的：应当于情形发生的2个交易日内，披露主债务的基本情况、增信协议的具体约定、未按时足额履行代偿义务的原因、增信主体财务状况和资信状况、后续履约安排等。主债务为公司信用类债券且已发生违约的，增信主体应当在发行人公告违约后2个交易日内披露临时报告。

（3）增信主体未能按约定清偿有息债务，单次金额达到5 000万元且占上年末净资产10%以上，或者1个自然年度内累计违约未偿余额达到1亿元且占上年末净资产30%以上的：增信主体应当于情形发生的5个交易日内，披露债务人及违约债务的基本情况、债务金额及期限、违约时间、违约金额；结合债务人主要风险点说明违约原因，包括但不限于生产经营、财务管理、公司治理、内外部环境变化、偿债意愿等；违约债务的处置安排、目前进展及后续处置计划；债务人目前有息债务总额、债务类型及期限结构、逾期未偿还债务的累计总额；违约事件对债务人生产经营、财务状况、外部融资的具体影响；代偿情况或者后续安排（如有）；对增信主体偿债能力的影响、已采取或者拟采取的应对措施及相应成效。

如上述债务为增信主体作为发行人的公司债券，信息披露安排参见本书"第八章 公司债券违约风险处置"。

（4）融资性增信公司以外的其他增信主体履行增信代偿义务，且1个自然年度内单笔或者累计代偿金额超过增信主体上年末净资产100%的：增信主体应当于情形发生的2个交易日内披露临时报告，说明其财务状况、代偿能力、风险控制机制及其实施情况。

（5）增信主体名称变更的：应当于完成工商变更登记2个交易日内披露变更前后的公司名称及工商登记完成情况。

（6）增信主体发生减资、合并、分立且可能影响代偿能力的，受到责令停产停业、限制从业等可能影响代偿能力的重大行政处罚的，出现《公司法》规定的解散事由的，进入破产程序的：应当于内部有权决策机构审议通过或者收到有权部门通知的2个交易日内，披露相关重大事项的基本情况、对增信主体代偿能力的影响、已采取或者拟采取的应对措施及相应成效。

发行人如发现增信主体资信状况发生重大不利变化的，应按募集说明书投资者权益保护条款的承诺，告知并积极协助配合受托管理人与保证人进行沟通协商，同时督促保证人按规定和约定履行信息披露义务。如保证人的资信状况发生重大不利变化导致其预计无法承担保证责任的，发行人应按募集说明书投资者权益保护条款的承诺及时采取必要措施以尽力维持本期债券增信措施的有效性。

2.担保物重大事项。

公司债券的增信物灭失或价值同比下降超过30%，或者存在相应灭失或价值下降风险的，增信主体应当于知道或者应当知道相应情形发生的2个交易日内披露临时报告，说明风险事项起因、具体情况、已采取或者拟采取的应对措施及相应成效、公司债券持有人享有的救济权利等。

债券存续期间，发行人如发现抵押人（拟）实施可能导致抵押财产灭失或价值减损的行为或转让抵押财产/出质人未经本期债券持有人同意转让质押财产的，发行人应按募集说明书投资者权益保护条款的承诺及时制止，将相关事项告知受托管理人，履行信息披露义务，同时督促抵押人/出质人按规定和约定履行信息披露义务。

3.重大承诺。

增信主体作出公开承诺的，应当披露承诺内容，并及时披露承诺履行的重大变化及完成情况。

4.持续披露。

已经披露的重大事项出现重大进展或者变化的，增信主体应当于知道或者应当知道之日起2个交易日内披露重大事项最新进展、变化情况及其可能产生的影响。

（三）发生触发增信情形

当发行人发生已经或预计无法按期偿付债券本息的情形，或者发生其他可能触发增信责任相关情形的，发行人应按募集说明书投资者权益保护条款的承诺及时告知受托管理人并履行信息披露义务，同时积极沟通增信主体，要求其按照保证合同或其他相关约定切实履行保证义务，同时积极协助、配合受托管理人等处置担保物或采取其他有效措施及时行使担保权利。

发行人丧失偿债能力的，根据募集说明书中约定的发行人不能偿还公司债券本息时债券持有人实现债权的方式（如：担保人代为偿付的期间与具体方式，处置担保物的具体方式与处置价款分配，第三方收购债券的情形及实现方式，商业保险、债务加入、差额补足、流动性支持等其他增信措施的责任承担前置条件、责任承担方式和承担期间，信息披露安排，争议解决机制等），增信主体应当积极做好兑付的各项准备工作，按约定向投资者履行代偿义务，充分披露相关代偿信息。

增信主体未能按约定履行增信代偿义务，公司债券已发生违约的，增信主体应当在发行人公告违约后2个交易日内披露临时报告，包括主债务的基本情况、增信协议的具体约定、未按时足额履行代偿义务的原因、增信主体财务状况和资信状况、后续履约安排等。

（四）增信机制变更情形

公司债券增信措施发生变更的，包括新增、变更或者解除增信措施，发行人应当于内部有权决策机构审议同意的2个交易日内，披露以下事项：（1）公司债券基本情况、原有增信措施内容、执行情况（如有）；（2）增信措施变更原因及变更程序履行情况；（3）变更后的增信措施基本情况（包括增信主体、增信类型、金额、责任承担范围、责任承担的前提条件、增信期间及责任承担期间等）；（4）变更后的增信措施为财产担保的，披露变更后的担保财产的基本情况、登记、交付、保管和相关法律手续的办理情况，公司债券在担保财产中的担保顺位情况等；（5）变更后的增信措施为保证或者其他主体增信的，应当披露增信主体基本情况、累计对外增信余额（如有），但增信主体为融资性担保公司的，仅需披露最近一年及一期末担保责任余额；（6）共同增信或者反增信情况（如有）；（7）对发行人偿债能力和公司债券偿付的影响分析。

发行人应当于协议签署、召开持有人会议（如有）、完成增信法律程序等重大事项发生的2个交易日内披露进展公告。

公司债券增信机制发生变更的，发行人还应当在当期年度报告/半年度报告中披露增信机制发生变更前后的内容，并说明变更原因、变更是否已取得有权机构批准以及相关变更对债券投资者权益的影响。

五、中介机构信息披露

公司债券存续期间，为债券发行提供服务的受托管理人、资信评级机构、会计师事务所、律师事务所、评估机构（如涉及）等各中介机构均为信息披露义务人，应当勤勉尽责，严格遵守执业规范和监管规则，根据规定和约定履行信息披露义务，出具专业报告或专业意见，并保证内容真实、准确、完整；对于其他与投资者作出价值判断和投资决策有关的信息有重大影响的事项鼓励自愿披露。除自身的信息披露责任外，各中介机构还应当积极配合其他公司债券信息披露义务人和信用风险管理业务参与人及时获取必要信息。

本部分将主要介绍公司债券存续期间中介机构信息披露的一般规定，对于受托管理人、资信评级机构的信息披露细化安排请参见本书"第七章 受托管理"与"第九章 证券评级业务"。

（一）中介机构基本信息及中介机构变更

发行人需在定期报告中披露中介机构基本信息及联系信息。包括为发行人提供审计服务的会计师事务所名称、办公地址及签字会计师姓名；受托管理人名称、办公地址、联系人及联系电话；报告期内对债券进行跟踪评级的资信评级机构（如有）名称、办公地址。报告期内上述中介机构发生变更的，还应当在定期报告中披露变更的原因、履行的程序及对投资者权益的影响等。

公司债券存续期内，变更中介机构发行人需履行临时信息披露义务。公司债券受托管理人、资信评级机构或者发行人聘请的会计师事务所发生变更的，发行人应当于内部有权决策机构同意的2个交易日内披露下列事项：（1）变更前中介机构名称及其履职情况；（2）变更原因、变更程序履行情况；（3）新任中介机构情况或者拟聘任中介机构的安排；（4）新任中介机构资信和诚信情况；（5）工作移交办理情况；（6）原中介机构停止履职时间，新任中介机构开始履职时间；（7）协议签署情况以及约定的主要职责（如有）[①]；（8）受托管理协议主要内容（变更受托管理人适用）；（9）持续跟踪评级安排（变更资信评级机构适用）。发行人应当于决策程序取得重大进展、签订变更协议、完成工作移交办理等重大事项发生进展的2个交易日内披露重大事项进展。

（二）受托管理人

公司债券受托管理人在债券存续期间进行持续跟踪和监督，履行各项受托管理职责，按照规定和约定履行信息披露义务，包括年度受托管理报告、临时受托管理报告、对于公司债券存续期间的其他特殊事项的受托管理报告等。此外，还需督导并协助发行人、增信主体等其他信息披露义务人合规履行信息披露义务。

---

① 深、北证券交易所存在该项要求。

《公司债券发行与交易管理办法》规定，非公开发行公司债券的，债券受托管理人应当按照债券受托管理协议的约定履行职责。实践中，通常参照公开发行公司债受托管理人履职执行。

（三）资信评级机构

公司债券发行人聘请资信评级机构对债券进行信用评级的，资信评级机构在债券存续期间需披露定期跟踪评级信息、对于重大事项的不定期跟踪评级信息、终止（提前全额兑付、到期正常兑付的除外）或撤销信用评级信息等。

（四）会计师事务所

在债券存续期内，会计师事务所为发行人、增信主体出具年度审计报告。审计报告应由会计师事务所和至少两名注册会计师签章。如相关规定和约定要求披露的中期报告需经审计的，还需出具中期审计报告。

发行人、增信主体更正经审计的财务信息的，会计师事务所需进行全面审计或者对更正事项进行专项鉴证，发行人、增信主体应当及时披露专项鉴证报告、审计报告、更正后的财务信息等内容。会计师事务所应当严格执行注册会计师执业准则及相关规定，合理运用职业判断，通过设计和实施恰当的程序、方法和技术，获取充分、适当的证据，并在此基础上发表独立意见。

（五）律师事务所

律师事务所在公司债券存续期内无定期披露报告的要求，但如有召开持有人会议等事项涉及法律意见的，应当严格执行律师执业准则及相关从业规定，合理运用职业判断，勤勉尽责，依法独立出具法律意见书。

六、典型案例

（一）定期报告披露相关案例

案例6-1 债券发行人未在规定时间内披露定期报告

案例介绍：债券发行人应当在每一会计年度结束之日起4个月内和每一会计年度的上半年结束之日起2个月内，分别向交易所提交并披露上一年度年度报告和本年度中期报告。某债券发行人未能在上述规定时间内提交并披露2022年年度报告及2023年中期报告。

被采取的措施：深圳证券交易所对该发行人及发行人董事、监事和高级管理人员（以下简称"董监高"）予以通报批评。

案例6-2　债券发行人未按规定和约定使用债券募集资金，未在定期报告中充分、准确地披露募集资金使用情况

案例介绍：某公司于2020年9月发行公司债券。债券存续期内，发行人累计划转4.30亿元募集资金至子公司，未按约定直接用于募投项目建设。此外，发行人将1.56亿元用于临时补充流动资金，但未按约定于12个月内返还至募集资金专户。在2022年年度报告中，发行人未如实、准确披露募集资金使用情况。

被采取的措施：上海证券交易所对该发行人予以监管警示。

（二）临时报告披露相关案例

案例6-3　债券发行人未对债务逾期、资产查封等重大事项履行临时信息披露义务

案例介绍：某债券发行人在存续期信息披露方面存在以下问题：

（1）未及时披露未能清偿到期债务及相关诉讼事项。截至2023年9月，公司及合并范围内子公司共有73笔达到或超过1 000万元（合计388亿元）的债务逾期及相关诉讼事项未履行临时信息披露义务。

（2）未及时披露未能清偿到期债务情况。截至2023年9月，公司及合并范围内子公司存在4笔（合计60亿元）债务逾期事项未履行临时信息披露义务。

（3）资产被查封未履行临时报告及定期报告披露义务。公司价值56.07亿元房地产资产自2020年5月19日起陆续被法院查封及轮候查封，占公司2019年末经审计净资产16.61%。公司未就该情况履行临时信息披露义务，也未在2020年半年度报告及此后的定期报告中披露。

此外，该发行人在财务核算方面还存在应付利息计提不充分、投资性房地产公允价值计量不准确的问题。

被采取的措施：2024年1月，中国证监会对该发行人出具警示函，对发行人董监高采取监管谈话措施。

案例6-4 债券发行人未及时披露债券逾期等债务情况重大事项；未及时披露被列为失信被执行人、信息披露事务负责人变更、董事变动超过1/3等公司治理及资信相关重大事项

案例介绍：某发行人在债券存续期信息披露中存在如下问题：

（1）该发行人于2020年1月至2022年9月期间共发生12笔应当披露的债务逾期事宜，逾期金额合计9.26亿元，占发行人2022年末合并报表范围净资产的2.92%；但发行人未及时披露逾期事项及其进展，也未在定期报告中如实、准确披露相关债务逾期情况。

（2）该发行人于2020年7月至2023年3月期间共发生10笔应当披露的重大诉讼事项，但发行人未及时披露相关诉讼事项及其进展，也未在定期报告中如实、准确披露相关诉讼情况。

（3）该发行人于2021年8月至2022年6月期间发生被列为失信被执行人、控股股东被列为失信被执行人、信息披露事务负责人变更、审计机构变更、董事变动超过1/3等事项，但发行人未及时披露前述重大事项。

被采取的措施：上海证券交易所对该发行人予以书面警示。

案例6-5 债券发行人未按规定披露募集资金用途变更事项、年报披露不准确、信息披露不及时

案例介绍：某发行人在债券存续期信息披露中存在如下问题：

（1）年报披露不准确，个别会计科目核算不规范；

（2）信息披露不及时，部分临时报告未按规定2个交易日内披露；

（3）募集资金使用不规范，存在变更募集资金使用明细未对外披露、未将募集资金全部用于约定项目等情形。上述行为违反了《公司债券发行与交易管理办法》（证监会令第180号）第四条、第十三条第一款及第五十条规定，违反了《公司信用类债券信息披露管理办法》第十九条规定。

被采取的措施：2024年3月，当地证监局对该发行人出具警示函。

案例6-6 债券发行人未按时披露定期报告、未及时披露临时报告

案例介绍：某发行人在债券存续期信息披露中存在如下问题：

（1）未按时披露定期报告。发行人应当于2022年4月30日前披露2021年年

度报告、于2022年8月31日前披露2022年中期报告，但未能按时披露；

（2）未及时披露临时报告：未披露重大诉讼事项；未及时披露评级调整；未及时披露新增借款事项；未及时披露控股股东变更事项。

被采取的措施：2023年1月，上海证券交易所对该发行主体及其董监高予以公开谴责。

第七章
受托管理

根据《证券法》《公司债券发行与交易管理办法》《公司债券受托管理人执业行为准则》规定，公开发行公司债券的，发行人应当为债券持有人聘请债券受托管理人，并订立债券受托管理协议；非公开发行公司债券受托管理人的职责应当参照公开发行公司债券受托管理人的职责执行，发行人应当在募集说明书中约定债券受托管理事项。本章主要介绍公司债券受托管理相关工作。

第一节 受托管理人资格

债券受托管理人由债券发行的承销机构或其他经中国证监会认可的机构担任。债券受托管理人应当勤勉尽责，公正履行受托管理职责，不得损害债券持有人利益。本节主要介绍受托管理人的任职要求及利益冲突防范及解决机制。

一、受托管理人的任职要求

根据《公司债券发行与交易管理办法》，公开发行公司债券的，发行人应当为债券持有人聘请债券受托管理人，并订立债券受托管理协议；非公开发行公司债券的，发行人应当在募集说明书中约定债券受托管理事项。在发行公司债券的实务操作中，发行人一般聘请受托管理人，并与受托管理人签署受托管理协议。

根据《公司债券受托管理人执业行为准则》，受托管理人应当为证券业协会会员。公司债券的承销机构，或其他经中国证监会认可的机构可以担任本次公司债券的受托管理人。实践中，受托管理人一般为该债券的主承销商。

受托管理人应当配备充足的具备履职能力的专业人员，并保证充足的业务投入，避免因人员和投入不足影响受托管理职责的履行。在公司债券存续期内，受托管理人可以聘请律师事务所、会计师事务所等第三方专业机构提供专业服务，但不得将其受托管理人的职责和义务委托其他第三方代为履行。

二、受托管理人的利益冲突防范及解决机制

《公司债券受托管理人执业行为准则》中明确限制了重大利益关联方担任受托管理人。为公司债券提供担保的机构、自行销售的发行人以及发行人的实际控制人、控股股东、合并报表范围内子公司及其他关联方不得担任该债券的受托管理人。

《公司债券发行与交易管理办法》及《公司债券受托管理人执业行为准则》明确了出现利益冲突的解决机制。对于债券受托管理人在履行受托管理职责时可能存在的利益冲突情形及相关风险防范、解决机制，发行人应当在债券募集说明书及债券存续期间的信息披露文件中予以充分披露，并同时在债券受托管理协议中载明。受托管理人在履行受托管理职责发生利益冲突时，应在知道或应当知道该等情形之日起五个交易日内向市场公告临时受托管理事务报告。

第二节 受托管理人职责

受托管理人应当依照《公司债券受托管理人执业行为准则》和受托管理协议的约定维护债券持有人的权益，落实投资者权益保护机制。本节主要介绍受托管理人的职责。

一、督导发行人履行存续期信息披露义务

《证券法》《公司信用类债券信息披露管理办法》及《公司债券发行与交易管理办法》中均明确了公司债券发行人应当履行定期报告及重大事项临时报告的信息披露义务。根据《公司债券受托管理人执业行为准则》及《公开发行公司债券受托管理协议必备条款》(简称《受托管理协议必备条款》)，受托管理人应当提示发行人按照相关规定及约定履行公司债券存续期间的各项义务，包括在债券存续期内持续督促发行人履行信息披露义务，督导发行人提升信息披露质量，有效维护债券持有人利益。

（一）存续期定期报告披露的督导义务

企业应当在每个会计年度结束之日起4个月内披露上一年年度报告，应当在每个会计年度的上半年结束之日起2个月内披露半年度报告。企业的董事、高级管理人员应当对定期报告签署书面确认意见。监事会应当对董事会编制的债券发行文件和定期报告进行审核并提出书面审核意见。监事应当签署书面确认意见。

根据《公司债券受托管理人执业行为准则》，受托管理人应当督促发行人的董事、监事、高级管理人员自觉强化法治意识、诚信意识，全面理解和执行公司债券存续期管理的有关法律法规、债券市场规范运作和信息披露的要求。《受托管理协议必备条款》进一步明确，受托管理人应当在债券存续期内持续督促发行人履行信息披露义务，并应核查发行人董事、监事、高级管理人员对发行人定期报告的书面确认意见签署情况。受托管理人应督导发行人按照法律法规的要求及时披露定期报告，同时应提示发行人董事、监事、高级管理人员按照相关法律法规，理解、执行信息披露相关要求，核查董事、监事、高级管理人员对定期报告的书面签署意见。

沪深北证券交易所对受托管理人应履行的核查义务提出了更细致的要求。

根据《上交所自律监管规则指引1号》《深交所存续期指引2号》《北交所存续期指引2号》的规定，受托管理人应当在发行人定期报告披露后2个交易日内核查发行人董事、监事、高级管理人员对定期报告的书面确认情况。发现存在下列情况的，受托管理人应当立即向证券交易所报告，并及时披露临时受托管理事务报告：

（1）发行人董事、监事、高级管理人员未对定期报告签署书面确认意见；

（2）签署书面确认意见的董事、监事、高级管理人员与定期报告披露的人员不一致；

（3）发行人董事、监事、高级管理人员无法保证定期报告内容的真实性、准确性、完整性或者有异议；

（4）发行人未准确披露董事、监事、高级管理人员对定期报告的书面确认意见；

（5）发行人不配合受托管理人对定期报告的核查工作。

（二）存续期重大事项临时报告披露的督导义务

根据《公司信用类债券信息披露管理办法》，在债券存续期内，当发行人发生可能影响偿债能力或投资者权益的重大事项时，应当及时披露，并说明事项的起因、目前的状态和可能产生的影响。

根据《公司债券受托管理人执业行为准则》《受托管理协议必备条款》，受托管理人在公司债券存续期内，应持续关注发行人的资信状况和信用风险状况，监测发行人是否出现重大事项，对影响偿债能力和投资者权益的重大事项，受托管理人应当督促发行人及时、公平地履行信息披露义务。上述重大事项具体包括：

（1）发行人名称变更、股权结构或生产经营状况发生重大变化；

（2）发行人变更财务报告审计机构、资信评级机构；

（3）发行人1/3以上董事、2/3以上监事、董事长、总经理或具有同等职责的人员发生变动；

（4）发行人法定代表人、董事长、总经理或具有同等职责的人员无法履行职责；

（5）发行人控股股东或者实际控制人变更；

（6）发行人发生重大资产抵押、质押、出售、转让、报废、无偿划转以及重大投资行为或重大资产重组；

（7）发行人发生超过上年末净资产10%的重大损失；

（8）发行人放弃债权或者财产超过上年末净资产的10%；

（9）发行人股权、经营权涉及被委托管理；

（10）发行人丧失对重要子公司的实际控制权；

（11）发行人主体或债券信用评级发生变化，或者债券担保情况发生变更；

（12）发行人转移债券清偿义务；

（13）发行人一次承担他人债务超过上年末净资产10%，或者新增借款、对外提供担保超过上年末净资产的20%；

（14）发行人未能清偿到期债务或进行债务重组；

（15）发行人涉嫌违法违规被有权机关调查，受到刑事处罚、重大行政处罚或行政监管措施、市场自律组织作出的债券业务相关的处分，或者存在严重失信行为；

（16）发行人法定代表人、控股股东、实际控制人、董事、监事、高级管理人员涉嫌违法违规被有权机关调查、采取强制措施，或者存在严重失信行为；

（17）发行人涉及重大诉讼、仲裁事项；

（18）发行人出现可能影响其偿债能力的资产被查封、扣押或冻结的情况；

（19）发行人分配股利，作出减资、合并、分立、解散及申请破产的决定，或者依法进入破产程序、被责令关闭；

（20）发行人涉及需要说明的市场传闻；

（21）募集说明书约定或发行人承诺的其他应当披露事项；

（22）募投项目情况发生重大变化，可能影响募集资金投入和使用计划，或者导致项目预期运营收益实现存在较大不确定性；

（23）其他可能影响发行人偿债能力或债券持有人权益的事项。

沪、深、北证券交易所分别在《上交所自律监管规则指引1号》《深交所存续期指引2号》《北交所存续期指引2号》中明确规定了重大事项临时报告的触发情形、披露内容及披露的时间。受托管理人应督导提示发行人、增信主体等真实、准确、完整、及时地履行信息披露义务。

实操过程中，受托管理人应建立对发行人的定期跟踪机制，包括但不限于定期全面排查发行人重大事项发生情况、监测重大负面舆情、监控债券二级市场价格异常波动、定期查询债券持有人结构等，监测发行人重大事项的发生情况。若发现发生重大事项，及时提示督促发行人按照相关规定履行信息披露义务。

二、持续关注公司债券增信情况

对有增信措施的债券，受托管理人除应关注发行人的资信状况和信用风险状况，还应持续关注公司债券增信主体资信状况和增信措施有效性的变化情况，研判分析对公司债券按时还本付息可能产生的影响。

（一）对增信措施有效性的持续核查

对有增信措施的债券，受托管理人应对增信措施是否发生重大不利变化开展持续监测及核查。《公司债券受托管理人执业行为准则》规定，受托管理人应当持续关注公司债券增信主体的资信状况、担保物价值和权属情况以及内外部增信机制、偿债保障措施、投资者保护条款等投资者权益保护机制的实施情况，并按照债券受托管理协议的约定对上述情况进行核查。

根据《受托管理协议必备条款》，受托管理人可以采取以下方式进行核查：

（1）对于发行人触发重大事项信息披露的情形时，列席发行人和增信主体内部有权机构的决策会议，或获取相关会议纪要；

（2）定期查阅前项所述的会议资料、财务会计报告和会计账簿；

（3）定期调取增信主体银行征信记录；

（4）定期对增信主体进行现场检查；

（5）定期约见增信主体进行谈话；

（6）定期对担保物（如有）进行现场检查，关注担保物状况；

（7）定期查询相关网站系统或进行实地走访，了解相关于增信主体的诉讼仲裁、处罚处分、诚信信息、媒体报道等内容。

发行人不能偿还债务时，受托管理人应当督促发行人、增信主体（如有）和其他具有偿付义务的机构等落实相应的偿债措施。

（二）增信措施发生变化后应履行的职责

在债券存续期内，增信主体或增信措施若出现重大变化的，受托管理人应督促发行人、增信主体履行信息披露义务，按要求披露临时受托管理报告，及时调整债券风险分类（如需）。发生触发债券持有人会议情形的，受托管理人应当召集债券持有人会议。

1.信息披露。

根据《公司信用类债券信息披露管理办法》，当债券担保情况发生变更，或者债券信用评级发生变化时，发行人应当及时披露相关事项。

另外，根据《上交所自律监管规则指引1号》《深交所存续期指引2号》《北交所存续期指引2号》的要求，当发生可能影响增信主体代偿能力、增信措施有效性的重大事项时，增信主体应当及时披露临时报告，包括：

（1）因增信代偿相关纠纷被起诉或者被申请仲裁，且单笔涉案金额占增信主体净资产10%以上的；

（2）增信主体未能按约定履行增信代偿义务，单次金额达到5 000万元且占上年末净资产10%以上，或者1个自然年度内累计违约未偿余额达到1亿元且占上年末净资产30%以上的；

（3）公司债券的增信物灭失或价值同比下降超过30%，或者存在相应灭失或价值下降风险的；

（4）增信主体未能按约定清偿有息债务，单次金额达到5 000万元且占上年末净资产10%以上，或者1个自然年度内累计违约未偿余额达到1亿元且占上年末净资产30%以上的；

（5）融资性增信公司以外的其他增信主体履行增信代偿义务，且1个自然年度内单笔或者累计代偿金额超过增信主体上年末净资产100%的；

（6）增信主体发生减资、合并、分立且可能影响代偿能力的；受到责令停产停业、限制从业等可能影响代偿能力的重大行政处罚；出现《公司法》规定的解散事由的；进入破产程序的；

（7）增信主体名称变更的。

在增信主体及增信措施发生上述重大变化或变更时，受托管理人应督促发行人、增信主体按照法律法规要求及时进行信息披露。进一步，根据《公司债券受托管理人执业行为准则》，当受托管理人关注到公司债券内外部增信机制、偿债保障措施发生重大变化时，受托管理人应在知道或应当知道之日起5个交易日内向市场公告临时受托管理事务报告，并在年度受托管理报告中披露内外部增信机制重大变化的基本情况及处理结果。

2.召开持有人会议。

根据《上海证券交易所公司债券上市规则》《深圳证券交易所公司债券上市规则》《北京证券交易所公司债券上市规则》，增信机构、增信措施或者其他偿债保障措施发生重大变化且对债券持有人利益带来重大不利影响，拟变更债券募集说明书的约定（包括变更债券增信措施）的，应召开持有人会议。对会议形成的生效决议，受托管理人应当积极落实或者督促发行人和其他相关方予以落实。发行人或其他相关方未按规定或约定落实持有人会议决议的，受托管理人应当及时采取有效应对措施，切实维护债券持有人法定或约定的权利。

3.信用风险管理。

对于增信措施发生信用风险情况、重大不利变化的，或增信措施灭失、变更的，可能影响债券偿付能力的，受托管理人需要及时对债项风险分类进行调整，更新债券风险档案，并视交易所要求，及时上报临时信用风险管理报告及更新后的风险档案，并视各地证监局要求同步进行报送。对于债券即将出现重大偿付风险的，应立即按照《公司债券受托管理人处置公司债券违约风险指引》（简称《处置公司债券违约风险指引》）的要求，启动债券违约风险应急管理工作，并做好监管汇报工作。

（三）存续期内需增加增信措施的情形

1.发行人出现违约风险时。

根据《公司债券发行与交易管理办法》《公司债券受托管理人执业行为准则》，当预计发行人不能偿还债务时，受托管理人应要求发行人追加担保，并可以依法申请法定机关采取财产保全措施。《处置公司债券违约风险指引》中进一步明确，若发行人未能按照规定或约定履行的，受托管理人应当督促发行人及时披露或说明有关情况，或按照规定或约定召集债券持有人会议。

发行人按照受托管理人或债券持有人会议决议要求提供追加担保的，受托管理人应当督促并协助发行人及时签订担保合同、担保函，办理担保物抵/质押登记工作。受托管理人应当对保证人和担保物的状况进行了解和调查，并督促、提醒担保物保管人妥善保管担保物，避免担保物价值降低、毁损或灭失。

办理担保物抵/质押登记工作前，受托管理人应当协调发行人、担保物提供者及相关中介机构与登记机构进行沟通。完成追加担保工作后，受托管理人和发行人应当向债券持有人披露担保合同和担保函的主要内容以及保证人的基本情况、担保物的基本情况和登记情况等内容，并提示保证人代偿、担保物变现环节可能存在的风险。

2.发行人实质违约后。

《受托管理协议必备条款》中明确，发行人违约的，受托管理人可以要求发行人追加担保。担保物发生价值减损或灭失导致无法覆盖违约债券本息的，受托管理人可以要求再次追加担保。发行人违约后，受托管理人可以根据债券持有人会议决议的授权处置担保物。公司债券募集说明书、受托协议等另有约定的，从其约定。

三、募集资金使用督导

《证券法》《公司债券发行与交易管理办法》《公司债券受托管理人执业行为准则》《上海证券交易所债券存续期业务指南第3号——募集资金管理重点关注事项（试行）》《深圳证券交易所公司债券存续期业务指南第3号——募集资金管理重点关注事项（试行）》《北京证券交易所公司债券存续期业务指南第3号——募集资金管理重点关注事项（试行）》等法律法规及规则详细规定了公司债券发行人募集资金使用及受托管理人对募集资金使用督导的相关要求。《证券法》《公司债券发行与交易管理办法》规定，公开发行公司债券筹集的资金，必须按照公司债券募集说明书所列资金用途使用；改变资金用途，必须经债券持有人会议作出决议。非公开发行公司债券，募集资金应当用于约定的用途；改变资金用途，应当履行募集说明书约定的程序。发行人应当指定专项账户，用于公司债券募集资金的接收、存储、划转。

根据上述要求，公司债券的募集资金使用应进行专户管理，并按照募集说明书的约定使用。

（一）募集资金使用前的工作

受托管理人应当在募集资金到达专项账户前与发行人以及存放募集资金的银

行订立募集资金监管协议，明确当期债券的资金监管专户。

受托管理人应当督导发行人制定募集资金管理制度，明确募集资金存储、使用、变更调整等事项的审批权限、决策程序、风险控制措施及信息披露要求，防止募集资金被约定使用主体以外的其他主体违规占用或挪用，确保募集资金使用合规、安全。

（二）募集资金的专户管理

受托管理人应当对发行人指定专项账户用于公司债券募集资金的接收、存储、划转情况进行监督。

在每期债券募集资金使用完毕前，受托管理人应当监督每期债券募集资金在专项账户中是否存在与其他债券募集资金或其他资金混同存放的情形，根据募集资金监管协议约定的必须通过募集资金专项账户划转的偿债资金除外。若受托管理人发现募集资金账户存在资金混同存放的，应督促发行人进行整改和纠正。

实际操作中，除募集说明书有特殊约定，受托管理人应当监督发行人直接通过募集资金专项账户使用募集资金，辅导告知发行人不可将募集资金由专项账户转入一般账户中再进行使用。若受托管理人发现发行人将募集资金由专项账户转入一般账户，应督导发行人进行整改和纠正。对于募集说明书约定了募集资金将由财务公司归集后使用的情形，受托管理人应当监督募集资金的流转路径是否清晰可辨。

（三）募集资金的使用

在公司债券存续期内，受托管理人应当持续监督并定期检查发行人募集资金的使用情况是否与相关规定及公司债券募集说明书约定一致，募集资金按约定使用完毕的除外。

受托管理人应至少按季度核查募集资金专项账户的流水、募集资金的使用凭证、募集资金使用的内部决策流程，核查发行人募集资金的使用是否符合法律法规的要求、募集说明书的约定及募集资金使用管理制度的相关规定。

募集资金用于补充流动资金、固定资产投资项目或者股权投资、债权投资等其他特定项目的，受托管理人应定期核查的募集资金使用凭证包括但不限于合同、发票、转账凭证；募集资金用于偿还有息债务的，受托管理人应定期核查的募集资金的使用凭证包括但不限于借款合同、转账凭证、有息债务还款凭证。

对于募集资金用于固定资产投资项目或者股权投资、债权投资等其他特定项目的债券，受托管理人还应当关注募集资金的实际投入情况及项目运营效益情况。受托管理人应当按季度核查募集资金实际投入情况是否符合项目进展，是否存在未按预期投入或长期未投入的情况，项目建设进度是否与募集资金使用进度或募集说明书披露的预期进度存在较大差异，项目运营收益是否符合预期。若存在进度或募集资金投入情况明显不符或者有悖常理、或项目运营效益发生重大不利变化的，受托管理人应当督促发行人履行信息披露义务。对于募集资金用于固定资产投资项目的，受托管理人应当至少每年对项目建设进展及运营情况开展一次现场核查并在年度受托管理事务报告中披露现场核查情况。

（四）募集资金用于临时补充流动资金

根据募集说明书的约定，发行人可以将闲置募集资金用于临时补充流动资金。募集说明书未明确约定的，不得将募集资金用于临时补流。募集资金实际用途临近付款节点，或者发行人临时补充流动资金期间临近12个月的，受托管理人应当督促发行人将相应款项归集至募集资金专项账户。

（五）募集资金用途变更应履行的程序

公开发行公司债券，变更调整前后的募集资金用途分别属于偿还债务、补充流动资金、固定资产投资项目、股权投资或资产收购等用途中的不同类别，应召开持有人会议。非公开发行公司债应在募集说明书中明确约定募集资金用途变更程序，按照募集说明书的约定履行相关变更程序。公司债券募集说明书中未明确约定调整或变更募集资金用途应履行的程序或约定不清晰的，均应召开持有人会议。受托管理人应当督导发行人在变更决策程序完成后的2个交易日内，且不晚于募集资金用途变更前，进行临时信息披露。

实际操作中，募集资金使用存在变更的，受托管理人应当核查募集资金变更是否履行了法律法规要求、募集说明书约定及发行人募集资金使用管理制度规定的相关流程，并核查发行人是否按照法律法规要求履行信息披露义务。

（六）发现发行人存在募集资金使用违规情形所应开展的工作

受托管理人在督导及核查发行人募集资金使用过程中应当重点关注募集资金专户运作情况、募集资金使用情况、临时补流情况、募集资金用途变更调整情况、募集资金相关信息披露合规性等。

受托管理人发现募集资金使用存在违法违规情形的，应当督促发行人整改，披露临时受托管理事务报告,并在年度受托管理事务报告中披露对发行人募集资金使用情况的核查结果。

四、信息披露义务

《证券法》《公司债券发行与交易管理办法》《公司债券受托管理人执业行为准则》《上交所自律监管规则指引1号》《深交所存续期指引2号》《北交所存续期指引2号》等法律法规及规则详细规定了受托管理人信息披露和受托管理事务报告的相关要求。

(一)年度受托管理事务报告

受托管理人应当建立对发行人的定期跟踪机制,监督发行人对公司债券募集说明书所约定义务的执行情况。对于债券存续期超过1年的,受托管理人应当在每年6月30日前披露上一年度的年度受托管理事务报告。年度受托管理事务报告,应当至少包括以下内容。

(1)受托管理人履行职责情况。

(2)发行人的经营与财务状况。

(3)发行人募集资金使用及专项账户运作情况与核查情况。募集资金用于固定资产投资项目的,受托管理人应当至少每年现场核查一次项目建设和运营情况,并在年度受托管理事务报告中说明核查情况和结论。

(4)内外部增信机制、偿债保障措施的有效性分析,发生重大变化的,说明基本情况及处理结果。

(5)信用风险管理履职情况、发行人偿债保障措施的执行情况以及公司债券的本息偿付情况。

(6)发行人在公司债券募集说明书中约定的其他义务的执行情况(如有)。

(7)债券持有人会议召开的情况。

(8)偿债能力和意愿分析。

(9)与发行人偿债能力和增信措施有关的其他情况及受托管理人采取的应对措施。

根据《上海证券交易所公司债券发行上市审核规则适用指引第2号——专项品种公司债券》《深圳证券交易所公司债券发行上市审核业务指引第7号——专项品种公司债券》《北京证券交易所公司债券发行上市审核规则适用指引第2号——专项品种公司债券》,专项品种公司债的年度受托管理事务报告应根据上述法规披露相关内容。

（二）临时受托管理事务报告

在公司债券存续期内，出现以下情形之一的，受托管理人应在知道或应当知道该等情形之日起5个交易日内向市场公告临时受托管理事务报告：

（1）受托管理人在履行受托管理职责时发生利益冲突；
（2）发行人未按照相关规定与募集说明书的约定使用募集资金；
（3）内外部增信机制、偿债保障措施发生重大变化；
（4）发行人违反募集说明书承诺且对债券持有人权益有重大影响；
（5）发现发行人及其关联方交易其发行的公司债券；
（6）《公司信用类债券信息披露管理办法》《公司债券受托管理人执业行为准则》及交易所公司债券持续信息披露指引规定的发行人应披露重大事项临时报告的情形。

（三）其他需要受托管理人履行信息披露义务的情形

1. 定期报告董事、监事、高级管理人员书面确认情况存在问题。

受托管理人应当在发行人定期报告披露的2个交易日内核查发行人董事、监事、高级管理人员对定期报告的书面确认情况。

存在下列情况之一的，受托管理人应当立即向交易所报告，并及时披露临时受托管理事务报告：

（1）发行人董事、监事、高级管理人员未对定期报告签署书面确认意见；
（2）签署书面确认意见的董事、监事、高级管理人员与发行人披露的董事、监事、高级管理人员不一致；
（3）发行人董事、监事、高级管理人员无法保证定期报告内容的真实性、准确性、完整性或者持有异议；
（4）发行人未准确披露董事、监事、高级管理人员对定期报告的书面确认意见；
（5）发行人不配合受托管理人对定期报告的核查工作。

2. 公司债转售合规性核查。

发行人拟转售公司债券的，受托管理人应当在发行人披露回售结果公告当日，披露临时受托管理事务报告，就本期债券转售是否符合规定、发行人各期债券募集说明书约定及其相关承诺发表明确意见。

3.持有人会议。

受托管理人作为召集人召集债券持有人会议的，应当按照规定和持有人会议规则约定，及时披露会议的召集、通知、变更、取消等公告，并在会议召开后及时披露会议决议公告。

受托管理人应当及时就生效决议实施过程中的重大事项履行信息披露义务。

4.公司债券停牌、复牌。

发行人未按交易所要求每个月至少披露一次未能复牌的相关公告的，或者发行人信用风险状况及程度不清的，受托管理人应当按照相关规定及时对发行人进行排查，于停牌后3个月内出具并披露临时受托管理事务报告，说明核查过程、核查所了解的发行人相关信息及其进展情况、发行人信用风险状况及程度等，并提示投资者关注相关风险。

5.补位信息披露。

信息披露义务人未按照相关法律法规及时披露重大事项的，受托管理人应当督促其及时披露相关信息，及时披露临时受托管理事务报告，说明该重大事项的具体情况、对债券偿付可能产生的影响、受托管理人已采取或者拟采取的应对措施及相应成效等。

6.公司债券违约。

公司债券发生违约的，受托管理人应当持续跟踪债券违约进展情况，督促发行人披露重大事项、违约处置方案、处置进展等，并于每个季度结束后5个交易日内披露受托管理事务报告，说明违约处置的最新进展及其履职情况。

7.授权加入债权人委员会。

受托管理人接受委托代表全部或者部分债券持有人参加债权人委员会的，受托管理人应当在征集委托前披露公告说明下列事项：

（1）债权人委员会的职能、成员范围；

（2）债权人委员会的成立时间、解散条件及程序；

（3）持有人参加或者退出债权人委员会的条件及方式；

（4）持有人如参加债权人委员会享有的权利、义务及可能对其行使权利产生的影响；

（5）根据《金融机构债权人委员会工作规程》等制定的债权人协议的主要内容；

（6）根据《金融机构债权人委员会工作规程》等制定的债权人委员会议事规则的主要内容、债权人委员会的工作流程和决策机制；

（7）未参加债权人委员会的其他持有人行使权利的方式、路径；

（8）受托管理人代表持有人参加债权人委员会的相应安排；

（9）其他参加债权人委员会的风险提示及需要说明的事项。

8.发行人破产。

发行人进入破产程序且受托管理人成为破产程序债权人委员会成员的，受托管理人应当在每季度结束后及时披露受托管理事务报告，说明其在债权人委员会中的履职情况。

9.募集资金使用。

在募集资金全部使用完毕前，受托管理人核查认为发行人未规范使用募集资金的，受托管理人应当及时要求发行人纠正，并根据规定或者约定披露临时受托管理事务报告，说明募集资金约定用途及实际用途、专项账户管理情况、未规范使用募集资金的具体情况，受托管理人已采取或者拟采取的应对措施等。

募集资金用于固定资产投资项目的，受托管理人核查发现项目建设运营情况发生重大不利变化，或者和发行人披露情况存在较大差异的，受托管理人应当及时披露临时受托管理事务报告，并督促发行人及时履行披露义务并采取应对措施。

第三节 受托管理人变更

《公司债券受托管理人执业行为准则》以及沪深北证券交易所上市规则对变更受托管理人作出了详细的规定。本节主要介绍需变更受托管理人的情形以及变更程序。

一、需要变更受托管理人的情形

在公司债券存续期内，出现下列情形之一的，应当召开公司债券持有人会议，履行变更受托管理人的程序：

（1）受托管理人未能持续履行《公司债券受托管理人执业行为准则》或受托协议约定的受托管理人职责；

（2）受托管理人停业、解散、破产或依法被撤销；

（3）受托管理人提出书面辞职；

（4）受托管理人不再符合受托管理人资格的其他情形。

新任受托管理人应当符合受托管理人资格要求，并在与发行人签订受托协议之日或双方约定之日起承接原任受托管理人的权利和义务。

原任受托管理人在受托协议中的权利和义务,在新任受托管理人与发行人签订受托协议之日或双方约定之日起终止,但并不免除原任受托管理人在原受托协议生效期间所应当享有的权利以及应当承担的责任。

二、变更受托管理人应当履行的程序

根据沪深北证券交易所上市规则,拟变更债券受托管理人或者受托管理协议的主要内容的,受托管理人应当及时召集债券持有人会议。

在受托管理人应当召集而未召集债券持有人会议时,单独或合计持有本期债券总额10%以上的债券持有人有权自行召集债券持有人会议。

原任受托管理人应当在变更生效当日或之前与新任受托管理人办理完毕工作移交手续。

原任受托管理人职责终止的,应当自完成移交手续之日起5个交易日内,由新任受托管理人向证券业协会报告,报告内容包括但不限于:新任受托管理人的名称、新任受托管理人履行职责起始日期、受托管理人变更原因以及资料移交情况。

第四节 债券持有人权益保护

在债券存续期限内,债券受托管理人应按照规定或协议的约定维护债券持有人的利益,落实投资者权益保护机制。除督导发行人履行信息披露义务、按照约定使用募集资金外,受托管理人还应当按照规定及约定召集持有人会议、落实投资者保护机制、持续开展信用风险管理,并在发生违约风险时积极参与违约风险处置,以有效保护投资者权益。本节主要介绍受托管理人召集债券持有人会议、开展信用风险管理及违约风险处置的相关要求。

一、债券持有人会议

《公司债券发行与交易管理办法》以及沪深北证券交易所上市规则明确了债券持有人会议的机制及其基本要求。《公司债券发行与交易管理办法》中明确,债券持有人会议规则应当公平、合理。债券持有人会议规则应当明确债券持有人通过债券持有人会议行使权利的范围,债券持有人会议的召集、通知、决策生效条件与决策程序、决策效力范围和其他重要事项。沪、深、北证券交易所发布了《上海证券交易所公司债券存续期业务指南第1号——公司债券持有人会议规则（参考文本）》《深圳证券交易所公司债券持有人会议规则编制指南（参考文本）》《北京证券交易所公司债券持有人会议规则编制指南（参考文本）》，对债券持有人会议规则提供了较为细致的参考文本。

实际操作过程中，债券持有人会议规则的约定应符合法律法规的相关要求，受托管理人及其他相关机构应参照该期债券签署的债券持有人会议规则召集持有人会议。

（一）持有人会议的权限范围

根据《公司债券发行与交易管理办法》及沪深北证券交易所上市规则，沪、深证券交易所非公开发行公司债券挂牌规则等规定，发行人、担保人（如有）、担保物（如有）存在下列情形的，受托管理人应当召集债券持有人会议：

（1）拟变更债券募集说明书的约定；

（2）拟修改债券持有人会议规则；

（3）拟变更债券受托管理人或受托管理协议的主要内容；

（4）发行人不能按期支付本息；

（5）发行人减资、合并等可能导致偿债能力发生重大不利变化，需要决定或者授权采取相应措施；

（6）发行人分立、被托管、解散、申请破产或者依法进入破产程序；

（7）保证人、担保物或者其他偿债保障措施发生重大变化；

（8）发行人、单独或合计持有本期债券总额10%以上的债券持有人书面提议召开；

（9）发行人管理层不能正常履行职责，导致发行人债务清偿能力面临严重不确定性；

（10）发行人提出债务重组方案的；

（11）发生其他对债券持有人权益有重大影响的事项；

（12）发行人或相关方无偿或以明显不合理低价处置发行人资产或者以发行人资产对外提供担保，导致发行人偿债能力面临严重不确定性；

（13）债券募集说明书约定的其他应当召开债券持有人会议的情形。

沪、深、北证券交易所债券持有人会议编制参考文本对于何种情况应召开持有人会议提出了更细致的要求，例如，"变更债券募集说明书的约定"的范畴包括：变更债券偿付的基本要素（包括偿付主体、期限、票面利率调整机制等）、变更增信或其他偿债保障措施及其执行安排、变更债券投资者保护措施及其执行安排、变更募集说明书约定的募集资金用途、其他涉及债券本息偿付安排及与偿债能力密切相关的重大事项变更等。

发生下列事项之一，需要决定或授权采取相应措施（包括但不限于与发行人等相关方进行协商谈判，提起、参与仲裁或诉讼程序，处置担保物或者其他有利于投资者权益保护的措施等）的，应召开持有人会议：

（1）发行人已经或预计不能按期支付本期债券的本金或者利息；

（2）发行人已经或预计不能按期支付除本期债券以外的其他有息负债，未偿金额超过5 000万元且达到发行人母公司最近一期经审计净资产10%以上的；

（3）发行人合并报表范围内的重要子公司已经或预计不能按期支付有息负债，未偿金额超过5 000万元且达到发行人合并报表最近一期经审计净资产10%以上的；

（4）发行人及其合并报表范围内的重要子公司发生减资、合并、分立、被责令停产停业、被暂扣或者吊销许可证、被托管、解散、申请破产或者依法进入破产程序的；

（5）发行人管理层不能正常履行职责，导致发行人偿债能力面临严重不确定性的；

（6）发行人或其控股股东、实际控制人因无偿或以明显不合理对价转让资产或放弃债权、对外提供大额担保等行为导致发行人偿债能力面临严重不确定性的；

（7）增信主体、增信措施或者其他偿债保障措施发生重大不利变化的；

（8）发生其他对债券持有人权益有重大不利影响的事项。

其中重要子公司指的是最近一期经审计的总资产、净资产或营业收入占发行人合并报表相应科目30%以上的子公司。

实际操作过程中，受托管理人应按照最终签署的债券持有人会议规则的约定，召开持有人会议。各证券交易所的参考文本是较好的参考范例。受托管理人可以根据实际情况或者与意向投资者、发行人的沟通情况，以参考文本有关条款为基础做出更高标准的约定，或者进一步补充细化其他约定，但不得损害投资者合法权益。

（二）持有人会议的筹备

1.会议的召集。

受托管理人是债券持有人会议主要召集人，受托管理人应在触发债券持有人会议规则约定的召集会议的条件时，召开债券持有人会议。参考文本中进一步要求，受托管理人原则上应于出现持有人会议的审议范围内事项后15个交易日内召开债券持有人会议，经一定比例以上的债券持有人同意延期召开的除外。

同时，根据沪深北证券交易所上市规则、债券持有人会议编制参考文本，发行人、单独或者合计持有本期债券总额10%以上的债券持有人均可以提议召开持有人会议。拟召开持有人会议的，应向受托管理人提出书面提议。受托管理人自收到书面提议之日起5个交易日内应向提议人书面回复是否召集持有人会议，并说明召集会议的具体安排或不召集会议的理由。同意召集会议的，应当于书面回复日起15个交易日内召开债券持有人会议，提议人同意延期召开的除外。

受托管理人不同意召集会议或者应当召集而未召集会议的，发行人、单独或者合计持有本期债券未偿还份额10%以上的债券持有人、保证人（如有）或者其他提供增信或偿债保障措施的机构或个人有权自行召集债券持有人会议，受托管理人应当为召开债券持有人会议提供必要协助，包括：协助披露债券持有人会议通知及会议结果等文件、代召集人查询债券持有人名册并提供联系方式、协助召集人联系应当列席会议的相关机构或人员等。

2.议案的提出与修改。

沪深北证券交易所上市规则、债券持有人会议编制参考文本中明确，提交持有人会议审议的议案应当符合法律法规及债券持有人会议规则的相关规定或者约定，有利于保护债券持有人利益，具有明确并切实可行的决议事项，议案的决议事项原则上应包括需要决议的具体方案或措施、实施主体、实施时间及其他相关重要事项。

受托管理人或者自行召集债券持有人会议的提议人（简称"召集人"）披露债券持有人会议通知后，受托管理人、发行人、单独或者合计持有本期债券未偿还份额10%以上的债券持有人、保证人或者其他提供增信或偿债保障措施的机构或个人（本章统称为"提案人"）均可以书面形式提出议案，召集人应当将相关议案提交债券持有人会议审议。召集人应当在会议通知中明确提案人提出议案的方式及时限要求。

召集人应当就全部拟提交审议的议案与相关提案人、议案涉及的利益相关方进行充分沟通，对议案进行修改完善或协助提案人对议案进行修改完善，尽可能确保提交审议的议案符合议案的基本要求，且同次债券持有人会议拟审议议案间不存在实质矛盾。

召集人经与提案人充分沟通，仍无法避免同次债券持有人会议拟审议议案的待决议事项间存在实质矛盾的,则相关议案应当按照签署的持有人会议规则约定的情况进行表决,如仅能对其中一项议案投"同意"票等。召集人应当在债券持有人会议通知中明确该项表决涉及的议案、表决程序及生效条件。

提交同次债券持有人会议审议的全部议案应当最晚于债权登记日前一交易日公告,增补议案应当及时披露并给予相关方充分讨论决策时间。议案未按规定及约定披露的,不得提交该次债券持有人会议审议。

因出席人数未达到债券持有人会议规则约定的最低要求的,召集人决定再次召集会议的,可以根据前次会议召集期间债券持有人的相关意见适当调整拟审议议案的部分细节,以寻求获得债券持有人会议审议通过的最大可能。

3. 会议的通知、变更及取消。

(1) 会议的通知。根据沪深北证券交易所上市规则,召集人应当至少于持有人会议召开日前10个交易日发布召开持有人会议的通知。债券持有人会议规则另有约定的,从其约定。召集人因临时突发事件认为需要紧急召集持有人会议以有利于持有人权益保护的,可以适当缩短会议通知的提前期限,但应当给予相关方充分讨论决策时间。

根据沪深北证券交易所债券持有人会议编制参考文本,债券持有人会议通知公告内容包括但不限于债券基本情况、会议时间、会议召开形式、会议地点(如有)、会议拟审议议案、债权登记日、会议表决方式及表决时间等议事程序、委托事项、召集人及会务负责人的姓名和联系方式等。

因前次会议出席人数未达到债券持有人会议规则约定的最低要求的,召集人拟就实质相同或相近的议案再次召集会议的,披露会议通知的时间可以略延后,根据沪深北证券交易所债券持有人会议编制参考文本建议的时间,该通知建议最晚于现场会议召开日前3个交易日或者非现场会议召开日前2个交易日进行披露,并在公告中详细说明以下事项:

①前次会议召集期间债券持有人关于拟审议议案的相关意见;
②本次拟审议议案较前次议案的调整情况及其调整原因;
③本次拟审议议案通过与否对投资者权益可能产生的影响;
④本次债券持有人会议出席人数如仍未达到约定要求,召集人后续取消或者再次召集会议的相关安排以及可能对投资者权益产生的影响。

(2) 会议的变更。召集人决定延期召开债券持有人会议或者变更债券持有人会议通知涉及的召开形式、会议地点及拟审议议案内容等事项的,应当最迟于原定债权登记日前一交易日,在会议通知发布的同一信息披露平台披露会议通知变更公告。

已披露的会议召开时间原则上不得随意提前。因发生紧急情况，受托管理人认为如不尽快召开债券持有人会议可能导致持有人权益受损的除外。

（3）会议的取消。债券持有人会议通知发出后，除召开债券持有人会议的事由消除、发生不可抗力的情形或相关规则另有约定的，债券持有人会议不得随意取消。召集人拟取消该次债券持有人会议的，原则上应不晚于原定债权登记日前一交易日在会议通知发布的同一信息披露平台披露取消公告并说明取消理由。

如债券持有人会议设置参会反馈环节，反馈拟出席会议的持有人不足债券持有人会议规则约定的最低要求的，且召集人已在会议通知中提示该次会议可能取消风险的，召集人有权决定直接取消该次会议。

（三）持有人会议的召开及决议

1. 债券持有人会议的召开。

《公司债券发行与交易管理办法》、沪深北证券交易所上市规则等法律法规中未明确债券持有人会议召开应符合的参会人数或比例要求。沪、深、北证券交易所债券持有人会议编制参考文本中对持有人会议召开的人数比例要求提出了建议，债券持有人会议应当由代表本期债券未偿还份额且享有表决权的1/2以上债券持有人出席方能召开。实际操作中，通常代表本期债券未偿还份额且享有表决权的1/2以上出席为最低要求。

债权登记日登记在册的、持有本期债券未偿还份额的持有人均有权出席债券持有人会议并行使表决权。债权登记日为债券持有人会议召开日的前1个交易日。债券持有人会议因故变更召开时间的，债权登记日相应调整。

债券持有人可以自行出席债券持有人会议并行使表决权，也可以委托受托管理人、其他债券持有人或者其他代理人（以下统称"代理人"）出席债券持有人会议并按授权范围行使表决权。

受托管理人可以作为征集人，征集债券持有人委托其代理出席债券持有人会议，并按授权范围行使表决权。征集人应当向债券持有人客观说明债券持有人会议的议题和表决事项，不得隐瞒、误导或者以有偿方式征集。征集人代理出席债券持有人会议并行使表决权的，应当取得债券持有人的委托书。

拟审议议案需要发行人或其控股股东和实际控制人、债券清偿义务承继方、保证人或者其他提供增信或偿债保障措施的机构或个人等履行义务或者推进、落实的，上述机构或个人应按照受托管理人或召集人的要求，安排具有相应权限的人员按时出席债券持有人现场会议，向债券持有人说明相关情况，接受债券持有人等的询问，与债券持有人进行沟通协商，并明确拟审议议案决议事项的相关安排。

资信评级机构可以应召集人邀请列席债券持有人现场会议，持续跟踪发行人或其控股股东和实际控制人、债券清偿义务承继方、保证人或者其他提供增信或偿债保障措施的机构或个人等的资信情况，及时披露跟踪评级报告。

2.债券持有人会议的表决。

沪深北证券交易所债券持有人会议编制参考文本明确了债券持有人会议采取记名方式投票表决。每一张未偿还的债券享有一票表决权。发行人及其重大利益关联方可以在持有人会议上发表意见，但无表决权，其直接或间接持有的债券也不计入本期债券表决权总数。重大关联方包括：

（1）发行人及其关联方，包括发行人的控股股东、实际控制人、合并范围内子公司、同一实际控制人控制下的关联公司（仅同受国家控制的除外）等；

（2）本期债券的保证人或者其他提供增信或偿债保障措施的机构或个人；

（3）债券清偿义务承继方；

（4）其他与拟审议事项存在利益冲突的机构或个人；

（5）其他约定的人员。

债券持有人会议表决开始前，上述机构、个人或者其委托投资的资产管理产品的管理人应当主动向召集人申报关联关系或利益冲突有关情况并回避表决。

出席会议且享有表决权的债券持有人需按照"同意""反对""弃权"三种类型进行表决，表决意见不可附带相关条件。无明确表决意见、附带条件的表决、就同一议案的多项表决意见、字迹无法辨认的表决或者出席现场会议但未提交表决票的，原则上均视为选择"弃权"。

3.债券持有人会议决议的生效。

《公司债券发行与交易管理办法》以及沪深北证券交易所上市规则等未明确债券持有人会议决议生效的具体比例。沪深北证券交易所上市规则规定，债券持有人会议对表决事项作出决议，经超过债券持有人会议规则约定比例的有表决权的债券持有人同意方可生效。

沪深北证券交易所债券持有人会议编制参考文本中，根据审议事项的重要程度分层设置了决议的生效条件。实际操作中，受托管理人一般会参照参考文本建议的比例要求或更高的要求制定持有人会议规则中会议决议生效的条件。具体而言，参考文本约定债券持有人会议对下列重大事项之一且具备生效条件的议案作出决议，应经全体有表决权的债券持有人所持表决权的2/3以上同意方可生效：

（1）拟同意第三方承担本期债券清偿义务；

（2）发行人拟下调票面利率的，债券募集说明书已明确约定发行人单方面享有相应决定权的除外；

（3）发行人或其他负有偿付义务的第三方提议减免、延缓偿付本期债券应付本息的，债券募集说明书已明确约定发行人单方面享有相应决定权的除外；

（4）拟减免、延缓增信主体或其他负有代偿义务第三方的金钱给付义务；

（5）拟减少抵押/质押等担保物数量或价值，导致剩余抵押/质押等担保物价值不足以覆盖本期债券全部未偿本息；

（6）拟修改债券募集说明书、债券持有人会议规则相关约定以直接或间接实现上述第（1）至（5）项目的；

（7）拟修改相关规则关于债券持有人会议权限范围的相关约定。

除以上重大事项外，债券持有人会议对其他一般事项且具备生效条件的议案作出决议，参考文本建议经超过出席债券持有人会议且有表决权的持有人所持表决权的1/2同意方可生效。

实际操作中，存在召集人就实质相同或相近的一般事项议案连续召集若干次债券持有人会议且每次会议出席人数均未达到会议召开最低要求的情况。若存在该种情况，参考文本中建议，若召集三次持有人会议仍未达到会议召开的最低要求，相关决议经出席第三次债券持有人会议的债券持有人所持表决权的1/2以上同意即可生效，具体比例可由受托管理人在债券持有人会议规则中明确。

（四）持有人会议的会后事项与决议落实

根据沪深北证券交易所上市规则及债券持有人会议编制参考文本，债券持有人会议均由受托管理人负责记录，并由召集人指定代表及见证律师共同签字确认。债券持有人会议记录、表决票、债券持有人参会资格证明文件、代理人的委托书及其他会议材料由债券受托管理人保存。保存期限至少至本期债券债权债务关系终止后的5年。

召集人应最晚于债券持有人会议表决截止日次一交易日披露会议决议公告，债券持有人会议形成的决议自通过之日起生效。见证律师应当针对会议的召集、召开、表决程序，出席会议人员资格，有效表决权的确定，决议的效力及其合法性等事项出具法律意见书。法律意见书应当与债券持有人会议决议一同披露。

债券持有人根据相关规则、文件约定的议事方式和表决程序形成的生效决议，受托管理人应当积极落实或者督促发行人和其他相关方予以落实。受托管理人应当按规定和约定及时披露决议落实的进展情况及后续安排。

债券持有人会议生效决议需要发行人或其控股股东和实际控制人、债券清偿义务承继方、保证人或者其他提供增信或偿债保障措施的机构或个人等履行义务或者推进、落实的，上述相关机构或个人应当按照规定、约定或有关承诺切实履行相应义务，推进、落实生效决议事项，并及时披露决议落实的进展情况。相关机构或个人未按规定、约定或有关承诺落实债券持有人会议生效决议的，受托管理人应当采取进一步措施，切实维护债券持有人权益。

债券持有人授权受托管理人提起、参加债券违约合同纠纷仲裁、诉讼或者申请、参加破产程序的，受托管理人应当按照授权范围及实施安排等要求，勤勉履行相应义务。受托管理人未能按照授权文件约定勤勉代表债券持有人提起、参加仲裁或诉讼，或者在过程中存在其他怠于行使职责的行为，债券持有人可以单独、共同或推选其他代表人提起、参加仲裁或诉讼。

（五）特别约定

1.关于表决机制的特别约定。

沪深北证券交易所债券持有人会议编制参考文本中规定，因债券持有人行使回售选择权或者其他法律规定或募集说明书约定的权利，导致部分债券持有人对发行人享有的给付请求权与其他同期债券持有人不同的，具有相同请求权的债券持有人可以就不涉及其他债券持有人权益的事项进行单独表决。

上述所涉事项由受托管理人、或所持债券份额占全部具有相同请求权的未偿还债券余额一定比例以上（实操中一般参照参考文本设置为10%及以上）的债券持有人或其他符合条件的提案人作为特别议案提出，仅限受托管理人作为召集人，并由利益相关的债券持有人进行表决。

受托管理人拟召集持有人会议审议特别议案的，应当在会议通知中披露议案内容、参与表决的债券持有人范围、生效条件，并明确说明相关议案不提交全体债券持有人进行表决的理由以及议案通过后是否会对未参与表决的投资者产生不利影响。

特别议案的生效条件通常以受托管理人在会议通知中明确的条件为准，见证律师应当在法律意见书中就特别议案的效力发表明确意见。

2.简化程序。

根据沪深北证券交易所上市规则，触发召开持有人会议的情形，但对债券持有人权益保护不会产生不利影响的，受托管理人可以按照相关规定或债券持有人会议规则的约定简化债券持有人会议召集程序或决议方式，但应当及时披露相关决议公告。

根据沪深北证券交易所债券持有人会议编制参考文本，出现以下事项时，受托管理人可以按照简化程序召集债券持有人会议，具体如下：

（1）发行人拟变更债券募集资金用途，且变更后不会影响发行人偿债能力的；

（2）发行人因实施股权激励计划等回购股份导致减资的（双方可约定累计减资金额低于本期债券发行时最近一期经审计合并口径净资产固定百分比以下的适用，实操中一般为5%）；

（3）债券受托管理人拟代表债券持有人落实的有关事项预计不会对债券持有人权益保护产生重大不利影响的；

（4）债券募集说明书、债券持有人会议规则、债券受托管理协议等文件已明确约定相关不利事项发生时发行人、受托管理人等主体的义务，但未明确约定具体执行安排或者相关主体未在约定时间内完全履行相应义务，需要进一步予以明确的；

（5）受托管理人、提案人已经就具备生效条件的拟审议议案与有表决权的债券持有人沟通协商，且超过持有人会议规则中约定的决议生效比例的债券持有人已经表示同意议案内容的；

（6）全部未偿还债券份额的持有人数量（同一管理人持有的数个账户合并计算）不超过一定数量（实操中一般参照参考文本设置为4名）且均书面同意按照简化程序召集、召开会议的。

发生上述（1）项至（3）项情形的，受托管理人可以公告说明关于发行人或受托管理人拟采取措施的内容、预计对发行人偿债能力及投资者权益保护产生的影响等。债券持有人如有异议的，应于公告之日起一定时限内（实操中一般参照参考文本设置为5个交易日内）以书面形式回复受托管理人。逾期不回复的，视为同意受托管理人公告所涉意见或者建议。

针对债券持有人所提异议事项，受托管理人应当与异议人积极沟通，并视情况决定是否调整相关内容后重新征求债券持有人的意见，或者终止适用简化程序。单独或合计持有本期债券未偿还份额10%以上的债券持有人于异议期内提议终止适用简化程序的，受托管理人应当立即终止。异议期届满后，视为本次会议已召开并表决完毕，受托管理人应当确定会议结果，并于次日内披露持有人会议决议公告及见证律师出具的法律意见书。

发生以上（4）至（6）项情形的，受托管理人应最晚于现场会议召开日前3个交易日或者非现场会议召开日前2个交易日披露召开持有人会议的通知公告，详细说明拟审议议案的决议事项及其执行安排、预计对发行人偿债能力和投资者权益保护产生的影响以及会议召开和表决方式等事项。债券持有人可以按照会议通知所明确的方式进行表决。

二、信用风险管理

《公司债券发行与交易管理办法》《公司债券受托管理人执业行为准则》明确，受托管理人应当持续关注公司债券增信主体的资信状况、担保物价值和权属情况以及内外部增信机制、偿债保障措施、投资者保护条款等投资者权益保护机制的实施情况，并按照受托协议的约定对上述情况进行核查。

《上海证券交易所债券自律监管规则适用指引第4号——公司债券和资产支持证券信用风险管理》《深圳证券交易所公司债券存续期监管业务指引第3号——信用风险管理》《北京证券交易所公司债券存续期监管业务指引第3号——信用风险管理》进一步明确了受托管理人在存续期应履行的持续信用风险管理的义务。受托管理人应当建立健全公司债券信用风险管理制度，持续优化信用风险监测、研判、排查、预警、报送、应对及处置等环节的业务流程，配备充足资源并设立专门机构或者岗位从事信用风险管理相关工作，确保信用风险管理责任落实到具体岗位和人员，并在业绩考核评价中充分考虑信用风险管理工作实效。

为保护债券持有人合法权益，受托管理人应当在公司债券信用风险管理中履行下列职责：持续动态监测受托管理公司债券及其发行人、增信主体的信用风险变化情况，进行风险分类管理；发挥自身专业优势，协助、督导发行人有针对性地主动管理信用风险；督促发行人或者其他相关机构及时披露影响还本付息风险事项的相关信息，进行风险预警；按照规定或者约定披露受托管理事务报告；协调、督促发行人、增信主体等采取有效措施化解信用风险或者处置违约事件，履行规定或者约定的信息披露和风险管理义务；协助债券持有人积极沟通发行人，必要时按照规定或者约定召集债券持有人会议；根据相关规定、约定或者持有人委托，代表持有人维护合法权益。

（一）信用风险监测

1.定期信用风险研判。

根据沪、深、北证券交易所信用风险管理指引，受托管理人应当建立信用风险管理集体决策机制,由公司主要负责人或者分管公司债券、风险管理等业务的高级管理人员(简称"相关高级管理人员")负责,定期研判信用风险管理工作形势,明确工作方向和重点,就信用风险管理履职中的重要事项作出决策并督促落实。

受托管理人应当按季度对债券市场信用风险形势、所管理公司债券及相关负有偿付义务主体的信用风险情况进行整体研判,明确下一阶段信用风险管理工作重点和重点关注企业,有针对性地提前部署风险管理相关工作。

2.信用风险持续监测。

根据沪深北证券交易所信用风险管理指引,受托管理人应当持续关注下列事项,综合发行人公开市场存续产品规模、还本付息时限、投资者保护条款具体约定等因素,研判分析发行人自身信用风险程度及其所属企业集团的整体资信状况:

(1)行业政策,重点关注所处行业周期、政策、竞争格局及其变化等对发行人经营环境、融资环境、现金流管理等产生的影响。

(2)经营状况,重点关注发行人生产经营和盈利能力的稳定性、可持续性,是否可能发生影响偿债能力的重大诉讼或者仲裁等。

(3)财务状况,重点关注发行人杠杆水平、真实负债规模和期限结构、融资结构、资产质量及其变化、主要资产变现能力、现金流状况及其变化等,综合评估偿债压力和再融资可得性。

(4)公司治理,重点关注发行人及其所属企业集团控制权和经营管理团队的稳定性,是否存在重大违法违规或者严重失信行为,发行人偿债意愿,发行人控股股东、实际控制人、主要负责人的资信状况等。

(5)市场表现,重点关注是否存在重大负面舆情,二级市场交易价格是否存在异常波动,发行人及其公开市场融资产品资信评级变化情况等。

(6)所属企业集团关联影响,重点关注发行人所属企业集团内部资金往来及相互担保情况、集团整体资信状况及是否存在可能影响发行人资信水平的重大负面事件等。

受托管理人应当参照上述要求,持续关注增信主体资信状况和增信措施有效性的变化情况,研判分析对公司债券按时还本付息可能产生的影响。

若公司债券募集资金用于项目的,受托管理人还应当持续关注下列募投项目相关事项,分析对项目预期运营收益实现是否存在不利影响:

(1)是否按照预期开工、建设和完工;

（2）建设进度是否与募集资金投入使用进度匹配；

（3）已形成的资产或者收益权是否按照募集说明书约定办理抵押或者质押手续（如有）；

（4）完工后的实际收益是否符合预期；

（5）可能影响募投项目运营收益的其他事项。

受托管理人应当充分运用日常主动履职核查、查阅公开市场信息或者舆情信息、监测二级市场交易信息等多种方式和渠道，持续动态收集可能影响公司债券信用状况的信息，及时准确掌握信用风险变化情况。

受托管理人可以根据融资主体的风险特征，建立信用风险监测指标体系或者模型，运用技术手段提升风险监测实效，或可以聘请外部专业机构协助开展信用风险监测分析。

（二）信用风险分类

根据沪深北证券交易所信用风险管理指引的规定，受托管理人应当根据公司债券信用风险程度，将其划分为正常类、一般关注类、重点关注类、风险类及违约类，实施差异化的风险监测、排查、化解和处置安排，对重点关注类、风险类和违约类产品的风险管理工作投入更多资源、执行更高要求，并在内部制度流程中予以明确。

1. 一般关注类。

一般关注类债券，是指发行人的偿债能力或者增信措施的有效性已经或者正在发生不利变化，可能对按期还本付息产生实质影响，需要持续关注信用风险是否进一步恶化的公司债券。

出现下列情形之一的，受托管理人可以将相关公司债券列为一般关注类债券：

（1）发行人所处行业环境或者政策发生不利变化；

（2）发行人生产经营情况发生不利变化；

（3）发行人控制权稳定性或者董事长、总经理、财务负责人等关键人员履职稳定性发生不利变化；

（4）发行人最近一期财务报告被出具非标准审计意见，且相关事项对发行人的偿债能力产生不利影响；

（5）发行人董事、监事、高级管理人员无法保证最近一期定期报告内容的真实性、准确性、完整性或者持有异议；

（6）发行人母公司或者合并报表口径主要经营指标或者财务指标发生较大不

利变化或者与发行人所处行业相应特征存在较大差异；

（7）发行人母公司或者合并报表口径有息负债、或有负债的余额较大或最近一年新增规模较大，或者短期负债占比较高或负债短期化趋势明显；

（8）发行人母公司或者合并报表口径自由现金流规模下降，或者对短期负债的覆盖比例下降；

（9）发行人融资环境、融资渠道、融资成本等发生异常或者不利变化；

（10）发行人及其主要子公司的主要资产被查封、扣押、冻结，发生灭失或者大幅资产减值；

（11）发行人频繁收购资产，但是未相应增加主营业务利润；

（12）发行人公开市场融资产品交易价格频繁出现异常波动或者严重偏离合理估值；

（13）出现关于发行人及其重要子公司的重大市场不利传闻；

（14）发行人未能履行募集说明书约定等相关承诺事项，或者存在公司信用类债券业务相关的违法违规行为；

（15）发行人被列为失信被执行人、环保或者安全生产领域失信单位等信用惩戒对象，受到刑事处罚、重大行政处罚或者行政监管措施，或者涉嫌违法犯罪；

（16）境内外资信评级机构下调发行人主体或者债项评级、调整评级展望为负面或者将其列入信用观察名单；

（17）发行人作为特定原始权益人、基础资产重要现金流提供方、增信主体的专项计划的资信状况发生不利变化；

（18）发行人控股股东、实际控制人、与发行人处于同一控制下的其他关联主体出现第（1）项至第（17）项规定情形的同类事项，可能对发行人的资信状况产生不利影响；

（19）增信主体出现第（1）项至第（17）项规定情形的同类事项，可能对其代偿能力产生不利影响，或者在其他债务中存在无故拖延、拒绝承担增信责任的情形；

（20）抵押物、质押物等灭失或者价值发生较大减损；

（21）募集资金投资计划、募投项目建设情况、募投项目所处市场环境等发生变化，可能对项目预期运营收益的实现产生较大不利影响；

（22）公司债券募投项目建设、运营所形成的资产或者收益权未能按照募集说明书约定办理抵押或者质押手续；

（23）其他可能对公司债券还本付息产生不利影响或者受托管理人认为应当予以关注的情形。

2.重点关注类。

重点关注类债券，是指发行人的偿债能力或者增信措施的有效性已经发生明显不利变化，按期还本付息存在较大不确定性，需要提前采取措施积极应对的公司债券。

出现下列情形之一的，受托管理人应当将相关公司债券列为重点关注类债券：

（1）发行人最近6个月内面临还本付息公司信用类债券的偿债资金来源暂未明确，且存在符合列为一般关注类的任一情形；

（2）发行人最近3个月内面临公司信用类债券还本付息，且偿债资金来源暂未明确或者预计按时足额归集、划付存在较大不确定性；

（3）发行人及其主要子公司在缺乏合理交易背景、交易对价的情况下，或者违反公司债券募集说明书或相关承诺的约定，出售转让主要资产或者将其用于抵押、质押等增信措施；

（4）募投项目存在长期未开工、未完工、完工后未实际运营等情形或者因擅自变更募集资金用途、项目投资建设运营违法违规等原因导致募投项目建设进度严重滞后或者长期无法正常产生运营收益的；

（5）发行人或者相关主体拒不配合受托管理人履职，导致受托管理人无法正常开展信用风险管理工作并准确研判发行人或者公司债券的信用风险程度。

3.风险类债券。

风险类债券，是指发行人的偿债能力或者增信措施的有效性严重恶化，预计无法按时还本付息的公司债券。

出现下列情形之一的，受托管理人应当将相关公司债券列为风险类债券：

（1）已经或者应当被列为重点关注类债券的发行人未能积极主动采取风险应对措施，或者已采取的措施效果有限，发行人信用风险仍进一步恶化，可能严重影响公司债券按时还本付息；

（2）发行人未能按时清偿其他公司信用类债券或者境外债券；

（3）发行人发生可能触发募集说明书约定的交叉违约、加速清偿等条款的事项；

（4）发行人被行业主管部门、地方政府、国有资本运营公司等接管或者托管；

（5）募投项目为虚假项目、发生重大减值、出现严重损毁或灭失；

（6）其他受托管理人认为应当列为风险类的情形。

4.违约类债券。

违约类债券，是指未能在下列日期还本付息的公司债券：

（1）募集说明书、持有人会议决议等约定的还本付息日。相关文件或者协议对还本付息日约定宽限期的，以宽限期届满日为准。

（2）生效判决、仲裁裁决确定的偿付日期。

（3）人民法院裁定受理发行人破产和解、重整或者清算程序之日。

违约类、风险类、重点关注类及一般关注类以外的全部公司债券均属于正常类产品。

受托管理人应当按照各风险等级产品的定义、分类标准和风险监测、排查中掌握的实际情况，综合评估确定相关公司债券的风险分类，并对分类结果进行动态管理。

（三）信用风险排查

沪深北证券交易所信用风险管理指引中明确了信用风险排查的具体要求。受托管理人应当结合风险分类结果，聚焦重点领域、重点主体和偿债能力相关的关键事项，及时开展信用风险排查，摸清所管理公司债券、相关负有偿付义务主体的风险底数、主要风险点和偿付意愿，核实资金筹措、归集情况，评估相关增信措施、投资者权益保护措施或者风险应对措施的有效性，研判信用风险影响程度及其他可能的风险传导影响，形成相应风险档案并动态更新。

1.信用风险排查的形式。

信用风险排查可以采取现场、非现场或者现场与非现场相结合的方式进行，但应当综合运用查阅调取资料、访谈相关人员、书面函证、现场走访等方式进行，必要时应当实地了解相关负有偿付义务主体的具体情况，并可以视情况对其控股股东、实际控制人、供应商、客户、债权人、相关专业机构等进行延伸排查，不得仅以电话、邮件或者通用问题列表问询等形式开展排查。

2.不同风险分类的债券风险排查的时间要求。

受托管理人应当结合信用风险程度、偿付日远近、募集说明书等相关投资者权益保护条款约定等因素，统筹安排风险排查工作，优先排查风险程度较高、还本付息较近的主体。

对于正常类的公司债券，受托管理人应当至少在还本付息日前1个月开展风险排查，提醒相关主体落实偿付资金，按时履行还本付息、资金归集或转付等义务，并持续跟踪偿付资金落实情况。

对于一般关注类的公司债券，受托管理人应当至少在还本付息日前2个月开展风险排查，并持续跟踪偿付资金落实情况。

受托管理人每年采取现场方式进行风险排查的一般关注类债券发行人家数不得少于上一年末管理的全部一般关注类债券发行人家数的1/3；发行人总家数少于3家的，受托管理人每年至少对1家发行人进行现场风险排查。

对于重点关注类、风险类的公司债券，受托管理人应当至少在还本付息日前3个月、前2周各完成一次风险排查，并持续跟踪偿付资金落实情况。在排查形式上至少有一次应当为现场排查。

对于违约类的公司债券，受托管理人应当每季度至少开展一次风险排查，每年至少开展一次现场排查，并持续跟踪违约处置进展情况。

受托管理人应当不晚于每次还本付息日前的第5个交易日，以适当方式确认偿付资金的实际落实情况并持续跟踪归集、划付情况。发现按时偿付存在不确定性，应当及时向交易所报告。募集说明书、受托管理协议或者其他相关协议有更高要求的，从其约定。

3.应及时开展信用风险排查的情况。

存在下列情形之一的，受托管理人应当及时以适当方式开展风险排查，分析研判相关事件的具体成因，评估其对发行人风险的影响程度以及是否存在风险传导影响：

（1）出现关于发行人及其控股股东、实际控制人的市场不利传闻。

（2）公司债券出现价格异常大幅波动，或者连续多日成交价格明显偏离合理价值。

（3）发行人及其所属同一企业集团内的其他主体在境内外公开市场融资产品的交易价格出现大幅下跌。

（4）发生其他可能影响发行人偿付能力且影响程度暂不确定的事件。

4.高级管理人员应参与的信用风险排查。

受托管理人相关高级管理人员应当亲自参与下列现场风险排查工作，指导制定排查计划，负责沟通协调排查对象的相关负责人，综合排查情况及风险，研判结果，组织拟定相关应对措施：

（1）风险类债券还本付息日前的现场排查；

（2）违约类债券每年一次的现场排查；

（3）相关融资主体市场关注度较高或者公开市场融资规模较大，且拟对其开展现场风险排查的。

受托管理人应当定期核查所管理公司债券持有人结构变化情况，是否与发行人存在直接或者间接关联关系，并按要求向交易所报告核查结果。

（四）信用风险管理报告机制

1.信用风险报告的时间要求。

根据沪深北证券交易所信用风险管理指引，受托管理人应当于每年2月末、5月末、8月末、11月末之前，向交易所报告截至上月末全部存量公司债券的风险分类情况，并应当于每月20日前向交易所报告下一个月内面临还本付息的一般关注类、重点关注类、风险类和违约类公司债券的资金筹措或者归集情况。

发生下列情形之一的，受托管理人应当在5个交易日内向交易所报送临时信用风险管理报告和相关发行人、特定原始权益人、基础资产重要现金流提供方的风险档案：

（1）公司债券的信用风险分类发生变更，且变更前或者变更后的分类属于重点关注类、风险类或者违约类的；

（2）公司债券还本付息前1个月，偿付资金的具体来源或者预计到位时间仍无法确定，预计相关产品按期偿付或者分配收益存在较大不确定性的；

（3）重点关注类、风险类、违约类发行人或者风险应对处置取得重大进展的；

（4）其他可能对公司债券的按期偿付或者分配收益产生较大不利影响的情形。

2.临时信用风险报告及风险档案应包含的内容。

沪深北证券交易所信用风险管理指引中明确了临时信用风险报告及风险档案应包含的内容。

临时信用风险管理报告和风险档案的内容应当重点突出较前次报告发生变化的相关内容。临时信用风险管理报告应当包括但不限于下列内容。

（1）发行人和公司债券的基本情况、最新风险分类。

（2）风险分类调整及其原因（如有）。

（3）最新风险事件基本情况（如有）。

（4）已采取的信用风险主动管理措施、效果和面临的主要困难。

（5）后续风险应对安排，包括偿付资金的来源和可行性评估、具体落实安排和相关重要时点等。涉及资产处置的，需进一步说明待处置资产或者项目明细、处置时间节点；涉及协商和解的，需进一步说明沟通工作安排和进展情况。

（6）受托管理人履职情况，包括已采取的应对措施和效果、内部集体决策机制落实情况、相关责任人员履职情况等。

（7）发行人主要负责人和业务联络人的姓名、职务、职责范围、电话和邮箱。

（8）受托管理人相关责任人员的姓名、职务、职责范围、电话和邮箱。

发行人风险档案应当包括但不限于下列内容。

（1）基本情况，包括公司名称、性质、行业、注册地、主要业务所在地、成立时间、控股股东、实际控制人、是否为境内外上市公司或者上市公司关联方等。

（2）生产经营情况，包括从事的业务类型、主要收入来源和主要财务数据。属于市政建设类企业的，应当说明所属行政层级、业务所在区域情况等；属于房地产企业的，应当说明主要经营的物业类型、销售情况、主要项目分布、土地储备规模与区域分布等；属于其他产业类企业的，应当说明所处行业当前景气度和政策情况、近三年销售情况和变动趋势等。

（3）公司治理情况，包括公司经营与管理风格、实际控制人背景、管理层人员稳定性、公司与集团内其他主体间决策机制和资金管理机制的独立运行情况等。

（4）集团内债券、资产证券化或者其他融资产品情况，包括融资主体、期限结构、产品明细表，并按照融资主体和偿付类型列示一年内待偿付或者分配收益产品的只数、金额、上市挂牌场所。

（5）主要风险点及其影响程度。包括结合有息负债结构和投资者权益保护条款约定情况研判债务压力；结合当前自由现金流情况、现金流对短期债务覆盖程度、资产受限情况、现金流可持续性等研判流动性风险；结合主要融资渠道、债权人结构、融资政策、市场舆情、二级市场价格等研判融资可得性；结合主要资产类型、分布、权利受限情况等研判资产变现能力。

（6）压力测试情况，结合主要风险点，评估1个月内、3个月内、半年内的信用风险程度，分析极端情况下可能的风险传导路径及其风险敞口。

发行人为集团控股平台的，应当进一步说明核心子公司的基本情况、生产经营情况、主要风险点及其影响研判。

发行人的直接或者间接控股股东、处于同一控制下的其他重要关联方为境内外上市公司或者存续境内外公开市场融资产品，且相关主体之间存在风险交叉传导可能的，应当一并说明控股股东或者重要关联方的基本情况、生产经营情况、公司治理情况、公开市场融资情况、主要风险点及其影响研判。

受托管理人及其有关人员应当及时向交易所报告信用风险监测、排查中的重要情况。情况紧急的，应当第一时间进行口头报告，避免发生超预期的信用风险事件。

（五）信用风险主动管理

受托管理人应当就信用风险监测、排查了解的发行人相关风险点，与发行人或者其他相关主体充分沟通，协助其制定并落实相关应对措施，并持续跟踪评估相关主体信用风险的变化情况。

受托管理人应当充分发挥自身专业优势，针对发行人及其所属企业集团的信用风险特征和实际情况，积极协助发行人开展信用风险主动管理，以逐步稳定、修复、提升其自身及所属企业集团的信用水平，赢得利益相关方的支持认同，保障公司偿债能力、经营与外部融资环境总体稳定。

根据沪、深、北证券交易所信用风险管理指引，信用风险主动管理工具包括公司债券购回、回售撤销与转售、公司债券置换及特定债券转让。

1.公司债券购回。

发行人可以通过要约方式或者其他交易所认可的方式，购回发行人在交易所上市挂牌的存量公司债券。受托管理人应当积极协助购回方制定公允、合理的债券购回方案，选择合适的购回业务模式，加强对购回业务全流程的合规性核查，督促购回方严格按照相关业务规则的要求实施购回并履行信息披露义务，切实维护持有人的合法权益。

购回方应当于内部决策程序履行完毕之日起2个交易日内及时告知标的债券的发行人和受托管理人，积极配合受托管理人开展相应核查工作，并在购回开始前向其报备购回方相关内幕信息知情人名单，承诺严格按照规定和约定开展债券购回业务并履行相应义务。

受托管理人应当在购回方披露购回实施结果公告后的5个交易日内披露临时受托管理事务报告，说明债券购回期间的履职情况，并就本次购回是否符合交易所业务规则的规定发表意见。

2.回售撤销与转售。

公司债券附回售条款的，发行人、受托管理人应当提前了解投资者回售意愿，做好投资者沟通引导，明确回售预期，降低回售对发行人或者基础资产流动性的冲击。

已申报回售登记的持有人可以于公告的回售撤销期内通过交易所交易系统进行回售申报撤销。公告的回售撤销期届满后，经与发行人协商一致并经交易所认可，持有人可以按照规定通过受托管理人向发行人申请撤销回售申报。受托管理人应当协助持有人做好回售申报和撤销的有关工作。

受托管理人应当加强对公司债券回售转售业务全流程的监督管理，督导发行人合规开展转售业务。如发现发行人存在违反规定、约定或者相关承诺的，应当督促发行人予以纠正并向交易所报告。

3.公司债券置换。

发行人为优化存量债务期限结构，可以发行公司债券用于置换存量标的债券。受托管理人应协助发行人、债券持有人做好沟通工作，必要时需向证券登记结算机构申请查询债券持有人名册及相关登记信息等，为公司债券置换工作提供支持。

4.特定债券转让。

发生以下任一情形，或者受托管理人认为有其他合理理由的，可以向交易所申请为同一发行人上市挂牌的全部或部分债券提供相应转让服务：

（1）经持有人会议决议或者与全体持有人协商一致，同意债券的本息展期偿付、资产支持证券延期分配收益的；

（2）符合违约类公司债券；

（3）同一发行人在其他交易场所上市挂牌的公司信用类债券出现展期或者未按照约定还本付息、分配收益情形的；

（4）发行人被第三方整体托管或接管的；

（5）根据相关规定，银行保险机构、证券期货基金经营机构等金融机构或者私募投资基金管理人发起成立针对发行人的金融机构债权人委员会的；

（6）发行人进入破产预重整程序的。

其中发生第（1）种、第（2）种情况的，发行人、受托管理人应当向交易所申请为相关债券提供转让服务。

特定债券转让期间，发行人、受托管理人等信息披露义务人应当按照规定或者约定及时履行信息披露义务，保证所披露的信息真实、准确、完整，并切实加强内幕信息管理。

拟披露的信息预计将影响特定债券信用风险化解处置，或者有其他合理理由的，信息披露义务人可以暂缓披露或者申请仅面向专业机构投资者、持有人披露相关信息或通过适当方式向持有人公平披露相关信息。

受托管理人应当为受让方、出让方的转让协商和履行相应义务提供协助配合及相关便利。

三、违约风险处置

受托管理人处置公司债券违约风险，应当按照《关于公司信用类债券违约处置有关事宜的通知》《处置公司债券违约风险指引》、沪、深、北证券交易所信用风险管理指引要求开展相关工作。

公司债券违约风险是指发行人偿还公司债券本息存在重大不确定性，违约是指发行人未能按期足额偿还公司债券本息、法院受理发行人破产申请或因发生募集说明书等约定的情形导致公司债券提前到期且发行人未能按期足额偿付本息。

发行人发生违约风险情形的，受托管理人应当按照应急处置预案开展工作，及时掌握发行人风险状况，督促发行人和增信主体（如有）等按照相关规定和约定履行信息披露义务。风险事件由违约风险发展为违约或发行人直接发生违约的，受托管理人应当按照应急处置预案开展工作并根据实际情况适当调整，督促发行人及时告知全体债券持有人，并于每个季度结束后及时向债券投资者披露违约处置的最新进展与自身履职情况。

具体要求详见本书"第八章 公司债券违约风险处置"。

第八章
公司债券违约风险处置

近年来我国债券违约事件有所增多，债券违约和处置进入常态化阶段。建立完善的债券违约处置机制、提升违约处置效率，是防范化解债券市场风险、保护投资者合法权益的有效路径之一，也是市场向纵深发展的必经之路。监管机构持续加快完善债券违约处置机制，加强债券中介机构全流程执业的规范管理，进一步细化明确相关监管要求。本章主要介绍受托管理人应对和处置公司债券违约风险的相关工作及关注事项。

第一节　公司债券违约风险处置概述

本节主要介绍公司债券违约风险的定义、违约处置规则体系和相关主体。

一、公司债券违约风险的定义

2023年10月，中国证券业协会修订发布了《公司债券受托管理人处置公司债券违约风险指引》（简称《处置公司债券违约风险指引》），规定受托管理人处置公司债券违约风险应当按照指引要求开展相关工作。指引对公司债券违约风险的定义如下：

公司债券违约风险是指发行人偿还公司债券本息存在重大不确定性（简称"违约风险"），与发行人未能按期足额偿还公司债券本息、法院受理发行人破产申请或因发生募集说明书等约定的情形导致公司债券提前到期且发行人未能按期足额偿付本息（简称"违约"）。

公司债券发行文件或发行人与持有人达成的其他约定设置宽限期或附提前清偿条款的，违约指截至宽限期届满日或提前清偿条款生效仍未能履行足额偿付义务。

同期，沪深北证券交易所信用风险管理指引，明确要求受托管理人应当根据公司债券的信用风险程度，将受托管理的公司债券划分为正常类、一般关注类、重点关注类、风险类和违约类，实施差异化的风险监测、排查、化解与处置工作，具体分类标准可见本书第七章第四节相关内容。

整体来看，对于违约风险较大的债券，受托管理人应当提前采取违约风险应对措施；对于违约债券，受托管理人应当相应开展违约处置工作。

二、公司债券违约风险处置规则体系

2019年12月，《证券法》增加投资者保护章节，明确了债券持有人制度和受托管理人制度，为违约债券处置工作提供法律依据。2020年6月，中国人民银行、国家发改委、中国证监会联合发布《关于公司信用类债券违约处置有关事宜的通知》，统一明确了违约处置的基本原则、受托管理人和债券持有人会议制度在债券违约处置中的核心作用以及违约处置中各方的职责义务。2021年2月，中国证监会修订《公司债券发行与交易管理办法》，进一步补充完善了债券持有人会议机制。2023年10月，中国证券业协会修订《公司债券受托管理人执业行为准则》《处置公司债券违约风险指引》等配套制度，细化了受托管理人开展违约风险处置的具体工作要求。2023年10月，沪、深证券交易所发布的非公开发行公司债券挂牌规则以及沪、深、北证券交易所发布的公司债券上市规则、公司债券信用风险管理指引等规则，详细规定了受托管理人开展违约风险处置工作的具体内容及要求。

在信息披露方面，2020年12月，中国人民银行、国家发改委和中国证监会联合发布《公司信用类债券信息披露管理办法》，统一公司信用类债券信息披露基本原则，规范债券违约和企业进入破产程序等多种特殊情形下的信息披露要求。沪、深、北证券交易所分别发布《上海证券交易所债券自律监管规则适用指引第1号——公司债券持续信息披露（2023年10月修订）》《深圳证券交易所公司债券存续期监管业务指引第1号——定期报告（2023年10月修订）》《深圳证券交易所公司债券存续期监管业务指引第2号——临时报告（2023年10月修订）》《北京证券交易所公司债券存续期监管业务指引第1号——定期报告》《北京证券交易所公司债券存续期监管业务指引第2号——临时报告》，重点对与偿债能力相关的信息披露内容作出要求，制定了未能清偿到期债务、公司进行债务重组等重大事项的披露标准，并对发行人破产和市场化重组的信息披露作出特殊规定。

在操作指引方面，《关于公司信用类债券违约处置有关事宜的通知》鼓励发行人与债券持有人在平等协商、自愿的基础上通过债券置换、展期等方式进行债务重组。《处置公司债券违约风险指引》从应急管理机制、违约风险处置、违约处置三个方面对受托管理人开展违约风险处置工作进行规范。沪深北证券交易所信用风险管理指引、《上海证券交易所债券交易业务指南第1号——交易业务》和《深圳证券交易所债券交易业务指南第4号——债券交易及配套安排（2025年1月修订）》（简称"沪深交易所公司债券交易业务指南"）进一步规范了公司债券购回、公司债券回售撤销与转售、公司债券置换、变更公司债券基本要素、债转股等多元化风险管理工具的操作流程。相关规则中还增加"特定债券转让"专章内容，明确风险债券的交易方式、投资者适当性和申请流程等，进一步完善违约债券的后续处置机制。为了发挥信用风险管理工具作用，促进通过市场化、法治化、多元化方式化解公司债券信用风险，保护投资者合法权益，沪深交易所于2025年3月发布《关于开展债务重组类债券置换业务有关事项的通知》（本章简称"沪深交易所重组类债券置换业务通知"），进一步明确债务重组类债券置换业务的规范性要求。

在执业质量评价方面，中国证券业协会制定的《证券公司债券业务执业质量评价办法》中，还设有风控实效指标和受托管理风险处置指标，分别从受托管理的违约债券规模和处置债券风险的能力效果两个方面评价证券公司债券业务的执业质量和服务能力[①]。

三、违约风险处置工作中的相关主体

《公司信用类债券违约处置有关事宜的通知》明确了参与债券违约处置的各方

---

① 风控实效指标为扣分项指标，初始分为5分，扣至0分为止。按照证券公司在评价期末受托管理违约债券规模与评价期末受托管理债券总规模的比例从大到小进行排名。排名第1至第5名的，扣5分；第6至第10名的，扣4分；第11至第15名的，扣3分；第16至第20名的，扣2分；第21至第25名的，扣1分；第26至第30名的，扣0.5分；排名第31名以后的，不扣分。受托管理风险处置指标为加分项指标，初始分为0分，满分不超过6分。证券公司能够发挥主动管理职能，在配合风险处置、及时发现风险苗头，主动向监管部门报告并在风险处置中实效明显的，每涉及1个债券项目，加2分。在风险处置中实效明显是指通过推动市场化重组等方式有效化解债券违约风险隐患，或者通过推动破产重整、金融债权人委员会等有效实现违约债券处置出清，或者探索、丰富市场化、法治化、多元化债券违约处置机制方面取得积极成效。推动债券展期等方式有效缓释债券违约风险的，每涉及1个债券项目，加1分。证券公司在推动相关债券重大诉讼环节取得突出成果并对厘清中介机构责任边界有示范效应的，每涉及1个债券项目，加2分。

职责与义务，主要分为债券发行人、债券持有人、中介机构、担保增信机构和监管机构等几个方面。

关于债券发行人，该通知强化发行人的契约精神，明确发行人积极履行清偿责任的义务，不得恶意逃废债或蓄意损害投资者合法权益，严格履行信息披露义务，积极参与债券违约处置。

关于债券持有人，该通知提出要坚持投资者权益保护与投资者风险意识提高并重。一方面，支持债券持有人充分利用集体行动机制参与违约处置，明确要求发行人公正、公平对待当期债券项下全体持有人，在债券发行文件中明确违约处置机制，强化债券存续期间的投资者保护措施。另一方面，要求债券持有人树立风险自担意识，提高风险识别能力，认真阅读债券发行文件，审慎进行投资决策，加强风险监测、评估和预警。

关于中介机构，该通知提出在强化中介机构勤勉尽责的基础上，推动主承销商或受托管理人提高对存续期债券的信用风险评价和管理能力，明确建立中介机构利益冲突防范机制，提高信用评级机构的风险揭示能力。

关于担保增信机构，该通知明确担保和增进机构要按照约定，及时落实增信措施，履行代偿或增信责任，杜绝"担而不保"等行为。

监管机构方面，该通知还要求加强监管协调和信息共享，推进债券市场统一执法，加大对恶意逃废债行为的惩戒力度，推动完善市场自律管理，加快培育市场合格机构投资者。

第二节 受托管理人违约风险处置工作职责

本节主要结合《公司债券受托管理人执业行为准则》《处置公司债券违约风险指引》和沪深北证券交易所信用风险管理指引等相关规则制度，总结受托管理人在违约风险应对和处置工作中的职责，主要包括持续关注与持续督导、主动风险管理、投资者沟通、协助化解和处置风险、监管报告义务等五个方面。

一、持续关注与持续督导

在公司债券违约风险处置过程中，受托管理人应当加大对发行人和增信主体的风险监测排查力度，持续督促发行人和增信主体按规定或约定履行还本付息、信息披露和其他承诺义务。

在违约风险发生时，受托管理人应当督促发行人和增信主体制定并持续完善违约风险处置预案，按规定或约定要求发行人追加担保，督促发行人履行信息披露义务、投资者保护机制和偿债保障措施，落实风险处置预案。发行人未履行的，受托管理人应当督促其及时披露有关情况或召开持有人会议。

在开展违约处置工作时，受托管理人应当督导发行人、增信主体和其他相关机构加强债券持有人的关系管理，及时披露或说明有关情况，回应社会关切，防范和化解相关矛盾。

受托管理人应当关注发行人、增信主体及其他相关主体实施信用风险管理工具业务和信用风险化解处置措施的合规性，按照规定和约定履行信息披露和核查义务。在发行人或增信主体发生可能影响其偿债能力、增信措施有效性或者公司债券交易价格的重大事项时，受托管理人应当持续督促发行人、增信主体或其他相关主体及时披露相关信息。

二、主动风险管理

发行人、增信主体未及时履行信息披露义务的，受托管理人应当及时披露临时受托管理事务报告。

在违约风险处置过程中，受托管理人应当就风险监测、排查了解的发行人相关风险点，主动与发行人、增信主体或者其他相关主体充分沟通，协助其制定并落实相关应对措施，并持续跟踪评估相关主体信用风险的变化情况。

在发生重大市场不利传闻、债券价格异常波动、关联主体在境内外公开市场融资产品价格大幅下跌或其他可能影响发行人偿付能力且影响程度暂不确定的事件时，受托管理人应当督促发行人及时进行风险排查，并视情况通过披露公告澄清说明、召开投资者恳谈会或者其他适当方式，及时回应投资者与市场关切，防范信用风险无序扩散。

受托管理人还应当加强与金融机构债权人委员会、托管组或接管组（风险化解工作组）、破产管理人等处置相关方的沟通协调，积极了解风险处置相关进展并及时告知持有人。

三、投资者沟通

受托管理人应当建立投资者沟通、投资者关系管理和适当性管理机制，持续关注持有人结构变化。在发生触发债券持有人会议的事项时，受托管理人应当及时组织召集持有人会议，就全部议案与提案人及议案涉及的利益相关方充分沟通，确保符合相关规定或约定且有利于保护持有人利益。受托管理人应当勤勉处理债券持有人与发行人之间的谈判或者诉讼等事务。

在违约风险处置过程中，受托管理人应当主动了解持有人意愿和具体诉求，结合发行人的风险情况及化解处置安排，协助其沟通协调持有人。受托管理人应当主动向债券投资人揭示投资和交易违约债券的风险，提示债券持有人不得参与内幕交易，不得违规操作或扰乱市场秩序。

在发行人预计或者已经不能偿还债务、出现募集说明书约定的其他违约事件时，受托管理人根据相关规定、约定或者债券持有人的授权，勤勉处理债券违约风险化解处置相关事务，包括但不限于与发行人、增信主体以及其他责任主体进行谈判，要求发行人追加担保，接受债券持有人的委托依法申请财产保全措施或者申请处置抵/质押物，提起、参加民事诉讼、仲裁、破产等法律程序。

四、协助化解和处置风险

受托管理人应当充分发挥自身专业优势，积极协助发行人及其所属企业集团采用优化财务结构、寻求外部支持、及时变现资产、推进资产重组等方式主动管理、修复企业信用水平，争取利益相关方的支持和认同，保障发行人经营与外部融资环境总体稳定。

受托管理人可以发挥自身专业优势，协助发行人有针对性地主动化解违约风险，协助发行人与持有人协商采用一种或多种措施处置违约债券。

在违约处置过程中，受托管理人应当按照相关规则，为违约债券转让双方的协商和履行相应义务提供协助配合和相关便利，按照相关规则协助发行人和持有人完成债券转让、摘牌和注销等事宜。

五、监管报告义务

受托管理人在开展违约风险处置工作中，受托管理人应当在发生以下事项时及时向监管机构报告：（1）应急处置预案启动后；（2）发现发行人、增信主体等拒绝或无法按约定落实偿债措施的，发行人或其他中介机构拒不配合风险处置工作的；（3）发现违法违规线索、重大舆情、重大风险事项的；（4）风险化解处置的关键节点或者发生可能影响风险化解处置的事项；（5）出现可能导致信用风险扩散的情形；（6）信用风险应对和处置预案制定或调整；（7）风险化解和处置工作完成后等。

受托管理人应当通过信用风险管理报告和相关发行人的风险档案，及时报告债券风险变化情况和风险处置的重大进展。

此外，受托管理人还应当持续监督相关主体合规地实施和推进违约风险化解与处置措施，按监管规定和约定履行合规性核查义务，并承担监管规定或约定的各项其他工作。

第三节 应急管理机制

在发生违约风险时，受托管理人应当及时启动应急管理并制定应急处置预案，同时督促发行人、增信主体制定违约风险应对和处置预案，并结合违约处置进展实际情况及时调整和完善预案。本节主要介绍建立应急管理机制和相关要求。

一、应急管理制度

根据《公司债券受托管理人执业行为准则》《处置公司债券违约风险指引》，受托管理人应当制定公司债券违约风险处置应急管理制度，包括但不限于以下内容：（1）应急管理工作的总体原则；（2）应急管理工作的常态化组织结构及协调机制；（3）应急处置的触发情形和预警监测机制；（4）应急处置预案的制定要求；（5）应急管理工作的档案保管要求。

二、组织和人员

（一）应急处理小组和风险化解处置工作小组

根据《证券公司投资银行类业务内部控制指引》，证券公司应当建立健全应急处理机制，在投资银行类业务开展过程中出现或可能出现风险事件时，成立应急处理小组，制定应急处理方案，牵头组织具体处置工作。证券公司合规、风险管理等内部控制部门应当作为小组成员参与应急处理工作。

根据沪深北证券交易所信用风险管理指引，公司债券预计无法按时还本付息的，受托管理人应当在3个交易日内成立信用风险化解处置工作小组，由主要负责人或者负责相关业务的高级管理人员牵头，按照规定和约定开展信用风险化解处置工作。

（二）人员配置

根据《处置公司债券违约风险指引》，受托管理人应当保证应急管理和风险处置工作的人员稳定，保证受托管理工作质量。受托管理人应当将其分管公司债券违约处置的高级管理人员及其联系方式向相关监管部门和自律组织报备。

根据沪深北证券交易所信用风险管理指引，受托管理人的相关高级管理人员应当参与风险类公司债券还本付息日前的现场排查、违约类公司债券每年至少一次的现场排查、公司债券发行人的市场关注度较高或者境内外公开市场融资产品规模较大，并因发生风险事项而开展的现场排查。

（三）聘请其他专业机构

根据《处置公司债券违约风险指引》，受托管理人在开展风险处置工作时，可以聘请熟悉债券市场业务、具备丰富处置经验及专业能力的其他专业机构提供专业服务。相关聘请行为应当符合廉洁从业的相关规定。

三、应急处置预案

（一）受托管理人的应急处置预案

根据《公司债券受托管理人执业行为准则》《处置公司债券违约风险指引》，受托管理人应当建立风险事件预警监测机制。公司债券存续期内，发行人发生违约风险或者违约情形的，受托管理人应当及时启动应急处置工作并制定相应的受托管理人应急处置预案。应急处置预案应当包括但不限于以下内容：（1）应急处置工作组的组织结构及职责分工；（2）受托管理人的内部沟通协调机制；（3）受托管理人对外信息披露工作及与发行人、增信主体和其他具有偿付义务的机构、债券持有人的沟通协调机制；（4）受托管理人与监管机构和自律组织的沟通协调机制；（5）召开债券持有人会议的工作方案；（6）应急管理保密方案。受托管理人应当在应急处置预案启动后及时向相关监管机构和自律组织报告。

根据沪深北证券交易所信用风险管理指引，风险类债券的受托管理人应当自确定风险分类后的5个交易日内（募集说明书或相关协议约定更早时间的，从其约定）制定切实可行的信用风险应对和处置预案，其中应明确以下具体机制与安排：（1）成立风险化解处置工作组，明确参与部门、人员及其职责分工；（2）评估发行人、增信主体的信用风险应对和处置预案的可行性，督促相关主体持续完善预案内容并积极落实化解处置措施；（3）主动了解持有人意愿和具体诉求，结合发行人的风险情况及化解处置安排，协助其沟通协调持有人；（4）按照规定或者约定及时召集持有人会议，就全部拟提交审议的议案与提议人充分沟通，确保提交审议的议案符合相关规定或者约定，有利于保护持有人利益，具有明确并切实可行的决议事项；（5）积极推动发行人、增信主体或者其他相关方落实募集说明书、计划说明书、受托管理协议、增信协议等文件约定的救济措施、承诺事项以及持有人会议的生效决议；（6）进一步加强风险监测排查力度，结合化解处置进展情况，持续评估相关债券的风险状态，按照规定和约定履行信息披露及报告义务；（7）加强舆情、市场动态等监测与管理，努力防范信用风险扩散外溢；（8）根据持有人的授权，代表持有人提起或者参加诉讼、仲裁、破产等程序；（9）根据持有人的授权，发起或者参与金融机构债权人委员会，及时了解并客观、真实反映持有人的合理诉求；（10）加强与金融机构债权人委员会、托管组或者接管组、破产管理人等处置相关方的沟通协调，积极了解风险处置相关进展并及时告知持有人；（11）持续信息披露安排，包括披露文件的起草、审核、批准、报出流程和负责相关事项的人员分工等；（12）按照规定或约定应当采取的其他措施。

（二）发行人的应急处置预案

根据《公司债券受托管理人执业行为准则》《处置公司债券违约风险指引》，公司债券出现违约风险的，受托管理人应当督促发行人制定具有可行性的违约风险处置预案，并可以根据风险处置工作的进展情况及时督促其调整和完善预案。

根据沪、深、北证券交易所信用风险管理指引，风险类公司债券的发行人应当自确定为风险类后的5个交易日内制定切实可行的信用风险应对和处置预案，积极推动落实相关风险化解处置工作，并根据实际情况及时调整完善预案。募集说明书、计划说明书或相关协议约定更早时间的，从其约定。

发行人的违约风险应对和处置预案应当包括下列内容：（1）应对和处置工作的组织机制、人员构成和职责分工；（2）应对和处置工作的主要目标和方案；（3）化解处置措施的组合安排，各项措施的实施顺序和关键时间点，涉及筹措偿债资金的，应当说明资金来源、资金规模和预计到账时间；（4）持续信息披露安排，包括披露文件的起草、审核、批准、报出流程和负责相关事项的人员分工；（5）舆情与市场动态的监测和管理安排；（6）投资者关系管理安排，包括对债券持有人结构的分析、持有人沟通协调机制和负责相关事项的人员分工、持有人会议安排等；（7）公司债券交易机制和投资者适当性管理的安排（如有）；（8）与受托管理人的沟通协调机制；（9）与增信主体、控股股东、实际控制人和其他关联方的沟通协调机制（如有）；（10）与金融机构债权人委员会、托管组、接管组、破产管理人等其他处置相关方的沟通协调机制（如有）；（11）与监管机构的沟通事项和沟通安排(如有);(12)与风险应对和处置相关的其他事项。

增信主体的信用风险应对和处置预案应当包括上述第(1)项至第(4)项、第(8)项至第(12)项规定的内容。

同时,交易所还可以基于公司债券规模、市场影响、风险外溢可能或者信用风险管理工作需要,要求公司债券发行人、增信主体、受托管理人提前制定并实施信用风险应对和处置预案。

四、持续监管报告

根据沪深北证券交易所信用风险管理指引,在违约风险化解处置过程中,受托管理人应当按照下列要求向交易所提交信用风险管理临时报告:(1)信用风险应对和处置预案制定或者调整之日起5个交易日内,报告预案内容、信用风险化解处置工作小组的人员构成和联系方式;(2)还本付息日、债券持有人会议表决截止日等风险化解处置关键日期和可能影响风险化解处置的事项发生之日起5个交易日内,报告相关情况、潜在影响、下一步工作计划和拟采取的应对措施等;(3)可能导致风险传导的情形发生之日起3个交易日内,报告相关情况、潜在影响和拟采取的应对措施等,相关情形包括但不限于二级市场交易价格发生大幅波动或者明显偏离合理价值、发行人的融资环境发生明显变化、多名债券持有人就公司债券相关事项举报或者单独提起诉讼、市场对公司债券相关事项的合规性存在重大质疑、信用风险处置进展等事项受到市场广泛关注;(4)风险化解处置工作完成后,及时报告风险化解处置过程、结果、经验教训总结和改进建议等。

发行人、增信主体、受托管理人等信用风险管理业务参与人应当按照规定和约定,真实、准确、完整、及时、公平地披露信用风险化解处置相关的重大事项,说明相关情况、影响、已采取和拟采取的措施及其进展、违约及其救济情况等事项。

五、债券持有人会议机制

根据沪深北证券交易所信用风险管理指引,受托管理人应当按照有利于保护持有人共同利益的原则制定并完善持有人会议规则。持有人可以充分利用持有人会议机制,与负有偿付义务的相关主体、增信主体、受托管理人等进行沟通,积极表达合理诉求,协商确定风险化解处置方案。交易所鼓励持有人会议根据不同表决事项,建立分层次的表决机制。对于可能实质减损、让渡持有人利益的偿付相关事项,应当在持有人会议规则中明确约定相应表决机制、程序、决议效力和落实等事项。

在公司债券违约风险处置过程中，相关重大事项按照规定或者约定应当由持有人会议决策或者授权采取措施的，受托管理人应当及时召集持有人会议。持有人会议拟审议事项需要发行人或相关方配合实施的，受托管理人应当提前与相关主体充分沟通，了解其就议案落实安排的具体意见，按照有利于风险化解处置的原则，必要时协商拟定或者修改完善议案相关内容。

受托管理人应当根据法律、法规和规则、受托管理协议及债券持有人会议规则的规定召集债券持有人会议，将生效决议及时告知发行人或其他相关方并督促其予以落实。相关机构或个人未按规定、约定或有关承诺落实债券持有人会议生效决议的，受托管理人应当采取进一步措施，切实维护债券持有人权益。

受托管理人应当加强提示与核查发行人或关联方与决议事项的利益冲突和回避表决情况。

第四节　违约风险处置

本节主要介绍在公司债券兑付存在重大不确定性时，受托管理人处置违约风险的主要工作，可选择的风险处置措施以及在风险处置期间对公司债券进行停复牌、转为特定债券等特殊管理机制。

一、持续调整和完善应急预案

根据《处置公司债券违约风险指引》，发行人发生违约风险情形的，受托管理人应当按照应急处置预案开展工作，及时掌握发行人风险状况，督促发行人和增信主体（如有）等按照相关规定和约定履行信息披露义务。在应急处置预案制定及实施过程中，受托管理人可以加强与发行人、增信主体的沟通，充分征求各利益相关方的意见，并根据利益相关方的意见以及风险特征及时调整和完善预案。

二、召开债券持有人会议并督促落实

根据《处置公司债券违约风险指引》，发行人发生违约风险情形且发生触发债券持有人会议召开条件的事项的，受托管理人应当按照债券持有人会议规则的约定，召开债券持有人会议，并可视情况提请债券持有人会议向受托管理人做出以下授权：（1）授权受托管理人提起民事诉讼、仲裁、申请财产保全等；（2）授权受托管理人提请担保人代偿或处置担保物；（3）授权受托管理人代表债券持有人

加入或列席金融机构债权人委员会，出席金融机构债权人委员会会议并发表意见；（4）授权受托管理人参与重整或者破产清算等法律程序；（5）授权受托管理人处置违约事项所需的其他权限。

公司债券募集资金用于固定资产投资项目的，在项目实施主体、差额补偿人（如有）、担保人（如有）或募投项目出现重大不利变化，导致公司债券出现违约风险情形，并发生触发债券持有人会议召开条件的事项时，受托管理人应当及时召开债券持有人会议，并按照规定或约定履行程序。募投项目建设、运营所形成的资产或收益权已抵押登记或质押登记至受托管理人的，经债券持有人会议表决和授权，受托管理人可以要求重新指定项目收入归集专户或按照法律法规规定程序处置相关资产或收益权。

发行人发生违约风险情形的，受托管理人应当按照规定或约定要求发行人追加担保，督促发行人履行受托协议或公司债券募集说明书约定的投资者权益保护机制与其他偿债保障措施。若发行人未能按照规定或约定履行的，受托管理人应当督促发行人及时披露或说明有关情况，或按照规定或约定召集持有人会议。

根据《处置公司债券违约风险指引》，发行人按照受托管理人或债券持有人会议决议要求提供追加担保的，受托管理人应当督促并协助发行人及时签订担保合同、担保函，办理担保物抵/质押登记工作。受托管理人应当对保证人和担保物的状况进行了解和调查，并督促、提醒担保物保管人妥善保管担保物，避免担保物价值降低、毁损或灭失。办理担保物抵/质押登记工作前，受托管理人应当协调发行人、担保物提供者及相关中介机构与登记机构进行沟通。完成追加担保工作后，受托管理人和发行人应当向债券持有人披露担保合同和担保函的主要内容以及保证人的基本情况、担保物的基本情况和登记情况等内容，并提示保证人代偿、担保物变现环节可能存在的风险。

根据《处置公司债券违约风险指引》，发行人发生违约风险情形的，受托管理人可以根据相关规定与约定或债券持有人会议决议授权，作为债权人代表依法申请法定机关采取财产保全措施。相关主体应当遵守受托协议中关于费用的承担方式及财产保全担保的提供方式的约定。

三、违约风险处置措施及案例

根据《处置公司债券违约风险指引》，发行人发生违约风险情形的，受托管理人可以协助发行人与持有人协商采用一种或多种措施处置违约风险，具体包括：（1）与债券持有人协商调整公司债券基本偿付条款，包括调整兑付价格、利率、时间以及债项担保等影响持有人收回本息的条款；（2）发行置换债券；（3）债券购回；（4）回售撤销与转售等。

发行人与债券持有人采用上述方式处置违约风险的，受托管理人应按规定或约定通过履行相关程序或召集债券持有人会议等，开展相关工作。

沪、深、北证券交易所信用风险管理指引明确要求受托管理人应当加强对相关主体推进风险处置措施的合规性核查，按规定和约定履行信息披露和核查义务。

根据沪、深、北证券交易所信用风险管理指引有关规定，受托管理人在风险处置过程中需关注以下事项。

（一）变更债券要素

根据沪、深、北证券交易所信用风险管理指引，发行人可以与全体债券持有人协商一致，就公司债券的偿付主体、期限、票面利率、偿付方式等基本要素进行变更。在债券违约风险处置实践中，变更债券要素是发行人进行债务重组的主要方式。在债务重组期间，发行人的经营不会受到实质影响，并且可以和投资者、金融机构等债权人保持沟通，促使恢复生产经营和渡过流动性危机，保存企业价值。但需要注意的是，债务重组一般适用尚未资不抵债的企业、存在股东资金支持或外部第三方纾困等情形，实施难点在于需审慎评估发行人未来现金流情况、债务重组方案以及债券持有人能否接受债务重组方案。

根据沪、深、北证券交易所公司债券存续期信息披露业务指引，发行人对公司债券实施债务重组的，发行人应当于债务重组协议生效的5个交易日内披露临时报告，结合发行人资产、负债、现金流、再融资等情况说明债务重组的发生原因及其目标、重组债务基本情况、重组安排、内部决策情况、协议签署及履约进展情况、金融机构债权人委员会成立及履职情况（如有）、对发行人偿债能力的影响分析等。

📖 案例8-1

某煤电公司于2018年12月非公开发行2018年可续期公司债券（第一期），简称"18某煤Y1"/"PR某煤Y1"，发行规模20亿元，付息日为每年的12月某日，期限3+N。2020年11月，发行人发行的"20某煤SCP003"突发违约，导致触发"18某煤Y1"约定的加速清偿条款。2021年11月，受托管理人协助发行人召开了"18某煤Y1"2021年第一次债券持有人会议，审议通过了"关于同意发行人对PR某煤Y1"采用分期偿还本金方式先行兑付50%本金及全额利息，剩余本金展期1.5年，展期期间利率保持不变，按年付息，到期一次还本，最后一期利息随本金一并支付的议案"。发行人于2021年12月先行兑付50%本金及利息,于展期到期日2023年6月某日偿付了剩余50%本金及期间利息,债券本息均已兑付完毕,债券实际存续4.5年。

(二)发行置换债券

1.一般类置换债券

根据沪深北证券交易所信用风险管理指引,发行人可以发行置换债券用于置换存续的标的公司债券(即"标的债券")。发行人申请发行置换债券并在交易所上市挂牌的,应当符合法律法规、公司债券上市挂牌相关业务规则的规定。

公司债券的置换应当以发行人要约方式进行。发行置换债券,标的债券的持有人可以根据置换方案,用持有的标的债券份额认购置换债券并登记为置换债券的持有人。标的债券的持有人应当确保用于认购置换债券的标的债券份额不存在质押、司法冻结等权利受限情形。置换债券计划发行规模超过置换规模的,符合投资者适当性管理规定的公司债券投资者可以根据置换债券发行安排以现金方式认购超额部分。置换债券发行后,用于认购置换债券的标的债券份额应当予以注销。对于未用于认购置换债券的标的债券份额,发行人应当按照规定和约定履行偿付义务。发行人应当在标的债券全部置换或偿付完毕时,按照相关规定终止上市挂牌,同时应当按照规定和约定及时办理置换债券的上市挂牌事宜。

发行人应当于要约申报起始日前披露置换方案,具体包括:(1)置换背景和目的;(2)标的债券基本情况、要约对象、置换比例;(3)置换债券基本要素、已获注册或者确认情况、发行计划等;(4)要约申报方案,包括要约申报期间(原则上不少于3个交易日)、标的债券持有人申报方式、申报撤销条件、申报撤销期间、超额申报后的处理方式等。

发行人应当在要约申报期间届满后的2个交易日内,披露债券置换申报结果公告,说明申报规模、置换规模、标的债券注销安排、置换债券发行安排等。

2.重组类置换债券

根据沪深交易所重组类债券置换业务通知,发行人因开展债务重组等需要,可以与标的债券持有人签订协议,对标的债券全部或者部分份额进行置换并更换代码。置换债券初始持有人应当为原标的债券持有人,置换债券的实际券面总额可以等于或者小于被置换标的债券份额的实际券面总额。开展债务重组类债券置换业务,不适用沪深交易所信用风险管理指引有关债券置换的规定。

发行人应当在开展前向交易所报送置换方案、置换协议等有关材料，向标的债券全体持有人发出置换要约邀请，并在要约申报起始日前披露置换方案和置换协议。置换方案应当明确：（1）置换背景和目的；（2）标的债券基本情况、置换债券基本情况、置换要约邀请对象、置换比例；（3）要约申报方案，包括要约申报期间、标的债券持有人申报方式、撤销申报条件、撤销申报期间等；（4）其他应当说明的事项。置换协议应当包括置换相关风险提示、偿付安排、违约责任、信息披露安排、持有人会议机制、受托管理人安排、投资者保护机制（如有）、增信措施（如有）、补偿机制等，标的债券募集说明书与置换协议约定不一致的，以置换协议约定为准。如拟设置券面总额限制或者持有人数量限制的，还应当同时明确相应处理方案。

发行人应当在标的债券受托管理人范围内，为债务重组类置换债券聘请受托管理人并签订受托管理协议。受托管理人除受托管理职责外，还应当履行以下职责：（1）协助发行人准备债券置换相关文件；（2）协助收集标的债券持有人的置换申报，核对并统计要约结果；（3）协助办理标的债券停牌（如有）、注销、置换债券登记等债券置换相关事宜；（4）受托管理协议中约定的其他职责。

发行人应当在要约申报期届满后的10个交易日内披露置换申报情况并同步披露置换工作报告[①]和法律意见书[②]，应当在注销完成后的2个交易日内披露置换结果公告。受托管理人应当在发行人相关公告后的两个交易日披露临时受托管理事务报告。发行人等信息披露义务人应当按照规定及约定及时履行置换债券相关信息披露义务，并重点披露债券偿付以及风险处置安排。

发行人应当按照相关规定和置换协议约定，及时提交标的债券份额注销申请和置换债券登记申请，亦可以授权受托管理人办理。完成全部置换后标的债券依照交易所业务规则终止上市挂牌，未完成置换的部分，发行人应当按照相关规定和原募集说明书的约定，继续履行未置换债券的各项义务。

发行人存续多只公司债券的，可以针对其中全部或者部分公司债券开展债务重组置换。标的债券持有人可以根据置换方案、置换协议，以其持有的全部或者部分债券份额参与置换。置换债券应当在全称中使用"重组类置换"标识，在简称中使用"CZ"标识。置换债券的投资者适当性管理、信息披露、交易转让等事

---

① 置换工作报告应当说明置换申报规模、拟置换规模、标的债券注销安排、置换债券登记和交易转让安排等事项。

② 法律意见书应当对置换程序是否合法合规、置换协议和受托管理协议是否合法有效发表明确意见。

项，参照适用沪深交易所信用风险管理指引有关特定债券的规定。标的债券持有人应当确保用于置换的债券份额不存在质押、冻结等权利受限情形，标的债券份额处于申报置换状态的，不得转让相关债券份额。

案例8-2

2020年3月，某智能装备公司在深圳证券交易所发行了首单置换公司债"20某昌置"，用于置换"17某昌01"，发行（置换）金额1.5541亿元，置换成功率达64.86%，剩余未置换部分以现金形式按期兑付。2020年3月某日，"17某昌01"摘牌，同日"20某昌置"挂牌上市。至此，发行人全额兑付了"17某昌01"的本金及利息，成功避免了公司债券违约风险。

（三）购回公司债券

根据沪深北证券交易所信用风险管理指引，发行人或者符合交易所规定的第三方（统称购回方）可以通过要约方式或者交易所认可的其他方式，全部或者部分购回发行人存续的公司债券。购回方实施债券购回业务，应当符合《公司法》《证券法》《公司债券发行与交易管理办法》等法律法规和交易所有关规定，严格履行决策程序和信息披露义务。如触发募集说明书等协议约定的投资者保护条款的，发行人应当及时披露公告说明相关情况、影响和应对安排。

公司债券购回应当以现金方式支付对价，购回方通过要约方式购回的公司债券份额（即"购回债券"）应当按照交易所有关规定予以注销。

根据沪深北证券交易所信用风险管理指引，受托管理人应当积极协助购回方制定公允、合理的债券购回方案，选择合适的购回业务模式，加强对购回业务全流程的合规性核查，督促购回方严格按照交易所相关业务规则的要求实施购回并履行信息披露义务，切实维护持有人的合法权益。

根据沪深北证券交易所信用风险管理指引，购回方应当于内部决策程序履行完毕之日起2个交易日内及时告知购回债券的发行人和受托管理人，积极配合受托管理人开展相应核查工作，并在购回开始前向其报备购回方相关内幕信息知情人名单，承诺严格按照规定和约定开展债券购回业务并履行相应义务。购回方不得在定期报告、业绩预告或者业绩快报（如有）披露前10个交易日内，重大事项发生之日至对外披露后的2个交易日内实施购回。

根据沪深北证券交易所信用风险管理指引，购回方通过要约方式购回公司债券的,应当同步向拟购回债券及兑付日早于该债券的所有公司债券持有人发出要约,并确保各期债券按净价计算的购回单价或者定价方式、购回比例、购回实施安排等保持一致,但符合:(1)增信主体指定购回其提供增信措施的债券;(2)第三方依据破产和解协议、破产重整计划或者市场化重组方案等一揽子处置方案,购回符合特定条件的债券;(3)兑付日早于购回债券的其他债券持有人无异议的;(4)具有其他合理理由且经交易所认可等任一情形的除外。

购回方通过要约方式购回债券的,应当不晚于购回要约申报开始前的3个交易日公告购回方案,具体包括:(1)购回背景及目的;(2)标的债券基本情况、要约对象;(3)购回资金总额、购回价格、价格确定机制及其合理性、购回资金派付日等;(4)要约申报方案,包括要约申报期间(原则上不少于3个交易日)、申报方式、申报撤销条件、申报撤销期间、超额申报后的处理方式等;(5)应当披露的其他事项。

发行人以外的第三方要约购回公司债券的,除披露上述事项外,还应当结合与发行人或其相关方的协议约定,或者依据市场化重组方案、破产和解协议约定、破产重整计划的具体安排,披露以下事项:(1)第三方购回发行人债券的主要考虑或依据;(2)第三方获取的对价及其履行情况;(3)与债券持有人的沟通情况、对未参与购回债券持有人的相应安排(如有);(4)应当披露的其他事项。

根据沪、深、北证券交易所信用风险管理指引,购回方应当在购回要约申报期届满后的2个交易日内公告债券购回申报结果,说明申报规模、拟实施规模、资金来源、购回资金派付及注销安排等。购回方还应当在购回资金发放后的2个交易日内披露债券购回实施结果公告,说明实施规模、标的债券未偿余额、购回份额的注销安排等。

根据沪、深、北证券交易所信用风险管理指引,受托管理人应当在购回方披露购回实施结果公告后的5个交易日内披露临时受托管理事务报告,说明债券购回期间的履职情况,并就本次购回是否符合交易所相关规定发表意见。

案例8-3

某重型装备公司于2008年10月公开发行了一期8亿元的企业债"08某重债",由A公司提供全额无条件不可撤销的连带责任保证担保,发行利率6.8%,期限7年,附第5年末发行人上调票面利率选择权及投资者回售选择权。公司于2013年10月赎回4.9亿元,剩余3.1亿元本金兑付及付息日为2015年10月某日。

由于重机行业持续低迷,发行人发生巨额亏损,资金极度紧张,不能清偿到期债务。发行人于2015年9月发布了《关于法院受理债权人对本公司重整申请的公告》及债券暂停交易的公告,四川某市中级人民法院已于2015年9月裁定受理申请人某化工公司对发行人的重整申请并指定管理人。根据相关法律规定,"08某重债"于人民法院受理重整申请后提前到期并停止计息,2015年9月某日下午开始暂停交易。

2015年9月某日,发行人发布《关于法院受理债权人对"08某重债"担保方——A公司重整申请的公告》及恢复"08某重债"交易的公告。四川某市中级人民法院已于2015年9月某日裁定受理申请人某设计院对A公司的重整申请并指定管理人。同日,发行人"接到公司实际控制人B公司通知,为保护投资者利益,B公司或其受托机构拟受让全部本期债券。"发行人申请于2015年9月某日下午恢复本期债券交易。2015年10月,B公司按期完成"08某重债"全部债券的购回交易,避免了发行人公司债券违约风险。

(四)公司债券回售撤销与转售

1.撤销回售。

公司债券附投资者回售条款的,如发行人无法按时筹集足额的回售兑付资金,可能引发公司债券违约风险。根据沪、深、北证券交易所信用风险管理指引,发行人、受托管理人应当提前了解债券持有人回售行权意愿,做好投资者沟通引导,明确回售预期,降低回售对发行人或者基础资产流动性的冲击。

公司债券持有人可以在回售申报期间通过交易所交易系统进行回售申报。已申报回售登记的持有人可以于公告的回售撤销期内通过交易系统进行回售申报撤销。公告的回售撤销期届满后,经与发行人协商一致并经交易所认可,持有人可以按照规定通过受托管理人向交易所申请撤销回售申报。

根据沪、深、北证券交易所信用风险管理指引,证券经营机构、受托管理人应当协助持有人做好回售申报和撤销的有关工作。

2.回售转售。

根据沪、深、北证券交易所信用风险管理指引,为缓解相关主体的流动性压力,已回售的公司债券可以按照交易所规定的程序进行转售。法律法规、交易所业务规则规定或者募集说明书等约定不得转售,或者发行人公开承诺不予转售的除外。

回售转售业务原则上应当通过交易所交易系统办理。确有必要通过其他方式办理的,发行人应当提前向交易所申请。

公司债券拟实施回售转售的,发行人应当按照交易所相关规定履行信息披露义务，并在公告中承诺转售符合相关规定、约定及承诺事项。转售期原则上不超过20个交易日，上海证券交易所规定自回售资金发放日当日起算，深圳证券交易所、北京证券交易所规定自回售资金到账日次日起算。确有合理理由的，发行人可以于转售期届满前向交易所申请适当延长转售期。经交易所同意后，发行人应当及时公告延期事由及具体安排。转售期届满后，已回售未转售部分的债券将按照规定予以注销。

发行人通过发行公司债券筹措资金偿还存量公司债券回售本金，且募集说明书约定的金额超过存量债券实际回售申报规模的，发行人应当于回售完成后直接注销相应债券份额，不得实施转售业务。存量债券实际回售申报规模超过新发债券募集说明书约定偿还金额的，发行人可以对超额部分进行转售。

根据沪、深、北证券交易所信用风险管理指引，受托管理人应当加强对公司债券回售转售业务全流程的监督管理，督导发行人合规开展转售业务。如发现发行人存在违反规定、约定或者相关承诺的，应当督促发行人予以纠正并向交易所报告。

根据沪、深、北证券交易所信用风险管理指引，发行人及其各期公司债券的主承销商应当配合拟转售公司债券的受托管理人开展核查工作。

案例8-4

某煤电公司于2019年8月非公开发行一期5亿元的私募公司债"19某煤01"，期限3年，附第2年末发行人上调票面利率选择权及投资者回售选择权。由于发行人发生流动性危机，2021年8月，"19某煤01"的全体持有人均选择全额回售债券。2021年8月，受托管理人协助发行人召开了"19某煤01"2021年第一次债券持有人会议，审议通过了《关于"19某煤01"全体持有人均就所持债券50%本金对应份额行使的回售选择权进行撤销的议案》。受托管理人协助全体债券持有人在交易所系统完成撤销50%份额的回售申请登记。2021年8月，某煤集团按时兑付了50%回售本金及期间利息，于2022年8月兑付剩余50%本金及利息，避免了公司债券违约风险。

四、违约风险处置期间债券停复牌管理

根据沪、深、北证券交易所上市规则和沪、深证券交易所非公开发行公司债券挂牌规则，在公司债券违约风险处置过程中，为保证信息披露的及时与公平，交易所可以根据中国证监会的要求、债券上市及挂牌转让规则、发行人的申请或者实际情况，决定债券停牌与复牌事项。

表8-1　　　　　　　　　　公司债券停复牌相关规则

沪、深、北证券交易所公司债券上市规则	沪、深证券交易所非公开发行公司债券挂牌规则
1.为保证信息披露的及时与公平，交易所可以根据中国证监会的要求、公司债券上市规则以及交易所其他规定、发行人的申请或者实际情况，决定债券停牌与复牌事项。 发行人发生公司债券上市规则规定的停牌与复牌事项，应当向交易所申请对其债券停牌与复牌。公司债券上市规则未有明确规定，但是发行人认为有合理理由需要停牌与复牌的，可以向交易所申请对其债券停牌与复牌，交易所视情况决定是否予以停牌与复牌。 发行人的停复牌申请不符合相关规定或者没有合理理由，交易所可以拒绝发行人的停复牌申请。发行人不按规定申请停复牌的，交易所可以强制对债券停复牌。	1.为保证信息披露的及时与公平，交易所可以根据中国证监会的要求、本规则以及交易所其他规定、发行人的申请或者实际情况，决定债券停牌（指临时停止转让，下同）与复牌（指恢复转让，下同）事项。 发行人发生本规则规定的停牌与复牌事项，应当向交易所申请对其债券停牌与复牌。本规则未有明确规定，但是发行人有理由认为应当停牌与复牌的，可以向交易所申请对其债券停牌与复牌，并说明理由，交易所视情况决定是否予以停牌与复牌。 发行人的停复牌申请不符合相关规定或者没有合理理由，交易所可以拒绝发行人的停复牌申请。发行人不按规定申请停复牌的，交易所可以强制对债券停复牌。
2.发行人未按照公司债券上市规则及交易所相关规定及时履行信息披露义务，或者已经披露的信息不符合要求的，交易所可以对债券实施停牌，待发行人按规定披露后予以复牌。 发行人应当披露的重大信息如存在不确定性因素且预计难以保密，或者在按规定披露前已经泄露的，发行人应当立即向交易所申请停牌，按规定披露后再申请复牌。发行人未及时向交易所申请的，交易所可以视情况对债券停牌，待相关公告披露后予以复牌。	2.发行人未按照本规则及交易所相关规定及时履行信息披露义务，或者已经披露的信息不符合要求的，或者中国证监会或者交易所认为需要停牌的其他情形，交易所可以对债券实施停牌，待发行人按规定披露后予以复牌。 发行人应当披露的重大信息如存在不确定性因素且预计难以保密，或者在按规定披露前已经泄露的，发行人应当立即向交易所申请停牌，直至按规定披露后再申请复牌。发行人未及时向交易所申请的，交易所可以视情况对债券停牌，待相关公告披露后予以复牌。
3.发行人、资信评级机构和其他相关主体在评级信息披露前，应当做好信息保密工作，发行人认为有必要时可申请债券停牌及复牌。	3.发行人、资信评级机构和其他相关主体在评级信息披露前，应当做好信息保密工作，发行人认为有必要时可申请债券停牌以及复牌（如有）。
4.公共媒体中出现发行人尚未披露的信息，可能或者已经对发行人偿债能力或债券价格产生实质性影响的，或者导致其他对债券持有人利益有重大影响的情形的，发行人应当向交易所申请停牌。发行人未申请停牌的，交易所可以对债券实施停牌。发行人披露相关信息后，交易所对债券进行复牌。	4.媒体中出现发行人尚未披露的信息，可能或者已经对发行人偿债能力或债券转让价格产生重大影响的，或者导致其他对债券持有人利益有重大影响的情形的，发行人应当向交易所申请停牌，直至按规定披露后复牌。发行人未及时向交易所申请的，交易所可以视情况对债券停牌，待相关公告披露后予以复牌。

续表

沪、深、北证券交易所公司债券上市规则	沪、深证券交易所非公开发行公司债券挂牌规则
5.债券价格发生异常波动的,根据发行人的申请或实际情况,交易所可以对债券实施停牌,待相关情形消除或发行人披露相关公告后予以复牌	5.深交所规定,债券价格发生异常波动的,根据发行人的申请或者实际情况,交易所可以对债券实施停牌,待相关情形消除或者发行人披露相关公告后予以复牌
6.发行人出现不能按时还本付息或者未能按约定履行加速清偿义务等情形,且未充分披露相关信息的,交易所可以对其债券进行停牌,待相关情形消除后予以复牌。交易所另有规定的,从其规定	6.发行人出现不能按时还本付息或者未能按约定履行加速清偿义务等情形,且未充分披露相关信息的,交易所可以对其债券进行停牌,待相关情形消除后予以复牌,交易所另有规定的,从其规定
7.因发行人原因,交易所失去关于发行人的有效信息来源时,交易所可以对其债券进行停牌,待上述情况消除后予以复牌	7.因发行人原因,交易所失去关于发行人的有效信息来源时,交易所可以对其债券进行停牌,待上述情况消除后予以复牌
8.债券停牌或者复牌的,应当及时向市场披露。停牌期间,债券的派息、到期兑付、回售、赎回等事宜按照募集说明书等的约定执行	8.债券停牌或者复牌的,应当及时向市场披露。停牌期间,债券的派息、到期兑付、回售、赎回等事宜仍按照相关规定以及募集说明书等的约定的时间以及方式执行

根据沪、深、北证券交易所公司债券存续期信息披露业务指引,在公司债券停牌期间,发行人应当至少每个月披露一次未能复牌的原因、相关事件的进展情况以及对发行人偿债能力的影响等。发行人未按规定披露,或者发行人信用风险状况及程度不清的,受托管理人应当按照相关规定及时对发行人进行排查,于停牌后3个月内出具并披露临时受托管理事务报告,说明核查过程、核查所了解的发行人相关信息及其进展情况、发行人信用风险状况及程度等,并提示投资者关注相关风险。发行人或受托管理人按规定披露相关信息后债券复牌。

五、特定债券

根据沪、深、北证券交易所信用风险管理指引、上市规则和沪、深证券交易所非公开发行公司债券挂牌规则,在公司债券违约风险处置过程中,证券交易所可以根据市场情况、融资主体和相应产品资信状况的变化,实施差异化的交易机制、投资者适当性以及信息披露安排(见表8-2)。

表8-2　　　　　　　　　　特定债券

事项	公司债券交易业务指南	公司债券信用风险管理指引
定义	特定债券，是指在交易所上市交易或者挂牌转让期间发生以下情形之一的公司债券： （1）发行人未按约定履行还本付息义务（包括未按约定履行回售、分期偿还、加速清偿等义务，下同）； （2）发行人发行的其他债券或债务融资工具未按约定履行还本付息义务； （3）交易所为保护债券投资者合法权益认定的其他情形。 债券兑付存在重大不确定性，且发行人或受托管理人发布公告明确提示风险的，可参照适用。	在交易所上市挂牌期间发生下列情形之一的公司债券（以下简称"特定债券"），交易所按照相关业务规则和本节规定为其提供转让服务： （1）经持有人会议决议或者发行人与全体债券持有人协商一致，公司债券展期还本付息； （2）违约类公司债券； （3）发行人其他上市挂牌的公司信用类债券发生展期或者未按照约定还本付息情形； （4）发行人被第三方整体托管或者接管； （5）根据相关规定，银行保险机构、证券期货基金经营机构等金融机构或者私募投资基金管理人发起成立针对发行人的金融机构债权人委员会； （6）发行人进入破产预重整程序； （7）交易所为保护投资者合法权益认定的其他情形。 特定债券存在债券持有人享有不同权利、承担不同义务等不适宜转让情形的除外。 发生上述第一项、第二项规定情形的，发行人或者受托管理人应当申请交易所为相关特定债券提供相应转让服务。发行人或者受托管理人未及时向交易所提出申请的，交易所可以对相关特定债券办理相应转让服务并予以公告。 发生上述第三项至第七项规定情形之一，或者认为有其他合理理由的，发行人或者受托管理人可以申请交易所为相关特定债券提供相应转让服务。
转让条件	特定债券拟进行转让的，应当权属清晰，并具备一定的市场转让需求。存在以下情形之一的，不得在交易所进行转让： （1）特定债券发行人已进入破产程序且债权申报已结束，但破产管理人书面同意的除外； （2）特定债券因卖方与发行人已达成偿付协议等原因，与其他持有人所持债券不具备同等权利义务事项或风险特征； （3）特定债券存在被司法冻结等权利瑕疵； （4）其他可能导致特定债券不适于转让的情形。	受让方应当主动调查了解可能影响特定债券权利义务的相关事项，充分评估并确保自身具备相应的风险识别和承受能力，能够自行承担所受让特定债券的投资风险和损失。 出让方应当确保拟出让的特定债券权属清晰，不存在质押、司法冻结等权利受限情形，并将其知悉的关于拟出让特定债券相关权利义务事项和其他可能影响转让价格的重要事项如实告知受让方。 受托管理人应当为转让双方的转让协商和履行相应义务提供协助配合和相关便利。

续表1

事项	公司债券交易业务指南	公司债券信用风险管理指引
转让条件	特定债券出让方应当确保拟出让的特定债券权属清晰，不存在质押、司法冻结等权利受限情形，并将其知悉的关于拟出让特定债券相关权利义务事项和其他可能影响转让价格的重要事项如实告知受让方。	
信息披露	特定债券简称前冠以"H"字样。特定债券拟进行转让的，发行人或受托管理人将发布债券作为特定债券转让的公告。	特定债券发行人或者受托管理人应当在转让起始日前公告转让安排，说明下列事项： （1）按照相关业务规则和本节规定进行转让的原因； （2）特定债券名称、债券代码和转让起始日； （3）特定债券转让和登记结算相关安排，包括转让方式、计价方式、结算模式、投资者适当性管理安排、信息披露安排等； （4）相关投资风险提示； （5）交易所要求的其他内容。 特定债券转让期间，发行人、受托管理人等信息披露义务人应当按照规定和约定及时履行信息披露义务，保证所披露的信息真实、准确、完整，并切实加强内幕信息管理。 拟披露的信息预计将影响特定债券信用风险化解处置，或者有其他合理理由的，信息披露义务人可以暂缓披露或者申请仅面向专业机构投资者、债券持有人披露相关信息，或者通过适当方式向债券持有人公平披露相关信息。 深交所和北交所规定，信息披露应当通过交易所固定收益品种业务专区或者以交易所认可的其他方式披露。
投资者适当性	特定债券受让方，应当为符合交易所投资者适当性管理规定的专业机构投资者，具备与产品风险程度相适应的风险承受能力，并已签署特定债券转让风险知悉书。受让方应当主动调查了解可能影响特定债券权利义务的相关事项，充分评估并确保自身具备相应的风险识别和承受能力，能够自行承担所受让特定债券的投资风险和损失。	证券经营机构应当切实履行投资者适当性管理职责，确保特定债券受让方为符合交易所投资者适当性管理规定的专业机构投资者，具备与产品风险程度相适应的风险承受能力，并已签署特定债券转让风险知悉书。

续表2

事项	公司债券交易业务指南	公司债券信用风险管理指引
投资者适当性	证券经营机构应当切实履行投资者适当性管理职责，采取有效措施，确保特定债券受让方符合交易所投资者适当性管理规定，受让方应签署特定债券转让风险揭示书。 特定债券出让方应当将其知悉的关于拟出让特定债券相关权利义务事项及其他可能影响债券转让价格的重要事项如实告知受让方。 参与特定债券转让的市场主体，应当遵守法律法规及交易所、登记结算机构的相关规定，禁止从事内幕交易、操纵市场及利益输送等违法违规行为。	
交易方式	特定债券交易可以采用点击成交、询价成交、协商成交、竞买成交或交易所认可的其他交易方式，经固定收益平台确认后成交，结算方式为逐笔全额结算方式。 采用点击成交、询价成交或者协商成交方式的，申报数量应当为100元面额或者其整数倍；采用竞买成交方式的，申报数量应当不低于10万元面额，且为1 000元面额整数倍。债券持有数量少于交易所规定的最低申报数量的，持有人可以一次性申报卖出。 特定债券采用全价方式进行转让。自转让起始日起，交易所不再对特定债券作除息处理。	投资者可以采用点击成交、询价成交、协商成交、竞买成交或者交易所认可的其他方式参与特定债券的转让。 特定债券采用全价方式进行转让。自转让起始日起，交易所不再对特定债券作除息处理。 上交所规定，特定债券按照全价报价，经交易所债券交易系统确认后成交。持有数量少于交易所规定的最低申报数量的，持有人可以一次性申报卖出。如遇特殊情况，交易所可以要求转让双方提供转让确认材料。 深交所和北交所规定，采用点击成交、询价成交或者协商成交方式的，申报数量应当为100元面额或者其整数倍；采用竞买成交方式的，申报数量应当不低于10万元面额，且为1 000元面额整数倍。
终止转让	特定债券根据偿付方案偿付完毕、终止上市挂牌、存在不适宜转让情形或交易所认定的其他情形的，交易所可以终止该特定债券转让。 债券消除不再适用特定转让情形且债券仍存续的，交易所可以终止该债券的特定转让，并安排其继续上市或挂牌交易，债券投资者可通过债券信息网查阅发行人或受托管理人的相关公告。恢复正常交易后，其交易方式按照进特定转让板块前的交易方式处理。	发行人或者其他相关方申请办理特定债券资金偿付或者注销业务的，按照交易所和登记结算机构的相关规定办理。由此可能产生的法律后果由申请人自行承担。 特定债券根据偿付方案偿付完毕、存在不适宜转让情形或者交易所认定的其他情形的，交易所可以终止相关债券的转让。

此外，特定债券交易采用全价价格进行申报，结算方式为逐笔全额结算。

> **案例8-5**
>
> 某公司于2020年8月发行"20某茂06"，期限5年，附第2年末发行人上调票面利率选择权及投资者回售选择权，发行规模27亿元。2022年8月，该债券应支付年度利息，由于发行人资金持续紧张，无法按期筹集兑付资金。2022年8月召开"20某茂06"2022年第一次债券持有人会议，审议《关于调整债券利息兑付安排的议案》，经持有人会议表决通过了展期方案，即将年度利息的兑付日调整为2023年8月某日。2022年9月，发行人发布《关于"20某茂06"公司债券后续转让安排的公告》，根据上海证券交易所和中国证券登记结算有限责任公司相关规定，"20某茂06"公司债券自2022年9月某日起按照特定债券有关规定转让。债券名称由"20某茂06"变更为"H20某茂6"，债券交易代码不变。

六、总结和报告

根据《处置公司债券违约风险指引》，风险事件得到妥善处置，发行人未发生违约的，受托管理人应当在应急处置工作结束后，按照规定和约定进行信息披露，并及时对风险事件的发生、处置及损失等情况进行评估和总结。受托管理人应当于处置工作结束后1个月内形成总结报告并向相关监管机构和自律组织报告。

第五节 违约处置

本节主要介绍在公司债券实质违约后，受托管理人开展违约处置工作、常见的违约处置方式，违约后的信息披露要求以及公司债券进行摘牌和注销相关程序。

一、违约后的处置工作

（一）调整应急处置预案

根据《处置公司债券违约风险指引》，风险事件由违约风险发展为实质违约或发行人直接发生公司债券实质违约的，受托管理人应当按照应急处置预案开展工作并根据实际情况适当调整，督促发行人及时告知全体债券持有人，并于每个季度结束后及时向债券投资者披露违约处置的最新进展与自身履职情况。

在制定违约处置预案时,关于债的处置方式通常包括司法途径和非司法途径,具体参见本节"二、违约处置方式及案例"。

(二)持续跟踪处置进展

根据《处置公司债券违约风险指引》,发行人直接发生公司债券违约的,受托管理人应当以书面形式督促发行人、增信主体和其他具有偿付义务的机构等不得怠于履行偿债义务或通过财产转移、关联交易等方式逃废债务、蓄意损害债券持有人合法权益,落实公司债券募集说明书等文件约定的偿债措施,如采取资产处置、清收账款、引入战略投资者、资产重组与债务重组等方式,并积极与持有人协商,制定切实可行的处置方案。

发行人、增信主体、其他具有偿付义务的机构等拒绝或无法按照公司债券募集说明书落实偿债措施的,受托管理人应当在知晓该等情况后2个交易日内向相关监管机构和自律组织报告并按规定及约定进行信息披露。

根据沪、深、北证券交易所公司债券存续期信息披露业务指引,公司债券发生违约的,受托管理人应当持续跟踪债券违约进展情况,督促发行人及时披露重大事项、违约处置方案、处置进展等。如公司债券违约处置超过一个季度未有重大进展的,受托管理人应当督促发行人至少每季度披露一次进展公告,说明已采取或者拟采取的应对措施及相应成效、后续处置安排等。

(三)召开债券持有人会议

根据《处置公司债券违约风险指引》,发行人违约的,受托管理人应当根据债券持有人会议规则的约定召开债券持有人会议,就需要获得授权的事项提请会议表决,并根据会议决议履行职责。受托管理人可视情况制定会议安保工作方案和突发事件应急预案。

(四)要求追加担保、财产保全和处置担保物

根据《处置公司债券违约风险指引》,发行人违约的,受托管理人可以要求发行人追加担保,并可根据债券募集文件、债券受托协议的约定或者债券持有人会议决议的授权,依法申请法定机关采取财产保全措施。如提供的担保物发生价值减损或灭失导致无法覆盖违约债券本息的,受托管理人可以要求再次追加担保。相应费用由各相关主体按照受托协议的约定承担。

发行人违约后,受托管理人可以根据债券持有人会议决议的授权处置担保物。

公司债券募集说明书、受托协议等另有约定的，从其约定。因实现担保物权以及采取财产保全措施所产生的费用，由相关主体按照受托协议的约定承担。

（五）提起诉讼或仲裁、参加破产程序

根据《处置公司债券违约风险指引》，发行人违约的，受托管理人可以依据《中华人民共和国企业破产法》（简称《企业破产法》）《公司债券发行与交易管理办法》的相关规定以及债券募集文件、债券受托协议的约定或者债券持有人会议决议的授权，提起、参加仲裁、民事诉讼或者破产等法律程序。

受托管理人可以接受部分债券持有人书面授权，提起、参加仲裁、民事诉讼或者破产等法律程序。受托管理人代债券持有人采取本条规定措施产生的相关费用，由相关主体按照约定承担。

人民法院启动发行人重整、和解或者破产清算法律程序的，受托管理人应当持续关注并披露法院处理情况，并根据其代表的债券持有人的授权参与发行人重整、和解或者破产清算。受托管理人代为申报债权、参加债权人会议等产生的费用，由相关主体按照约定承担。

（六）加入债权人委员会

根据《处置公司债券违约风险指引》，受托管理人有权依据相关规定与债券持有人会议决议授权，作为债权人代表人选加入或列席金融机构债权人委员会，并根据债券持有人会议决议代表债权人发表意见。

根据沪、深、北证券交易所公司债券存续期信息披露业务指引，受托管理人接受委托代表全部或者部分债券持有人参加债权人委员会的，发行人应当协调债权人委员会的成员机构向受托管理人提供其代表持有人参加债权人委员会和履行职责所必需的各项信息。受托管理人应当在征集委托前披露公告说明以下事项：（1）债权人委员会的职能、成员范围；（2）债权人委员会的成立时间、解散条件及程序；（3）持有人参加或者退出债权人委员会的条件及方式；（4）持有人如参加债权人委员会享有的权利、义务及可能对其行使权利产生的影响；（5）根据《金融机构债权人委员会工作规程》等制定的债权人协议的主要内容；（6）根据《金融机构债权人委员会工作规程》等制定的债权人委员会议事规则的主要内容、债权人委员会的工作流程和决策机制；（7）未参加债权人委员会的其他持有人行使权利的方式、路径；（8）受托管理人代表持有人参加债权人委员会的相应安排；（9）其他参加债权人委员会的风险提示及需要说明的事项。

根据沪、深、北证券交易所公司债券存续期信息披露业务指引，发行人进入破产程序且受托管理人成为破产程序债权人委员会成员的，受托管理人应当在每季度结束后及时披露受托管理事务报告，说明其在债权人委员会中的履职情况。

二、违约处置方式及案例

（一）司法途径

司法途径下的违约债券处置是指通过司法程序，由法院审判、判决债权债务纠纷问题，一般包括违约求偿诉讼和破产诉讼。

1.违约求偿诉讼。

违约求偿诉讼，通常是债权人主要依据募集说明书约定，根据《中华人民共和国民法典》规定向债务人提起诉讼要求还本付息，若进入破产程序可以选择申报债权，相对而言违约诉讼进程快于破产程序。债券发生实质违约后，债券持有人可以自行向债权人提起诉讼，也可通过债券持有人会议授权受托管理人代为提起诉讼。受托管理人可以接受部分债券持有人或者经债券持有人会议决议授权代表全体债券持有人向法院提起诉讼请求。

案例8-6

某公司于2012年4月发行公司债券"12某鄂债"，发行规模4.8亿元，发行票面利率为6.78%，附第3年末发行人上调票面利率选择权及投资者回售选择权。发行时，经某资信评估有限公司评定，主体、债项评级均为AA。2014年10月，公司主体评级下调为BBB，展望为负面，被深圳证券交易所实行风险警示。为保障债券偿还，在2015年4月回售之前，发行人先后采取了追加担保、出售商标和股权、提前回购、实际控制人及一致行动人减持股票进行财务资助等多种救济方式，但仍有88.39%的投资者选择行使回售权。2015年4月，因发行人无法兑付回售本息，公司债券实质违约。2015年5月，发行人偿付了全部应付利息以及已登记回售本金的35%，尚待偿付的本息合计约2.9亿元。5月，受托管理人向某市一中院对发行人、发行人实际控制人及本期债券的其他担保方提起诉讼，并对发行人及其实际控制人资产提起诉讼保全申请。后经法院调解，2015年11月，发行人发布公告，提出采用调解的方式解决ST某鄂债的偿付问题。最终发行人通过引入第三方，由某实业公司完成剩余未兑付债券（包括本金和违约金共计3.08亿元）的偿还。

2.破产诉讼。

根据《企业破产法》及司法解释，债务人不能清偿到期债务并且具有资产不足以清偿全部债务、明显缺乏清偿能力任意一种情形的，人民法院认定债务人具备破产原因。破产诉讼主要是在法院主导的协商机制下进行的破产重整、破产和解或破产清算，即庭内重整，通常适用于发行人不能清偿到期债券且全部资产不足以抵债或者多笔债券到期的情况。在违约处置中，还有大量属于庭内重整与庭外重组相衔接的预重整模式。

（1）预重整。预重整，是指在债务企业面临破产困境时，预先由债权人与债务人、出资人等利害关系人就债权债务等事项进行自主协商并拟订重整计划草案，再通过法律程序进行庭内重整，以此来挽救债务危机企业的一种司法途径违约处置制度。在适用性方面，预重整要求债务人具有较为优质的经营条件和挽救价值，同时还要求债务人、债权人双方均有积极的挽救意愿和基本自主谈判能力，以确保程序可以持续推进。在此标准下，部分地区的法院对于预重整的申请条件做出具体的要求。

例如，北京市第一中级人民法院发布的《北京破产法庭破产重整案件办理规范（试行）》（2019年12月发布）明确，预重整系指为了准确识别重整价值和重整可能、降低重整成本、提高重整成功率，由临时管理人组织债务人、债权人、出资人、重整投资人等利害关系人拟订预重整方案的程序。由临时管理人向人民法院提交预重整工作报告，人民法院在收到预重整工作报告后，应当在法定期限内作出是否受理重整申请的裁定。报告内容主要包括：①临时管理人对债务人调查的情况以及对债务人出现困境原因的分析；②对债务人重整价值和重整可能的分析判断，临时管理人认为债务人具有重整价值和重整可能的，应当提出重整失败的主要风险及相关应对建议；③预重整方案的相关内容和协商情况，或未形成预重整方案的原因。

上海市第三中级人民法院发布的《上海破产法庭预重整案件办理规程（试行）》（2022年5月发布）明确，债务人在进入重整程序前，具有下列情形的，可以申请预重整：①企业及所在行业发展前景良好，具有挽救价值；②企业治理结构完备、运作正常；③具有基本自主谈判能力；④债务人、主要债权人均有重整意愿；⑤重整可行性尚需进一步明确。

深圳市中级人民法院发布的《审理企业重整案件的工作指引（试行）》（2019年3月发布）明确，债务人符合下列情形之一的，可以进行预重整：①需要安置的职工超过500人的；②债权人200人以上的；③涉及超过100家上下游产业链企业的;④直接受理重整申请可能对债务人生产经营产生负面影响或者产生重大社会不稳定因素的。而受理破产清算申请后、宣告债务人破产前申请重整的,不适用预重整。

案例8-7

某建工集团公司于2019年违约,同年发行人及其关联企业在多方主体支持下积极开展债务重组,成立金融机构债权人委员会并进行债务重组谈判。后为及时挽救企业,维护债权人等利益主体合法权益,发行人向法院申请重整,并请求先行预重整。2020年10月,法院决定对发行人等25家公司启动预重整。预重整期间,管理人基本完成债权申报预审查、清产核资、预重整方案磋商、制定和意见征集等基础工作,有效降低了发行人后续阶段的时间成本,同时也帮助企业实现生产经营的正常推进,提振了企业复苏的信心。此后,法院在综合考量关联企业资产混同程度、财产区分成本及债权人收益比较、整体公平清偿等因素后,审慎推进发行人等25家公司实质合并重整。2021年12月,管理人提交重整计划草案,积极引入战略投资人,注入外部优质资产,同时优化生产要素配置,重新搭建经营平台,上述草案经债权人会议各组别审议表决通过。2022年4月,某中院裁定批准重整计划,终止重整程序。截至目前,发行人合并重整案处于执行阶段,全部存续债券均已通过召开债券持有人会议方式参与破产重整程序,根据重整计划整体安排债券后续清偿。

(2)破产重整。破产重整适用于由于短期债务高企、暂时性资金流断裂等短期因素或者行业陷入低迷、企业体制机制陈旧等原因导致的违约情况,债务人仍有维持价值和经营好转的希望,经由债权人或债务人等申请,在法院的主持和利害关系人的参与下,可以通过破产重整实现有效资源配置,使企业重获经营能力,妥善解决债务问题。

破产重整的主要实施方式包括现金清偿、留债展期、债转股、信托收益权清偿等。

现金清偿是企业破产重整方案中小额债券清偿的主要方式。偿债现金主要来自债务人处置资产取得的现金以及战略投资者提供的现金等。对债权人而言,现金清偿的确定性最高,但清偿规模有限。具体而言,重整方案中对公司债券等普通债权的现金清偿主要包括两种类型:一是设置小额债权上限,全额或按一定比例在期限内完成现金清偿;二是将普通债权分档,每档按一定比例现金偿付债权。

留债展期清偿是债权人放弃即时清偿权利，通过延长还款期限的"留债"处理，留存部分债务分期还本付息，给予企业以恢复和发展的时间与空间，提升对债权人的清偿能力。该方式下，债权人、债务人形成了新的权利义务设定。

债转股即按照一定股票价值将债权转化为股权，重整主体通过债转股能够有效降低负债率。对于债权人而言，债转股方式下债权人最终取得的清偿程度不确定性较高。债转股在抵债对价的设置中隐含了债务主体通过重整改善经营能力的预期，因此往往高于当前的股票交易价格。债权人最终需通过出售股权实现资产回收，因此可能面临公司重整后经营不及预期以及股价波动等风险。此外，非上市公司的股权退出渠道有限也可能对债权人最终变现股权带来不确定性。

信托受益权清偿是通过设立信托计划，以信托受益权份额完成债务偿付。采用信托受益权清偿的主体通常规模较大、业务较多、资产复杂。通过信托受益安排，一方面能够保证优质资产的整体性和独立性，进而便利优质资产引入重整战略投资人，提高重整成功率；另一方面，也为非核心资产的处置提供了充裕的时间和空间，使尚未找到适合投资人的资产和业务不至于被仓促处置。此外，对债权人而言，债权清偿利益实现证券化也提高了转让便利性。

案例8-8

2021年3月，某省高级人民法院裁定对某航空集团等321家公司进行合并重整。该航空集团在传统的存续式重整模式基础上，采取"存续式重整+股权受托处置"的方式，通过新设公司作为委托人发起信托计划，以该航空集团321家公司100%股权及对应的应收账款作为信托资产成立财产权信托，由发起人作为初始受益人将信托份额转让予债权人，在债务偿付完毕后，信托计划原状分配。该信托模式实现风险隔离的制度优势，最大程度地帮助重整企业保全资产，促进企业较快恢复正常生产经营。同时，信托公司参与监督破产重整，还有助于保障债权人利益。2021年10月，某高院裁定批准了《某航空集团有限公司等三百二十一家公司实质合并重整案重整计划》，2022年4月，某高院最终裁定确认该航空集团等321家公司已执行完毕《重整计划》。同时，根据《上交所公司债券上市规则（2022修订）》的相关规定，该航空集团及管理人向交易所申请"13某航债""15某航债""16某集01""16某集02"于2022年8月摘牌。

（3）破产清算。破产清算是指债务公司因资不抵债而申请破产时进行的司法偿债程序，旨在通过出售公司资产来清偿该公司债务。一般涉及资产评估、债权核实、资产拍卖和分配等程序。由于在清算过程中，可能对债务企业的员工、供应商和其他有关的利益相关者产生负面影响。破产清算通常是违约处置的最终手段，仅当企业无法通过其他方式来重组或恢复其财务状况时才会选择此种方式。

破产清算的主要目标是在较短时间内，将债务人的资产进行变现，并用变现所得来偿还债务。因此，债务人进入破产清算后，通常会面临经营停业、资产被售等程序，对企业本身及地方经济均产生较大影响，这也使破产清算的适用范围相对更为严格。具体看，破产清算制度主要适用于已不具有偿债能力的企业。破产清算程序后，债务企业的经营活动被迫终止，丧失挽救机会，因此法律为鼓励具有挽救价值的企业在破产后继续参与经济活动，对于清算的执行要求设定更为严格。根据《企业破产法》，债务企业有"明显丧失清偿能力可能"时即可以进行破产重整，但必须满足"不能清偿到期债务，并且资产不足以清偿全部债务或者明显缺乏清偿能力"条件的才能执行破产清算。

从违约处置的实践案例中，破产清算和重整程序相辅相成，在符合一定条件后可以进行转换。由于重整制度可以给予企业一定重生机会，因此企业面临债务问题时可能会优先选择进行重整程序，并在重整无法进行时转为破产清算。根据《企业破产法》的规定，在破产重整程序中出现以下情况的，重整程序将转换为破产清算。

第一，根据《企业破产法》第七十八条的规定，经管理人或者利害关系人请求，存在包括债务人的经营状况和财产状况继续恶化，缺乏挽救的可能性；债务人有欺诈、恶意减少债务人财产或者其他显著不利于债权人的行为；由于债务人的行为致使管理人无法执行职务等情形的，人民法院应当裁定终止重整程序，并宣告债务人破产。

第二，根据《企业破产法》第七十九条的规定，债务人或者管理人应当自人民法院裁定债务人重整之日起6个月内，同时向人民法院和债权人会议提交重整计划草案。上述规定的期限届满，经债务人或者管理人请求，有正当理由的，人民法院可以裁定延期3个月。债务人或者管理人未按期提出重整计划草案的，人民法院应当裁定终止重整程序，并宣告债务人破产。

第三，根据《企业破产法》第八十八条的规定，重整计划草案未获得通过且未依照规定获得批准，或者已通过的重整计划未获得批准的，人民法院应当裁定终止重整程序，并宣告债务人破产。

第四，根据《企业破产法》九十三条的规定，债务人不能执行或者不执行重整计划的，人民法院经管理人或者利害关系人请求，应当裁定终止重整计划的执行，并宣告债务人破产。

> **案例8-9**
>
> 　　某集团系以某能源公司、某国际集团公司（发行人）、某国际控股公司为核心，由近两百家关联企业组成的大型企业集团，其经营范围涉及金融、能源、钢铁、贸易、房地产等领域，该集团还通过投资并购控股多家金融机构。2018年末该集团严重资不抵债。
> 　　2019年11月，某市三中院裁定受理发行人破产清算。审理中，某市三中院分批裁定将法人人格高度混同、区分各企业财产成本过高、严重损害债权人公平清偿利益的70家该集团关联企业纳入实质合并破产清算范围，同时对上述关联企业所属的96家对外投资通过股权拍卖、重整、破产清算、强制清算、自行清算等方式予以分类清理。
> 　　2023年2月，某市三中院依据《企业破产法》第一百二十条第二款、第三款规定，裁定终结发行人等关联企业实质合并破产清算程序。发行人破产管理人认为发行人破产程序已终结，符合交易所上市规则关于摘牌条件的相关规定，向上交所提交对发行人全部存续公司债券的摘牌申请，"16某信01""17某信Y1""17某信Y2"已于2023年4月在上海证券交易所终止上市并摘牌。

（4）破产和解。破产和解制度是指为避免破产清算，由债务人提出和解申请并提出和解协议草案，经债权人会议表决通过并经法院认可的制度。从特征来看，相较于破产重整、破产清算等需要法院判决的司法途径处置方式，司法和解更依赖于债务人和企业的共识，法院在破产和解过程中起到的作用类似于监督人而非执法者，法院需要对企业和债权人达成一致的事项做出裁定而非判决，同时也无须法院对相关事项进行执行。

根据《企业破产法》规定，当企业不能清偿到期债务，并且资产不足以清偿全部债务或者明显缺乏清偿能力的，或者有明显丧失清偿能力可能的，均可以申请和解。根据目前的司法实践，企业是否有较强的持续经营能力，是法院裁定是否和解的重要考量因素。

> **案例8-10**
>
> 　　某公司是一家主营安防安保业务的上市公司，因连续并购、快速扩张，加之经济下行压力增加、融资政策趋紧等多重不利因素影响，经营状况迅速恶化，连

续多年亏损，于2017年因年报被出具无法表示意见的审计报告、债券交叉违约而爆发债务危机。

该公司于2016年11月公开发行2016年公司债券（"16某安消"），发行规模11亿元，期限3年，附第2年末发行人上调票面利率选择权及投资者回售选择权，到期日为2019年11月某日。

2022年11至12月期间，某市中级人民法院裁定受理发行人重整及至裁定重整计划执行完毕。期间，发行人依照《重整计划》对"16某安消"已申报债权的债券持有人采取现金、债转股、留债方式进行清偿，剩余未申报债权的债券占发行数量的2.05%。依照《上海证券交易所公司债券上市规则》规定，发生下列情形之一的，债券终止在交易所上市并摘牌："（二）经人民法院裁定，批准破产重整计划或者认可和解协议的"，发行人依此向法院申请，2023年10月"16某安消"在上海证券交易所摘牌。

（二）非司法途径

非司法途径是指在没有法院参与下，完全在法庭外由债务人、债权人及相关机构进行自主协商，以实现债务重组与债务人救济的过程，即庭外重组，主要包括自筹资金、第三方代偿、债务重组。

自筹资金主要适用于因短期流动性冲击或资金周转困难而导致违约的发行人，采用此方式偿还债务的企业一般具有较高的偿债意愿，自身财务状况存在一定拯救空间，可通过内部处置资产等方式解决资金缺口。

第三方代偿具体又分为两种。一种是在发行人违约后，由债券增信主体履行增信义务进行偿付；另一种是非担保第三方代偿，即由违约发行人母公司或关联企业受让全部债务后进行偿付。债务重组则主要是通过双方当事人协商一致的方法或依照法律规定，对原有债务债权关系进行变更，调整债务规模、履约时间、担保条件等。

债务重组方式主要是通过自主协商制定债务重组方案，调整或重新安排原有债务要素，或通过协商设立新的债权债务关系以承接或取代原违约债券的债权债务关系。就公司债券而言，调整或重新安排债券要素，主要包括调整偿付主体、期限、票面利率、偿付方式等，具体操作可参见本章第四节"三、违约风险处置措施及案例"之"（一）变更债券要素"。设立新的债权债务关系以承接或取代原违约债券，具体操作可参见本节"四、摘牌及注销程序"相关内容。

案例8-11

某房地产公司于2020年9月未能按期偿付"16某房04"应付的回售本息，发生实质违约。2020年9月，受托管理人向交易所申请债券停牌并将该公司全部存续公司债券转入特定板进行交易结算和信息披露。

受托管理人及时召集"16某房04"债券持有人会议，审议通过了为债券提供增信措施、增加回售选择权等议案。但由于市场环境未继续好转，债券违约引发重大信用危机，陆续到期和回售行权的多只公司债券的持有人均要求兑付。受托管理人协助发行人与投资人进行多轮沟通谈判，但最终未能达成一致展期意见，公司债券全面违约。

发行人于2021年12月成立了债权人委员会。受托管理人加入债权人委员会，协助发行人梳理债务。在广泛征集债券持有人及相关债权人意见后，受托管理人协助发行人设计了《一类债务重组方案》，即将公司债券在内的境内信用类债券划分为一类债务，通过债务重组转化为信托计划收益权，以未来新开发某项目产生的信托收益逐年完成原债务本金及利息的偿还。期间，受托管理人还协助沟通各债券持有人陆续加入债权人委员会。2022年9月至10月，发行人债权人会议高票通过了《一类债务重组方案》。

2023—2024年，受托管理人协助推动实施《一类债务重组方案》，发行人陆续与公司债券持有人签署《债务重组协议》。按照交易所相关规则，受托管理人协助各方向交易所、登记公司提交了公司债券份额注销申请，并按照交易所要求提交相关核查意见。2023年1月，"16某房03"完成整体注销并摘牌，其余公司债券也在陆续申请份额注销，将于全额注销后完成债券摘牌。若全部债权人配合加入债权人委员会及摘牌流程，发行人违约公司债券将完成全部出清。

三、信息披露要求

根据《公司信用类债券信息披露管理办法》，债券发生违约的，发行人应当及时披露债券本息未能兑付的公告。发行人、主承销商、受托管理人应当按照规定和约定履行信息披露义务，及时披露发行人财务信息、违约事项、涉诉事项、违约处置方案、处置进展及其他可能影响投资者决策的重要信息。

发行人被托管组、接管组托管或者接管的，企业信息披露义务由托管组、接管组承担。发行人进入破产程序的，发行人信息披露义务由破产管理人承担，发行人自行管理财产或营业事务的除外。

发行人或破产管理人应当持续披露破产进展，包括但不限于破产申请受理情况、破产管理人任命情况、破产债权申报安排、债权人会议安排、人民法院裁定情况及其他破产程序实施进展以及发行人财产状况报告、破产重整计划、和解协议、破产财产变价方案和破产财产分配方案等其他影响投资者决策的重要信息。发生实施对债权人利益有重大影响的财产处分行为的，也应及时披露。

发行人转移债券清偿义务的，承继方应当按照原对债券发行人的要求履行信息披露义务。

沪、深、北证券交易所信用风险管理指引还对发行人破产、市场化重组、转移清偿债务等情形下的信息披露作出以下特殊规定。

（一）发行人（被）申请破产

发行人的破产申请受理与否存在不确定性且发行人的公司债券违约未完成偿付，或者发行人被实施预重整程序的，发行人及其控股股东、实际控制人、董事、监事、高级管理人员，破产管理人应当按照规定履行信息披露义务和职责。根据《企业破产法》以及人民法院要求应当公告的事项，应当及时披露。确有原因无法履行的，应当说明原因并披露。

破产程序中上述信息披露义务人变更的，原信息披露义务人应当及时披露变更事项，说明变更依据、变更后的信息披露承担主体及其联系方式。破产管理人变更的，还应当及时披露破产管理人变更原因、履行的程序以及人民法院裁定情况。

发行人向人民法院申请破产的，应当在内部有权决策机构作出决议后的2个交易日内披露下列事项：（1）发行人申请破产的具体原因；（2）申请的破产程序类型；（3）正式递交申请的时间、已履行和待履行的审议程序；（4）破产事项被人民法院受理可能存在的障碍及解决措施（如有）；（5）破产事项对发行人信用风险化解处置及投资者权益保护的影响；（6）进入破产程序、公司债券终止上市或者挂牌转让的相关风险提示；（7）交易所要求披露的其他内容。

债权人向人民法院申请发行人破产的，发行人应当于知道后2个交易日内披露下列事项：（1）申请人的基本情况；（2）申请的破产程序类型、申请的事实和理由；（3）申请人与发行人及其董事、监事、高级管理人员、控股股东、实际控制人是否存在关联关系或者一致行动关系；（4）破产事项被人民法院受理可能存在的障碍及解决措施（如有）；（5）破产事项对发行人信用风险化解处置及投资者权益保护的影响；（6）进入破产程序、公司债券终止上市或者挂牌转让的相关风险提示；（7）交易所要求披露的其他内容。

发行人依据《企业破产法》的规定对破产申请提出异议的，应当及时披露异议理由及相关依据。在法院受理破产申请前，申请人撤回申请的，发行人应当及时披露撤回时间、原因及裁定情况。

人民法院裁定不受理或者驳回关于发行人的破产申请的，发行人应当及时披露裁定时间以及裁定书的主要内容。申请人不服裁定，向上一级人民法院提起上诉的，发行人应当及时披露相关情况。

发行人预重整程序转换或者结束时，发行人应当及时披露预重整期间临时破产管理人的履职情况、预重整程序取得的成效、预重整与破产程序衔接安排等内容。

破产程序发生转换的，信息披露义务人应当在收到人民法院裁定书后，及时披露申请人名称、与发行人之间的关系，裁定时间以及裁定书的主要内容、破产程序转换对发行人的影响等事宜。

人民法院裁定受理关于发行人的破产申请的，发行人应当及时披露申请人名称、裁定时间以及裁定书的主要内容、受理破产申请对发行人的影响等。

发行人被人民法院裁定实质合并破产的，信息披露义务人应当及时披露裁定时间、裁定原因、进入实质合并破产的主体及其他裁定书的主要内容。发行人被裁定实质合并破产且无法合理区分信息披露涉及事项对应主体的，可将实质合并破产范围内主体视同发行人披露范围。

人民法院指定破产管理人的，发行人应当及时披露下列事项：（1）破产管理人的基本情况，包括破产管理人名称、负责人、成员、职责及联系方式等；（2）发行人财产和营业事务的管理模式；（3）债权申报的期限和方式。

发行人自行管理财产和营业事务的，发行人应当及时披露自行管理财产和营业事务的职权范围。破产管理人应当及时将其知晓的信息披露相关事项告知发行人，并监督发行人履行信息披露义务。

信息披露义务人应当在债权人会议召开前及时披露下列事项，并为债权人预留必要的决策时间：（1）会议召开的时间、地点和方式，采用网络会议方式召开的，应当说明参会的具体方法；（2）审议议案的主要内容；（3）截至会议通知发出日，债权申报及审核、资产调查情况、财产管理、发行人经营等破产事务的最新进展情况；（4）破产管理人报酬（如有）；（5）关于债权人会议结果存在不确定性的风险提示；（6）模拟破产清算状态下的清偿能力（如有）；（7）其他可能会对破产程序产生影响的事项；（8）交易所、发行人或者破产管理人认为应当披露的其他事项。

债权人会议结束后,信息披露义务人应当及时披露下列会议决议信息:(1)会议议程;(2)债权核查情况及结果(如有);(3)债权人会议关于继续或者停止发行人营业的决定(如有);(4)对发行人财产管理方案、财产变价方案、破产财产分配方案等的表决情况(如有);(5)各债权人组对重整计划草案或者和解协议草案的表决情况(如有);(6)会议决议涉及的其他事项;(7)交易所或者发行人、破产管理人认为应当披露的其他事项。

债权人会议结束当日未形成决议需要延期表决的,信息披露义务人应当及时披露会议召开情况、未形成决议的原因及后续安排,并在形成最终决议后及时公告。

债权人就债权人会议决议提起诉讼的,信息披露义务人应当及时披露案件起诉、进展情况及诉讼期间债权人会议决议的执行安排。

债权人会议或者破产管理人决定停止发行人全部或者部分营业并获得有权机构(如有)同意的,信息披露义务人应当及时公告,披露停止营业的相关业务最近一年及一期的资产、收入、利润等财务状况和经营成果以及停止营业对发行人偿债能力的具体影响,并提示相关风险。

破产管理人拟实施《企业破产法》第六十九条规定的、需要向破产程序中债权人委员会或者人民法院报告的行为,信息披露义务人应当于报告后及时披露,说明拟实施的行为内容、实施原因、对发行人偿债能力的影响。

发行人或者破产管理人通过公开征集方式招募重整投资人的,应当同时通过公告方式披露征集(招募)通知,说明发行人基本情况、拟征集投资人的业务板块、征集背景、征集目的、征集条件、征集流程和遴选机制等。信息披露义务人应当遵循分阶段信息披露原则披露公开征集重整投资人的重大进展事项。

发行人、破产管理人与重整投资人签订投资协议的,应当及时公告下列内容:(1)重整投资人基本情况,包括基本工商登记信息,股权结构,资信情况,实际控制人情况,近3年主营业务情况和主要财务数据,与发行人及其董事、监事、高级管理人员、公司控股股东、实际控制人等是否存在关联关系或者一致行动关系,重整投资人之间是否存在关联关系或者一致行动关系以及是否存在出资安排等;(2)重整投资人的投资目的、投资金额及其用途、投资金额的定价依据及公允性、资金来源、支付方式、拟获得的投资对价、引入重整投资人过程中是否存在损害债权人利益情形;(3)重整投资人股权锁定安排,发行人股权结构及控制权变化情况;(4)重整投资人的投资经验及投资优势、投资事项与发行人业务经营的协同性、投资人对公司未来生产经营计划和偿债计划的主要安排；（5）重整投资人作出的相关承诺、履约措施、履约能力及履约保障等；（6）投资协议履行尚需的程序以及投资协议履行的不确定性；（7）投资协议履行对发行人偿债能力及债权人清偿利益的影响。

信息披露义务人应当及时披露投资协议履行中的重大进展，包括但不限于投资款项的支付、投资审批的重大进展、投资人取得投资对价，向投资人移交经营管理实际控制权利、投资协议的违约等事项。

发行人、重整投资人等承诺相关方在破产事项中作出承诺的，发行人或者破产管理人应当披露以下承诺相关信息，及时履行或者督促相关方及时履行承诺：（1）承诺的具体内容；（2）履约方式及时限，其中履约时限的披露应当具有明确期限，不得使用"尽快""时机成熟时"等模糊性用语；（3）承诺人履约能力，是否存在基于当时情况判断明显不可能实现但仍然作出承诺的情况；（4）履约风险及对策、不能履约时的制约措施。

承诺相关方作出业绩承诺的，发行人或者破产管理人还应当披露作出业绩承诺的依据、合理性，是否与发行人签订了明确可行的补偿协议等。

发行人或者破产管理人按照《企业破产法》的相关规定，延期提交重整计划草案的，信息披露义务人应当及时披露进展情况。

发行人或者破产管理人应当在向债权人会议和人民法院提交重整计划草案、和解协议草案后2个交易日内披露草案提交时间、草案全文，发行人专项审计、评估报告全文（如有）；无法披露的，应当说明原因并申请债券停牌，于2个交易日内向全体已知持有人告知草案及专项审计、评估报告全文（如有）。重整计划草案内容包括但不限于《企业破产法》规定的重整计划的内容、债权申报和确认情况、发行人、重整投资人及其他各方在重整计划中的承诺（如有）。和解协议草案内容包括但不限于债权申报和确认情况、债权分类及调整情况、债权清偿方案、发行人未来经营方案（如有）。

信息披露义务人应当就重整计划草案中约定的经营方案和偿债方案单独履行信息披露义务，详细说明执行步骤和时间安排，分析论证方案制定依据，并对依据的充分性、方案的可行性以及是否有利于保护债权人利益进行说明。

重整计划草案、和解协议草案根据《企业破产法》等相关规定表决通过后，信息披露义务人应当及时披露向人民法院申请批准重整计划、认可和解协议的情况。

重整计划草案首次未获债权人会议表决通过的，信息披露义务人应当在结果公告中明确披露是否与相关表决组通过协商后再次进行表决。进行二次表决的，相关表决组第二次表决结束后，信息披露义务人应当及时公告表决结果。再次表决仍未获通过的，信息披露义务人应当同时披露是否将按照《企业破产法》的规定，向人民法院申请强制批准重整计划草案。申请人民法院强制批准重整计划草案的，信息披露义务人应当及时公告并说明相关申请的具体情况及依据。

人民法院裁定批准重整计划、认可和解协议的，信息披露义务人应当在收到裁定文书后及时公告裁定时间、裁定内容。重整计划、和解协议与前次披露草案内容存在差异或者前次未披露全文的，信息披露义务人应当披露重整计划、和解协议的全文，说明与前次披露内容的差异事项及原因（如有）。

重整计划或者和解协议未获得批准或者认可的，信息披露义务人应当及时披露裁定内容及未获批准或者认可的原因。

人民法院裁定终结破产程序的，信息披露义务人应当在收到裁定文书后及时公告裁定终结破产程序的原因、裁定时间、裁定内容以及终结破产程序对发行人的影响。

发行人应当按照相关规定及时披露以下临时报告及其进展情况公告：（1）重要子公司作出申请破产的决定或者进入破产程序；（2）债券增信措施发生变更或者发生重大不利变化；（3）发行人转移公司债券清偿义务；（4）债券交易出现异常波动或者出现涉及破产事项的重大负面市场传闻；（5）公司债券停复牌公告；（6）持有人会议相关公告。

发行人进入破产程序的，应当至少每季度汇总披露下列事项，重点说明相关事项的变化情况、影响分析及后续安排：（1）经营状况，包括发行人合并报表范围主要经营业务开展情况，是否出现生产经营相关事项的重大不利变化及其具体情况；（2）资产情况，包括对发行人合并报表范围生产经营或者对发行人偿债能力具有重要影响的资产的金额及明细情况、运营情况、处置或者丧失情况、权利受限情况，追回、追缴债务人财产情况，以及与资产相关的重大诉讼或者仲裁情况；（3）负债情况，包括发行人及其合并报表范围新增或者新确认大额有息债务（含破产费用、共益费用）的金额、发生原因、是否可获得优先清偿等情况，新增大额有息债务逾期或者重组情况，大额增信新增及执行情况，债权人大额抵销权主张情况，申报和确认债权的金额和种类，以及与负债相关的重大诉讼或者仲裁情况；（4）公司治理及资信情况，包括发行人和重要子公司及其治理、管理团队的稳定性和资信情况，重要子公司经营权、股权被委托管理情况，重要子公司解散、被托管或者接管情况；（5）其他可能影响发行人偿债能力、债券交易价格或者投资者权益的重大事项。

破产管理人承担破产信息披露义务且不管理发行人合并报表范围内子公司的，可以仅披露发行人涉及的前款规定事项。

发行人或者破产管理人编制的定期报告应当充分考虑破产程序对发行人及其子公司生产经营、财务状况、公司治理、持续经营能力等方面的影响。破产管理人承担信息披露义务的，应当保证定期报告披露内容的真实、准确、完整；无法保证或者存在异议的，破产管理人应当在定期报告中声明前述事项并说明理由。发行人承担信息披露义务的，发行人全体董事、监事、高级管理人员应当保证定期报告披露真实、准确、完整，无法保证或者存在异议的，发行人应当在定期报告中声明前述事项并说明理由。

发行人应当参照前述每季度披露要求披露报告期内相关事项，同时披露以下内容：（1）基本信息，包括发行人名称，定期报告名称、类型、报告期及披露时间，报告期末信息披露义务人承担主体及其联系方式；（2）报告期涵盖非破产期间的，披露公司债券报告期内募集资金使用和整改情况，特殊条款的约定和执行情况；（3）财务情况，包括报告期末发行人合并报表范围资产总额、发行人及其合并报表范围报告期末有息债务金额及其种类结构、报告期内现金流和盈利情况及其稳定性和可持续性；（4）财务报告；（5）交易所和信息披露义务人认为应当披露的事项。

发行人应当根据自身实际财务情况，选择适用的会计准则编制财务报告，以确保客观、公允、真实地反映企业的财务状况，并勤勉尽责地推动相关审计工作，最大限度地维护债券持有人的利益。

（二）市场化重组

发行人发生下列情形之一的，应当于2个交易日内披露临时报告：（1）国务院组成部门或者相关机构、省级人民政府、计划单列市人民政府（以下统称"有关政府部门"）决定托管、接管发行人；（2）有关政府部门因风险化解处置需要向发行人派驻工作组；（3）在系统重要性分组为第三组、第四组及第五组的银行法人总部层面组建针对发行人的债权人委员会。发行人应当在临时报告说明相关事项的基本情况，相关背景，托管组、接管组、工作组或者债权人委员会主要组成机构或者人员，对发行人生产经营及公司治理后续安排及其影响。

发行人应当在托管组、接管组、工作组或者债权人委员会的指导和协助下，统筹考虑发行人及其重要子公司、发行人控股股东、实际控制人或者其同一控制下的重要关联方等的经营情况、财务情况、主要风险点等,及时拟定风险化解处置方案,并在被托管、接管、被派驻工作组或者债权人委员会成立后3个月内披露风险化解处置框架方案或者方案制定进展,说明风险处置涉及主体、发行人面临的主要风险因素、拟采取的风险化解处置措施、预计所需时间、关于债务的整体偿付安排等。风险化解处置框架方案制定出现重要进展或者已制定的风险化解处置框架方案发生重大变更的,发行人应当及时予以披露。

发行人应当及时披露以下临时报告及其进展情况公告:(1)发行人或者重要子公司作出申请破产的决定或者进入破产程序,发行人或者重要子公司解散、被托管或者接管;(2)发行人转移公司债券清偿义务;(3)发行人及公司债券评级发生调整,债券增信措施发生变更或者重大不利变化;(4)发行人及重要子公司发生重大投资或者重大资产重组;(5)发行人或者重要子公司未能清偿公司债券且构成违约;(6)公司债券停复牌公告;(7)公司债券偿付行权相关公告;(8)持有人会议相关公告;(9)债券交易出现异常波动或者出现涉及风险处置的重大传闻;(10)发生可能导致风险化解框架方案、整体处置方案产生重大变更的事项;(11)风险化解处置整体方案的制定和执行取得重大进展或者发生重大变化;(12)为信用风险化解处置聘请或者变更中介机构;(13)债权人委员会主席单位、副主席单位发生变更或者托管组、接管组、工作组及其执行机构的成员发生重要变更;(14)债权人委员会按照债权人协议约定的解散程序予以解散。

发行人引入投资人的,应当披露引入投资人的相关安排、投资协议的主要内容、投资协议履行的重大进展、投资相关承诺等内容,并说明引入投资人对风险化解处置的影响。引入投资人可能导致发行人控股股东变更的,发行人应当及时提示控股股东变更风险。

发行人应当以披露的风险化解处置框架方案为基础,根据信用风险化解处置进展及时制定风险化解处置整体方案,并披露整体方案的主要内容,详细说明执行步骤和时间安排,分析论证方案制定依据,并对依据的充分性、方案的可行性以及是否有利于保护债权人利益进行说明。

风险化解处置整体方案的主要内容应当包括下列事项:(1)持续经营方案,包括合并报表范围内公司保留的主要业务板块及其经营情况、后续经营方案及其实施保障;(2)债务整体清偿方案,包括发行人及其合并报表范围负债总额、有息债务金额及其种类和期限结构、有息债务整体处置方案及偿付资金来源,有息债务清偿不能的违约责任;(3)公司债券处置方案,包括偿付时间、偿付比例、偿付担保措施、偿付主体及资金来源,投资者权益保护机制安排,以及其他对募集说明书约定的调整情况；（4）公司治理及资信情况；（5）债权人就风险化解处置方案的主要建议或者意见，与债权人的沟通情况及针对债权人建议或者意见的调整措施（如有）；（6）风险提示，揭示风险化解处置方案实施中存在的不确定情况及发行人拟采取的应对措施；（7）交易所或者发行人认为需要说明的其他事项。

发行人应当积极推动信用风险化解处置工作，于被托管、接管、被派驻工作组或者债权人委员会成立后至少每季度汇总披露风险化解处置进展，重点说明下列事项及其变化情况、影响分析及后续安排：（1）经营状况，包括发行人合并报表范围主要经营业务开展情况，是否出现生产经营相关事项的重大不利变化及其具体情况；（2）资产情况，包括对发行人合并报表范围生产经营或者对发行人偿债能力具有重要影响的资产的金额及明细情况、运营情况、处置或者丧失情况、权利受限情况；（3）负债情况，包括发行人及其合并报表范围的负债总额，有息债务金额、种类、期限结构，大额有息债务新增、逾期和重组情况，大额增信新增及执行情况，重大诉讼或者仲裁情况，采取的缓解流动性压力的措施及其成效；（4）公司治理及资信情况，包括发行人和重要子公司及其治理、管理团队的稳定性和资信情况，发行人控股股东、实际控制人变更变化情况，持有发行人股权的受限情况，发行人及其重要子公司经营权、股权被委托管理情况；（5）风险化解处置进展情况；（6）其他可能影响发行人偿债能力、债券交易价格或者投资者权益的重大事项。

发行人应当参照每季度信息披露要求披露定期报告报告期内相关事项，同时还应当包括以下事项：（1）基本信息，包括发行人名称，定期报告名称、类型、报告期及披露时间，报告期末信息披露义务承担主体及其联系方式；（2）公司债券情况，包括报告期末公司债券存续情况，报告期内和报告期后批准报出日前募集资金使用和整改情况，特殊条款的约定和执行情况；（3）财务情况，包括发行人合并报表范围报告期末资产总额，报告期内现金流和盈利情况及其稳定性；（4）财务报告；（5）交易所和发行人认为应当披露的事项。

（三）其他情形

发行人拟转移公司债券清偿义务的，应当于内部有权决策机构审议同意的2个交易日内，披露转移债券清偿义务基本情况，包括拟转移公司债券的基本要素、转移清偿义务的金额和对价、转移原因、承继方基本情况、发行人及承继方各自相关决策情况、承继方对原债券权利义务的承继情况、发行人或者其重要子公司是否继续承担全部或者部分清偿或者担保责任、承继协议签署及其履行情况、对发行人偿债能力的影响分析等。承继方为发行人关联方的，发行人应当进一步披露关联关系、关联交易审议情况，说明相关决策程序是否符合法律法规规定和公司章程约定。

发行人拟转移公司债券清偿义务应当按照规定或者约定的程序取得债券持有人的同意，并应在持有人会议召开前参照募集说明书中发行人主体的披露要求，详细披露公司债券承继方的情况，供债券持有人审议时了解。

发行人转移债券清偿义务的，承继方应当履行相应的债券信息披露义务。

发行人或者其重要子公司成立债权人委员会的，发行人应当于知道或者应当知道债权人委员会成立后2个交易日内披露临时报告，说明债权人委员会的成立背景、公司目前流动性情况、债权人委员会关于公司融资的后续安排，并及时披露债权人委员会实施的重要举措及其对公司融资稳定性的影响。

发行人出现《公司法》规定的解散事由的，应当于内部有权机构审议通过或者知道相关事项的2个交易日内披露下列事项：被解散主体的基本情况，解散原因、依据及其决策程序，解散的实施方案，清算组组成及其履职情况，相关主体清算结果、产权或者工商登记情况，公司债券持有人权益保护的安排及成效。发行人应当于决策程序取得进展、成立清算组、完成清算、完成工商或者产权登记等重大事项发生的2个交易日内披露进展公告。

四、摘牌及注销程序

发行人与债券持有人协商采取其他方式偿付本息，或债权人委员会决议机制下达成债务重组安排，或由司法裁定批准发行人破产重整计划、认可破产和解协议或者宣告发行人破产等符合公司债券摘牌或注销情形的，受托管理人可以协助发行人或破产管理人与相应债券持有人办理全部公司债券的注销并摘牌，或部分公司债券份额的注销，并督导发行人、破产管理人及时履行信息披露义务。

各交易所关于债券终止上市/挂牌并摘牌的相关规定如表8-3所示。

表8-3　　　　　　　　　　　　债券摘牌

沪、深、北证券交易所公司债券上市规则	沪、深证券交易所 非公开发行公司债券挂牌规则
发生下列情形之一的，债券终止在交易所上市交易并摘牌：	发生下列情形之一的，债券在交易所终止挂牌并予以摘牌：

续表

沪、深、北证券交易所公司债券上市规则	沪、深证券交易所 非公开发行公司债券挂牌规则
（一）债券全部完成偿付或者可交换债券全部换股，发行人解散、被责令关闭或宣告破产的； （二）经人民法院裁定，批准破产重整计划或者认可破产和解协议的； （三）经全体债券持有人同意，发行人主动申请终止债券上市交易的； （四）其他导致债券原有债权债务关系灭失或者交易所规定的其他情形。	（一）债券全部完成偿付或者可交换债券全部换股，发行人解散、被责令关闭或宣告破产的； （二）经人民法院裁定，批准破产重整计划或者认可破产和解协议的； （三）经全体债券持有人同意，发行人主动申请终止债券挂牌的； （四）其他导致债券原有债权债务关系灭失或者交易所规定的其他情形。
债券触及上述规定情形之一的，发行人或者受托管理人应当及时向交易所提交并披露公告，说明有关情形的具体情况、债券偿付安排、债券终止上市及摘牌日期等事项。	债券触及上述规定情形之一的，发行人或者受托管理人应当及时向交易所提交并披露公告，说明有关情形的具体情况、债券偿付安排、债券终止挂牌及摘牌日期等事项。
此外，沪、北证券交易所公司债券上市规则规定，发行人或者受托管理人按规定披露的，相关债券于公告披露的日期终止上市并摘牌。发行人或者受托管理人未按规定披露的，交易所可以在知悉相关情形后决定相关债券终止上市，按规定予以摘牌并公告。	此外，上海证券交易所公司债券挂牌规则规定，发行人或者受托管理人按规定披露的，相关债券于公告披露的日期终止挂牌并摘牌。发行人或者受托管理人未按规定披露的，上交所可以在知悉相关情形后决定相关债券终止挂牌，按规定予以摘牌并公告。
北京证券交易所公司债券上市规则还规定，发行人对北京证券交易所作出的终止上市决定不服的，可以在收到北京证券交易所相关决定或者北京证券交易所公告送达有关决定之日起（以在先者为准）的十五个交易日内向北交所申请复核。申请复核的具体程序和要求，适用北京证券交易所有关规定。 复核期间，北京证券交易所决定不停止执行，另有规定的除外。	

案例8-12

2022年7月，某市一中院裁定确认某集团公司等七家公司重整计划执行完毕，并终结重整程序，标志着某集团公司等七家公司实质合并重整案顺利完成。基于相关债务处置方式均与投资人达成一致，经发行人向交易所申请，公司债券"18某光04""19某光01"和"19某光02"已于2022年8月完成摘牌。

五、总结和报告

根据《处置公司债券违约风险指引》,违约应急处置工作结束后,受托管理人应当及时对风险事件的发生、处置及损失等情况进行评估和总结。受托管理人应当于处置工作结束后1个月内形成总结报告并向相关监管机构和自律组织报告。

第九章
证券评级业务

信用评级是指评级机构[①]对影响经济主体或者债务融资工具的信用风险因素进行分析，就其偿债能力和偿债意愿作出综合评价，并通过预先定义的信用等级符号进行表示。信用评级作为债券市场重要的基础设施之一，发挥着揭示信用风险、辅助市场定价、提高市场效率、改善融资环境等积极作用。我国信用评级业经过多年的发展，取得长足进步，评级机构规模不断壮大，评级技术不断发展，评级结果更加趋于合理，社会认可度逐步提高，对促进我国金融市场健康发展发挥了积极作用。

2019年11月，中国人民银行、中国证监会等四部委联合发布《信用评级业管理暂行办法》。该办法作为行业基本监管规则，明确中国人民银行为信用评级行业主管部门，财政部、中国证监会等为业务管理部门，依法实施具体监管。评级机构在开展不同债券品种的评级业务时，必须遵守各监管机构的规定和准则。本章将重点介绍评级机构在开展公司债券（含企业债券）评级业务时应遵守的相关规定，具体见表9-1。

---

① 在中国人民银行及中国银行间市场交易商协会发布的制度文件中，大多表述为"信用评级机构"；在中国证监会及中国证券业协会、证券交易所发布的制度文件中，大多表述为"证券评级机构"或"资信评级机构"，本章统一表述为"评级机构"。

表9-1　　　　　　　　公司债券评级业务主要监管制度

制度名称	效力层级	发布部门	发布时间或最新修订日期	备注
中华人民共和国证券法	法律	全国人大常委会	2019年12月28日	2020年3月1日施行
信用评级业管理暂行办法	联合部门规章	中国人民银行、国家发改委、财政部、中国证监会	2019年11月26日	2019年12月26日施行
证券服务机构从事证券服务业务备案管理规定	部门规范性文件	中国证监会、工信部、司法部、财政部	2020年7月24日	2020年8月24日施行
证券市场资信评级业务管理办法	部门规章	中国证监会	2021年2月26日	
关于促进债券市场信用评级行业健康发展的通知	部门规范性文件	中国人民银行、国家发改委、财政部、中国证监会、银保监会（现国家金融监督管理总局）	2021年8月6日	2022年8月6日施行
关于推动公司信用类债券市场改革开放高质量发展的指导意见	部门规范性文件	中国人民银行、国家发改委、财政部、中国证监会、银保监会（现国家金融监督管理总局）、国家外汇管理局	2021年8月17日	
关于注册制下提高中介机构债券业务执业质量的指导意见	部门规范性文件	中国证监会	2023年6月20日	
证券市场资信评级机构执业规范	自律规则	中国证券业协会	2023年10月20日	
证券市场资信评级机构信息披露指引	自律规则	中国证券业协会	2023年10月20日	
证券市场资信评级机构尽职调查指引	自律规则	中国证券业协会	2023年10月20日	
证券市场资信评级机构尽职调查工作底稿目录细则	自律规则	中国证券业协会	2023年10月20日	
上海证券交易所公司债券上市规则	自律规则	上海证券交易所	2023年10月20日	

续表

制度名称	效力层级	发布部门	发布时间或最新修订日期	备注
深圳证券交易所公司债券上市规则	自律规则	深圳证券交易所	2023年10月20日	
北京证券交易所公司债券上市规则	自律规则	北京证券交易所	2023年10月20日	
债券市场信用评级机构联合市场化评价办法	自律规则	中国银行间市场交易商协会、中国证券业协会	2024年3月15日	

第一节 机构及人员管理

根据《信用评级业管理暂行办法》，评级机构是指依法设立，主要从事信用评级业务的社会中介机构。《信用评级业管理暂行办法》《证券市场资信评级业务管理办法》《证券市场资信评级机构执业规范》等监管制度均设专章对评级机构备案管理及内部制度建设提出基本要求，同时明确从业人员执业相关规范。本节主要介绍评级机构备案管理、内控制度机制建设以及从业人员管理等内容。

一、备案管理

中国人民银行等四部委于2019年联合发布《信用评级业管理暂行办法》，从营造公平竞争市场环境出发，对评级机构和从业人员备案管理进行规范。2020年3月，新《证券法》正式施行，取消了评级机构从事证券评级业务的行政许可，改为备案管理。《证券服务机构从事证券服务业务备案管理规定》《证券市场资信评级业务管理办法》发布实施，规定从事证券市场资信评级业务应向中国证监会备案，明确了备案材料、时限等相关要求，并鼓励具备下列条件的评级机构开展证券评级业务：实收资本与净资产均超过人民币2 000万元；有20名以上证券从业人员，其中10名以上具有3年以上资信评级业务经验、3名以上具备中国注册会计师资格；有3名以上熟悉资信评级业务有关的专业知识，且通过资质测试的高级管理人员；最近5年未受到刑事处罚，最近3年未因违法经营受到行政处罚，不存在因涉嫌违法经营、犯罪正在被调查的情形；最近3年在税务、工商、金融等行政管理机关，以及自律组织、商业银行等机构无重大不良诚信记录；中国证监会基于保护投资者、维护社会公共利益规定的其他条件。

（一）首次备案

1.机构设立备案。

根据《信用评级业管理暂行办法》规定，设立评级机构，应当自公司登记机关准予登记之日起30日内向所在地的中国人民银行省级派出机构办理备案，并提交以下材料：信用评级机构备案表；营业执照复印件；全球法人机构识别编码；股权结构说明，包括注册资本、股东名单及其出资额或者所持股份，股东在本机构以外的实体持股情况，实际控制人、受益所有人情况；董事、监事、高级管理人员以及信用评级分析人员的情况说明和证明文件；主要股东、实际控制人、受益所有人、董事、监事、高级管理人员未因犯有贪污、贿赂、侵占财产、挪用财产罪或者破坏社会主义市场经济秩序罪，被判处刑罚，或者因犯罪被剥夺政治权利的声明以及主要股东、实际控制人、受益所有人的信用报告；营业场所、组织机构设置及公司治理情况；独立性、信息披露以及业务制度说明；信用评级行业主管部门基于保护投资者、维护社会公共利益考虑，合理要求的与信用评级机构及其相关自然人有关的其他材料。此外，中国人民银行省级派出机构可以对高级管理人员和主要信用评级分析人员进行政策法规、业务技能等方面的监管谈话，以评估其专业素质的合格性。

评级机构设立分支机构的，自该分支机构成立之日起30日内，评级机构应当向原中国人民银行省级派出机构、评级机构分支机构应当向中国人民银行省级派出机构分别办理备案，并提交以下材料：信用评级机构分支机构备案表、信用评级机构分支机构营业执照复印件、信用评级机构分支机构营业场所及组织机构设置说明、信用评级机构分支机构高级管理人员和信用评级分析人员情况说明和证明文件。

评级机构应当自下列事项变更或者发生之日起30日内，向备案机构办理变更备案：机构名称、营业场所；持有出资额或者股份5%以上的股东，实际控制人、受益所有人；董事、监事、高级管理人员、信用评级分析人员；按照法律法规、行业主管部门和业务管理部门的规定开展相关市场信用评级业务；不再从事信用评级业务。评级机构分支机构涉及机构名称、营业场所、董事、监事、高级管理人员、信用评级分析人员、不再从事信用评级业务变更或者发生的，评级机构及其分支机构应当自相关事项变更或者发生之日起30日内向各自的中国人民银行省级派出机构办理变更备案。

完成机构设立备案后，开展银行间市场信用评级业务的，应向中国银行间市场交易商协会就拟开展的债券评级业务类别申请注册；开展交易所市场信用评级业务的，应向中国证监会办理业务备案。

2.开展业务备案。

根据《证券服务机构从事证券服务业务备案管理规定》规定，证券服务机构首次从事证券服务业务，应当在签订服务协议之日起10个工作日内备案。向中国证监会报送的材料包括：证券服务机构备案表；证券服务机构营业执照、在行业主管部门取得的执业许可或者备案文件；证券服务机构及其依照本规定备案的从业人员因执业行为涉嫌违法违规被立案调查，或者被司法机关立案侦查以及近3年因执业行为受到刑事处罚、行政处罚、监督管理措施、自律监管措施和纪律处分的情况；中国证监会和国务院有关主管部门规定的其他材料。

评级机构从事证券服务业务首次备案，除了提交上述规定的备案材料外，还应当提交下列材料：公司章程；公司股权结构说明，包括注册资本、股东名单及其出资额或者所持股份，股东在本机构以外的实体持股情况，实际控制人、受益所有人情况；公司营业场所、组织机构设置及公司治理情况；公司董事、监事、高级管理人员以及资信评级分析人员的情况说明和证明文件；公司主要股东、实际控制人、受益所有人的信用报告；符合资信评级监管要求的机构和人员管理、业务规则、独立性、信息披露等方面的制度和执行情况说明。

根据《证券市场资信评级业务管理办法》规定，评级机构在中国证监会进行备案时，除了上述材料外，还需提交以下材料：全球法人机构识别编码；主要股东、实际控制人、受益所有人、董事、监事、高级管理人员未因犯有贪污、贿赂、侵占财产、挪用财产罪或者破坏社会主义市场经济秩序罪，被判处刑罚，或者因犯罪被剥夺政治权利的声明；中国证监会基于保护投资者、维护社会公共利益考虑，合理要求的与评级机构及其相关自然人有关的其他材料。此外，中国证监会可以对高级管理人员和主要资信评级分析人员进行政策法规、业务技能等方面的监管谈话，以评估其专业素质的合格性。

（二）年度备案

《证券服务机构从事证券服务业务备案管理规定》规定，证券服务机构应当于每年4月30日前提交年度备案材料，备案内容包括证券服务机构基本情况和经营情况、依照本规定备案的从业人员的变动情况、内部管理制度的执行情况和变动情况以及中国证监会和国务院有关主管部门规定的其他事项。证券服务机构连续一个自然年度未从事证券服务业务的，可以不按照本规定进行重大事项备案和年度备案。未进行重大事项备案和年度备案的证券服务机构，再次从事证券服务业务的，需要按照证券服务机构首次从事证券服务业务的规定提交材料。

（三）重大事项变更备案

根据《证券市场资信评级业务管理办法》《证券服务机构从事证券服务业务备案管理规定》等规定，证券服务机构发生下列重大事项的，应当在10个工作日内备案：

1.证券服务机构的名称、住所及法定代表人或者主要负责人、质量控制负责人或者风险控制负责人发生变更；

2.持有证券服务机构5%以上股份的股东，实际控制人，受益所有人，及其董事、监事或者高级管理人员，合伙人发生变更；

3.内部控制机制、管理制度、业务制度发生变更；

4.证券服务机构及其人员因执业行为涉嫌违法违规被立案调查，或者被司法机关立案侦查，以及因执业行为受到刑事处罚、行政处罚、监督管理措施、自律监管措施和纪律处分；

5.证券服务机构及其人员因执业行为与委托人、投资者发生民事纠纷，进行诉讼或者仲裁；

6.设立或撤销分所或者分支机构；

7.不再从事证券评级业务；

8.中国证监会和国务院有关主管部门规定的其他重大事项。

发生影响或者可能影响本机构经营管理的重大事件时，评级机构应当立即向注册地中国证监会派出机构报送临时报告，说明事件的起因、目前的状态和可能产生的后果。

二、内部控制机制建设

评级机构建立完善的评级方法体系和内部控制制度体系是确保评级机构业务专业性和公正性的重要基础。2021年8月，中国人民银行、国家发改委、财政部、银保监会（现国家金融监督管理总局）、中国证监会联合发布《关于促进债券市场信用评级行业健康发展的通知》，明确要求评级机构加强评级方法体系建设，完善评级机构公司治理和内部控制机制，加强信息披露，优化评级生态，营造公平、公正的市场环境。《证券市场资信评级机构执业规范》等规则进一步明确并细化了相关规定，要求评级机构加强评级方法体系建设，健全一系列关键的管理制度，同时对数据库和技术系统、信息披露机制、信息保密以及合规管理等方面提出具体而详尽的要求。

（一）评级方法体系

《关于促进债券市场信用评级行业健康发展的通知》《关于注册制下提高中介机构债券业务执业质量的指导意见》提出，评级机构应加强评级方法体系建设，构建以违约率为核心的评级质量验证机制，多措并举保证评级质量。评级方法体系应遵循科学合理、客观全面的原则，促进定量和定性分析有机结合。评级机构应每年对评级方法模型及代表性企业进行检验测试。具体要求请参阅本章第二节"一、一般规定"的内容。

（二）信用评级制度

评级机构应建立完善的信用评级制度。评级制度包括评级业务制度和内部控制制度，其中评级业务制度应当至少包括信用等级划分与定义、评级方法与程序、尽职调查、信用评审委员会、评级结果公布、跟踪评级、信息披露、业务档案管理；内部控制制度应当至少包括评级质量控制相关制度、防火墙制度、回避制度、分析师轮换制度、离职人员追溯制度、信息保密制度、合规管理制度、培训制度、廉洁从业制度、评级从业人员执业行为规范、数据库管理制度。

（三）数据库和技术系统

根据《证券市场资信评级业务管理办法》规定，评级机构应当建立与其业务发展相适应的数据库和技术系统。《证券市场资信评级机构执业规范》进一步明确了对评级机构数据库和技术系统建设的具体要求，评级机构应建立与其业务发展相适应的、符合监管要求的评级信息采集、数据积累及分析、业务管理等数据在内的数据库和技术系统，并指定专门部门采取必要措施确保数据库和技术系统安全、高效运行。同时，应明确不同类别数据的更新时间、保存期限和保存方式、数据维护负责人的责任、终止证券评级业务时数据的处理方式等。

评级机构不再从事证券评级业务的，应向中国证监会报告，并按照以下方式处理证券评级数据库系统：与其他评级机构约定，转让给其他评级机构；不能按照上述方式转让的，移交给中国证监会指定的评级机构；不能按照上述两种方式转让、移交的，在中国证监会的监督下销毁。

(四)信息披露机制

《信用评级业管理暂行办法》《证券市场资信评级业务管理办法》《证券市场资信评级机构执业规范》规定了评级机构信息披露的整体要求,《证券市场资信评级机构信息披露指引》对信息披露制度及机制进行专项规定。评级机构应通过中国证券业协会网站和公司网站披露所设立的分支机构及其评级从业人员、证券评级业务、独立性以及评级质量等相关信息,评级结果还应通过受评级证券上市交易或者挂牌转让的证券交易场所网站和其他法定渠道进行披露,并保证披露信息的及时、真实、准确、完整,不得有虚假记载、误导性陈述或重大遗漏。信息披露行为应符合国家法律、行政法规、部门规章和自律规则的要求。具体要求请参阅本章第四节。

(五)信息保密制度

评级机构应制定信息保密制度,明确机构及从业人员在使用评级信息时的范围、条件及保密义务;建立合理的程序,防止对外或对本机构中与评级分析和级别确定无关的人员泄露在开展评级业务活动中知悉的国家秘密、商业秘密、个人隐私等非公开信息,以及尚未正式对外公布的评级结果信息;采取合理措施保护评级记录和档案,以免丢失、被骗取和误用。但下列情况除外:国家司法机关、政府监管部门和中国证券业协会等自律组织按照有关规定进行调查取证的;有关法律、法规要求提供的;依据保密协议或保密条款可以公开的。

在开展证券评级业务时,评级机构应与评级委托方、受评级机构或受评级证券发行人签订保密协议或在评级协议中约定保密条款。

此外,评级从业人员对在开展证券评级业务过程中知悉的国家秘密、商业秘密、个人隐私等非公开信息负有保密义务,评级从业人员在项目结束或离开所在机构后仍应履行保密义务。

(六)合规管理机制

评级机构应制定合规管理制度,明确合规检查内容、工作程序、履职保障以及报告路径等内容。评级机构应委任合规负责人,并建立独立的合规部门,负责监督、审查本机构及评级从业人员的合规性、内部控制制度的完备性和执行的有效性,并及时向董事会、注册地中国证监会派出机构、中国证券业协会报告评级机构及其评级从业人员的合规状况。合规管理人员应熟悉证券市场相关法律、法规及证券评级业务相关法律、法规。如出现合规负责人不能履行职务或缺位的情况，应由评级机构董事长或经营管理主要负责人代行其职务，代行职务的时间不得超过6个月。

监管机构对于合规人员履职规范以及履职保障作出规定。合规负责人和其他合规管理人员不得参与评级作业、市场拓展、营销活动、客户维护等形成利益冲突或影响管理职责履行的工作，或从事影响利益冲突管理职责履行的其他工作。评级机构应保障合规管理人员履职所必需的知情权和调查权，合规管理人员有权调阅相关文件、资料，要求相关人员对有关事项进行说明。

评级从业人员如发现其他评级从业人员或机构从事违法、违规或违反职业道德、行业行为准则的行为时，应立即报告合规负责人或高级管理人员。评级机构应对报告情况进行调查核实，及时采取相关措施或向有权部门报告。评级机构应保护举报人，禁止相关人员对其进行打击报复。

（七）投诉处理机制

评级机构应主动接受投资者及社会公众监督，指定专门部门或人员负责处理投诉，与市场参与者和社会公众进行沟通交流，及时答复疑问。

三、从业人员管理

评级从业人员从事证券评级业务，应当遵循独立、客观、公正和审慎性原则，诚信执业，遵守职业道德，公平、诚实地对待评级委托方、受评级机构或受评级证券发行人、投资者及社会公众，防范利益冲突，自觉维护公平、有序的市场秩序。《信用评级业管理暂行办法》《证券市场资信评级业务管理办法》《证券市场资信评级机构执业规范》等对从业人员执业要求、备案和登记要求、廉洁从业要求等方面作出了规定。

（一）执业要求

评级从业人员应具备良好的职业道德和专业胜任能力，不得违反国家法律、行政法规、部门规章及自律管理的相关规定。评级机构应定期或不定期对其评级从业人员开展培训活动，并做好培训和测试记录，采取有效措施提高人员的职业道德和业务水平。评级项目组成员应当具备从事相关项目的工作经历或者与评级项目相适应的知识结构，评级项目组组长应当完成证券从业人员登记且从事资信评级业务3年以上。

此外，业务开展过程中，评级机构及从业人员还需遵循评级作业程序各个环节的规则和要求，不得有下列行为：

1.篡改评级相关资料或者歪曲评级结果；

2.以承诺分享投资收益或者分担投资损失、承诺或保证信用等级、低于合理成本价格竞争、诋毁同行等手段招揽业务；

3.以挂靠、外包等形式允许其他机构使用其名义开展证券评级业务；

4.与评级委托方、受评级机构、受评级证券发行人或者相关第三方存在不正当交易或者商业贿赂；

5.向评级委托方、受评级机构、受评级证券发行人或者相关第三方提供顾问或者咨询服务；

6.对评级委托方、受评级机构、受评级证券发行人或者相关第三方进行敲诈勒索；

7.违反证券评级业务规则，损害投资人、评级对象合法权益，损害资信评级业声誉的其他行为；

8.利用在开展证券评级业务时知悉的国家机密、商业秘密和个人隐私等非公开信息牟取利益或进行交易；

9.不得为他人提供融资或者担保；

10.监管机构禁止的其他行为。

（二）人员备案和登记要求

《信用评级业管理暂行办法》规定，高级管理人员、信用评级分析人员变更的，应自变更或者发生之日起30日内，向中国人民银行省级派出机构办理变更备案。《证券服务机构从事证券服务业务备案管理规定》《证券市场资信评级业务管理办法》规定，评级机构的法定代表人或者主要负责人、质量控制负责人或者风险控制负责人发生变更；持有证券服务机构5%以上股份的股东，实际控制人，受益所有人，及其董事、监事或者高级管理人员，合伙人发生变更，应当在10个工作日内备案。

《证券市场资信评级机构执业规范》规定，评级从业人员应向中国证券业协会登记，参照适用《证券公司董事、监事、高级管理人员及从业人员管理规则》中关于一般证券业务类别的相关要求和《证券公司从业人员业务培训细则》的相关规定。登记信息包括基本信息、专业能力水平评价情况、从业经历及相关情况、诚信情况及其他执业声誉情况等。

(三)廉洁从业要求

评级机构应建立廉洁从业制度,将廉洁文化建设纳入培训内容,指定专门部门负责对业务开展过程中评级从业人员的廉洁从业情况进行监督;发现有评级从业人员违反廉洁从业规定的,应及时向中国证券业协会报告。此外,中国证监会及中国证券业协会分别发布《证券期货经营机构及其工作人员廉洁从业规定》《证券经营机构及其工作人员廉洁从业实施细则》,要求评级机构参照执行。

第二节 评级业务规范

近年来,行业相关监管部门不断加强制度建设,先后出台了多项政策措施和自律规则,在完善统一监管规定的同时,多措并举推动评级机构提升评级质量和服务水平,从一般规定、评级程序、尽职调查、跟踪评级、评级终止或撤销等方面,对评级机构执业规范提出更具针对性要求,促进信用评级行业的规范化和专业化发展,推动信用评级行业更好地服务于债券市场高质量发展大局。

一、一般规定

《关于促进债券市场信用评级行业健康发展的通知》明确了信用评级行业五大监管方向:一是加强评级方法体系建设,提升评级质量和区分度;二是完善评级机构公司治理和内部控制机制,坚守评级独立性;三是加强信息披露,强化市场约束机制;四是优化评级生态,营造公平、公正的市场环境;五是严格对评级机构监督管理,加大处罚力度。《证券市场资信评级机构执业规范》等规则就评级业务作出规范要求,包括评级机构应当建立科学、合理的评级方法、模型,构建以违约率为核心的评级质量验证机制并采取相应措施保证评级质量等。

(一)建立科学、合理的评级方法、模型

1.《信用评级业管理暂行办法》规定,评级机构应当建立完善的信用评级制度,对信用等级的划分与定义、评级方法与程序、评级质量控制、尽职调查、信用评级评审委员会、评级结果公布、跟踪评级等进行明确规定;评级机构应当披露的基本信息包括评级报告采用的评级符号、评级方法、评级模型和关键假设,披露程度以反映评级可靠性为限,不得涉及商业秘密或妨碍创新。发生变更的,应当披露变更原因和对已评级项目的影响。

2.《关于促进债券市场信用评级行业健康发展的通知》规定，评级机构应当加强评级方法体系建设，提升评级质量和区分度。建立并使用能够实现合理区分度的评级方法体系，评级方法体系应当遵循科学合理、客观全面的原则，促进定量和定性分析有机结合，评级机构应当每年对评级方法模型及代表性企业进行检验测试；除企业并购、分立等正常商业经营的原因引起的评级结果调整之外，评级机构一次性调整信用评级超过三个子级（含）的，应当立即启动全面的回溯检验，对评级方法模型和评级结果的一致性、准确性和稳定性等进行核查和评估，并公布核查结果及处理措施；评级机构应当主要基于受评主体个体的信用状况开展信用评级，评级机构开展地方政府债券信用评级，应当结合一般债券、专项债券的特点，综合考虑地区经济社会发展、财政收支等情况，客观公正出具评级意见，合理反映地区差异和项目差异。

3.《证券市场资信评级机构执业规范》规定，评级机构应当建立科学、合理的评级方法、模型，明确适用对象、关键假设、评级要素、局限性等。评级机构在评级过程中所使用的评级方法、模型应当与其披露的评级方法、模型保持一致。《证券市场资信评级机构信息披露指引》规定，信用评级报告中如使用多种评级方法或评级方法过于复杂的，应予以必要解释，并说明不同评级方法对评级结果的影响（非公开发行的除外）。

（二）保证评级质量

1.《关于促进债券市场信用评级行业健康发展的通知》规定，评级机构应当长期构建以违约率为核心的评级质量验证机制，有效提升评级质量；应当切实提升初始评级和跟踪评级的有效性和前瞻性，通过多种渠道、多种方式加强动态风险监测，及时掌握信用风险因素的变化情况，受评对象发生影响偿债能力或偿债意愿的重大事项时，评级机构应当及时启动不定期跟踪评级，并在评级报告中充分说明评级结果调整或维持的理由；评级机构应当不断加强信息化建设，建立与其业务发展相适应的、符合监管要求的数据库和技术系统，通过技术创新和科技应用，为提升评级行业竞争力赋能，鼓励评级机构在依法合规、风险可控的前提下，创新评级技术，将大数据、人工智能等科技手段应用于信用风险分析，提高评级数据质量、风险识别和风险监测能力，支持评级机构与征信机构等加强合作。

2.《关于推动公司信用类债券市场改革开放高质量发展的指导意见》规定，强化评级机构监管，提升评级质量。提出在银行间债券市场、交易所债券市场等同时开展信用评级业务的评级机构应当统一评级标准，充分揭示受评对象的信用风险，并保持评级结果的一致性和可比性；加强对跟踪评级滞后、大跨度级别调整、更换评级机构后上调评级等行为的监管约束，提升评级机构风险预警功能，对存在级别竞争、买卖评级等违法违规行为，加大处罚和市场退出力度，完善评级机构评价体系，充分运用评价结果引导评级机构规范开展业务；构建以违约率为核心的评级质量验证方法体系，推动形成有区分度的评级标准体系，降低外部评级依赖，在提升投资机构内部评级能力的基础上，逐步弱化和取消行政强制评级要求，鼓励发行人选择开展主动评级或投资人付费评级，发挥双评级、多评级以及不同模式评级的交叉验证作用。

3.《关于注册制下提高中介机构债券业务执业质量的指导意见》规定，提高评级机构执业质量。评级机构应当加强评级方法体系建设，逐步构建以违约率为核心的评级质量验证机制，每年对评级方法模型及代表企业进行检验测试，持续完善公司治理，加强内部控制和监督机制，健全防火墙机制，坚守专业性、独立性原则，充分发挥评级的事前预警功能，切实提升评级业务质量。

4.《证券市场资信评级机构执业规范》规定，评级机构应当构建以违约率为核心的评级质量检验机制，明确可以采取但不限于以下措施保证评级质量：

（1）至少每年对评级方法体系进行一次检验测试，结合违约率、评级方法适用性、各项评级模型指标的实际表现情况、评级结果、信用等级的集中度和区分度等情况开展检验工作，及时完善评级方法；

（2）建立评级报告审核机制，加强内部审核和质量控制，确保评级报告的质量；

（3）建立评级质量检验机制，采用实际违约率、级别迁移率、利差及级别调整统计等质量检验方式，对评级质量控制执行情况进行评估；

（4）除因企业并购、分立等正常商业经营引起的原因之外，一次性调整信用评级超过三个子级（含）的，应当立即启动全面回溯检验，对该评级项目评级过程中的评级方法模型和评级结果的一致性、准确性和稳定性等进行核查和评估，并公布核查结果及处理措施；

（5）建立新产品评级评估审核机制，审定是否具备相应的评级方法、模型和程序，评估新产品评级的可行性。新产品过于复杂且缺乏必要数据，并预计会对评级的可信性产生重大影响的，不应予以评级；

（6）根据监管部门要求充分披露评级方法、模型、评级结果和代表性企业名单等相关信息，按季度披露本机构评级分布及质量检验情况，强化市场约束机制。

二、评级程序

根据监管规定及评级机构工作实践,评级作业程序一般包含签订协议、评级准备、尽职调查、报告撰写、报告审核、等级评定、评级结果告知与复评、评级结果公布、资料存档和跟踪评级等环节。各环节具体作业要求如下。

(一)签订协议

评级机构在开展委托评级项目前,应当与委托方签订评级协议,明确双方的权利和义务、跟踪评级安排、评级结果告知与复评安排等,并按协议约定收取评级费用。评级机构应当合理确定评级收费标准,以保证投入充足的人力、物力等资源,保障评级质量。

(二)评级准备

评级准备环节包括以下步骤。

1.评级机构应当聘用具有评级相关知识或经验的信用评级分析人员,并根据评级项目特点组成评级项目组。评级项目组实行组长负责制,至少由两名信用评级分析人员组成。评级项目组组长应当完成证券从业人员登记且从事评级业务3年以上。

2.评级机构应对评级项目组成员进行利益冲突审查,评级项目组成员应签署利益冲突回避承诺书。

3.评级项目组按照评级项目需要,制定完善的评级工作计划。

(三)尽职调查

评级机构应当对评级对象开展尽职调查,进行必要的评估以确信评级所需信息来源可靠且充分满足使用需求,并在调查前制定详细的调查提纲。调查过程中,评级机构应当制作尽职调查工作底稿,作为评级资料一并存档保管。具体要求请参阅下文"三、尽职调查"。

(四)报告撰写

1.评级报告撰写程序。

评级项目组在撰写评级报告时应遵循以下程序:

(1)汇总整理所有评级相关资料,建立工作底稿。工作底稿应包括受评级机构或受评级证券发行人提供的原始材料以及评级机构出具项目评级结果所依据的其他全部信息与数据。

（2）对评级所依据的文件资料内容的真实性、准确性和完整性进行必要核查和验证。

（3）评级项目组运用专业知识，根据与评级对象相适应的评级方法，对评级对象的信用风险进行深入分析，形成初评报告并给出建议的信用等级。如果评级对象有增信措施的，还应就增信措施的效果进行分析和评价。

2.评级报告的内容要求。

评级报告应当充分揭示评级对象的信用风险，对所披露的风险因素做定量和定性分析；无法进行定量分析的，应当有针对性地作出定性描述；对评级结果及其标识作出相应的、明确的阐述。若评级涉及的历史数据有限，应当在评级报告的显著位置对评级局限性予以明确说明。评级机构应当确保信用评级报告中不存在虚假记载、误导性陈述或重大遗漏。首次评级报告应当包括概述、声明、正文、跟踪评级安排和附录等部分。评级报告应当分别披露受评主体最终评级结果、个体信用状况和外部支持力度。存在外部支持的，应当说明提升力度及各项支持依据。

3.评级报告的时间要求。

评级机构开展首次信用评级时，从现场尽职调查结束之日至评级报告初稿完成之日，单个企业主体的信用评级或其发行的证券评级一般不少于10个工作日（遇法定节假日顺延，下同），集团企业主体的信用评级或其发行的证券评级一般不少于30个工作日。评级机构连续对某企业进行信用评级时，从尽职调查结束之日至评级报告初稿完成之日，单个企业主体的信用评级或其发行的证券评级一般不少于6个工作日，集团企业主体的信用评级或其发行的证券评级一般不少于15个工作日。如果评级对象未发生影响前次评级报告结论的重大事项，且财务数据无变化，经营情况稳定，评级作业时间可不受此限制。前述连续评级是指同一评级机构对同一评级对象开展的第二次以上的信用评级，且评级工作开始之日应当在上次评级报告（包括跟踪评级报告）有效期内。非公开发行证券的初评报告完成时间由评级机构与委托人在评级协议中自行约定。

（五）报告审核

评级机构应当建立评级报告的内部审核程序，至少应包括评级项目组初审、部门二审和公司三审的三级审核，后一级审核应当建立在前一级审核通过的基础之上。各审核阶段应当独立发表审核意见，各级审核人员应当在内部审核记录上签署审核意见、时间并署名（含电子签名）。评级项目组应当根据各级审核人员提出的审核意见，及时修正评级报告内容及观点。

（六）等级评定

评级对象评级结果的确定、维持、调整、撤销以及终止（提前全额兑付、到期正常兑付的除外）等应当由评级机构的信用评审委员会决定。完成三级审核程序后的评级报告应当提交信用评审委员会审议。信用评审委员会应当根据既定程序和评级标准对评级报告进行评审，通过投票表决方式确定评级结果，评级结果须经2/3以上参会评审委员同意方为有效。信用评审会议由信用评审委员会主任或其书面委托的其他委员主持，参会评审委员不得少于5人，以投票表决方式确定评级结果，评级结果须经2/3以上参会评审委员同意方为有效。评级机构需要做好信用评审会议和表决情况的记录，内容至少应包括会议时间、地点、参会评审委员及评审项目名称、参会评审委员的评审意见、表决意见与投票结果等，参会评审委员需对会议记录签字确认（含电子签名）。

评级项目组应当根据信用评审会议的反馈信息进行报告修改，确认无误后交由复核人员复核。复核人员负责对评级报告会后修改意见的落实情况进行监督，并对评级报告予以确认定稿。定稿后的评级报告应当只进行不影响评级结果和信用等级观点的非实质性修改。修改内容对评级结果有实质性影响的，应当重新提交信用评审会议审核决定。

（七）评级结果告知与复评

评级结果确定后，评级机构应及时将评级结果书面告知评级委托方、受评级机构或受评级证券发行人。评级机构未能在公布或调整评级前告知受评级机构或受评级证券发行人的，应当在其后尽早告知，并解释延迟告知的理由。评级委托方、受评级机构或受评级证券发行人对评级结果有异议，且提供充分、有效的补充材料的，可以在评级协议约定时间内申请复评一次。否则，评级机构可不受理复评请求。复评结果为首次评级的最终信用级别，且复评仅限一次。

（八）评级结果公布

评级结果包括评级对象的信用等级和评级报告。评级机构按照评级协议的约定出具评级报告并发布评级结果，通常是以评级公告的形式向市场发布。多家评级机构对同一评级对象进行评级的，应当同时对外公布评级结果。评级机构在开展评级业务时，应当督促评级委托方、受评级机构或受评级证券发行人告知是否委托其他评级机构进行评级以及证券发行情况。具体要求请参阅本章第四节"三、评级业务信息披露"。

（九）资料存档

评级项目完成后，评级项目组应当及时对业务档案资料进行分类整理，填写存档资料清单，移交业务档案，并保证业务档案的完整性。业务档案资料应当包括但不限于以下内容：

1. 投标文件（如有）；
2. 评级协议；
3. 评级业务相关收费凭证；
4. 评级委托方、受评级机构或者受评级证券发行人及相关机构提供的原始资料和补充资料；
5. 尽职调查工作底稿；
6. 评级报告，包括初评报告、各级审核意见稿和定稿；
7. 信用评审委员会的会议记录和表决情况；
8. 所使用的用于支持评级观点及构成评级报告分析内容的内部研究报告及文件记录；
9. 公开披露的信息及向监管部门备案的信息；
10. 其他出具评级报告相关的文件或评级机构认为有必要保留的文件。

对涉及商业秘密或证券发行相关机构要求保密的文件，应当单独存档。为了方便对业务文档的复查、检查和跟踪评级的需要，评级项目档案应当保存至评级协议期满后5年、评级对象存续期满后5年或者评级对象违约后5年，且不得少于10年。条件允许的评级机构应建立工作底稿电子化存管制度，以实现工作底稿的实时上传查证和工作留痕的完整记录。

三、尽职调查

《证券市场资信评级机构执业规范》规定，评级项目组应当根据评级对象的特点制定详细的调查提纲和工作方案，对评级对象开展尽职调查。2023年10月，中国证券业协会发布了《证券市场资信评级机构尽职调查指引》以及《证券市场资信评级机构尽职调查工作底稿目录细则》，对尽职调查的内容、方法以及工作底稿等方面进行了全面而详细的规定，进一步区分评级机构的特别注意义务和普通注意义务，明确履行普通注意义务的程序和要求，厘清中介机构职责边界。

（一）尽职调查的原则和一般规定

证券市场评级机构的尽职调查是指评级机构及其评级从业人员对评级所需信息进行必要的评估，以确信评级所需信息来源可靠且充分满足使用需求的过程。评级机构及其评级从业人员应遵循独立、客观、公正和审慎性的原则对评级对象进行尽职调查。评级委托方、受评级机构或者受评级证券发行人等评级业务相关方应当配合评级机构工作，安排与评级有关的调查、访谈及其他必要活动，及时提供相关材料，并保证材料的真实、准确和完整。评级机构应当根据《证券市场资信评级机构尽职调查指引》的要求制定尽职调查内部管理机制和相关制度，建立健全业务流程，明确工作底稿收集整理责任人员、归档保管流程、借阅程序和检查办法等。评级机构应当建立评级项目组尽职调查工作评价机制。

尽职调查工作中，评级项目组不得授意或协同评级对象及其他利益相关方伪造或隐瞒对评级结果产生重大影响的资料；不得利用自身身份、地位和执业中所掌握的评级对象资料和信息为自己或他人谋取私利。

（二）尽职调查过程中的注意义务

评级机构对证券市场资信评级业务专业事项履行特别注意义务，对其他业务事项履行普通注意义务。评级机构对所出具的评级报告中包含或引用其他证券服务机构出具专业意见的内容，在审慎核查和必要的调查、复核工作的基础上，排除了职业怀疑的，可以合理信赖。评级机构对所出具报告中无其他证券服务机构专业意见支持的，履行特别注意义务。评级机构履行特别注意义务事项与其他证券服务机构履行特别注意义务事项存在重合的，应当各自履行特别注意义务。

评级机构应当明确合理信赖其他证券服务机构专业意见的标准和程序，取得能支持合理信赖的充分证据，建立合理信赖的内部控制制度。评级机构发现拟合理信赖的证券服务机构出具的专业意见存在重大异常、重大差异、重大矛盾的，应当保持职业怀疑，进一步调查、复核。审慎调查、复核后仍不能排除职业怀疑的，评级机构应当拒绝信赖其他证券服务机构的相关专业意见，不能主张合理信赖。发行人、增信机构、征信机构以及会计师事务所、律师事务所等其他证券服务机构，应当积极配合评级机构的尽职调查工作，在合法合规的前提下及时提供拟合理信赖的评级所需材料，不得干扰评级决策，不得影响评级作业的独立性。发行人、增信机构、征信机构、证券服务机构拒不配合，导致评级作业无法继续独立、客观、公正开展的,评级机构应当及时暂停或终止评级,并按照监管要求对外披露。

(三)聘用第三方机构开展尽职调查

评级机构在开展证券评级业务过程中可以聘请具备相应资质和专业能力的第三方专业机构提供与尽职调查有关的服务。评级机构应恪守独立履职、勤勉尽责义务,根据法律规定和客观需要合理使用第三方服务,加强对第三方机构的管理,不得将法定职责予以外包,依法应当承担的责任不因聘请第三方而被减轻或免除。评级机构应当披露聘用第三方进行尽职调查的情况,包括但不限于第三方机构的基本情况、资质、是否存在不良执业记录等。

(四)尽职调查的形式

评级机构尽职调查方式包括但不限于资料收集、调查访谈、核查等,其中调查访谈包括实地调查访谈和非实地调查访谈。

1.调查访谈整体要求。

调查访谈工作可贯穿于评级全过程。现场访谈结束后,根据评级需要,评级项目组可进行非实地调查或再次进行现场访谈,收集相关资料。调查访谈过程应通过调查访谈记录、照片或录音录屏等方式记录。

评级项目组应重点了解评级对象或相关机构的风险,有针对性地提问,并认真做好访谈记录。访谈记录内容至少应当包括受访谈单位名称、受访谈人员姓名及职务、访谈地点、访谈持续时间及访谈内容。访谈记录应当由访谈人员和受访谈人签字确认(含电子签名),并作为工作底稿统一归档留存。

2.调查访谈的对象。

评级机构可根据对评级对象进行评级的实际需要确定访谈对象,一般情况下包括受评级机构或者受评级证券发行人的董事、监事、高级管理人员,主要业务和管理部门负责人,近一年总资产、净资产、营业收入或净利润占公司合并数据30%以上的重要子公司负责人或其他可替代人员,控股股东或实际控制人,增信主体等。上述访谈对象中无法接受现场访谈的,评级项目组应在访谈记录上列明原因,并通过其他有效方式进行补充调查。必要时,可访谈评级对象涉及相关主体的外部关联机构、人员,包括但不限于开户银行、关联公司、行业管理部门、主要客户、税务部门、市场监管部门等。

3.实地调查访谈。

实地调查访谈是评级机构了解和掌握评级对象信用风险的重要方式。评级机构应通过现场访谈，查看主要生产经营管理场所、主要基础资产、重大项目等方式，深入了解评级对象公司治理、生产经营和财务运行等情况，并与其他渠道所掌握的资料进行比较印证，以充分客观地揭示信用风险。实地调查与访谈前，评级项目组应当对初步收集的资料进行认真研究和分析，列出拟考察项目及访谈人员，制定访谈提纲并发送给评级对象，与其沟通、确定现场考察与访谈的具体时间、人员安排，并制定不能实现考察和访谈目的时所采取的替代方案。

存在下列情形的，评级机构应当对评级对象进行实地调查访谈：

（1）对受评机构、受评证券发行人或受评级证券的首次评级；

（2）对同一评级对象进行连续评级时，如本次评级项目立项时距对该评级对象最近一次实地调查访谈结束时间超过1年；

（3）定期跟踪评级时，与最近一次实地调查访谈结束时间间隔超过2年；

（4）定期跟踪评级时，评级项目组成员在上次实地调查访谈后已全部更换。

首次评级时，评级项目组对评级对象的实地调查访谈不得少于2个工作日。

受评级机构或受评级证券发生可能影响其偿债能力的重大事项时，评级项目组应在知悉或应该知悉该事项后及时评估是否需要开展实地调查访谈；经审慎评估决定不实地调查访谈的，应详细记录保存评估情况。

4.非实地调查访谈。

不进行实地调查访谈的，应采取视频调查、电话访谈、信函问询等有效替代方案并做好记录，以保障评级所需信息的质量。

（五）尽职调查的内容

评级项目组应根据评级对象的特点及评级工作需要，确定资料收集的内容，制定详细的、有针对性的调查方案，通过多渠道多方式进行信息收集。收集的资料内容至少应当包括：

1.宏观经济环境、区域经济情况、产业（或行业）发展趋势、政策和监管措施等。

2.受评级机构、受评级证券发行人的基础资料、生产经营和财务资料以及受评级机构、受评级证券发行人及其控股股东、实际控制人、信用增进机构在中国证监会证券期货市场失信信息公开查询平台、国家市场监督管理总局企业信用信息公示系统、国家税务总局的重大税收违法失信案件信息公布栏、最高人民法院失信被执行人信息查询平台、中国人民银行征信系统和"信用中国"网站等主要信用信息平台中的相关记录。

3.评级对象为公司债券的,除第2项中要求的资料外,还应当包括发行方案、募集资金用途、偿债保障措施安排以及偿债计划等;设置分年还本、提前购回条款的,应当收集债券分期偿付及附加的选择权条款(如有)、投资人保护条款(如有)等内容。

4.评级对象有增信措施的,还应当包括增信方案、信用增进机构相关资料或抵/质押资产的相关资料等。

5.其他相关资料。包括对评级对象的信用水平有重大影响的利益关系、历史违约记录、对外担保、法律诉讼、仲裁以及其他重大事项等。

募集资金用于固定资产项目投资的,评级项目组应当查阅债券募集资金投向项目的可行性研究报告以及可行性研究报告的批复。采用备案制的项目,应当获得相关备案文件。

评级项目组应对收集到的资料信息进行评估,并在合理范围内对评级所依据信息的真实性、准确性和完整性进行核验。若发现信息存在重大异常、重大差异、重大矛盾的,应当对有关事项进行重点调查、复核,要求评级对象就该事项进行说明;必要时,可向承销商以及会计师事务所、资产评估机构、律师事务所等证券服务机构进一步了解。一般情况下,评级项目组收集的资料应加盖提供方公章或授权签字人签名确认,提供方已经披露的公开资料除外。提供方拒绝加盖公章或授权签字人拒绝签字确认的,评级机构应当保留相关资料来源或沟通记录。

(六)尽职调查工作底稿

根据《证券市场资信评级机构执业规范》和《证券市场资信评级机构尽职调查工作底稿目录细则》相关规定,尽职调查工作底稿是评级机构在开展尽职调查工作过程中获取和编写的相关重要资料和工作记录的总称,其应当真实、准确、完整、及时地反映评级机构尽职调查工作,是评级机构确定评级结果的基础,也是评价评级机构开展评级项目尽职调查工作是否独立履职、勤勉尽责的重要依据。因客观原因或不可抗力影响,评级机构无法获取相关信息的,应当作出合理说明。

1.尽职调查工作底稿内容。

尽职调查工作底稿应当包括但不限于:

(1)尽职调查过程中收集到的资料内容。

①宏观经济环境、区域经济环境、产业(或行业)发展趋势、政策和监管措施。包括权威统计部门发布的宏观经济数据、区域经济数据、国家有关产业政策

及发展纲要（如有）、行业主管部门制定的发展规划（如有）、行业管理方面的法律法规、部门规章及规范性文件（如有）、行业协会发布的研究资料、分析报告、统计数据（如有）等。

②受评级机构、受评级证券发行人的基础信息及内部管理资料。包括公司历史沿革、营业执照、公司章程、股权结构图、组织结构图、公司治理结构、人员状况、高管简历、主要内部管理制度、重要权益投资及主要关联方、重大税收违法案件和不良记录、业务资格许可证、重要资质文件（如有）等，重大资产重组的公告文件或重组方案文件、政府批复文件、评估报告（如有）、相关决议文件等。

③公司业务开展情况相关资料，包括生产经营数据、研发情况、经营计划与总结报告、发展规划、关键技术工艺及主要产品介绍资料、与主要客户及供应商之间的主要业务合同等生产经营资料。

涉及商业秘密等非公开信息无法留存底稿的，评级机构应当保留相关沟通记录。

④审计报告、财务报表、财务数据、财务说明等财务资料及信息。

⑤受评级机构、受评级证券发行人及其控股股东、实际控制人、信用增进机构的征信报告及其信用信息查询文件（包括在中国证监会证券期货市场失信信息公开查询平台、国家市场监督管理总局企业信用信息公示系统、国家税务总局的重大税收违法失信案件信息公布栏、最高人民法院失信被执行人信息查询平台、中国人民银行征信系统和"信用中国"网站等主要信用信息平台中的相关记录）、情况说明等；重要子公司的主营业务情况介绍、股权质押情况、征信报告、财务资料等。

⑥评级对象为公司债券的，除《证券市场资信评级机构尽职调查指引》第十一条第二项中要求的"受评级机构、受评级证券发行人的基础资料、生产经营和财务资料，以及受评级机构、受评级证券发行人及其控股股东、实际控制人、信用增进机构在中国证监会证券期货市场失信信息公开查询平台、国家市场监督管理总局企业信用信息公示系统、国家税务总局的重大税收违法失信案件信息公布栏、最高人民法院失信被执行人信息查询平台、中国人民银行征信系统和'信用中国'网站等主要信用信息平台中的相关记录"资料外，还应当包括发行方案、募集资金用途、偿债保障措施安排以及偿债计划、债券分期偿付及附加的选择权条款（如有）、投资人保护条款（如有）等。

⑦评级对象有增信措施的，还应当包括增信方案、信用增进机构相关资料或

抵质/押资产的相关资料等。

⑧募集资金用于固定资产项目投资的，评级项目组应当对募集资金投资项目基本情况进行充分调查，包括但不限于项目审批情况及证件办理情况、发行人与项目实施主体的股权关系、项目资本金及其他资金落实情况、项目资产及收入受限情况以及项目是否符合国家产业政策。

⑨其他相关资料。包括对评级对象的信用水平有重大影响的利益关系、对外担保、法律诉讼、仲裁以及其他重大事项等。

（2）尽职调查访谈过程中获取和形成的资料。包括受评级机构、受评级证券发行人的基础资料，生产经营管理场所查看情况；主营业务总体情况及各主要业务板块（通常指收入占近一年或近一期主营业务收入或毛利润比重较高的业务，一般为占比10%以上）业务开展情况；主要业务板块行业地位及竞争情况，财务、资金的内部管理及运行情况；为控股股东、实际控制人及其关联方提供担保或资金往来情况；财务信息重大变化情况；或有事项；存在的主要风险、可能影响评级对象（主体）偿债能力的其他重大事项等方面的访谈纪要或沟通记录及相关资料（包括照片、录音录屏等）。

（3）履行特别注意义务、普通注意义务、排除职业怀疑过程中形成的文件资料。

（4）其他需要保留的文件资料及信息。评级机构对评级对象进行连续评级、跟踪评级时，尽职调查工作底稿的内容可以根据实际情况适当简化，仅对受评级机构或受评证券发行人出现变化的内容进行详细记录，相同内容可注明见上一期内容。

2.尽职调查工作底稿存档要求。

尽职调查工作底稿应当内容完整、格式规范、记录清晰，并采取纸质、电子文档或者其他介质形式的文档统一归档留存，应当保存至评级协议期满后5年、评级对象存续期满后5年或者评级对象违约后5年，且不得少于10年。

四、跟踪评级

根据《信用评级业管理暂行办法》《证券市场资信评级机构执业规范》及《上海证券交易所公司债券上市规则》《深圳证券交易所公司债券上市规则》《北京证券交易所公司债券上市规则》等相关监管规则，在评级结果有效期内，评级机构应当对评级对象进行跟踪评级，对可能影响评级对象信用水平的重要因素进行持续关注和分析，包括评级对象的政策环境、行业风险、经营情况及财务状况等因素的重大变化，并及时分析该变化对评级对象信用水平的影响，给出跟踪评级结果，出具定期或不定期跟踪评级报告。同时，评级机构和评级委托方在签订评级协议时应明确跟踪评级安排。

（一）定期跟踪评级

关于定期跟踪评级，《信用评级业管理暂行办法》规定，评级结果有效期为1年以上的，评级机构应当每年跟踪评级一次，并及时公布跟踪评级结果。业务管理部门另有规定的，从其规定。该规定未限定跟踪具体时限要求，仅要求评级机构对于评级结果有效期为1年以上的债券，每年跟踪1次，给予评级机构较大的自主权。

中国银行间市场交易商协会和中国证券业协会在中国人民银行及中国证监会的指导下，分别对银行间市场及交易所市场相关机构进行自律监管；同时，也发布了评级行业相关自律规则。2024年3月，中国银行间市场交易商协会发布《银行间债券市场信用评级业务自律指引》，规定评级结果有效期超过1年的，评级机构应自评级生效起1年内至少披露1次定期跟踪评级结果。交易所市场与银行间市场定期跟踪规则不同，根据《证券市场资信评级机构执业规范》及同时期沪、深、北证券交易所发布的公司债券上市规则等自律规则，交易所市场产品定期跟踪要求主要与年报挂钩。具体要求如下：

1.定期跟踪评级时间要求。

（1）对于存续期限超过1年的受评证券，评级机构应当在受评级证券存续期内每年至少出具1次定期跟踪评级报告，跟踪评级报告应在受评证券或其发行人年度报告披露后3个月内，并于每一会计年度结束之日起7个月内披露。

关于迟延披露，根据《证券市场资信评级机构信息披露指引》规定，评级机构未按照跟踪评级安排及时披露跟踪评级信息的，应当在中国证券业协会、证券交易场所、评级机构及中国证监会指定的其他网站，说明原因、计划披露时间、可能对受评级对象及其信用等级产生的影响。评级机构无法在计划披露时间完成跟踪评级信息披露的，应当在计划披露时间前公告。每次公告的计划披露时间应满足中国证券业协会、证券交易所的相关规定。根据《上海证券交易所公司债券上市规则》规定，评级机构未能按期披露的，应当及时向债券发行的交易所说明并披露相关原因、发行人及相关债券的风险状况，并在规定披露的截止日后1个月内披露债券信用跟踪评级报告。与上海证券交易所不同，深圳证券交易所、北京证券交易所同时期发布的《深圳证券交易所公司债券上市规则》及《北京证交易所公司债券上市规则》规定，评级机构未能按时披露上一年度跟踪评级报告的，应当向本所说明未能披露的原因、发行人以及相关债券的风险状况。这些规则并没有设定在规定披露截止日期后1个月内必须公布债券信用跟踪评级报告的时间限制。

（2）对于1年期内的受评证券，评级机构应当在正式发行后第7个月发布定期跟踪评级报告，另有规定的除外。

（3）对于使用主体评级报告发行证券的，评级机构应当按评级协议约定进行跟踪评级，并在发行人年度报告披露后3个月内披露主体跟踪评级结果。

（4）对于当年发行证券且评级对象年报已公布，若其证券正式发行时的评级报告未使用最新年报数据的，评级机构应当在年报披露后3个月内或证券发行后45个工作日内出具跟踪评级结果。

2.定期跟踪评级尽职调查及报告撰写要求。

定期跟踪评级时，评级项目组对评级对象最近一次现场考察与访谈时间超过2年的，或评级项目组成员在上次现场考察后已全部更换的，应当对评级对象现场调查；评级项目组成员对评级对象最近一次现场考察与访谈时间未超过2年且评级项目组成员在上次现场考察后未全部更换的，评级项目组可自行决定是否进行现场调查。不进行现场调查的，评级机构应当采取视频调查、电话访谈、信函问询等有效方式组织尽职调查。

定期跟踪评级报告应当不重复首次评级和前次评级的一般性内容，而应当重点说明评级对象在跟踪期间内的变化情况。

（二）不定期跟踪评级

关于不定期跟踪评级，《证券市场资信评级机构执业规范》规定，不定期跟踪评级自首次评级报告发布之日起进行，评级机构应当明确不定期跟踪评级的启动程序与条件，并及时公布不定期跟踪评级结果。该规则同时也对不定期跟踪评级启动情形、发布时间、尽职调查及报告撰写相关要求进行了规定。具体情况如下。

1.不定期跟踪评级启动情形。

评级有效期内发生可能影响前次评级结论的重大事项的，评级机构应当进行不定期跟踪评级。评级对象为企业主体或其发行的公司债券的，重大事项包括但不限于以下情形：

（1）股权结构发生重大变化；

（2）经营方针和经营范围发生重大变化；

（3）生产经营外部条件发生重大变化；

（4）涉及可能对其资产、负债、权益和经营成果产生重要影响的重大合同；

（5）发生可能影响其偿债能力的资产抵押、质押、出售、转让、划转、报废及资产重组的情况；

（6）发生原到期重大债务的展期情况；

（7）发生未能清偿到期重大债务的违约情况；

（8）发生大额赔偿责任或因赔偿责任影响正常生产经营且难以消除的；

（9）发生超过净资产10%的重大亏损或重大损失；

（10）一次免除他人债务超过一定金额，可能影响其偿债能力的；

（11）1/3以上董事、2/3以上监事、董事长或者总经理发生变动，可能影响其偿债能力的；

（12）董事长或者总经理无法履行职责；

（13）做出减资、合并、分立、解散及申请破产的决定，或者依法进入破产程序、被责令关闭；

（14）涉及重大诉讼、仲裁的事项；

（15）涉嫌违法违规被有权机关调查，或者受到刑事处罚、重大行政处罚；

（16）董事、监事、高级管理人员涉嫌违法违纪被有权机关调查或者采取强制措施，可能影响企业经营状况的；

（17）发生可能影响其偿债能力的资产被查封、扣押或冻结的情况；

（18）主要或者全部业务陷入停顿，可能影响其偿债能力的；

（19）对外提供重大担保；

（20）发生变更募投项目等情况（如有）；

（21）可能对企业偿债能力产生重大影响的其他情形。

2.不定期跟踪发布时间要求。

不定期跟踪评级结果发生变化的，评级机构应当在评级报告出具后的第2个工作日发布评级结果；不定期跟踪评级结果未发生变化的，评级机构应当在评级报告出具后7个工作日内发布评级报告。

3.不定期跟踪评级尽职调查及报告撰写要求。

评级机构进行不定期跟踪评级，可以要求评级委托方或评级对象提供相关资料并就该有关事项进行必要调查，及时对该事项进行分析，据实确认或调整评级结果，并按照相关规则进行信息披露。

不定期跟踪评级报告可以不采取完整的评级报告格式，但应当明确说明触发不定期跟踪评级的原因、调查情况、调查结果以及涉及事件的具体情况对信用状况的影响。

五、评级终止或撤销

《信用评级业管理暂行办法》规定，发生下列情形之一的，评级机构可以终止或者撤销评级：

1.受评经济主体及债务融资工具发行人拒不提供评级所需关键材料或者提供的材料存在虚假记载、误导性陈述或者重大遗漏的；

2.受评经济主体解散或者被依法宣告破产的；

3.受评债务融资工具不再存续的；

4.评级工作不能正常开展的其他情形。

因上述原因终止或者撤销评级的，评级机构应当及时公告并说明原因。

《证券市场资信评级业务管理办法》对终止评级第一种情形进行了补充，新增了"评级委托方"作为相关主体之一。具体来说，评级委托方、受评级机构或者受评级证券发行人拒不提供评级所需关键材料或者提供的材料存在虚假记载、误导性陈述或者重大遗漏的，评级机构可以终止或者撤销评级。

《关于促进债券市场信用评级行业健康发展的通知》规定，发行人、增信机构、中介机构应当积极配合评级机构的尽职调查等评级作业，在合法合规的前提下，及时提供评级所需材料，不得干扰评级决策，不得影响信用评级作业的独立性。发行人、增信机构、中介机构拒不配合，导致评级作业无法继续独立、客观、公正开展的，评级机构应当及时暂停或终止评级，并对外披露。

《证券市场资信评级机构执业规范》规定，发生下列情形的，评级机构可以终止或者撤销评级：

1.评级委托方、受评级机构或受评级证券发行人、增信机构拒不提供评级所需关键材料或提供的材料存在虚假记载、误导性陈述或重大遗漏的；

2.评级委托方、受评级机构或受评级证券发行人以不正当方式干扰评级机构开展尽职调查，导致评级机构无法获取评级所需关键材料的；

3.受评级机构解散或者被依法宣告破产的；

4.评级委托方不按约定支付跟踪评级费用的；

5.因受评级机构被收购兼并、重组或受评级证券被转股、回购等，导致受评级对象不再存续的；

6.证券评级业务不能正常开展的其他情形。

因上述原因终止或者撤销评级的,评级机构应当公告原因,并不得退还已收取的评级费用。因上述第1点、第2点、第4点原因终止或撤销评级的,评级机构除按规定公告外,还应当加强对相关项目执业情况的内部检查并及时向注册地中国证监会派出机构、中国证券业协会报告。评级机构终止评级,应当公布最近一次的评级结果及其有效期,并说明该项评级此后将不再更新。

第三节 独立性要求

评级机构应当遵循独立、客观、公正的原则和一致性原则,制定科学的评级方法和完善的质量控制制度,建立健全防火墙制度,合理划分内部机构职能,从事证券评级业务部门应当与其他业务部门、关联公司保持独立,严格防范利益冲突,不断净化市场环境,完善内控机制,提高服务资本市场的能力。

评级机构及其评级从业人员应当在对评级对象相关风险进行充分分析的基础之上独立得出评级结果,防止评级结果受到其他商业行为等因素的不当影响。

同时,评级机构应当建立证券评级业务利益冲突防范制度,识别、管理并披露开展评级业务中产生的利益冲突,主要要求包括:(1)明确在开展证券评级业务时可能导致利益冲突的情形,制定利益冲突的管理办法;(2)建立防火墙制度、回避制度、分析师轮换和离职人员追溯制度,明确评级机构及其评级从业人员从事证券评级活动时应当回避的情形;(3)建立评级机构的高级管理人员和信用评级分析人员离职利益冲突管理及保密管理机制;(4)建立利益冲突报告和披露机制,采用明确、简洁、具体、醒目的方式,全面、及时披露开展评级业务过程中可能产生的潜在或实际利益冲突情形。

本节将从机构、人员、部门、薪酬等方面介绍评级独立性。

一、机构独立性

评级机构应当保持评级的独立性和客观性,确保评级不受评级委托方、受评对象、发行人、投资者及其他市场参与者的影响。

(一)评级机构与评级委托方、受评级机构或者受评级证券发行人之间应保持独立

评级机构应建立完善的公司治理机制,确保其主要股东及实际控制人在出资比例、股权比例或投票权等方面不存在足以影响评级独立性的情形。

《证券市场资信评级机构执业规范》规定，评级机构应当在承接评级项目前进行利益冲突审查。评级机构与评级委托方或者评级对象存在《信用评级业管理暂行办法》《证券市场资信评级业务管理办法》中规定的以下利益冲突情形的，不得受托开展证券评级业务：

1.评级机构与评级委托方、受评级机构或者受评级证券发行人为同一实际控制人所控制；

2.同一股东持有评级机构的股份达到5%以上，且同时持有评级委托方、受评级机构或者受评级证券发行人的股份达到5%以上；

3.评级委托方、受评级机构或者受评级证券发行人及其实际控制人直接或者间接持有评级机构股份达到5%以上；

4.评级机构及其实际控制人直接或者间接持有评级委托方、受评级机构或者受评级证券发行人股份达到5%以上；

5.评级机构及其实际控制人在开展证券评级业务之前6个月内及开展证券评级业务期间买卖评级委托方、受评级机构或者受评级证券发行人的证券；

6.监管部门基于保护投资者、维护社会公共利益认定的其他情形。

此外，评级机构及其实际控制人在开展证券评级业务期间，不得买卖受评级机构或受评级证券发行人发行或提供担保及其他支持的证券或衍生品。

同时，为保障公司治理机制的有效运行，《关于促进债券市场信用评级行业健康发展的通知》《证券市场资信评级机构执业规范》等监管规则鼓励评级机构引入独立董事，发挥监督职能，保障评级独立性。

（二）评级机构与实际控制人、股东之间应当保持独立

评级机构实际控制人、股东应当维护机构独立和业务独立，不得从事损害评级机构及其评级对象合法权益的活动，不得以任何理由影响评级业务的独立性。评级机构实际控制人、股东在参与营销过程中，不得扰乱或妨碍行业公平竞争秩序。

二、人员独立性

评级机构董事、监事和高级管理人员应当忠实、诚信，勤勉尽责，维护机构独立和业务独立，不得以任何理由影响评级业务的独立性。评级分析人员应当保持评级的独立性和客观性，确保评级不受评级委托方、评级对象、发行人、投资者及其他市场参与者的影响。

评级机构通常通过以下机制进行人员独立性管理。

（一）评级从业人员利益冲突回避机制

评级机构应当建立回避制度，明确评级从业人员在开展证券评级业务期间有下列情形之一的，应当回避：

1.本人、直系亲属持有评级委托方、受评级机构或者受评级证券发行人的股份达到5%以上，或者是受评级机构、受评级证券发行人的实际控制人；

2.本人、直系亲属担任评级委托方、受评级机构或者受评级证券发行人的董事、监事和高级管理人员；

3.本人、直系亲属担任评级委托方、受评级机构或者受评级证券发行人聘任的会计师事务所、律师事务所、财务顾问等证券服务机构的负责人或者项目签字人；

4.本人、直系亲属持有评级委托方、受评级证券或者受评级机构发行的证券金额超过50万元，或者与评级委托方、受评级机构、受评级证券发行人发生累计超过50万元的交易；

5.监管部门认定的足以影响独立、客观、公正、审慎性原则的其他情形。

评级从业人员应当主动向评级机构报告因其个人关系可能产生的利益冲突。三级审核人员及参会信用评审委员在参与项目之前，均应当进行利益冲突审查，确保不存在利益冲突情形，并签署利益冲突回避承诺书；如存在利益冲突则主动申请回避。

（二）离职利益冲突审查机制及离职保密要求

评级机构的高级管理人员和信用评级分析人员离职并受聘于其曾参与评级的受评经济主体、受评债务融资工具发行人、信用评级委托方或者主承销商的，评级机构应当检查其离职前两年内参与的与其受聘机构有关的信用评级工作。对评级结果确有影响的，评级机构应当及时披露检查结果以及对原信用评级结果的调整情况。高级管理人员和评级分析人员离职，应当遵守保密协议及向评级机构所作的其他承诺。

（三）评级分析师轮换机制

评级机构应当建立分析师轮换制度，并应当在每个财务年度结束之日起4个月内进行披露。监管规定未对分析师轮换时间及年限计算作出进一步具体要求，因此各家评级机构可根据自身机构情况制定分析师轮换政策。

（四）人员投资兼职限制

评级机构董事、监事及评级从业人员必须遵守严格的投资限制及兼职限制，以确保评级活动的独立性、客观性和公正性。

1.投资限制方面。

评级机构的董事、监事和高级管理人员不得投资其他评级机构。评级机构及其评级从业人员不得从事任何与评级活动存在利益冲突的证券或衍生品交易。评级机构高级管理人员、评级项目组成员及其直系亲属、三级审核人员及其直系亲属、信用评审委员会委员及其直系亲属在开展证券评级业务期间，不得买卖受评级机构或受评级证券发行人发行或提供担保及其他支持的证券或衍生品，不得从事任何与评级活动存在利益冲突的证券或衍生品交易。

2.兼职限制方面。

评级机构的董事、监事和高级管理人员以及评级从业人员不得以任何方式在评级委托方、受评级机构或者受评级证券发行人兼职。

三、部门独立性

评级机构应当建立完善的公司治理机制和清晰合理的组织结构，合理划分内部机构职能，建立健全防火墙制度，从事证券评级业务的业务部门应当与营销等其他业务部门保持独立；应当健全信用评审委员会制度，保障信用评审委员会独立性，维护评级决策的公正、客观、独立；应当建立独立的合规部门，负责监督并向董事会及有关监管机构报告评级机构及其员工的合规状况。《证券市场资信评级机构执业规范》进一步明确相关具体要求如下：

1.评级机构应当确保评级业务部门在业务、人员、档案管理上与市场和咨询等其他业务部门保持独立；

2.信用评审委员会主任不得在市场部门和评级部门兼任任何职务，市场部门人员不得兼任信用评审委员会委员；

3.信用评审委员会委员不得担任本人作为评级项目组成员参与的评级项目的评审委员；

4.信用评审委员会委员与评级分析人员不得参与证券评级业务营销活动；

5.确保评级业务与非评级业务之间的隔离，评级机构从事非评级业务的，非评级业务不得影响评级工作的独立性；

6.合规负责人和其他合规管理人员不得参与评级作业、市场拓展、营销活动、客户维护等形成利益冲突或影响管理职责履行的工作，或从事影响利益冲突管理职责履行的其他工作。

四、薪酬独立性

中国证监会于2023年发布《关于注册制下提高中介机构债券业务执业质量的指导意见》，从债券市场中介机构层面，要求中介机构完善内部激励约束机制，严禁将业务人员薪酬收入与其承做或承揽的项目收入直接挂钩。由此可见，薪酬独立性是债券市场中介机构监管的重点内容之一。

对于评级行业而言，《关于促进债券市场信用评级行业健康发展的通知》同样明确要求评级作业人员的考核、晋升以及薪酬不得与其参与评级项目的发行、收费等因素关联。

《信用评级业管理暂行办法》规定，评级从业人员的薪酬不得与评级对象的信用级别、债务融资工具发行状况等因素相关联；《证券市场资信评级业务管理办法》规定，评级机构的人员考核和薪酬制度，不得影响评级从业人员依据独立、客观、公正、审慎、一致性的原则开展业务。

而作为自律规则的《证券市场资信评级机构执业规范》同样明确，评级机构应当确保其评级分析人员的薪酬和考核不受该评级分析人员所评估的证券发行成功与否、评级机构从发行人处获得的收入高低的影响。评级机构应当每年对其评级分析人员、其他参与评级过程的人员以及可能以其他方式影响评级过程的人员的薪酬政策及其执行情况进行审查，审查结果应当存档备查。

第四节 信息披露要求

信息披露在证券评级业务中发挥了重要作用，评级机构通过中国证券业协会网站、证券交易场所网站和评级机构网站进行信息披露，披露内容包括基本信息、独立性信息和评级质量信息等。充分的信息披露有利于提升评级机构透明度，减少了市场信息不对称，有助于投资者深入理解和合理运用评级结果，并强化评级机构自身的市场监督和约束，促进更加公平和高效的市场环境。本节将通过披露时间、披露渠道、披露内容要求三个维度，对机构及从业人员信息、评级业务、独立性、评级质量信息四个部分进行介绍。

一、整体要求

1.评级机构应当及时进行信息披露,并保证披露信息的真实、准确、完整,不得有虚假记载、误导性陈述或重大遗漏。

信息披露语言应当简洁、平实和明确,不得有祝贺性、广告性、恭维性或诋毁性的词句。

2.评级机构应当建立信息披露事务管理制度,设置信息披露事务负责人,并指定专人负责办理评级机构的信息披露事项。评级机构应当向中国证券业协会报备信息披露事务负责人及联络人相关信息。信息披露负责人信息发生变更的,评级机构应当在发生变更起5个工作日内报告中国证券业协会。

3.信息披露文件一经披露不得随意变更。确有必要进行变更或更正的,评级机构应当披露变更或更正后的文件,并说明变更或更正的内容及原因。

4.评级机构及人员应当依法履行保密义务,对于在开展信用评级业务、处理信用评级数据库系统过程中知悉的国家秘密、商业秘密和个人隐私,评级机构及人员应当依法履行保密义务。

(1)信用评级信息在依法披露之前,除提供给评级委托方及评级对象、用于监管部门指定用途或评级协议中约定用途外,评级机构及其评级从业人员应严格履行信息保密义务,禁止对外提供或泄露评级结果。

(2)对上市公司或公开发行的证券进行评级,如评级结果全部或部分基于重大非公开信息,在评级结果公开前,除向该上市公司或证券发行人(发起人)、监管部门提供评级结果外,评级机构不得向特定对象选择性披露评级结果。

5.评级机构对非公开发行证券开展评级,应当按照评级协议的约定,决定是否披露信用评级信息以及披露的时间、地点和方式。中国证监会及自律组织另有规定的,从其规定。

二、机构及从业人员信息披露

评级机构通过中国证券业协会、评级机构网站进行机构及从业人员信息、重大事项信息披露,具体如下。

(一)机构及从业人员信息

评级机构应当自完成证券评级业务备案之日起20个工作日内,披露下列基本信息。

1. 机构基本情况、经营范围。其中，机构基本情况至少应当包括以下内容：会员代码；公司法定中文名称；成立时间；法定代表人、总经理姓名；实收资本；中国证券监督管理委员会确认通过备案的时间；注册省市、地址及邮政编码、办公地址及邮政编码、公司网址、联系电话、传真、投诉电话、电子邮箱；公司组织机构设置及公司治理情况；违法违规情况，包括但不限于评级机构因执业行为涉嫌违法违规被立案调查，或者被司法机关侦查，以及因执业行为受到刑事处罚、行政处罚、行政监管措施、自律管理措施和纪律处分。

2. 股东及其出资额或者所持股份、出资方式、出资比例、股东之间是否存在关联关系的说明，股权变更信息。

3. 保证评级质量的内部控制制度。内部控制制度应当至少包括评级质量控制相关制度、防火墙制度、回避制度、分析师轮换制度、离职人员追溯制度、信息保密制度、合规管理制度、培训制度、廉洁从业制度、评级从业人员执业行为规范、数据库管理制度。

4. 评级报告采用的评级符号、评级方法、评级模型和关键假设，披露程度以反映评级可靠性为限，不得涉及商业秘密或者妨碍创新。

5. 董事、监事、高级管理人员以及信用评审委员会委员基本信息。董事、监事及高级管理人员信息应当至少包括姓名、入职机构起始时间、现任职务、任职起始时间、是否通过证券评级业务高级管理人员资质测试、证券从业登记编号。取得注册会计师资格的，应当包括中国注册会计师资格证书号码。信用评审委员会委员基本信息应当至少包括姓名、入职机构起始时间、现任职务、任信用评审委员起始时间、是否通过证券评级业务高级管理人员资质测试、从事资信评级业务年限、证券从业登记编号。

6. 评级业务制度。评级机构披露的业务制度应当至少包括信用等级划分与定义、评级方法与程序、尽职调查、信用评审委员会、评级结果公布、跟踪评级、信息披露、业务档案管理等。

当以上内容发生变更时，应当在10个工作日内披露变更后的情况、变更原因和对已评级项目的影响。

评级从业人员信息应披露员工数量及人员信息。其中，人员信息应包括姓名、最高学历、入职机构起始时间、现任职务、执业起始时间、是否具有3年以上资信评级业务经验、证券从业登记编号。取得注册会计师资格的，还应当包括中国注册会计师资格证书号码。评级从业人员发生入职、离职或者职务变动情况的，评级机构应当在履行必要程序后每季度披露评级从业人员的数量、入职人数、离职人数及离职率。

（二）重大事项信息

发生可能对评级机构经营活动产生重大影响事项的，评级机构应当在事项发生之日起10个工作日内进行披露，并说明该事项发生的原因、目前的状态和可能产生的影响。

上述所称重大事项包括但不限于以下情况。

1. 实际控制人、受益所有人、直接持股5%以上股权的股东变更；
2. 评级机构及其从业人员因执业行为涉嫌违法违规被立案调查，或者被司法机关侦查，以及因执业行为受到刑事处罚、行政处罚、行政监管措施、自律管理措施和纪律处分；
3. 评级机构及其从业人员因执业行为与委托方、投资者发生民事纠纷，进行诉讼或者仲裁；
4. 设立或者撤销分支机构；
5. 不再从事证券评级业务；
6. 评级机构做出减资、合并、分立、解散及申请破产的决定，或者依法进入破产程序、被责令关闭；
7. 评级机构就重大传闻进行澄清或证实；
8. 中国证监会、中国证券业协会认定的其他可能对评级机构经营活动产生重大影响的事项。

三、评级业务信息披露

开展公司债券业务时，评级机构应当及时披露证券评级业务的信用评级信息。评级机构披露的信用评级信息包括首次信用评级信息、定期跟踪、不定期跟踪及终止（提前全额兑付、到期正常兑付的除外）或撤销信用评级信息。

（一）首次评级

1. 披露时间。

当评级对象为公开发行公司债券时，评级机构需在发行公告日起的3个工作日内披露首次信用评级信息。

2. 披露渠道。

披露渠道为中国证券业协会网站和评级机构网站。

3.评级报告披露内容要求。

（1）首次信用评级报告应当包括概述、声明、正文、跟踪评级安排和附录等5个部分。信用评级报告对外披露信息至少应当包括评级对象信用等级、评级项目组成员（注明项目负责人）、联系方式、出具报告的时间、本次评级使用的评级方法、评级模型打分情况、增信方式、主要信用提供方及受评债券的评级结果、重要的债券条款、募投项目情况（如有）、分年还本情况（如有）、债券购回情况（如有）、评级报告有效期、跟踪评级安排等。信用评级报告应当加盖评级机构公章，并由符合条件的高级管理人员签字。

（2）信用评级报告应围绕评级方法阐述评级观点，明确说明级别给定依据。

（3）信用评级报告中应当单独披露受评主体个体信用状况，最终评级结果考虑外部支持的，应明确披露外部支持提升情况，并详细说明支持依据及效果。如使用多种评级方法或评级方法过于复杂的，应予以必要解释，并说明不同评级方法对评级结果的影响（非公开发行的除外）。

（二）定期跟踪评级、不定期跟踪评级

1.披露时间。

定期跟踪评级在监管要求时限之前进行披露。不定期跟踪评级披露时间要求方面，如不定期跟踪评级结果发生变化，评级机构应在评级报告出具后的第2个工作日发布评级结果；如评级结果未发生变化，评级机构应在评级报告出具后7个工作日内发布评级报告。

评级机构无法在计划披露时间完成跟踪评级信息披露的，应当在计划披露时间前公告。每次公告的计划披露时间不得超过2个月。《上海证券交易所公司债券上市规则》规定评级机构未能按期披露的，应当及时向债券发行的交易所说明并披露相关原因、发行人及相关债券的风险状况，并在规定披露的截止日后1个月内披露债券信用跟踪评级报告，深交所和北交所没有规定具体时限的要求。

2.披露渠道。

评级机构在正式向委托方提交跟踪评级报告的同时报送证券交易场所，通过中国证券业协会、证券交易场所、评级机构披露跟踪信用评级信息。评级机构通过其他渠道发布跟踪信用评级信息的时间不得先于上述指定渠道。

3.评级报告披露内容要求。

评级机构披露定期或不定期跟踪评级报告时，应在跟踪评级结果中说明上一次评级的评级结果、评级时间、评级有效期、本次评级结果调整或维持的理由。

其中，定期跟踪评级报告应比照首次评级披露要求，且应重点说明评级对象在跟踪期间内的变化情况。

评级机构披露关注公告的，应当说明关注的事项、对受评级对象及其信用等级产生的影响和后续跟踪安排。

评级机构披露延迟公告的，应说明原因、计划披露时间、可能对受评级对象及其信用等级产生的影响。

（三）终止或撤销评级

评级机构决定终止或者撤销评级对象评级的，应当公告原因、最近一次评级结果，并说明该评级自公告日起失效且此后将不再更新。

终止评级披露渠道与跟踪评级披露渠道一致。

（四）其他

1.当评级委托方、受评级机构或者受评级证券发行人更换评级机构后涉及级别调整时，现受托评级机构应公布级别调整的原因及合理性分析。

2.当评级委托方、受评级机构或者受评级证券发行人对其委托的评级机构出具的评级报告有异议，另行委托其他评级机构出具评级报告的，原受托评级机构与现受托评级机构应当同时公布评级结果。

3.评级机构应当采用适当方式披露资产支持证券与公司债券的评级标准差异及理由。评级机构应披露其所做的现金流分析以及压力测试等。

评级机构应说明资产支持证券评级结果的局限性以及核实所用评级信息时所受到的限制。

四、独立性信息披露

评级机构应当在每个财务年度结束之日起4个月内披露下列独立性相关信息：

1.每年对其独立性的内部审核结果；

2.评级分析人员轮换政策及执行情况；

3.财务年度评级收入前20名或者占比5%以上的客户名单（评级机构在上述规定时间内将此项信息向行业主管部门、业务管理部门备案的，可以不披露该信息）；

4.评级机构的关联公司为评级委托方、受评级机构、受评级证券发行人或者相关第三方提供顾问、咨询服务的情况；

5.评级机构为评级委托方、受评级机构、受评级证券发行人或者相关第三方提供其他附加服务的情况。

在日常业务开展中，评级机构还应及时以公告形式披露开展证券评级业务过程中实际及潜在的利益冲突、所采取的利益冲突管理、控制措施及可能导致的后果。

五、评级质量信息披露

评级机构应采用历史违约率、等级迁移率等统计方法，对本机构出具的评级结果（含已公布的主动评级结果）的准确性和稳定性进行验证，并将评级结果质量统计结果通过中国证券业协会网站和评级机构网站向社会公告。

评级机构应于每季度结束后一个月内分别披露季度末本机构公开有效的主体个体信用状况和最终信用等级分布情况，并应每季度将信用等级利差分析情况向社会公告。

评级机构应当每年度将1年期、3年期、5年期的信用评级违约率和信用等级迁移情况以及统计口径和计算公式进行披露。若由于评级的性质或其他情况造成历史违约率不适用、不具有统计意义或因其他原因可能误导投资者或社会公众的，评级机构应予以解释。

此外，评级机构发生大幅级别调整时，应进行回溯检验并公布核查情况。除企业并购、分立等正常商业经营原因引起的评级结果调整之外，评级机构一次性调整信用评级超过三个子级（含）的，评级机构应当立即启动全面的回溯检验，对评级方法模型和评级结果的一致性、准确性和稳定性等进行核查和评估，并公布核查结果和处理措施。

第十章
业务监管

加强资本市场监管,是维护市场公开、公平、公正,保护投资者合法权益和防范化解金融风险的重要保障。中央金融工作会议强调,要全面加强金融监管。《国务院关于加强监管防范风险推动资本市场高质量发展的若干意见》再次强调,必须全面加强监管,稳为基调、严字当头,确保监管"长牙带刺"、有棱有角。近年来,证券监督管理部门通过补齐制度短板、提高违法成本、加大执法力度等,持续加强资本市场监管,不断提升监管针对性有效性,消除监管空白和盲区,以"零容忍"的态度严厉惩治各类违法违规行为,强化监管震慑,净化市场生态。本章主要介绍公司债券业务的监管体系、严监严管相关要求以及典型违法违规行为的法律责任。

第一节 公司债券业务监管体系

依据《证券法》规定,我国目前形成了由国务院证券监督管理机构对公司债券业务实施行政监管,证券交易场所、中国证券业协会等自律组织根据自身职能对公司债券业务开展自律管理的监管体系。本节主要介绍上述各机构的监管职责、监管方式及相应的惩戒措施等。

一、监管职责与方式

(一)国务院证券监督管理机构

1.监管职责。

根据《证券法》第一百六十九条规定,国务院证券监督管理机构在对证券市场实施监督管理中履行下列职责：

（1）依法制定有关证券市场监督管理的规章、规则，并依法进行审批、核准、注册，办理备案；

（2）依法对证券的发行、上市、交易、登记、存管、结算等行为，进行监督管理；

（3）依法对证券发行人、证券公司、证券服务机构、证券交易场所、证券登记结算机构的证券业务活动，进行监督管理；

（4）依法制定从事证券业务人员的行为准则，并监督实施；

（5）依法监督检查证券发行、上市、交易的信息披露；

（6）依法对证券业协会的自律管理活动进行指导和监督；

（7）依法监测并防范、处置证券市场风险；

（8）依法开展投资者教育；

（9）依法对证券违法行为进行查处；

（10）法律、行政法规规定的其他职责。

2.监管手段。

根据《证券法》第一百七十条规定，国务院证券监督管理机构依法履行职责，有权采取下列措施：

（1）对证券发行人、证券公司、证券服务机构、证券交易场所、证券登记结算机构进行现场检查。

（2）进入涉嫌违法行为发生场所调查取证。

（3）询问当事人和与被调查事件有关的单位和个人，要求其对与被调查事件有关的事项作出说明；或者要求其按照指定的方式报送与被调查事件有关的文件和资料。

（4）查阅、复制与被调查事件有关的财产权登记、通讯记录等文件和资料。

（5）查阅、复制当事人和与被调查事件有关的单位和个人的证券交易记录、登记过户记录、财务会计资料及其他相关文件和资料；对可能被转移、隐匿或者毁损的文件和资料，可以予以封存、扣押。

（6）查询当事人和与被调查事件有关的单位和个人的资金账户、证券账户、银行账户以及其他具有支付、托管、结算等功能的账户信息，可以对有关文件和资料进行复制；对有证据证明已经或者可能转移或者隐匿违法资金、证券等涉案财产或者隐匿、伪造、毁损重要证据的，经国务院证券监督管理机构主要负责人或者其授权的其他负责人批准，可以冻结或者查封，期限为6个月；因特殊原因需要延长的,每次延长期限不得超过3个月,冻结、查封期限最长不得超过2年。

(7)在调查操纵证券市场、内幕交易等重大证券违法行为时,经国务院证券监督管理机构主要负责人或者其授权的其他负责人批准,可以限制被调查的当事人的证券买卖,但限制的期限不得超过3个月;案情复杂的,可以延长3个月。

(8)通知出境入境管理机关依法阻止涉嫌违法人员、涉嫌违法单位的主管人员和其他直接责任人员出境。

为防范证券市场风险,维护市场秩序,国务院证券监督管理机构可以采取责令改正、监管谈话、出具警示函等措施。

3.现场检查相关规定。

2016年10月21日,中国证监会制定发布了《公司债券发行人现场检查工作指引》,其中明确了检查对象的选取方式,确立了以问题和风险为导向的专项检查以及"双随机"抽查等机制;结合公司债券的特点和风险因素,确定了现场检查的内容与方法,列明了现场检查中应关注的重点方面以及可采取的具体检查手段;明确了进场准备、实施检查、结束检查三个阶段应开展的具体工作事项和工作要求;框定了针对检查发现问题应采取针对性措施的相关原则和分工安排。

2024年4月30日,中国证监会发布了《关于修改〈中国证监会随机抽查事项清单〉的决定》,对2015年制定发布的《中国证监会随机抽查事项清单》进行了修改。修改后,《中国证监会随机抽查事项清单》中直接涉及公司债券的随机抽查事项如表10-1所示。

表10-1   直接涉及公司债券的随机抽查事项

事项名称	抽查主体	抽查依据	抽查内容	抽查方式	抽查比例	抽查频次
公司债券发行人检查	中国证监会	《证券法》第一百七十条:国务院证券监督管理机构依法履行职责,有权采取下列措施:(一)对证券发行人、证券公司、证券服务机构、证券交易场所、证券登记结算机构进行现场检查……	信息披露义务人信息披露的合法合规性	结合日常监管情况,以问题和风险为导向,通过抽签、摇号等方式确定	0.5%~5%	1次/年

续表

事项名称	抽查主体	抽查依据	抽查内容	抽查方式	抽查比例	抽查频次
证券基金经营机构从事债券承销、受托管理等业务检查	中国证监会	1.《证券法》第一百七十条：国务院证券监督管理机构依法履行职责，有权采取下列措施：（一）对证券发行人、证券公司、证券服务机构、证券交易场所、证券登记结算机构进行现场检查…… 2.《中华人民共和国证券投资基金法》第一百一十三条：国务院证券监督管理机构依法履行职责，有权采取下列措施：（一）对基金管理人、基金托管人、基金服务机构进行现场检查，并要求其报送有关的业务资料……	公司债券承销、受托管理等业务活动的合法合规性	结合日常监管情况，以问题和风险为导向，通过抽签、摇号等方式确定	1%~5%	1次/年

除直接涉及公司债券的随机抽查事项外，《中国证监会随机抽查事项清单》还规定了对证券公司以及会计师事务所从事证券服务业务、律师事务所从事证券法律业务、资产评估机构从事证券服务业务、评级机构从事证券市场资信评级业务等的随机抽查事项。

4.行政执法当事人承诺制度。

行政执法当事人承诺制度即行政和解制度，是指国务院证券监督管理机构对涉嫌证券期货违法的单位或者个人进行调查期间，被调查的当事人承诺纠正涉嫌违法行为、赔偿有关投资者损失、消除损害或者不良影响并经国务院证券监督管理机构认可，当事人履行承诺后国务院证券监督管理机构终止案件调查的行政执法方式。《证券法》第一百七十一条对证券期货行政执法当事人承诺制度作了专门规定，并授权国务院规定具体的实施办法。2021年11月29日，国务院公布了《证券期货行政执法当事人承诺制度实施办法》；2022年1月1日，中国证监会发布《证券期货行政执法当事人承诺制度实施规定》，明确了制度实施的具体要求。

（二）证券交易所

依据《证券法》规定，证券交易所依照法律、行政法规和国务院证券监督管理机构的规定，制定上市规则、交易规则、会员管理规则和其他有关业务规则，并报国务院证券监督管理机构批准。在证券交易所从事证券交易，应当遵守证券交易所依法制定的业务规则。违反业务规则的，由证券交易所给予纪律处分或者采取其他自律管理措施。

《公司债券发行与交易管理办法》规定，证券交易所在审核中发现申报文件涉嫌虚假记载、误导性陈述或者重大遗漏的，可以对发行人进行现场检查，对相关主承销商、证券服务机构执业质量开展延伸检查。

（三）中国证券业协会

依据《证券法》规定，中国证券业协会制定和实施证券行业自律规则，监督、检查会员及其从业人员行为，对违反法律、行政法规、自律规则或者协会章程的，按照规定给予纪律处分或者实施其他自律管理措施。

二、惩戒措施

针对公司债券业务违法违规行为，国务院证券监督管理部门可以采取行政处罚（含证券市场禁入）、监督管理措施等，自律组织可以采取纪律处分、自律管理措施等自律措施。

（一）行政处罚

根据《中华人民共和国行政处罚法》规定，行政处罚的种类包括：警告、通报批评；罚款、没收违法所得、没收非法财物；暂扣许可证件、降低资质等级、吊销许可证件；限制开展生产经营活动、责令停产停业、责令关闭、限制从业；行政拘留；法律、行政法规规定的其他行政处罚等。

《证券法》针对擅自公开或者变相公开发行证券、发行文件存在虚假内容、信息披露违规、擅自改变募集资金用途、未按要求履行投资者适当性管理义务、未经核准或备案擅自从事证券服务业务、制作出具的文件有虚假记载等违法违规行为，设定了警告、没收违法所得、罚款、暂停或者撤销相关业务许可、暂停或者禁止从事证券服务业务等行政处罚。相比原证券法，现行《证券法》大幅提高了行政处罚力度，加大了证券违法违规成本，例如对于欺诈发行行为，从原来最高可处募集资金5%的罚款，提高至募集资金的1倍；对于发行人的控股股东、实际控制人组织、指使从事虚假陈述行为，或者隐瞒相关事项导致虚假陈述的，规定最高可处以1 000万元罚款等。

另外，《证券法》第二百二十一条规定，违反法律、行政法规或者国务院证券监督管理机构的有关规定，情节严重的，国务院证券监督管理机构可以对有关责任人员采取证券市场禁入的措施，并明确证券市场禁入是指在一定期限内直至终身不得从事证券业务、证券服务业务，不得担任证券发行人的董事、监事、高级管理人员，或者一定期限内不得在证券交易所、国务院批准的其他全国性证券交易场所交易证券的制度。中国证监会发布的《证券市场禁入规定》进一步明确了证券市场禁入措施的种类和具体适用要求。

（二）监督管理措施

根据法律、行政法规及规章相关规定，中国证监会可以采取的监督管理措施主要包括：责令改正；监管谈话；出具警示函；责令公开说明；责令定期报告；暂不受理与行政许可有关的文件；限制作为特定对象认购证券；责令暂停或者终止并购重组活动；认定为不适当人选；责令增加内部合规检查次数；公开谴责；责令处分有关人员；责令更换董事、监事、高级管理人员等或者限制其权利；停止核准新业务；限制证券期货基金经营机构业务活动；限制股东权利或者责令转让股权等。

（三）自律措施

根据《证券法》规定，证券交易所、中国证券业协会等可以对违规行为给予纪律处分或者采取其他自律管理措施。

各证券交易所均制定了自律监管措施和纪律处分的实施规则，明确了自律监管措施和纪律处分的种类、实施程序等。自律监管措施的类型主要有：口头警示；书面警示；监管谈话；要求限期改正；要求公开致歉；要求限期参加培训；建议更换相关任职人员等。纪律处分类型主要有：通报批评；公开谴责；公开认定不适合担任相关职务；暂不接受发行人提交的发行上市申请文件；暂不接受控股股东、实际控制人及其控制的其他发行人提交的发行上市申请文件；暂不接受保荐人、承销商、证券服务机构提交的文件；暂不接受保荐代表人及保荐人其他相关人员、承销商相关人员、证券服务机构相关人员签字的文件；暂停或者限制交易权限、取消交易参与人资格；取消会员资格；限制投资者账户交易、收取惩罚性违约金等。

中国证券业协会的自律措施实施办法规定了自律措施分为自律管理措施和纪律处分，并明确了自律管理措施和纪律处分的种类、适用标准和程序。自律管理措施主要包括谈话提醒；要求提交承诺；要求参加合规教育；警示；责令改正；责令所在机构给予处理；责令进行合规检查；暂不接受备案或注册等。纪律处分主要包括行业内告诫；公开谴责；认定不适合从事相关业务；暂停会员权利；取消会员资格等。

第二节 执业规范

执业规范体系的建立和不断完善对机构稳步提升执业质量和专业水平、增强服务实体经济能力具有重要意义。中介机构应当强化公司债券业务全流程执业规范。尽职调查、发行承销、信息披露等环节的执业规范已在前面章节详细介绍。本节主要介绍公司债券承揽展业规范和廉洁从业规范。

一、承揽展业规范

（一）承揽规范

证券公司在承揽公司债券时，应关注是否有承诺发行利率、承诺获得监管机构批复时间、利益输送、虚假宣传、未廉洁从业等不符合承揽规范的行为。

根据《公司债券承销业务规则》，承销机构不得以承诺通过内部审批及通过内部审批时间、取得同意注册的批复或取得无异议函的时间等不正当手段招揽项目。承销机构在公司债券承销各环节均不得承诺发行价格或利率，不得将发行价格或利率与承销费用直接或间接挂钩，不得承诺以包销以外的方式购买公司债券。根据《公司债券承销机构关于构建良好生态强化职业道德的自律公约》，公司债券承销机构在开展公司债券承销业务时，应严格遵守国家有关法律法规，不得有下列行为：

（1）承诺发行利率；
（2）承诺获得监管机构批复时间；
（3）采用财物或者其他不正当手段向公职人员、客户、正在洽谈的潜在客户或者其他利益关系人输送利益、争取市场份额；
（4）采用虚假宣传或夸大其词误导和欺骗客户；
（5）对其他承销机构进行歪曲、诋毁，或运用模糊概念或容易产生歧义的图文材料影射其他承销机构；

（6）其他违反公平竞争、破坏市场秩序的行为。

承销机构间应互相监督，发现开展公司债券业务存在恶意竞争、扰乱市场秩序等行为，违反公约的，任何其他承销机构均有权及时向中国证券业协会举报。

（二）承销报价

《证券公司投资银行类业务内部控制指引》规定，证券公司在开展投资银行类业务时，应当在综合评估项目执行成本基础上合理确定报价。《公司债券承销业务规则》规定，确定公司债券承销费用时，承销机构应当综合评估项目执行成本与风险责任，严格执行承销报价内部约束制度，加强承销报价内部管理，不得以明显低于行业定价水平等不正当竞争方式招揽业务。中国证券业协会制定的《公司债券承销报价内部约束指引》《自律规则适用意见第2号——关于〈公司债券承销报价内部约束指引〉有关规定的适用意见》明确了承销机构应当建立公司债券承销报价的内部约束制度，加强承销报价内部管理。

1.承销费约束线的确定。

根据《公司债券承销报价内部约束指引》，承销机构应当建立公司债券承销报价的内部约束制度，内部约束制度中明确公司债券项目成本核算方式、承销报价内部约束线、报价形成方式、决策程序、特批程序、留痕与存档方式等内容，并报送协会。

承销报价内部约束线可以在参考上一年度项目平均成本等因素基础上确定，项目平均成本应当覆盖全业务流程的投入与所有应当计提的摊销。该内部约束线应包含绝对值内部约束线与费率内部约束线。承销机构报价内部约束线明显有失客观和行业公允的，协会可以建议其按照行业平均值执行。

2.突破约束线应采取的措施。

《自律规则适用意见第2号——关于〈公司债券承销报价内部约束指引〉有关规定的适用意见》明确了承销机构在承揽项目时，不论通过投标方式或非投标方式，均应执行公司债券承销报价内部约束制度。

承销机构承销报价突破绝对值内部约束线与费率内部约束线任何一个的，应当履行公司内部特批程序，并在内部特批程序履行完成后3个工作日内向协会提交专项说明，专项说明应当载明低于内部约束线的原因。

3.承销费等数据报送要求。

为及时掌握各承销机构对公司债券承销业务收费的规范情况，在行业内形成相对统一、客观的收费标准,加强对市场竞争秩序的事后监测,《公司债券承销业务规则》规定主承销商应当在公司债券上市或挂牌日后5个交易日内将当期债券的承销收费情况通过会员信息系统报送协会,由于客观原因未能按时报送的,应当说明具体理由及最晚报送时间,受托管理人应当同时报送受托管理收费情况。上述规则明确了主承销商公司债券承销与受托管理收费情况的报备事宜。

《关于加强公司债券承销业务数据报送工作的通知》明确,对于已发行公司债券的主承销商及公司债券受托管理人应当电子化报送协会会员信息系统公司债券承销业务报送管理模块。报送内容包括公司债券基本信息、公司债券募集说明书、公司债券承销协议、公司债券受托管理协议、投标文件（如公司债券项目以投标方式获取）等。

（三）受托管理与收费

根据《公司债券受托管理人执业行为准则》,受托管理人有权按照受托协议的约定,收取公司债券受托管理费用及受托协议约定的其他费用。受托管理费用应当单独收取且能够覆盖受托管理业务的投入。

也就是说,除公司债券承销阶段的收费外,受托管理人还应与发行人单独就公司债券受托阶段的收费进行明确约定,受托管理费应该能够覆盖受托管理业务的投入。受托管理人可结合自身债券受托管理业务的情况,测算受托管理业务成本,以确定受托管理费的收取标准。

二、廉洁从业规范

廉洁从业是证券行业规范发展的基础。廉洁从业内控机制是证券公司整体内控体系的重要内容,廉洁从业规范是证券从业人员应该恪守的职业底线和道德准则。证券公司应明确廉洁从业要求,培育廉洁文化,积极引导从业人员廉洁合规展业,确保在开展相关业务时将廉洁从业各项要求落实到位,共同构建公平、公正、透明的市场环境。

2018年,中国证监会正式颁布实施《证券期货经营机构及其工作人员廉洁从业规定》(2022年8月修正),以部门规章的形式明确了对证券行业廉洁从业的整体监管要求,并出台了《关于加强证券公司在投资银行类业务中聘请第三方等廉洁从业风险防控的意见》,规定了投资银行类业务中有偿聘请各类第三方机构和个人等相关行为的要求。中国证券业协会于2020年发布《证券经营机构及其工作人员廉洁从业实施细则》(2023年7月修订),进一步明确了廉洁从业管理职责、重点事项以及各类业务中的禁止性行为。2022年，中国证监会、司法部、财政部联合发布《关于加强注册制下中介机构廉洁从业监管的意见》，对证券公司廉洁从业风险防范提出了更进一步的要求。中国证券业协会在2023年修订了《公司债券承销业务规则》和《公司债券受托管理人执业行为准则》，发布了《证券公司债券业务执业质量评价办法》（2024年修订），具体明确了债券承销机构廉洁从业相关要求，并规定了执业质量评价中，证券公司及从业人员在债券承销与受托管理业务方面的廉洁从业扣分标准。前述规则中针对公司债券业务廉洁从业的要求主要如下。

（一）承销机构管理要求

1.应在公司层面建立健全廉洁从业管理领导机制和基本制度安排，鼓励证券公司将廉洁从业管理目标和总体要求等纳入公司章程。证券公司主要负责人是落实廉洁从业管理职责的第一责任人，对本公司廉洁从业违法违规问题承担领导责任，各级负责人在职责范围内承担相应管理责任。证券公司应当指定内部控制相关部门对本公司及其工作人员的廉洁从业情况进行监督、检查和处理。证券公司应结合组织形式充分发挥党建工作对廉洁从业管理的引领作用。

2.建立涵盖公司债券业务的廉洁从业内部控制制度，将其纳入整个内部控制体系之中，制定具体、有效的事前风险防范体系、事中管控措施和事后追责机制。应当指定专门部门对本机构及其工作人员的廉洁从业情况进行监督，每年至少开展一次廉洁从业内部专项检查，对发现的问题及时整改，对责任人按照有关规定严肃处理。责任人为中共党员的，同时按照党的纪律要求进行处理。对廉洁从业风险防控工作的相关底稿留档保存，保存期限不少于10年。

3.应当建立健全财务管理制度，强化财经纪律，重点审查核查业务收入、成本费用支出、薪酬奖金、资金往来等项目中的异常情形，杜绝账外账等不规范行为。对于公司债券业务活动中产生的费用支出制定明确的内部决策流程和具体标准，确保相关费用支出合法合规。

4.应当根据有关规定制定合理完善的公司营销制度，明确可列入营销费用的具体事项、内容、标准、额度等，并对公司营销制度和标准定期予以评估，对营销费用支出严格审查，对违反公司营销制度和标准的行为予以严厉问责，避免引发与公职人员、客户、正在洽谈的潜在客户或者其他利益关系人的利益冲突。

5.应当加强对第三方机构或者个人有偿支付的管理，制定规范委托、聘用第三方的制度，明确资质条件及遴选流程。加强与第三方的关联关系核查，严格履行合同审查、费用审批等程序。

6.应当将从事公司债券业务工作人员的廉洁从业情况纳入人力资源管理体系，并将廉洁从业情况考察和评估结果作为人员聘用、从业人员登记和后续管理、晋级、提拔、离职以及考核、薪酬管理、审计、稽核等事项的重要考量因素。

7.应当加强廉洁文化建设，每年开展覆盖从事公司债券业务工作人员的廉洁培训和教育，确保工作人员熟悉廉洁从业的相关规定。在新员工入职、岗位调整、员工晋升时，向其传达相应的廉洁从业要求，并要求新员工入职时及全体工作人员每年定期签署廉洁从业承诺。

8.应当建立科学合理的激励约束机制和内部问责机制，不得将从业人员薪酬收入与其承做或承揽的项目收入直接挂钩，不得以业务包干等过度激励方式开展公司债券业务，应当在劳动合同、内部制度中明确，对存在廉洁从业违法违规行为的从业人员，可采取要求其退还与违规行为相关的全部或部分奖金，或者停止对其实施长效激励措施等问责措施。

（二）公司债券承揽和承销要求

1.确定公司债券承销费用时，承销机构应当综合评估项目执行成本与风险责任，严格执行承销报价内部约束制度，加强承销报价内部管理，不得以明显低于行业定价水平等不正当竞争方式招揽业务。

2.承销机构应当遵循公平、公正、客观的原则承接项目，不得以承诺通过内部审批及通过内部审批时间、取得同意注册的批复或取得无异议函的时间等不正当手段招揽项目。

3.承销机构在公司债券承销各环节均不得承诺发行价格或利率，不得将发行价格或利率与承销费用直接或间接挂钩，不得承诺以包销以外的方式购买公司债券。

4.承销机构及其关联方参与认购其所承销债券的，应当报价公允、程序合规，不得接受债券发行相关方委托或者指令进行利益输送等破坏市场秩序的行为。承销机构应当在发行业务与投资交易业务之间设立防火墙，实现业务流程和人员设置的有效隔离。

5.在开展公司债券承销业务活动中，承销机构应当对获得的内幕信息和商业秘密予以保密，不得利用内幕信息和商业秘密获取不当利益。

6.承销机构应当根据法规规定和客观需要合理使用第三方服务，不得将法定职责予以外包，禁止利用聘请第三方进行利益输送、商业贿赂等违法行为。

7.承销机构应当加强利益冲突审查，将审查机制贯穿公司债券业务全流程，对从业人员及其配偶、利害关系人是否存在违规从事证券、基金和未上市企业股权投资的情形进行审查，建立健全回避制度并严格执行，从源头上防范廉洁从业风险。

8.在开展公司债券业务活动中，承销机构应当向公职人员、客户、正在洽谈的潜在客户或者其他利益关系人做好廉洁从业宣传，培育廉洁文化，共建廉洁社会。

（三）禁止性行为

1.不得以明显低于行业定价水平、利益输送、商业贿赂、不当承诺等不正当竞争方式招揽业务。

2.不得以代持、信托、返费、违规配售等方式谋取不正当利益或者向其他相关利益主体输送利益。

3.不得利用提前获知的可能对债券持有人权益有重大影响的事项为自己或他人谋取利益。

4.不得以非公允价格为利益关系人配售债券或者约定回购债券。

5.不得直接或通过其利益相关方向参与认购的投资者提供财务资助。

6.不得以业务包干等承包方式开展公司债券承销业务，或者以其他形式实施过度激励。

7.不得在项目申报、审核、发行承销过程中通过欺诈、胁迫发行人获取不正当利益，或者协助发行人隐瞒财务造假等违法违规行为。

8.不得以提供礼金、礼品、旅游、娱乐健身、房产、汽车、有价证券、工作安排等手段向公职人员、客户、正在洽谈的潜在客户及其他利益关系人输送不正当利益，或违规接受客户及其他利益关系人提供的前述利益；不得通过其他利益安排诱导投资者，不得向投资者作出任何不当承诺。

9.不得签署虚构服务主体或者服务内容的协议、利用本机构或者客户资产，向不具备相关专业能力或者未提供相应服务的第三方支付咨询费、顾问费、服务费等费用。

10.不得干扰或者唆使、协助他人干扰证券监督管理或者自律管理工作；不得以与监管人员或者其他相关人员熟悉，或者以承诺价格、利率、获得批复及获得批复时间等为手段招揽项目、商定服务费；不得在项目申报、审核、注册、发行等过程中通过利益输送、行贿等方式"围猎"监管人员；不得利用证监会系统在职人员或离职人员及其近亲属等关系或身份谋取不正当利益。

11.不得有其他违反廉洁从业相关规定的行为。

第三节　内部控制

合理有效的内部控制有助于督促证券公司强化主体意识、完善自我约束机制，防范和化解业务风险；促进相关管理人员、业务人员和其他人员诚实守信、勤勉尽责；提高证券公司经营效率和效果，提升业务质量。随着证券市场的发展、注册制改革的推进，证券公司投行类业务内部控制的要求也逐步完善。本节将介绍投行业务内部控制要求的演变、相关法规，并对投行业务内部控制主要要求展开说明。

一、投行业务内部控制要求演变及背景

证券公司投资银行类业务内部控制，是指证券公司根据法律法规的规定和中国证监会等监管要求，对投资银行类业务经营管理和执业活动过程中的风险进行识别、评价和管理的制度安排、组织体系和控制措施。

随着证券市场的不断发展、改革，证券公司内部控制要求也逐步完善，投行类业务内部控制要求演变主要可以分为三个阶段：2018年《证券公司投资银行类业务内部控制指引》（以下简称《投行业务内控指引》）出台前、2018年《投行业务内控指引》出台及注册制下对投行业务内部控制的新要求。

（一）《投行业务内控指引》出台前

2018年《投行业务内控指引》出台前，证券公司投行类业务内部控制要求主要为2003年修订实施的《证券公司内部控制指引》。

上述规则明确了证券公司内部控制应当贯彻健全、合理、制衡、独立的原则，应当覆盖所有业务、渗透各个环节，确保内部控制有效，并对各业务条线的内部控制提出了一系列具体要求，对推动证券公司提升投行类业务内部控制水平、增强自我约束能力发挥了积极作用。

但是由于其制定时间较早、内容相对原则，且对各类投行业务内部控制的要求较为分散，其针对性和指导性有待进一步提高。特别是随着投行类业务快速发展，行业中存在"重发展、轻质量""重规模、轻风险"、主体责任履行不到位、

执业质量良莠不齐、业务发展与内部控制脱节等现象，影响了投行类业务的健康、可持续发展。

（二）《投行业务内控指引》出台

在梳理行业问题、总结实践经验的基础上，2018年3月23日中国证监会颁布了《投行业务内控指引》，并于2018年7月1日起正式施行。作为《证券公司内部控制指引》的并行规则，《投行业务内控指引》针对投行类业务内部控制进行了专项要求，以统一行业认识、明确相关要求、加强实践指导，切实防范投行类业务风险。

1.内部控制体系完善。

在《证券公司内部控制指引》要求建立三道业务监控防线基础上，《投行业务内控指引》明确要求证券公司针对投资银行类业务应当建立分工合理、权责明确、相互制衡、有效监管的三道内部控制防线，项目组、业务部门为内部控制的第一道防线，质量控制为第二道防线，内核、合规、风险管理等部门为第三道防线，并明确各道防线的职责分工、责任边界、责任主体、职责范围等。

2.内部控制标准统一。

行业层面，内部控制标准宽严不一导致行业出现"劣币驱逐良币"的倾向，破坏了公平、健康的行业生态。具体业务层面，各类投行业务的内部控制要求不尽相同导致部分业务风险快速积累，发展埋下隐患。为此，《投行业务内控指引》一是在全面考虑不同公司组织架构、业务规模等特性的基础上，归纳、提炼出适用于行业的统一内部控制标准。二是参照目前对各类投行业务内部控制的不同要求，将立项、质量控制、内核等内部控制流程，持续督导和后续管理专岗、工作日志、底稿管理等内部控制安排上升为各类业务的统一要求，拉平行业标准。同时，考虑到证券公司的自身情况以及各类投行业务的风险特征不尽相同，《投行业务内控指引》充分尊重公司的自主权，在业务承做管理、内部控制履职部门设置等方面保留了灵活空间，公司可根据自身情况自主安排。此外，《投行业务内控指引》针对公司债券承销、上市公司并购重组财务顾问、资产证券化等业务分别提出了有针对性的内部控制要求。

3.内部控制制度细化。

《投行业务内控指引》对内部控制人员配备、奖金递延发放期限、立项和内核等会议人员构成和比例、表决机制、质量控制现场核查等提出了底线要求，细化内部控制相关制度安排，加强对执行层面的指导，避免在实际执行中因理解不同出现落实不到位、有效性不足的问题。

（三）注册制下对投行业务内控的新要求

注册制改革实施以来，中国证监会陆续出台《关于注册制下督促证券公司从事投行业务归位尽责的指导意见》《关于注册制下提高中介机构债券业务执业质量的指导意见》等，对投行类业务内部控制提出了进一步的要求。主要如下。

1.《关于注册制下督促证券公司从事投行业务归位尽责的指导意见》。

2021年7月，中国证监会颁布《关于注册制下督促证券公司从事投行业务归位尽责的指导意见》，要求做实"三道防线"，强化机构内部控制。该指导意见明确抓住"关键少数"，压实证券公司主要负责人、相关高管的管理责任，落实对投行业务各环节责任人员穿透式监管和全链条问责；要求证券公司应严格投行业务执业过程管控提升内控部门对业务前台的制衡作用，建立内控部门对业务人员的执业质量跟踪评价机制，并将评价结果纳入业务人员绩效考核。

2.《关于注册制下提高中介机构债券业务执业质量的指导意见》。

2023年6月，中国证监会颁布《关于注册制下提高中介机构债券业务执业质量的指导意见》。该指导意见要求强化承销受托业务执业规范，加强承销环节全过程规范管理；强化质控、廉洁要求，强化内控部门对业务前台的有效制衡，突出防范债券发行中商业贿赂、不当承诺等廉洁风险点。

二、内部控制基本原则

证券公司投资银行类业务内部控制应当遵循健全、统一、合理、独立、制衡的原则，确保内部控制有效。

（一）健全性

内部控制应当覆盖各类投资银行业务活动，贯穿决策、执行、申报、反馈、后续管理等投资银行类业务各个环节，对项目执行质量和风险实施全程监控，确保不存在内部控制空白或漏洞。

证券公司投资银行类业务包括承销与保荐、上市公司并购重组财务顾问、公司债券受托管理、非上市公众公司推荐及资产证券化等其他具有投资银行特性的业务。

（二）统一性

同类投资银行业务应当制定并执行统一的执业、内部控制标准和流程。

针对同类投行业务在公司内部不同业务部门、不同业务条线之间交叉承做的问题，为避免内部标准不同导致项目承做质量良莠不齐，《投行业务内控指引》对相关标准进行了统一。具体包括：一是明确同类投行业务应当建立并执行统一的执业标准包括尽职调查、持续督导、底稿管理等；二是同类投行业务应当建立并严格执行统一的内控标准，包括立项、质量控制、内核等。

（三）合理性

证券公司投资银行类业务内部控制应当与自身业务规模、组织机构、风险状况和内部文化等相适应，以合理成本实现内部控制目标。考虑到证券公司的自身情况以及各类投行业务的风险特征不尽相同，《投行业务内控指引》充分尊重证券公司的自主权，在业务承做管理、内部控制履职部门设置等方面保留了灵活空间，证券公司可根据自身情况自主安排。

（四）独立性

质量控制、内核、合规、风险管理等履行内部控制职能的部门、机构或团队（本章合称"内部控制部门"）应当独立履职，与前台业务运作相分离。

《投行业务内控指引》从履职角度强调独立性，不强制要求独立设置各内部控制部门，其中质量控制部门或团队可以独立于投资银行业务条线设立，也可以在投资银行业务条线内部设立，但应当与投资银行业务部门相分离；常设内核机构可以在公司层面的内部控制部门内部设立，也可以在公司层面单独设立，但应当独立于投资银行业务条线和质量控制部门或团队。

（五）制衡性

证券公司应当从组织架构、权责分工、流程设置等方面保证业务部门和内部控制部门、各内部控制部门之间相互制约、相互监督。

证券公司从事投资银行类业务应当树立良好的内部控制和合规风控理念，重视培养员工的风险合规意识，使风险合规意识贯穿于各项业务、各个环节和各个岗位中。

三、内部控制组织架构

健全的内部控制体系架构、清晰合理的职责分工是内部控制能够有效发挥作用的关键。《投行业务内控指引》提出"三道防线"架构，厘清各道防线的职责，确保分工明确、相互制衡。

（一）"三道防线"为基本架构的内部控制体系

《投行业务内控指引》要求证券公司以"三道防线"为基本架构，搭建分工合理权责明确、相互制衡、有效监督的投行类业务内部控制体系，并对各道防线的职责分工和责任边界作出了原则性的规定。具体包括。

（1）项目组、业务部门为内部控制的第一道防线，项目组应当诚实守信、勤勉尽责开展执业活动，履行相关职责，自觉将合规风险意识落实到执业行为中；业务部门要履行好人员管理、项目风险管控等一线管理职责，确保业务人员规范执业。

（2）质量控制部门或团队为内部控制的第二道防线，应当对投资银行类业务风险实施过程管理和控制，及时发现、制止、纠正和防范项目执行过程中的问题。

（3）内核、合规、风险管理等部门或机构为内部控制的第三道防线，通过介入主要业务环节，把控立项、内核等关键风险节点，实现公司层面对投资银行类业务风险的整体管控职责，对项目进行出口管理和终端风险控制。

（二）内部控制部门的职责范围

针对质量控制、内核、合规、风险管理等部门因分工不清晰导致实际工作中职责虚化或重叠的问题，《投行业务内控指引》对各内部控制部门的责任主体、职责范围等予以明确。具体包括：

（1）质量控制，是指通过设立质量控制部门或独立的质量控制团队，对投行类业务实施贯穿全流程、各环节的动态跟踪和管理，最大限度前置风险控制工作，履行对投行类项目质量把关和事中风险管理等职责。

（2）内核，是指通过设立常设内核机构或非常设内核机构（即内核委员会），在公司层面实施审核，对投资银行类项目进行出口管理和终端风险控制，履行以公司名义对外提交、报送、出具或披露材料和文件的最终审批决策职责。

（3）投行类业务的合规，是指在公司整体合规管理体系下，合规部门和合规管理人员通过进行合规审查、管控敏感信息流动、实施合规检查和整改督导、开展合规培训等措施，履行对投行类业务合规风险的控制职责。

（4）投行类业务的风险管理，是指在公司整体风险管理体系下，风险管理部门通过实施风险监测和评估、开展风险排查、进行风险提示等措施，履行对投行类业务信用、流动性、操作等风险的控制职责。

四、内部控制保障

在强调构建清晰、合理的投行业务内部控制组织架构基础上，《投行业务内控指引》对内部控制的制度与机制保障进行了明确，包括业务承做及项目执行管控、内控人员配备及履职保障、合规风控相关制度安排、内控有效性评估等。

（一）业务承做及项目执行管控

1.业务承做管控。

对业务活动实施清晰、有力的管控是内部控制能够有效发挥作用的前提和基础。为避免投行类业务承做管理较为粗放、松散，《投行业务内控指引》作出了明确规范，具体包括：

（1）投行业务承做集中统一管理。为避免松散的业务管理模式对分支机构，特别是营业部开展承做活动管控不足，出现业务人员专业水平较低、项目质量难以保证等问题，《投行业务内控指引》明确证券公司应当对投行类业务承做实行集中统一管理，明确界定总部与分支机构的职责范围，确保其在授权范围内开展业务活动。

除项目承揽等辅助性业务活动外，证券公司分支机构不得从事各类投行业务的承做活动。但考虑到实践中，部分证券公司存在设立分公司单一开展投行类业务的情况，其性质与总部下设的投行业务部门类似，承做业务的均为专业投行人员，因此《投行业务内控指引》不禁止这类分支机构开展投行类业务活动。

（2）健全业务制度体系。针对部分机构业务制度不健全、更新不及时等问题，《投行业务内控指引》要求证券公司应当建立健全投行类业务制度体系，对各类业务活动制定全面、统一的业务管理制度和操作流程，并及时更新、评估和完善。

（3）合理确定报价。针对行业存在的"价格战""零收费"等恶性竞争情形，《投行业务内控指引》明确"证券公司在开展投资银行类业务时，应当在综合评估项目执行成本基础上合理确定报价"的底线要求，防范因收费过低导致项目执业质量下降、风险上升等问题。

投行项目前后端费用分配应合理，后端项目管理、质量控制、持续督导等费用应提前测算和预留，确保中后台运营部门有足够资金支持前端业务，避免因费用不足影响业务质量。

（4）高级管理人员分工。证券公司应当建立健全合理的高级管理人员分工制度，严格防范利益冲突。分管投行类业务的高级管理人员不得同时管理与投行类业务存在或可能存在利益冲突的部门或机构。

2.项目执行管控。

作为内部控制的第一道防线，项目组和业务部门承担着从项目源头防范风险的重要职责。为督促项目组人员和业务部门在执业过程中切实履责，《投行业务内控指引》对人员配备、项目和人员管理、薪酬考核等方面作出了明确要求。具体包括：

一是强调业务部门应当为每个投资银行类项目配备具备相关专业知识和履职能力、数量适当的业务人员，保证投资银行类项目的执行质量。

二是要求业务部门建立项目和业务人员管理制度，及时掌握项目情况和业务人员的执业活动，同时加强对业务人员行为的管理。

三是强调建立科学、合理的业务人员薪酬考核机制。为了避免业务人员过度追求短期收益、缩短业务执行成本、忽视项目风险进而影响项目质量，《投行业务内控指引》对投行人员的收入机制进行了改革：（1）禁止证券公司采用投资银行业务团队自担项目执行成本、直接享有大部分项目收入的薪酬激励机制或以其他形式实施过度激励，明确业务人员收入不得与项目收入直接挂钩，应当综合考虑其专业胜任能力、执业质量、合规情况、业务收入等各项因素；（2）建立收入递延支付机制，主要针对管理和执行投资银行类项目的主要人员且收入递延支付年限原则上不得少于3年，实现责任和义务的更好匹配，且在收入上赋予基层投行人员一定的灵活性。

（二）内控人员配备及履职保障

1.内控人员配备。

足够的人员配备是保证内部控制有效执行的重要条件，《投行业务内控指引》明确要求证券公司应当为投行类业务配备与其规模相适应，具备相应专业知识和履职能力的内部控制人员，独立开展投行类业务内部控制工作。从事投行类业务质量控制内核、合规、风险管理等内部控制职能为主要职责的从业人员数量不得低于投行类业务人员总数的10%。

证券公司应当建立内部控制人员回避制度，明确回避的情形。内部控制人员不参与存在利益冲突等可能影响其公正履行职责的项目审核、表决工作。

为保证内部控制人员独立、有效地履行内部控制职责，证券公司应建立科学合理的投行类业务内部控制人员薪酬考核体系。一方面，内部控制人员的薪酬收入不得与单个投行类项目收入挂钩，避免影响其履职独立性；另一方面，内部控制人员薪酬收入总额应当不低于公司同级别人员的平均水平，明确内部控制人员的薪酬底线，为内控建设提供人才保障。

2.质控履职保障。

作为内部控制的第二道防线，提高质量控制的相对独立性，避免相关工作形式化是发挥其全流程风险控制和质量把关作用应当重点解决的问题。对此,《投行业务内控指引》从组织管理、工作内容、控制手段等方面作出了细化规定。具体包括:

一是要求设立独立的质量控制部门或团队。质量控制部门可以独立于业务部门设立,考虑到贴近业务条线有利于质量控制工作开展,故也可以在投行业务条线内部设立,但应与投资银行业务部门相分离。

二是要求质量控制人员应就所开展现场核查项目编写现场核查报告并存档,改变现场核查"重形式"的倾向。

三是提升质量控制话语权,同时督促项目组切实履行尽职调查和工作底稿的归集工作,明确启动内核审议程序应当以质量控制对尽职调查阶段工作底稿的验收通过为前提。

3.内核履职保障。

作为内部控制的第三道防线,公司层面的内核、合规、风险管理等内控职能部门由于离一线业务较远,能否切实发挥风险管控作用关键在于是否实质性介入业务活动。对此,《投行业务内控指引》从职责内容、履职形式等方面提出了细化要求。其中,内核职责内容、履职形式如下:

一是明确证券公司应当设立独立于投行业务条线和质量控制部门或团队的内核机构。《投行业务内控指引》明确证券公司应当设立常设或非常设内核机构履行对投资银行类业务的内核审议决策职责,对投资银行类业务风险进行独立研判并发表意见。常设内核机构可以在公司层面的内部控制部门内部设立,也可以在公司层面单独设立,但应当独立于投资银行业务条线和质量控制部门或团队。内核委员会作为非常设内核机构,一方面,其成员应包括合规、风险控制等部门人员,因为合规、风险管理人员参与决策根据各自职责独立发表意见有助于发挥其实质性的风险管控作用;另一方面,为了提高内核工作的独立性和专业性,内核委员可以包括来自业务部门、其他相关部门及外部聘请的专业人士。证券公司应当对所聘请外部内核委员的专业性和独立性进行审慎调查和评估。

二是明确应设置1名内核负责人,且内核负责人不得兼任与其职责相冲突的职务,不得分管与其职责相冲突的部门。内核负责人有且只有1人,应当同时牵头负责内核委员会与常设内核机构的工作。

三是明确所有以公司名义对外提交、报送、出具或披露的文件和材料均应当履行内核程序,确保公司层面从出口对投行类项目进行有效管控。内核程序可以由内核部门等常设内核机构书面审核通过或由内核委员会等非常设内核机构集体表决通过，其中同意保荐、推荐挂牌等重大事项须执行更加严格的内核会议审议程序。

四是明确内核会议的履职方式、表决机制，保证内控部门对内核决议具有绝对影响力。

五是要求证券公司建立内核工作考核评估机制，对内核委员进行考核。同时，对于兼职的内核委员，证券公司可以通过薪酬考核等方式予以奖励，鼓励其勤勉尽责地履行相关职责。

六是加强后续管理阶段的内核工作，明确对外披露持续督导等报告均应当履行内核程序。

4.合规履职保障。

一是为投资银行类业务配备专职合规管理人员。《证券公司和证券投资基金管理公司合规管理办法》规定证券基金经营机构应当为合规部门配备足够的、具备与履行合规管理职责相适应的专业知识和技能的合规管理人员，且合规风险管控难度较大的部门和分支机构应当配备专职合规管理人员；《证券公司合规管理实施指引》明确证券公司从事投资银行等业务部门、证券公司异地总部等，应当配备专职合规管理人员。《投行业务内控指引》细化专职合规管理人员的具体职责，强调其对业务承做过程的参与和风险管控，对投行类项目合规风险进行主动识别、报告和控制。

二是明确合规管理人员应当作为内核委员会委员，参与内核会议并独立行使表决权。

三是要求专职合规管理人员对投行类终止项目数据库运行情况开展定期检查，加强以问题为导向的管理。

5.风险管理履职保障。

一是明确风险管理人员应当作为内核委员会委员，参与内核会议并独立行使表决权。

二是强调风险管理对包销风险的控制，要求风险管理部门委派代表参加包销决策过程，独立发表意见。

三是强化对存续期项目的风险管理力度，明确风险管理部应当对处于后续管理阶段项目进行持续风险管理。

（三）其他相关制度安排

除建立健全投资银行类业务质量控制制度、内核制度，明确目标、机构设置及其职责、标准和程序等内容外,证券公司应当通过建立健全投行类业务风险事项报告制度、应急处理机制、内部问责机制、利益冲突审查机制、信息隔离墙制度、未公开信息知情人管理制度、反洗钱制度、合规检查制度等细化合规、风险控制相关制度安排,为有效内部控制提供制度保障。具体如下。

1. 风险事项报告制度。

应明确各类投资银行业务和各业务环节可能存在的报告情形、报告主体、路径和时限等要求,保证投资银行业务负责人、内部控制部门能够及时掌握相关业务风险情况。

2. 应急处理机制。

在风险事项报告制度基础上,应配合对应的应急处理机制,在投资银行类业务开展过程中出现或可能出现风险事件时,成立应急处理小组,制订应急处理方案,牵头组织具体处置工作。证券公司合规、风险管理等内部控制部门应当作为小组成员参与应急处理工作。

3. 内部问责机制。

应明确问责范围、问责形式和种类、问责程序等内容,落实责任追究。

4. 利益冲突审查机制。

应当建立健全利益冲突审查机制,对拟承做的投资银行类项目与公司其他业务和项目之间、拟承做项目的业务人员与该项目之间等存在的利益冲突情形进行审查,并对利益冲突审查结果发表明确意见。

5. 信息隔离墙制度。

证券公司应当针对投资银行类业务不同类型和业务环节的特点,细化信息隔离墙制度,防范利益冲突。

《证券公司信息隔离墙制度指引》明确证券公司应当将信息隔离墙制度纳入公司内部控制机制,采取有效措施,健全业务管理流程,加强对工作人员的培训和教育,对违规泄露和使用敏感信息的行为进行责任追究。证券公司应当定期评价信息隔离制度的有效性,并根据情况的变化及时调整和完善。为防止敏感信息的不当流动和使用,证券公司应当采取与公司工作人员签署保密文件、建立内幕信息知情人管理制度等保密措施。

6. 未公开信息知情人管理制度。

应对接触未公开信息的业务人员及相关人员进行登记备案,防止未公开信息被泄露或滥用。

7.反洗钱制度。

根据反洗钱法律法规及相关监管要求，证券公司在与客户建立业务关系以及在业务关系存续期间，应采取客户身份识别措施，了解客户及其交易目的和交易性质；同时，对客户进行洗钱风险分类管理。《投行业务内控指引》强调证券公司应当根据投资银行业务类型和业务环节的不同，细化反洗钱要求，加强对客户身份的识别、可疑报告、客户资料及交易记录保存、反洗钱培训与宣传等工作。

8.合规检查制度。

证券公司应当建立健全投资银行类业务合规检查制度，明确合规检查的范围、频次、内容、程序等要求，并形成书面检查报告存档备查。

（四）内控有效性评估

内部控制有效性评估是内部控制中重要且必要的系统性活动，通过评估、反馈、再评估的动态过程，能够促进内部控制的有效实施和持续改善。

《投行业务内控指引》明确证券公司应当根据监管要求、业务发展等情况的需要建立内部控制执行效果定期评估机制。投资银行类业务内部控制有效性评估可由证券公司自行评估，也可以委托外部专业机构进行，每年至少进行一次全面评估。

对于因投资银行类业务涉嫌违法违规而被中国证监会立案调查的证券公司，应当在45日内对内部控制执行效果进行评估，并于评估工作完成后30日内向中国证监会相关派出机构报送评估报告。

五、各业务环节主要控制内容

《证券公司内部控制指引》规定，证券公司应建立投资银行项目管理制度，完善各类投资银行项目的业务流程、作业标准和风险控制措施，加强项目的承揽立项、尽职调查、改制辅导、文件制作、内部审核、发行上市和保荐回访等环节的管理，加强项目核算和内部考核，完善项目工作底稿和档案管理制度。

《投行业务内控指引》进一步对各业务环节的内部控制具体要求进行了明确，避免在实际执行中因理解不同出现执行不到位、有效性不足的问题。

（一）承揽至立项阶段的内部控制

1.立项流程。

为从源头保证投资银行类项目质量，证券公司应当建立投资银行类业务立项制度，明确立项机构设置及其职责、立项标准和程序等内容。

（1）立项审议机构：证券公司应当设立立项审议机构，履行立项审议决策职责对投资银行类项目是否予以立项作出决议。

立项审议机构应当聘任一定数量的立项委员，独立发表意见和行使表决权。《投行业务内控指引》明确了立项委员的人数及构成，要求每次参加立项审议的委员人数不得少于5人，其中来自内部控制部门的委员人数不得低于参会委员总人数的1/3。立项委员不得参与其负责或可能存在利益冲突项目的表决。

（2）立项表决机制：立项审议机构应当以现场、通讯、书面表决等方式履行职责，以投票方式对投资银行类项目能否立项作出决议。同意立项的决议应当经2/3以上的参会立项委员表决通过。立项决议应当制作书面或电子文件，并由参与表决委员确认。

（3）投资银行类项目未经立项审议通过前，证券公司不得与客户签订正式业务合同。

2.利益冲突审查。

立项阶段应对拟承做的投资银行类项目与公司其他业务和项目之间、拟承做项目的业务人员与该项目之间等存在的利益冲突情形进行审查，并对利益冲突审查结果发表明确意见。

3.工作考评评价。

考虑到立项审议的频次较高，会议组织、召集协调的现实难度，立项审议可以采取现场、通讯、书面表决等方式，未硬性要求召开会议，以保证立项工作效率。考虑效率的同时，配套了相关工作考核评价制度，《投资银行内控指引》明确证券公司应当建立立项工作考核评价制度，从参会频率、履职效果等方面对立项委员的履职情况进行考核评价。对于兼职的立项委员，证券公司可以通过薪酬考核等方式予以奖励，鼓励其勤勉尽责地履行相关职责。

（二）立项至报送阶段的内部控制

1.尽职调查制度。

证券公司应当根据各类投资银行业务风险特性，有针对性地建立尽职调查制度，规范项目组在实施尽职调查过程中的行为，确保项目组勤勉尽责地履行尽职调查职责。

2.工作日志制度。

项目组应为每个投资银行类项目编制单独的工作日志。工作日志应当按照时间顺序全面、完整地记录尽职调查过程,并作为工作底稿的一部分存档备查。

3.现场核查制度。

证券公司应当建立质量控制现场核查制度,明确现场核查的标准、内容和程序等要求。

(1)现场核查比例:《投行业务内控指引》未限制各类投行类业务现场核查的最低比例,要求质量控制部门或团队根据具体执业要求和风险特征合理确定各类投资银行业务现场核查项目的比例,对存在重大风险的项目应当指派专人进行必要的现场核查。

(2)现场核查报告:开展现场核查的投资银行类项目,质量控制人员应当形成书面或电子形式的现场核查报告并存档备查。现场核查报告应当如实记录、反映现场核查情况,分析、判断项目风险和项目组执业情况,形成明确的现场核查结论。

(3)现场核查时间:现场核查是书面审核工作的有效补充,有助于质量控制人员进一步了解、判断项目风险和项目组执业情况,提升审核的针对性和有效性,应保证足够的进场时间。

4.现场合规检查。

增加合规人员的现场检查权限,是对质控部门主导的现场核查工作的补充和制衡。《投行业务内控指引》明确,发现投资银行类项目存在合规风险隐患的,专职合规管理人员应当主动及时向合规负责人报告。如有必要,合规负责人可授权专职合规管理人员或其他合规人员开展现场合规检查。现场合规检查应当形成明确检查意见,经检查人员确认并提交合规负责人。

5.底稿验收制度。

《投行业务内控指引》明确质控职责,对质控部门提出了更高的工作要求并增加了很多实质性工作,包括审阅尽调工作底稿、出具验收意见、制作验收通过的项目质量控制报告、要求验收未通过的项目进行解释或补充工作底稿等。关于底稿验收规定如下。

业务部门申请启动内核会议审议程序前,应当完成对现场尽职调查阶段工作底稿的获取和归集工作,并提交质量控制部门或团队验收。质量控制部门或团队应当出具明确的验收意见。

质量控制部门或团队应当认真审阅尽职调查工作底稿,对相关专业意见和推荐文件是否依据充分,项目组是否勤勉尽责出具明确验收意见。验收通过的,质量控制部门或团队应当制作项目质量控制报告,列示项目存疑或需关注的问题以提请内核会议讨论。验收未通过的，质量控制部门或团队应当要求项目组作出解释或补充相关工作底稿后重新提交验收。

工作底稿未验收通过的，不得启动内核会议审议程序。

6.问核制度。

《投行业务内控指引》明确，证券公司应当建立针对各类投资银行类业务的问核制度，明确问核人员、目的、内容和程序等要求。问核内容应当围绕尽职调查等执业过程和质量控制等内部控制过程中发现的风险和问题开展。问核情况应当形成书面或者电子文件记录，由问核人员和被问核人员确认，并提交内核会议。

7.内核表决。

（1）内核会议前置条件。申请内核前，项目组应配合质控验收尽调阶段底稿、完成问核工作；质控报告、工作底稿验收意见及经确认的问核记录等提交内核流程后方可安排内核会议。

（2）内核会议审议事项。内核委员会应当以现场、通讯等会议方式履行职责，以投票表决方式对下列事项作出审议：①是否同意保荐发行人股票、可转换债券和其他证券发行上市；②是否同意出具上市公司并购重组财务顾问专业意见；③是否同意承销债券发行；④是否同意推荐申请挂牌公司股票挂牌；⑤是否同意设立专项计划、发行资产支持证券；⑥规章和其他规范性文件、行业规范和自律规则以及公司认为有必要的事项。

（3）内核会议审议重点。《投行业务内控指引》明确了内核会议审议重点，引导执业和内控重点由"过会导向"转向执业本身的勤勉尽责。

内核审议应当在对项目文件和材料进行仔细研判的基础上，结合项目质量控制报告，重点关注审议项目是否符合法律法规、规范性文件和自律规则的相关要求，尽职调查是否勤勉尽责。发现审议项目存在问题和风险的，应提出书面反馈意见。

（4）内核会议表决机制。证券公司应当明确内核会议的具体规则和表决机制内核会议应当制作内核决议和会议记录等书面或电子文件，并由参会的内核委员确认。

内核会议应当形成明确的表决意见。同意对外提交、报送、出具或披露材料和文件的决议应当经2/3以上的参会内核委员表决通过。

有效的内核表决应当至少满足以下条件：参加内核会议的委员人数不得少于7人；来自内部控制部门的委员人数不得低于参会委员总人数的1/3；至少有1名合规管理人员参与投票表决。

（5）内核意见跟踪复核机制。《投行业务内控指引》明确由内核机构把关内核意见的跟踪落实情况，避免内核程序走过场。

证券公司应当建立内核意见的跟踪复核机制。内核机构应当对内核意见的答复落实情况进行审核，确保内核意见在项目材料和文件对外提交、报送、出具或披露前得到落实。

证券公司应当为内核机构独立履行职责创造必要的条件，确保内核委员独立行使表决权。

8.中介机构评价机制。

《证券公司内部控制指引》明确，证券公司应建立与投资银行项目相关的中介机构评价机制，加强同律师事务所、会计师事务所、评估机构等中介机构的协调配合。

（三）报送至发行上市或挂牌阶段的内部控制

1.项目跟踪管理机制。

证券公司应当建立健全投资银行类项目跟踪管理机制，确保项目组对与项目有关的情况进行持续关注和尽职调查，避免项目材料和文件对外提交、报送、出具或披露后可能出现的新情况、新问题未能及时报告或披露。

2.反馈意见报告制度。

证券公司应当建立反馈意见报告制度，项目组应当将中国证监会和证券交易场所、行业协会等自律组织在反馈意见中提出的问题向相关业务负责人、质量控制部门或团队报告。质量控制部门或团队认为有必要的，应当将反馈意见及时告知合规、风险管理等部门。

《投行业务内控指引》未明确要求向内核机构报告反馈意见，为及时了解项目进展、把控风险，实践中通常要求项目组将上述反馈意见汇报内核机构。

3.文件修改报送机制。

实务中，项目组未经内核程序擅自出具、报送相关文件的问题较为突出，《投行业务内控指引》进一步予以明确禁止。

对项目材料和文件提交、报送、出具或披露后进行补充或修改的，证券公司应当明确需履行的内核程序，避免项目组人员擅自出具项目相关意见、修改项目材料和文件。

4.承销业务制度和决策机制。

证券公司应当建立健全承销业务制度和决策机制，加强对定价、发行等环节的决策管理，明确具体的操作规程，切实落实承销责任。证券公司应当设立相应的职能部门或团队，专门负责证券发行与承销工作。

5.定价配售集体决策机制。

证券公司应当建立定价配售集体决策机制，以现场、通讯、书面表决等方式对定价配售过程中的重要事项进行集体决策。重要事项包括但不限于：（1）发行利率或者价格的确定；（2）配售及分销安排。决策结果应当制作书面或电子文件，并由参与决策的人员确认。

6.包销风险评估与处理机制。

证券公司应当建立完善的包销风险评估与处理机制，通过事先评估、制定风险处置预案等措施有效控制包销风险。

证券公司应当对存在包销风险的投资银行类项目实行集体决策，以现场、通讯、书面表决等方式对包销事宜作出决议。

证券公司应当制定包销决策的具体规则，明确参与决策的人员、决策流程和表决机制等内容。包销决议应当制作书面或电子文件，并由参与决策人员确认。

证券公司风险管理部应当委派代表参与包销决策过程，独立发表意见。

《证券公司内部控制指引》明确证券公司应建立对分销商分销能力的评估监测制度。

（四）后续管理阶段的内部控制

1.建立健全相关制度。

证券公司应当针对公司债券业务在受托管理、存续期管理等后续管理阶段的特性，建立健全相关制度和工作规程，确保相关人员诚实守信、勤勉尽责地开展持续督导工作，避免由此引发的违规风险。证券公司应当指定专门部门或人员协助、督促受托管理、存续期管理项目责任人认真履行后续管理义务。证券公司对外披露受托管理报告应当履行内核程序。

2.持续风险管理。

证券公司风险管理部门应当对处于后续管理阶段项目的风险加强持续风险管理，具体职责包括但不限于以下内容：（1）对存续期项目风险实行动态监测，对重大风险事件进行评估；参与对重大风险事件的处置工作；（2）牵头业务部门制定存续期项目风险排查方案，每年对存续期项目开展全面风险排查，并完成排查工作报告。

证券公司应当建立后续管理阶段重大风险项目关注池制度，明确入池标准、程序等内容。投资银行业务部门应当指定专人及时将风险项目名单上报风险管理部门。风险管理部门负责关注池的日常管理和维护,并将入池名单定期提交投资银行业务负责人、首席风险官和合规总监。

六、项目管理和工作底稿

《投行业务内控指引》对投行类项目签字审批、终止项目管理、工作底稿管理等进行了明确。具体如下。

(一)签字审批制度

证券公司应当建立健全投资银行类项目提交、报送、出具、披露等材料和文件签字审批制度,明确项目相关材料、文件的编制要求和签字审批程序,确保证券公司对外提交、报送、出具、披露的材料和文件均履行了内部审批程序。

(二)终止项目管理

证券公司应当加强对投资银行类终止项目的管理,建立投资银行类终止项目数据库,对终止项目进行统一归集、集中管理。

1.终止项目类型。

纳入投资银行类终止项目数据库的项目包括但不限于下列类型:(1)立项、内核等环节被否决的项目;(2)向中国证监会、证券交易场所和行业协会等自律组织报送被否决或备案未通过的项目;(3)终止审查的项目;(4)变更业务类型的项目;(5)双方协议终止的项目;(6)其他类型的项目。

2.数据库信息要求。

投资银行类终止项目数据库应当清晰记录项目的主要情况,包括但不限于项目名、承做时间、入库原因、主要问题和当前状态。

3.数据库管理。

项目组及时报送、质量控制部门或团队负责日常更新维护、专职合规管理人员定期检查。

(1)投资银行类项目终止后,项目组应当将终止项目信息于20个工作日内报送质量控制部门或团队入库。

(2)证券公司应当指定质量控制部门或团队负责投资银行类终止项目数据库的日常更新和维护工作。

(3)专职合规管理人员应当对投资银行类终止项目数据库的运行情况开展定

期检查。如发现相关工作存在问题,应当及时向投资银行业务负责人和合规部门负责人报告。

4.重新立项。

存在下列情形的投资银行类项目应当重新履行立项、内核等内部控制程序:(1)发行条件发生实质性改变的项目;(2)曾被公司立项、内核审议否决的项目;(3)向中国证监会和证券交易场所、行业协会等自律组织报送被否决或备案未通过的项目;(4)终止审查的项目;(5)公司认为有必要的其他项目。项目组就(1)(2)(3)(4)规定的投资银行类项目再次申请立项、内核时,应当向立项、内核机构提交专项报告,对项目前后差异作出充分比较、说明。

(三)工作底稿制度

证券公司应当建立健全投资银行类业务工作底稿制度,明确工作底稿的整理、验收、移交、保管、借阅、保密和检查等要求。

工作底稿是证券公司出具相关专业意见和推荐文件的基础,是评价证券公司及有关人员是否诚实守信、勤勉尽责的重要依据。工作底稿应当真实、准确、完整地反映证券公司及有关人员履行相关义务所开展的主要工作。对证券公司及有关人员履行职责有重大影响的文件资料及信息,均应当作为工作底稿予以留存。

质量控制部门或团队应当监督项目组按照相关要求完成工作底稿的整理归档,并对归档工作进行验收。

第四节 执业质量评价

公司债券业务执业质量评价是引导证券公司规范执业、提升合规内控水平和债券执业质量的重要方式,对于强化分类监管、促进提升监管的精准性和有效性具有积极意义。评价依据主要为中国证券业协会发布的《证券公司公司债券业务执业质量评价办法》。本节主要围绕该规则介绍执业质量评价的相关内容。

一、质量评价的背景及意义

为促进注册制下证券公司履职尽责,提升公司债券业务执业质量,提高公司债券市场服务实体经济能力,中国证券业协会制定了《证券公司公司债券业务执业质量评价办法》,从内控管理、执业质量和服务能力等三方面对证券公司开展评价，在推动证券公司规范债券执业方面发挥了积极作用。

二、评价范围

具有证券承销业务资格的证券公司应当接受评价，但取得证券承销业务资格未满3年及评价期未开展债券承销与受托管理业务的除外。按照统一公司债券和企业债券、促进协同发展的思路，自2024年开始，公司债券业务执业质量评价将企业债券的主承销商机构分类评价一并纳入。

三、评价指标与方法

《证券公司公司债券业务执业质量评价办法》构建的评价指标包括证券公司债券业务内控管理（15分）、执业质量（55分）与服务能力（30分）等三类指标。

（一）内控管理

内控管理主要反映证券公司债券业务的内控水平，包括对内控处罚处分、制度建设、人员配备与廉洁从业方面的评价。

内控处罚处分指标以证券公司评价期因债券内控受到刑事处罚、行政处罚、行政监管措施、自律措施的情况为依据，受到相关处罚、监管措施或自律措施的，将被予以扣分。制度建设指标以证券公司在债券承销与受托管理业务方面的建章立制情况为依据，制度建设越完备的，得分越高。人员配备指标以证券公司内控人员比例及从事债券业务3年以上比例为依据，二者比例越高，得分越高；廉洁从业指标以证券公司及个人在债券承销与受托管理业务方面的廉洁从业情况为依据，由于廉洁从业问题被纪检机关调查、留置并采取相关处分，或有明确负面调查结论的将予以扣分。

（二）执业质量

执业质量的评价主要反映证券公司开展债券承销与受托管理业务的各环节执业质量，包括项目处罚处分、项目承揽、项目承做、项目申报质量、定价配售、发行定价利率、受托管理、风控实效与其他。

项目处罚处分指标以证券公司及个人评价期因债券项目承销与受托管理业务受到刑事处罚、行政处罚、行政监管措施、自律措施的情况为依据。受到相关处罚、监管措施或自律措施的，将予以扣分。

项目承揽、承做及定价配售主要以证券公司债券项目承揽的规范性、证券公司债券项目的底稿规范性、承做时的信息披露情况及定价配售过程中的规范性为依据,出现违规情况的,将予以扣分。

项目申报质量分为正向评价指标及负向评价指标,主要根据项目审核通过情况及因项目质量问题被监管约谈、督导及提示情况综合进行评价。该指标为证券交易所结合日常自律监管情况对证券公司进行评价。

发行定价利率主要考察债券发行利率在上市后前5个交易日内与该债券中证估值收益率的最大偏离程度,具有较强定价能力的证券公司债券发行利率与上市后5个交易日内债券估值不应有较大程度偏离,偏离程度较大的证券公司将予以扣分。

受托管理评价由证券交易所结合日常自律监管对证券公司进行评价,若证券公司作为受托管理人履行义务存在问题的,将予以扣分。

风险实效指标主要考察证券公司受托管理债券违约规模占比,占比高的证券公司将予以扣分。

执业质量评价涉及的其他指标主要是监管部门关注指标,主要考察地方证监局及交易所对证券公司出具的负面函件,包括证券公司被地方证监局出具关注函或提示类函件,及由于业务办理差错导致影响债券发行、交易、风险处置、投资者行使权利。出现上述情况将予以扣分。

(三)服务能力

服务能力指标主要反映证券公司在开展债券业务中对实体经济的贡献程度与相关管理水平,包括服务国家战略、主动管理与科技运用情况。服务国家战略指标以证券公司通过债券业务服务国家"一带一路"、乡村振兴、绿色与低碳转型、科技创新、产业发展、民营企业等情况为依据,将对承销金额或只数较大的券商给予加分,加分依据每年可能会根据国家战略导向与监管导向进行动态调整。主动管理主要反映证券公司对发行人开展培训的情况及受托管理风险处置情况。证券公司积极主动对发行人提供培训的、受托管理风险处置时效明显的将给予加分。科技运用情况主要考察证券公司开展债券业务过程中全流程的科技运用情况及科技系统提升风险管理能力、合规管理效率的效果。

四、评价结果与应用

根据证券公司评价得分高低,评价结果分为A、B、C三类,原则上将年度评价时得分从高到低排名前20%的证券公司划为A类,评价得分从高到低排名后

20%的证券公司划为C类，排名中间部分的证券公司划为B类。

在整体原则的基础上，分类原则中还设定了重大负面事项调整机制，包括如下两项。

A类券商应满足以下基础条件：评价期及评价期后未因债券内控、承销或受托管理业务受到刑事处罚、重大行政处罚，评价期及评价期后未因重大违法违规事项被采取过行政监管措施且未因涉嫌违法违规事项正在被立案调查，以及内控处罚处分指标得分不为0；评价期承销与受托管理业务规模在行业中位数以上；评价期及评价期后未因债券内控、承销或受托管理业务出现被法院判决承担民事责任（终审）或者被仲裁机构裁决承担民事责任的情形（受过相关处罚处分的除外），及未出现其他引起市场重大负面舆情的情形；评价期及评价期后未出现债券业务重大廉洁从业问题。

存在以下情形之一的证券公司为C类：未按要求报送评价材料的；项目处罚处分指标得分为0的；产生严重不良社会影响等其他协会认为应当纳入的。

第五节 法律责任

打击证券违法活动是维护资本市场秩序、有效发挥资本市场枢纽功能的重要保障。近年来，一系列相关法律法规、重要文件发布实施：中共中央办公厅、国务院办公厅发布《关于依法从严打击证券违法活动的意见》，体现了党和国家对于打击证券违法活动、维护资本市场秩序的决心；新《证券法》《中华人民共和国刑法修正案（十一）》大幅提高对证券违法违规活动的惩处力度；《全国法院审理债券纠纷案件座谈会纪要》《最高人民法院关于审理证券市场虚假陈述侵权民事赔偿案件的若干规定》等进一步畅通司法救济渠道等。同时，相关部门加强协同执法，加大行政、民事和刑事立体追责力度，全面提升"零容忍"执法效能，大大提高证券违法违规成本。本节主要结合近期法治建设成果，介绍公司债券业务相关的典型违法违规行为及法律责任。

一、法律责任规则体系

（一）党中央、国务院相关政策文件

中共中央办公厅、国务院办公厅于2021年7月6日发布《关于依法从严打击证券违法活动的意见》。该意见是资本市场历史上第一次以中共中央办公厅、国务

院办公厅名义联合印发打击证券违法活动的专门文件，明确了资本市场执法司法的"建制度、不干预、零容忍"指导思想。

2024年4月12日，《国务院关于加强监管防范风险推动资本市场高质量发展的若干意见》（简称新"国九条"）发布。新"国九条"提出，要推动加强资本市场法治建设，大幅提升违法违规成本，包括：（1）加大对证券期货违法犯罪的联合打击力度。加大行政、民事、刑事立体化追责力度，加大证券纠纷特别代表人诉讼制度适用力度，完善行政执法当事人承诺制度；（2）坚持"申报即担责"，严查欺诈发行等违法违规问题；（3）严肃整治财务造假、资金占用等重点领域违法违规行为等。

（二）法律和行政法规

1.《证券法》。

《证券法》是规范证券发行、交易和监管的"基本法"。在行政责任方面，2019年新修订的《证券法》显著提高了对证券违法行为的处罚力度；在民事责任方面，新《证券法》完善了证券违法民事赔偿责任，规定了发行人等不履行公开承诺的民事赔偿责任，明确了发行人的控股股东、实际控制人在欺诈发行、信息披露违法中的过错推定、连带赔偿责任，创设了中国特色的证券集体诉讼制度等。

2.《刑法》。

《中华人民共和国刑法》（简称《刑法》）于1997年修订时首次规定了"欺诈发行股票、债券罪""擅自发行股票、公司、企业债券罪""提供虚假证明文件罪、出具证明文件重大失实罪"等与债券发行相关的罪名。2006年《中华人民共和国刑法修正案（六）》新增了"违规披露、不披露重要信息罪"。2020年《中华人民共和国刑法修正案（十一）》大幅提高了相关罪名的刑罚，明确控股股东、实际控制人的刑事责任，加大保荐机构等中介机构在债券发行中提供虚假证明文件等犯罪的刑罚，进一步提高证券违法成本。

3.《企业债券管理条例》。

《企业债券管理条例》对于未经批准发行或者变相发行企业债券、超过批准数额发行企业债券、超过最高利率发行企业债券、未按批准用途使用发行企业债券所筹资金等违规行为的行政责任作出明确规定；在民事责任方面，明确规定发行企业债券的企业违反本条例规定，给他人造成损失的，应当依法承担民事赔偿责任。

（三）司法文件

2020年7月15日，最高人民法院经商国家发改委、中国人民银行、中国证监会等相关部门同意，发布《全国法院审理债券纠纷案件座谈会纪要》（简称《审理债券纠纷纪要》）。《审理债券纠纷纪要》是我国第一部审理债券纠纷案件的系统性司法文件，主要针对债券的发行和交易活动所引发的民商事纠纷案件的审理问题统一裁判尺度，涉及发行人的民事责任、其他责任主体的责任、发行人破产管理人的责任等七个方面的法律适用问题。

除专门针对债券纠纷案件出台的《审理债券纠纷纪要》外，还有多部司法文件就证券违法犯罪案件作了统一规定。

2020年7月30日，《最高人民法院关于审理证券纠纷代表人诉讼若干问题的规定》（简称《代表人诉讼若干规定》）发布。在《民事诉讼法》第五十六条、第五十七条关于普通代表人诉讼的规定基础上，新《证券法》第九十五条第三款规定了"默示加入、明示退出"的特别代表人诉讼。《代表人诉讼若干规定》全面规范普通代表人诉讼和特别代表人诉讼程序，统一裁判尺度，提供具有可操作性的指引。

2022年1月21日，《最高人民法院关于审理证券市场虚假陈述侵权民事赔偿案件的若干规定》发布。相比2003年发布的《最高人民法院关于审理证券市场因虚假陈述引发的民事赔偿案件的若干规定》，该规定进一步细化和明确了证券市场虚假陈述侵权民事赔偿责任的构成要件及追究机制等各项主要内容，包括：明确取消证券虚假陈述责任纠纷前置程序；统一证券虚假陈述相关司法裁判标准，对重大性认定回归实质性判断；区分交易因果关系与损失因果关系；区分诱多型虚假陈述和诱空型虚假陈述的不同认定标准；完善过错认定规则等。

2022年4月6日，最高人民检察院、公安部发布《最高人民检察院 公安部关于公安机关管辖的刑事案件立案追诉标准的规定（二）》，明确了"欺诈发行证券罪""违规披露、不披露重要信息罪"的追诉标准。

2024年5月17日，最高人民法院、最高人民检察院、公安部、中国证监会联合制定发布《关于办理证券期货违法犯罪案件工作若干问题的意见》。该意见围绕"严打击、共协同、专业化"的证券期货违法犯罪案件办理总体要求，对行政执法与刑事司法的衔接，刑事案件的管辖，证据的收集、审查与运用，坚持依法从严打击，完善协作配合机制等方面提出明确意见。

（四）部门规章和其他文件

2023年10月20日，中国证监会修订发布部门规章《公司债券发行与交易管理办法》，全面规范公司债券的发行、交易和转让行为。在最近的这次修订中进一步加强债券市场监管：（1）要求压实发行人作为信息披露第一责任人的义务，完善中国证监会及其派出机构、证券交易所开展现场检查的机制；（2）强化对非市场化发行的监管，明确发行人的控股股东、实际控制人等不得参与非市场化发行等。

2023年6月20日，中国证监会发布《深化债券注册制改革指导意见》和《关于注册制下提高中介机构债券业务执业质量的指导意见》，提出：（1）加大对债券严重违法违规行为的查处力度，坚持发行人、中介机构"一案双查"，依法打击"结构化"发债和返费等承销环节违法违规行为；（2）完善行政执法与司法的协作机制，构建行政、民事、刑事立体化追责体系，强化综合执法震慑。

（五）自律规则

沪、深、北证券交易所层面制定有公司债券上市规则、公司债券发行上市审核规则、公司债券发行承销规则等规则和相关指引，涵盖了发行上市审核、发行承销、存续期自律监管和投资者适当性管理等全条线的主要制度安排，并规定了违反相关规则的监管措施和纪律处分。

中国证券业协会层面制定了公司债券承销、尽职调查、受托管理人执业准则、受托管理人处置公司债券违约风险指引等自律规则，为承销机构项目报价、承接、申请、推介、定价、配售、尽职调查和信息披露等业务活动以及受托管理人履行受托管理职责提供行业指引。违反相关规定的，中国证券业协会根据《中国证券业协会自律措施实施办法（2023修订）》视情节轻重采取自律措施。

二、典型违法违规行为及法律责任

（一）发行文件存在虚假陈述

1.刑事责任。

（1）发行人及相关责任人员。《刑法》第一百六十条规定了欺诈发行证券罪，具体如下。

在招股说明书、认股书、公司、企业债券募集办法等发行文件中隐瞒重要事实或者编造重大虚假内容，发行股票或者公司、企业债券、存托凭证或者国务院依法认定的其他证券，数额巨大、后果严重或者有其他严重情节的，处五年以下有期徒刑或者拘役，并处或者单处罚金；数额特别巨大、后果特别严重或者有其他特别严重情节的，处五年以上有期徒刑，并处罚金。

控股股东、实际控制人组织、指使实施前款行为的，处五年以下有期徒刑或者拘役，并处或者单处非法募集资金金额百分之二十以上一倍以下罚金；数额特别巨大、后果特别严重或者有其他特别严重情节的，处五年以上有期徒刑，并处非法募集资金金额百分之二十以上一倍以下罚金。

单位犯前两款罪的，对单位判处非法募集资金金额百分之二十以上一倍以下罚金，并对其直接负责的主管人员和其他直接责任人员，依照第一款的规定处罚。

（2）证券服务机构。《刑法》第二百二十九条规定了提供虚假证明文件罪、出具证明文件重大失实罪，具体如下。

承担资产评估、验资、验证、会计、审计、法律服务、保荐、安全评价、环境影响评价、环境监测等职责的中介组织的人员故意提供虚假证明文件，情节严重的，处五年以下有期徒刑或者拘役，并处罚金；有下列情形之一的，处五年以上十年以下有期徒刑，并处罚金：

①提供与证券发行相关的虚假的资产评估、会计、审计、法律服务、保荐等证明文件，情节特别严重的；

②提供与重大资产交易相关的虚假的资产评估、会计、审计等证明文件，情节特别严重的；

③在涉及公共安全的重大工程、项目中提供虚假的安全评价、环境影响评价等证明文件，致使公共财产、国家和人民利益遭受特别重大损失的。

有前款行为，同时索取他人财物或者非法收受他人财物构成犯罪的，依照处罚较重的规定定罪处罚。

第一款规定的人员，严重不负责任，出具的证明文件有重大失实，造成严重后果的，处三年以下有期徒刑或者拘役，并处或者单处罚金。

2.行政责任。

《证券法》规定了发行人、承销商、证券服务机构虚假陈述违规行为的行政责任。

（1）发行人。发行人在其公告的证券发行文件中隐瞒重要事实或者编造重大虚假内容，尚未发行证券的，处以二百万元以上二千万元以下的罚款；已经发行证券的，处以非法所募资金金额百分之十以上一倍以下的罚款。对直接负责的主管人员和其他直接责任人员，处以一百万元以上一千万元以下的罚款。

发行人的控股股东、实际控制人组织、指使从事前款违法行为的，没收违法所得，并处以违法所得百分之十以上一倍以下的罚款；没有违法所得或者违法所得不足二千万元的，处以二百万元以上二千万元以下的罚款。对直接负责的主管人员和其他直接责任人员,处以一百万元以上一千万元以下的罚款。

(2)承销商。证券公司承销证券,应当对公开发行募集文件的真实性、准确性、完整性进行核查。发现有虚假记载、误导性陈述或者重大遗漏的,不得进行销售活动;已经销售的,必须立即停止销售活动,并采取纠正措施。

证券公司违反上述规定的,责令改正,给予警告,没收违法所得,可以并处五十万元以上五百万元以下的罚款;情节严重的,暂停或者撤销相关业务许可。对直接负责的主管人员和其他直接责任人员给予警告,可以并处二十万元以上二百万元以下的罚款;情节严重的,并处以五十万元以上五百万元以下的罚款。

(3)证券服务机构。证券服务机构未勤勉尽责,所制作、出具的文件有虚假记载、误导性陈述或者重大遗漏的,责令改正,没收业务收入,并处以业务收入一倍以上十倍以下的罚款,没有业务收入或者业务收入不足五十万元的,处以五十万元以上五百万元以下的罚款;情节严重的,并处暂停或者禁止从事证券服务业务。对直接负责的主管人员和其他直接责任人员给予警告,并处以二十万元以上二百万元以下的罚款。

3.民事责任。

根据《证券法》第八十五条、第一百六十三条规定,信息披露义务人未按照规定披露信息,或者公告的证券发行文件、定期报告、临时报告及其他信息披露资料存在虚假记载、误导性陈述或者重大遗漏,致使投资者在证券交易中遭受损失的,信息披露义务人应当承担赔偿责任;发行人的控股股东、实际控制人、董事、监事、高级管理人员和其他直接责任人员以及保荐人、承销的证券公司及其直接责任人员,应当与发行人承担连带赔偿责任,但是能够证明自己没有过错的除外。证券服务机构为证券的发行、上市、交易等证券业务活动制作、出具的文件有虚假记载、误导性陈述或者重大遗漏,给他人造成损失的,应当与委托人承担连带赔偿责任,但是能够证明自己没有过错的除外。

《最高人民法院关于审理证券市场虚假陈述侵权民事赔偿案件的若干规定》对于虚假陈述民事赔偿案件的受理与管辖、诉讼方式、虚假陈述的认定、规则与免责事由、共同侵权责任及损失认定等方面作出了具体规定。一般而言,责任主体因债券虚假陈述需承担赔偿责任,应当符合下述要件。

第一,存在虚假陈述行为。该规定第四条对于虚假记载、误导性陈述和重大遗漏三类虚假陈述的含义作出了进一步规定。

第二,虚假陈述具有重大性。该规定第十条对于重大性的认定采取价格敏感性标准,即具有重大性的虚假陈述的实施、揭露或者更正,应当导致相关证券的交易价格或者交易量产生明显的变化。

第三，虚假陈述与投资决定具有因果关系。该规定第十一条采用"推定信赖"原则，推定在虚假陈述对市场产生影响的时段内进行相关证券交易的投资者，是基于对虚假陈述的信赖而进行交易。

第四，虚假陈述与投资损失具有因果关系。该规定第三十一条规定，被告能够举证证明投资者的损失部分或者全部是由虚假陈述以外其他因素所导致的，应当减轻或免除被告的赔偿责任。

第五，责任主体具有过错。《证券法》第八十五条和第一百六十三条规定，发行人的控股股东、实际控制人、董事、监事、高级管理人员和其他直接责任人员，保荐人、承销机构及其直接责任人员，以及证券服务机构存在虚假陈述的，应当承担连带赔偿责任，但是能够证明自己没有过错的除外（即采用过错推定原则）。这一要件也存在例外，即根据《证券法》第八十五条的规定，信息披露义务人（一般是发行人）只要存在虚假陈述行为，承担的是无过错责任。

关于过错认定。发行人的董事、监事、高级管理人员和其他直接责任人员主张对虚假陈述没有过错的，人民法院应当根据其工作岗位和职责、在信息披露资料的形成和发布等活动中所起的作用、取得和了解相关信息的渠道、为核验相关信息所采取的措施等实际情况进行审查认定。上述人员不能提供勤勉尽责的相应证据，仅以其不从事日常经营管理、无相关职业背景和专业知识、相信发行人或者管理层提供的资料、相信证券服务机构出具的专业意见等理由主张其没有过错的，人民法院不予支持。发行人的董事、监事、高级管理人员依照《证券法》第八十二条第四款的规定，以书面方式发表附具体理由的意见并依法披露的，人民法院可以认定其主观上没有过错，但在审议、审核信息披露文件时投赞成票的除外。

承销机构及其直接责任人员提交的尽职调查工作底稿、尽职调查报告、内部审核意见等证据能够证明下列情形的，人民法院应当认定其没有过错：①已经按照法律、行政法规、监管部门制定的规章和规范性文件、相关行业执业规范的要求，对信息披露文件中的相关内容进行了审慎尽职调查；②对信息披露文件中没有证券服务机构专业意见支持的重要内容，经过审慎尽职调查和独立判断，有合理理由相信该部分内容与真实情况相符；③对信息披露文件中证券服务机构出具专业意见的重要内容，经过审慎核查和必要的调查、复核，有合理理由排除了职业怀疑并形成合理信赖。

会计师事务所、律师事务所、资信评级机构、资产评估机构、财务顾问等证券服务机构制作、出具的文件存在虚假陈述的,人民法院应当按照法律、行政法规、监管部门制定的规章和规范性文件,参考行业执业规范规定的工作范围和程序要求等内容,结合其核查、验证工作底稿等相关证据,认定其是否存在过错。证券服务机构的责任限于其工作范围和专业领域。证券服务机构依赖保荐机构或者其他证券服务机构的基础工作或者专业意见致使其出具的专业意见存在虚假陈述,能够证明其对所依赖的基础工作或者专业意见经过审慎核查和必要的调查、复核,排除了职业怀疑并形成合理信赖的,人民法院应当认定其没有过错。

关于损失赔偿数额的认定。《最高人民法院关于审理证券市场虚假陈述侵权民事赔偿案件的若干规定》第二十五条规定赔偿数额应以投资者因虚假陈述而实际发生的损失为限。如前所述,若被告能够举证证明损失是由他人操纵市场、证券市场的风险、证券市场对特定事件的过度反应、上市公司内外部经营环境等其他因素所导致的,则应当予以扣除。该规定还明确了实施日、揭露日和更正日、基准日和基准价,以确定受到虚假陈述影响的投资者范围和损失数额。

关于责任承担的形式。信息披露义务人对相关损失承担直接赔偿责任,其他责任主体承担连带责任。根据目前的司法实践,其他责任主体一般根据过错程度承担一定比例的连带责任。

(二)违规披露、不披露重要信息

1. 刑事责任。

《刑法》第一百六十一条规定了违规披露、不披露重要信息罪,具体如下:

依法负有信息披露义务的公司、企业向股东和社会公众提供虚假的或者隐瞒重要事实的财务会计报告,或者对依法应当披露的其他重要信息不按照规定披露,严重损害股东或者其他人利益,或者有其他严重情节的,对其直接负责的主管人员和其他直接责任人员,处五年以下有期徒刑或者拘役,并处或者单处罚金;情节特别严重的,处五年以上十年以下有期徒刑,并处罚金。

前款规定的公司、企业的控股股东、实际控制人实施或者组织、指使实施前款行为的,或者隐瞒相关事项导致前款规定的情形发生的,依照前款的规定处罚。

犯前款罪的控股股东、实际控制人是单位的,对单位判处罚金,并对其直接负责的主管人员和其他直接责任人员,依照第一款的规定处罚。

2. 行政责任。

信息披露义务人未按照《证券法》规定报送有关报告或者履行信息披露义务的,责令改正,给予警告,并处以五十万元以上五百万元以下的罚款;对直接负责的主管人员和其他直接责任人员给予警告,并处以二十万元以上二百万元以下的罚款。发行人的控股股东、实际控制人组织、指使从事上述违法行为,或者隐瞒相关事项导致发生上述情形的,处以五十万元以上五百万元以下的罚款;对直接负责的主管人员和其他直接责任人员,处以二十万元以上二百万元以下的罚款。

信息披露义务人报送的报告或者披露的信息有虚假记载、误导性陈述或者重大遗漏的,责令改正,给予警告,并处以一百万元以上一千万元以下的罚款;对直接负责的主管人员和其他直接责任人员给予警告,并处以五十万元以上五百万元以下的罚款。发行人的控股股东、实际控制人组织、指使从事上述违法行为,或者隐瞒相关事项导致发生上述情形的,处以一百万元以上一千万元以下的罚款;对直接负责的主管人员和其他直接责任人员,处以五十万元以上五百万元以下的罚款。

3. 民事责任。

对违规披露、不披露重要信息的违规行为,民事责任追究同样适用《证券法》第八十五条、第一百六十三条以及《最高人民法院关于审理证券市场虚假陈述侵权民事赔偿案件的若干规定》《全国法院审理债券纠纷案件座谈会纪要》等规定。

(三)债券承销违规行为

根据《证券法》《公司债券发行与交易管理办法》等规定,证券公司承销公司债券,不得有下列行为:进行虚假的或者误导投资者的广告宣传或者其他宣传推介活动;以不正当竞争手段招揽承销业务;操纵发行定价、暗箱操作;以代持、信托等方式谋取不正当利益或向其他相关利益主体输送利益;直接或通过其利益相关方向参与认购的投资者提供财务资助;其他违反公平竞争、破坏市场秩序等行为;其他违反证券承销业务规定的行为。

1. 行政责任。

根据《证券法》第一百八十四条规定,证券公司在债券承销中存在上述违规行为的,责令改正,给予警告,没收违法所得,可以并处五十万元以上五百万元以下的罚款;情节严重的,暂停或者撤销相关业务许可。对直接负责的主管人员和其他直接责任人员给予警告,可以并处二十万元以上二百万元以下的罚款;情节严重的,并处以五十万元以上五百万元以下的罚款。

2. 民事责任。

根据《证券法》第二十九条规定,证券公司有上述行为,给其他证券承销机构或者投资者造成损失的,应当依法承担赔偿责任。

（四）未按要求履行投资者适当性管理义务

《证券法》第一百九十八条规定，证券公司未履行或者未按照规定履行投资者适当性管理义务的，责令改正，给予警告，并处以十万元以上一百万元以下的罚款。对直接负责的主管人员和其他直接责任人员给予警告，并处以二十万元以下的罚款。

《证券公司监督管理条例》《证券期货投资者适当性管理办法》《公司债券发行与交易管理办法》等也规定了证券公司未履行投资者适当性管理义务应当受到的处罚。

（五）擅自改变募集资金用途

对于公开发行公司债券，《证券法》第一百八十五条规定，发行人擅自改变公开发行证券所募集资金的用途的，责令改正，处以五十万元以上五百万元以下的罚款；对直接负责的主管人员和其他直接责任人员给予警告，并处以十万元以上一百万元以下的罚款。发行人的控股股东、实际控制人从事或者组织、指使从事上述违法行为的，给予警告，并处以五十万元以上五百万元以下的罚款；对直接负责的主管人员和其他直接责任人员，处以十万元以上一百万元以下的罚款。

对于非公开发行公司债券，《公司债券发行与交易管理办法》规定，非公开发行公司债券，募集资金应当用于约定的用途；改变资金用途，应当履行募集说明书约定的程序。发行人违反规定擅自改变募集资金用途的，中国证监会可以对发行人及其直接负责的主管人员和其他直接责任人员采取相关监管措施；情节严重的，处以警告、罚款。

（六）恶意逃废债务

《公司债券发行与交易管理办法》第五条规定，发行人及其控股股东、实际控制人、董事、监事、高级管理人员不得怠于履行偿债义务或者通过财产转移、关联交易等方式逃废债务，故意损害债券持有人权益。

对于恶意逃废债务的法律责任，《公司债券发行与交易管理办法》规定，发行人及其控股股东、实际控制人、债券受托管理人等违反规定，损害债券持有人权益的，中国证监会可以对发行人、发行人的控股股东和实际控制人、受托管理人及其直接负责的主管人员和其他直接责任人员采取本办法第六十九条规定的相关监管措施；情节严重的，处以警告、罚款；发行人及其控股股东、实际控制人、董事、监事、高级管理人员怠于履行偿债义务或者通过财产转移、关联交易等方式逃废债务，严重损害债券持有人权益的，中国证监会可以依法限制其市场融资等活动，并将其有关信息纳入证券期货市场诚信档案数据库。

三、典型案例

案例10-1　某债券欺诈发行案

1. 案例背景。

2015年，某公司（以下简称"发行人"）分两期公开发行公司债券"15某洋债"和"15某洋02"，总金额13.6亿元。2017年8月，"15某洋债"发生实质性违约，同时导致"15某洋02"出现交叉违约。中国证监会对该发行人立案调查。

2. 存在问题。

（1）发行人。根据中国证监会《行政处罚决定书》（〔2018〕××号）的认定，发行人存在如下违法违规行为：

①发行人以虚假申报文件骗取公开发行公司债券核准。发行人在编制用于公开发行公司债券的2012年至2014年年度财务报表时，违反会计准则，少计提坏账准备，三个年度虚增净利润分别不少于3 052.27万元、6 492.71万元和15 505.47万元。2015年7月，发行人在不具备公司债券公开发行条件的情况下，使用上述虚假财务报表申请公开发行公司债券，骗取中国证监会的公司债券公开发行审核许可，并最终向合格投资者公开发行"15某洋债"和"15某洋02"。

②发行人非公开发行公司债券披露的文件存在虚假记载。2015年11月，发行人以前述2013年、2014年年度虚假财务文件分别向上海证券交易所和深圳证券交易所申请非公开发行公司债券，并向合格投资者披露了相应的债券募集说明书，最终非公开发行1.3亿元和2.5亿元公司债券。

③发行人未按规定披露年报审计机构变更事项、未在规定时间内披露年度报告。

（2）年报审计机构。根据中国证监会《行政处罚决定书》（〔2019〕××号）和《市场禁入决定书》（〔2019〕××号）的认定，上述发行人的审计机构某会计师事务所及其签字注册会计师存在如下违法违规行为。

某会计师事务所对2012年至2014年年度财务报表的审计工作未获取充分、适当的审计证据加以验证，未按照其制定的《审计业务项目分类管理暂行办法》（2013年）的规定将该项目风险级别从C类调整为风险程度更高的B类并追加相应的审计程序,出具的审计报告存在虚假记载。

(3)主承销商。根据中国证监会《行政处罚决定书》(〔2019〕××号)的认定,上述债券的主承销商某证券公司存在如下违法违规行为。

①某证券公司未充分核查发行人应收账款问题。关于发行人应收账款在资产总额中占比较高的问题,项目组成员未实际查阅有关明细资料,未充分调查企业的应收款项形成原因、收回的可能性等,仅根据对发行人问询,即回复内部核查部门及内核委员会发行人应收账款回收风险较小。

②某证券公司对于投资性房地产未充分履行核查程序。关于投资性房地产在发行人资产中占比较高的问题,项目组并未获取发行人所有投资性房地产的资产评估报告,且有两处投资性房地产入账依据为房地产价值咨询报告,而非资产评估报告。某证券公司对于投资性房地产未充分履行核查程序。

③某证券公司未将发行人子公司投资性房地产出售问题写入核查意见。项目组成员知悉2015年发行人控股子公司将其持有资产以大幅低于公允价值的价格对其出售,可能会对发行人产生重要影响,但某证券公司未依照要求将此写入核查意见中。

3.法律责任。

(1)行政责任。中国证监会依据2014年《证券法》第一百八十九条第一款和第一百九十三条第一款规定,对发行人责令改正,给予警告,并处以4 140万元罚款;对陈某某等相关责任人员处以10万至60万元不等罚款。

中国证监会依据2014年《证券法》第二百三十三条和《证券市场禁入规定》(证监会令第115号)第三条第七项、第五条的规定,对某会计师事务所责令改正,没收业务收入60万元并处以180万元罚款,对签字注册会计师钟某某、孙某某分别处以10万元罚款,并采取5年的证券市场禁入措施。

中国证监会依据2014年《证券法》第一百九十一条、第二百二十四条的规定,对某证券公司责令改正,给予警告,没收违法所得1 857万元,并处以55万元罚款;对相关责任人员分别给予警告、处以罚款和撤销证券从业资格。

(2)民事责任。该欺诈发行案是全国首例公司债券欺诈发行民事赔偿案,也是证券纠纷领域全国首例适用代表人诉讼制度审理的案件。2020年12月,杭州市中级人民法院就该欺诈发行案作出一审判决,2021年9月浙江高院二审维持原判。判决结果如下:①发行人就适格投资者的债务本息承担赔偿责任。②发行人董事长、实控人陈某某、某证券公司及某会计师事务所对发行人应负债务承担连带赔偿责任;某评级公司在10%范围内承担连带赔偿责任;某律师事务所在5%

范围内承担连带责任。

（3）自律措施。上海证券交易所对发行人采取了纪律处分措施。

一是2016年4月，针对债券募集资金使用管理不规范、募集说明书中未决诉讼披露不完整等问题，对发行人予以通报批评。

二是因发行人未按规定披露2016年年报和临时报告，于2017年8月3日再次对发行人予以通报批评。

三是2017年9月，因发行人信息披露等违规行为，对发行人予以公开谴责。

案例10-2　某债券财务造假案

1. 案例背景。

2011年至2018年，某集团公司（简称"发行人"）在证券交易所债券市场和银行间债券市场发行多只债券。2018年，发行人发行的"15某通MTN001"（本金6亿元）等多笔到期债务出现违约，发行人向法院申请破产。

2. 存在问题。

（1）发行人。根据中国证监会《行政处罚决定书》（〔2021〕××号）的认定，发行人存在以下违法事实。

①通过制作虚假财务账套等方式虚增收入和利润。因融资需要，2013年至2017年，在发行人时任董事长、法定代表人及实际控制人王某某决策并组织下，发行人以3家子公司为造假实体，通过复制真实账套后增加虚假记账凭证生成虚假账套及虚构购销业务等方式实施财务造假，并将虚假账套数据提供给审计机构。在此期间，发行人虚增主营业务收入金额共计615.4亿元，虚增利润总额共计113亿元。

②通过直接修改2016年度、2017年度经审计后的合并会计报表的方式虚增利润。发行人在审计机构出具2016年度、2017年度的审计报告后，直接修改经审计后的发行人合并会计报表，在修改后的财务报表上加盖虚假的印章后将报表对外披露。通过该方式，发行人2016年度虚减营业成本4.41亿元，导致虚增利润总额4.41亿元；2017年度虚减销售费用2.3亿元，虚增财务费用0.6亿元，共计虚减费用总额1.7亿元，导致虚增利润总额1.7亿元。

上述财务造假行为，导致发行人2014年至2018年发行的多只债券的募集说明书和存续期内披露的年度报告存在虚假记载。

（2）公司债券主承销商。根据中国证监会《行政处罚决定书》（〔2021〕××

号、〔2022〕××号）的认定，发行人公司债券主承销商A证券公司和B证券公司存在以下违法行为。

①所出具的承销文件存在虚假记载情况。由于发行人"17鲁某01""18鲁某01""18鲁某02"的募集说明书存在虚假记载。A证券公司出具的《核查意见》《承诺函》也存在虚假记载，B证券公司出具的《核查意见》《核查报告》及《承诺函》也存在虚假记载。

②尽职调查过程中的未勤勉尽责情况。未审慎关注发行人A子公司在产能利用率、销售收入等方面存在的异常情况；未审慎关注A子公司所提供资料与公开数据不一致的情况；未实地查看发行人B子公司的生产经营场所，未发现B子公司已处于停产状态；未审慎关注A子公司纳税申报材料的异常情况。

（3）年报审计机构。根据中国证监会《行政处罚决定书》（〔2021〕××号）的认定，某会计师事务所出具的发行人2013年至2017年年度审计报告存在虚假记载，具体存在以下未勤勉尽责的事项。

①识别、评估重大错报风险因素方面存在缺陷。在评估重大错报风险时，未实地察看发行人B子公司主要生产经营场所，未对B子公司生产经营状态保持职业怀疑；未对前五大供应商集中且同时为客户的异常情况保持职业怀疑并有效实施进一步审计程序。

②内部控制审计程序存在缺陷。未了解和测试发行人A子公司和C子公司的ERP系统。

③实质性审计程序存在缺陷。在执行应收账款实质性审计程序中，函证设计存在缺陷，未按照计划实施的审计程序选择主要客户函证当期销售额；未对函证实施过程保持控制，将应收账款询证函交由发行人代发；未对取得的回函进行评价，无法保证回函的可靠性，同时未关注回函客户印章存在明显异常。

④在执行营业收入实质性审计程序中，未对纳税申报资料异常情况、合同异常情况、发票异常情况保持职业怀疑，未获取产能资料并执行产能分析程序，未对上市公司客户、可比公司的公开资料进行查询并对异常情况保持职业怀疑。

⑤在执行应付账款实质性审计程序中，将应付账款询证函交由发行人代发，未对函证保持控制。

（4）评级机构。根据中国证监会《行政处罚决定书》（〔2022〕××、××号）的认定，某评级公司为涉案公司债券、银行间债务融资工具出具的评级观点和评级结论存在虚假记载，具体存在以下未勤勉尽责的事项。

①未按照相关规则要求开展尽职调查工作。未按规定和计划开展现场访谈工

作，未按规定对发行人子公司负责人进行现场访谈；现场考察工作存在缺陷，未实地察看B子公司主要生产经营场所，未发现B子公司实际已处于停产状态。

②未保持审慎分析，未对评级所依据的文件资料内容的真实性、准确性和完整性进行核查和验证。例如未对发行人A子公司主要产品销售收入、销售均价的异常情况保持审慎关注，评级报告打分缺乏相应的资料支持等。

③内部审核存在缺陷，在三级审核流程中未按照其审核标准进行客观打分，结论、依据与其标准、事实不符等。

（5）律师事务所。根据中国证监会《行政处罚决定书》（〔2022〕××号）的认定，某律师事务所出具的法律意见书存在虚假记载，具体存在以下未勤勉尽责的事项：

①未按照依法制定的业务规则审慎履行核查和验证义务。未对发行人重大业务合同、生产经营情况进行审慎核查验证等；

②在进行核查和验证前未编制查验计划，也未履行内部讨论及复核等法定业务程序；

③未按规定保存工作底稿，法律意见书中的结论性意见缺乏底稿资料支持；

④主办律师冒用他人名义在法律意见书上签字，某律师事务所缺乏完善的内部管理和风险控制制度。

3. 法律责任。

（1）行政责任。中国证监会依据2005年《证券法》第一百九十三条第一款、第三款的规定，对发行人给予警告，并处以60万元罚款；对其他责任人员给予警告，并处以10万至90万元不等罚款；对发行人时任董事长、法定代表人和实际控制人采取终身证券市场禁入措施。

中国证监会依据2005年《证券法》第一百九十三条第三款的规定，对A证券公司责令改正，给予警告，没收违法所得660万元，并处以60万元罚款；对B证券公司责令改正，给予警告，没收违法所得1 798万元，并处以60万元罚款；对两家主承销商的相关责任人员给予警告，并处以20万至30万元不等罚款；对B证券公司项目负责人采取5年市场禁入措施。

中国证监会依据2005年《证券法》第二百二十三条的规定，对某会计师事务所责令改正，没收业务收入575万元，并处以1 150万元罚款；对签字会计师给予警告，并分别处以10万元罚款，采取5年证券市场禁入措施。

中国证监会依据2005年《证券法》第二百二十三条的规定，对某评级公司没收业务收入165万元，并处以330万元罚款；对相关责任人员给予警告，并分别处以3万至5万元不等罚款。

中国证监会依据2005年《证券法》第二百二十三条的规定，对某律师事务所责令改正，没收业务收入6.9万元，并处以20.6万元罚款；对经办律师给予警告，并处以10万元罚款，采取5年市场禁入措施。

（2）民事责任。发行人相关债券虚假陈述诉讼案目前由某高级人民法院发回中级人民法院重审中，尚未作出生效判决。

附录
本书涉及的主要规则汇总表

一、法律法规及政策文件

序号	规则全称	发布时间或最新修订时间	发布机构
1	《中华人民共和国民法典》	2020年5月28日	全国人民代表大会
2	《中华人民共和国证券法》	2019年12月28日	全国人大常委会
3	《中华人民共和国刑法》	2023年12月29日	全国人大常委会
4	《中华人民共和国企业破产法》	2006年8月27日	全国人大常委会
5	《中华人民共和国民事诉讼法》	2023年9月1日	全国人大常委会
6	《企业债券管理条例》	2011年1月8日	国务院
7	《关于依法从严打击证券违法活动的意见》	2021年7月6日	中共中央办公厅 国务院办公厅
8	《国务院关于加强监管防范风险推动资本市场高质量发展的若干意见》	2024年4月4日	国务院
9	《国务院关于建立完善守信联合激励和失信联合惩戒制度加快推进社会诚信建设的指导意见》	2016年6月12日	国务院
10	《关于贯彻实施修订后的证券法有关工作的通知》	2020年2月29日	国务院办公厅
11	国务院办公厅转发中国证监会等部门《关于进一步做好资本市场财务造假综合惩防工作的意见》的通知	2024年6月29日	国务院办公厅

续表

序号	规则全称	发布时间或最新修订时间	发布机构
12	《全国法院审理债券纠纷案件座谈会纪要》	2020年7月15日	最高人民法院
13	《最高人民法院关于证券纠纷代表人诉讼若干问题的规定》	2020年7月30日	最高人民法院
14	《最高人民法院关于审理证券市场虚假陈述侵权民事赔偿案件的若干规定》	2022年1月21日	最高人民法院
15	《关于适用〈最高人民法院关于审理证券市场虚假陈述侵权民事赔偿案件的若干规定〉有关问题的通知》	2022年1月21日	最高人民法院 中国证监会
16	《最高人民检察院 公安部关于公安机关管辖的刑事案件立案追诉标准的规定（二）》	2022年4月6日	最高人民检察院 公安部
17	《关于办理证券期货违法犯罪案件工作若干问题的意见》	2024年4月16日	最高人民法院 最高人民检察院 公安部 中国证监会

二、业务监管规则

序号	规则全称	发布时间或最新修订时间	发布机构
18	《关于深化债券注册制改革的指导意见》	2023年6月20日	中国证监会
19	《关于注册制下提高中介机构债券业务执业质量的指导意见》	2023年6月20日	中国证监会
20	《关于注册制下督促证券公司从事投行业务归位尽责的指导意见》	2021年7月9日	中国证监会
21	《公司债券发行与交易管理办法》	2023年10月20日	中国证监会
22	《公司信用类债券信息披露管理办法》	2020年12月25日	中国人民银行 国家发改委 中国证监会
23	《上市公司股东发行可交换公司债券试行规定》	2008年10月17日	中国证监会
24	《关于公开发行公司债券实施注册制有关事项的通知》	2020年3月1日	中国证监会办公厅
25	《中小企业划型标准规定》	2011年6月18日	国家发改委 工业和信息化部 财政部 国家统计局

续表

序号	规则全称	发布时间或最新修订时间	发布机构
26	《绿色债券评估认证行为指引（暂行）》	2017年10月26日	中国人民银行 中国证监会
27	《证券公司投资银行类业务内部控制指引》	2018年3月23日	中国证监会
28	《关于加强注册制下中介机构廉洁从业监管的意见》	2022年5月31日	中国证监会 司法部 财政部
29	《证券期货经营机构及其工作人员廉洁从业规定》	2018年6月27日	中国证监会
30	《关于加强证券公司在投资银行类业务中聘请第三方等廉洁从业风险防控的意见》	2018年6月27日	中国证监会
31	《证券经营机构及其工作人员廉洁从业实施细则》	2023年7月21日	中国证券业协会

三、审核与挂牌上市规则

序号	规则全称	发布时间或最新修订时间	发布机构
32	《上海证券交易所公司债券发行上市审核规则》	2023年10月20日	上海证券交易所
33	《深圳证券交易所公司债券发行上市审核规则》	2023年10月20日	深圳证券交易所
34	《北京证券交易所公司债券发行上市审核规则》	2023年10月20日	北京证券交易所
35	《上海证券交易所公司债券发行上市审核规则适用指引第1号——申请文件及编制》	2023年10月20日	上海证券交易所
36	《深圳证券交易所公司债券发行上市审核业务指引第1号——申请文件及其编制要求》	2023年10月20日	深圳证券交易所
37	《北京证券交易所公司债券发行上市审核规则适用指引第1号——申请文件及编制》	2023年10月20日	北京证券交易所
38	《上海证券交易所公司债券发行上市审核规则适用指引第4号——审核程序》	2023年10月20日	上海证券交易所
39	《深圳证券交易所公司债券发行上市审核业务指引第4号——公开发行公司债券审核程序》	2023年10月20日	深圳证券交易所
40	《北京证券交易所公司债券发行上市审核规则适用指引第4号——审核程序》	2023年10月20日	北京证券交易所

续表1

序号	规则全称	发布时间或最新修订时间	发布机构
41	《上海证券交易所公司债券发行上市审核规则适用指引第6号——知名成熟发行人优化审核》	2023年10月20日	上海证券交易所
42	《深圳证券交易所公司债券发行上市审核业务指引第3号——优化审核安排》	2023年10月20日	深圳证券交易所
43	《北京证券交易所公司债券发行上市审核规则适用指引第6号——知名成熟发行人优化审核》	2023年10月20日	北京证券交易所
44	《上海证券交易所公司债券发行上市审核规则适用指引第3号——审核重点关注事项》	2025年3月28日	上海证券交易所
45	《深圳证券交易所公司债券发行上市审核业务指引第2号——审核重点关注事项》	2025年3月28日	深圳证券交易所
46	《北京证券交易所公司债券发行上市审核规则适用指引第3号——审核重点关注事项》	2025年3月28日	北京证券交易所
47	《上海证券交易所公司债券发行上市审核规则适用指引第2号——专项品种公司债券》	2024年12月27日	上海证券交易所
48	《深圳证券交易所公司债券发行上市审核业务指引第7号——专项品种公司债券》	2024年12月27日	深圳证券交易所
49	《北京证券交易所公司债券发行上市审核规则适用指引第2号——专项品种公司债券》	2024年12月27日	北京证券交易所
50	《上海证券交易所公司债券发行上市审核业务指南第2号——投资者权益保护（参考文本）》	2021年8月13日	上海证券交易所
51	《深圳证券交易所公司债券发行上市审核业务指南第2号——投资者权益保护（参考文本）》	2021年8月13日	深圳证券交易所
52	《北京证券交易所公司债券发行上市审核业务指南第2号——投资者权益保护（参考文本）》	2023年10月20日	北京证券交易所
53	《公开发行证券的公司信息披露内容与格式准则第24号——公开发行公司债券申请文件》	2023年10月20日	中国证监会
54	《上海证券交易所公司债券发行上市审核业务指南第1号——公开发行公司债券募集说明书编制（参考文本）》	2023年10月20日	上海证券交易所
55	《深圳证券交易所公司债券发行上市审核业务指南第1号——募集说明书（参考文本）》	2024年6月28日	深圳证券交易所
56	《北京证券交易所公司债券发行上市审核业务指南第1号——公开发行公司债券募集说明书编制（参考文本）》	2023年10月20日	北京证券交易所

续表2

序号	规则全称	发布时间或最新修订时间	发布机构
57	《上海证券交易所债券发行上市审核业务指南第4号——公司债券和资产支持证券申请文件的签章》	2023年10月20日	上海证券交易所
58	《监管服务事项办事指南公开发行公司债券（含企业债券）发行上市申请》	2023年10月20日	深圳证券交易所
59	《北京证券交易所公司债券发行上市审核业务指南第3号——公司债券申请文件的签章》	2023年10月20日	北京证券交易所
60	《上海证券交易所债券发行上市审核业务指南第5号——简明信息披露》	2024年9月11日	上海证券交易所
61	《深圳证券交易所公司债券发行上市审核业务指南第3号——简明信息披露》	2024年9月27日	深圳证券交易所
62	《北京证券交易所公司债券发行上市审核业务指南第5号——简明信息披露》	2024年12月6日	北京证券交易所
63	《上海证券交易所非公开发行公司债券挂牌规则》	2023年10月20日	上海证券交易所
64	《深圳证券交易所非公开发行公司债券挂牌规则》	2023年10月20日	深圳证券交易所
65	《上海证券交易所公司债券上市规则》	2023年10月20日	上海证券交易所
66	《深圳证券交易所公司债券上市规则》	2023年10月20日	深圳证券交易所
67	《北京证券交易所公司债券上市规则》	2023年10月20日	北京证券交易所
68	《上海证券交易所公司债券和资产支持证券发行上市挂牌业务指南》	2023年10月20日	上海证券交易所
69	《深圳证券交易所债券发行业务指南第1号——公司债券（含企业债券）和资产支持证券发行上市挂牌业务指南》	2024年1月26日	深圳证券交易所
70	《北京证券交易所公司债券发行上市业务指南》	2023年11月21日	北京证券交易所

四、尽职调查与发行承销规则

序号	规则全称	发布时间或最新修订时间	发布机构
71	《公司债券主承销商尽职调查指引》	2023年10月20日	中国证券业协会
72	《公司债券主承销商和受托管理人工作底稿目录细则》	2023年10月20日	中国证券业协会

续表

序号	规则全称	发布时间或最新修订时间	发布机构
73	《公司债券主承销商和受托管理人工作底稿目录》	2023年10月20日	中国证券业协会
74	《证券公司投资银行类业务工作底稿电子化管理系统建设指引》	2020年2月28日	中国证券业协会
75	《公司债券承销业务规则》	2023年10月20日	中国证券业协会
76	《非公开发行公司债券项目承接负面清单指引（2024年修订）》	2024年12月27日	中国证券业协会
77	《公司债券承销报价内部约束指引》	2021年4月7日	中国证券业协会
78	《自律规则适用意见第2号——关于〈公司债券承销报价内部约束指引〉有关规定的适用意见》	2021年9月28日	中国证券业协会
79	《关于加强公司债券承销业务数据报送工作的通知》	2018年12月24日	中国证券业协会
80	《公司债券承销机构关于构建良好生态强化职业道德的自律公约》	2019年11月24日	中国证券业协会
81	《证券公司债券业务执业质量评价办法》	2024年6月12日	中国证券业协会
82	《上海证券交易所公司债券发行承销规则》	2023年10月20日	上海证券交易所
83	《深圳证券交易所公司债券发行承销规则》	2023年10月20日	深圳证券交易所
84	《北京证券交易所公司债券发行承销规则》	2023年10月20日	北京证券交易所
85	《上海证券交易所债券市场投资者适当性管理办法（2023年修订）》	2023年10月20日	上海证券交易所
86	《深圳证券交易所债券市场投资者适当性管理办法（2023年修订）》	2023年10月20日	深圳证券交易所
87	《北京证券交易所债券市场投资者适当性管理办法》	2023年10月20日	北京证券交易所
88	《关于进一步规范债券发行业务有关事项的通知》	2024年1月12日	上海证券交易所
89	《关于进一步规范债券发行业务有关事项的通知》	2024年1月12日	深圳证券交易所
90	《关于进一步规范债券发行业务有关事项的通知》	2024年1月12日	北京证券交易所

五、登记结算规则

序号	规则全称	发布时间或最新修订时间	发布机构
91	《证券登记结算管理办法》	2022年5月20日	中国证监会
92	《中国证券登记结算有限责任公司债券登记、托管与结算业务细则》	2023年10月20日	中国结算
93	《中国证券登记结算有限责任公司非公开发行公司债券登记结算业务实施细则》	2021年10月30日	中国结算
94	《中国证券登记结算有限责任公司结算参与人管理规则》	2014年4月2日	中国结算
95	《中国证券登记结算有限责任公司结算参与人管理工作指引》	2024年1月5日	中国结算
96	《中国证券登记结算有限责任公司证券持有人名册业务实施细则》	2025年3月28日	中国结算
97	《关于调整公司债券结算业务有关事项的通知》	2019年3月29日	中国结算
98	《中国证券登记结算有限责任公司上海分公司债券登记结算业务指南》	2025年3月28日	中国结算上海分公司
99	《中国证券登记结算有限责任公司深圳分公司债券登记结算业务指南》	2025年3月28日	中国结算深圳分公司
100	《中国证券登记结算有限责任公司北京分公司债券登记结算业务指南》	2023年10月20日	中国结算北京分公司
101	《中国证券登记结算有限责任公司上海分公司证券发行人业务指南》	2025年3月31日	中国结算上海分公司
102	《中国证券登记结算有限责任公司深圳分公司证券发行人业务指南》	2025年3月28日	中国结算深圳分公司
103	《中国证券登记结算有限责任公司上海分公司参与人证券托管业务指南》	2023年10月20日	中国结算上海分公司
104	《中国证券登记结算有限责任公司深圳分公司证券非交易过户业务指南》	2025年3月28日	中国结算深圳分公司
105	《中国证券登记结算有限责任公司深圳分公司证券转托管业务指南》	2023年12月28日	中国结算深圳分公司
106	《中国证券登记结算有限责任公司北京分公司投资者业务指南》	2025年3月28日	中国结算北京分公司
107	《上海证券交易所中国证券登记结算有限责任公司债券质押式三方回购交易及结算暂行办法》	2018年4月24日	上海证券交易所 中国结算
108	《深圳证券交易所中国证券登记结算有限责任公司债券质押式三方回购交易及结算暂行办法》	2018年7月13日	深圳证券交易所 中国结算

续表

序号	规则全称	发布时间或最新修订时间	发布机构
109	《中国证券登记结算有限责任公司上海证券交易所深圳证券交易所债券质押式回购交易结算风险控制指引（2021年修订版）》	2021年7月9日	中国结算 上海证券交易所 深圳证券交易所
110	《中国证券登记结算有限责任公司债券通用质押式回购担保品资格及折算率管理业务指引》	2025年3月21日	中国结算
111	《质押式报价回购交易及登记结算业务办法》	2013年9月30日	上海证券交易所 中国结算
112	《质押式报价回购交易及登记结算业务办法》	2013年3月29日	深圳证券交易所 中国结算
113	《银行间债券市场与交易所债券市场互联互通业务暂行办法》	2022年1月20日	上海证券交易所 深圳证券交易所 全国银行间同业拆借中心 银行间市场清算所股份有限公司 中国证券登记结算有限责任公司
114	《中国证券登记结算有限责任公司上海分公司协助执法业务指南》	2023年2月17日	中国结算上海分公司
115	《中国证券登记结算有限责任公司深圳分公司协助执法业务指南》	2023年8月25日	中国结算深圳分公司
116	《中国证券登记结算有限责任公司北京分公司协助执法业务指南》	2023年7月7日	中国结算北京分公司

六、存续期管理及债权人保护

序号	规则全称	发布时间或最新修订时间	发布机构
117	《公司债券受托管理人执业行为准则》	2023年10月20日	中国证券业协会
118	《公开发行公司债券受托管理协议必备条款》	2023年10月20日	中国证券业协会
119	《上海证券交易所债券自律监管规则适用指引第1号——公司债券持续信息披露》	2023年10月20日	上海证券交易所
120	《深圳证券交易所公司债券存续期监管业务指引第1号——定期报告》	2023年10月20日	深圳证券交易所

续表1

序号	规则全称	发布时间或最新修订时间	发布机构
121	《深圳证券交易所公司债券存续期监管业务指引第2号——临时报告》	2023年10月20日	深圳证券交易所
122	《北京证券交易所公司债券存续期监管业务指引第1号——定期报告》	2023年10月20日	北京证券交易所
123	《北京证券交易所公司债券存续期监管业务指引第2号——临时报告》	2023年10月20日	北京证券交易所
124	《上海证券交易所债券存续期业务指南第3号——募集资金管理重点关注事项（试行）》	2023年12月29日	上海证券交易所
125	《深圳证券交易所公司债券存续期业务指南第3号——募集资金管理重点关注事项（试行）》	2023年12月29日	深圳证券交易所
126	《北京证券交易所公司债券存续期业务指南第3号——募集资金管理重点关注事项（试行）》	2024年12月6日	北京证券交易所
127	《上海证券交易所公司债券存续期业务指南第1号——公司债券持有人会议规则（参考文本）》	2020年11月27日	上海证券交易所
128	《深圳证券交易所公司债券持有人会议规则编制指南（参考文本）》	2020年11月27日	深圳证券交易所
129	《北京证券交易所公司债券持有人会议规则编制指南（参考文本）》	2023年10月20日	北京证券交易所
130	《关于公司信用类债券违约处置有关事宜的通知》	2020年6月24日	中国人民银行 国家发改委 中国证监会
131	《公司债券受托管理人处置公司债券违约风险指引》	2023年10月20日	中国证券业协会
132	《上海证券交易所债券自律监管规则适用指引第4号——公司债券和资产支持证券信用风险管理》	2023年10月20日	上海证券交易所
133	《深圳证券交易所公司债券存续期监管业务指引第3号——信用风险管理》	2023年10月20日	深圳证券交易所
134	《北京证券交易所公司债券存续期监管业务指引第3号——信用风险管理》	2023年10月20日	北京证券交易所
135	《北京破产法庭破产重整案件办理规范（试行）》	2019年12月30日	北京市第一中级人民法院
136	《上海破产法庭预重整案件办理规程（试行）》	2022年5月27日	上海市第三中级人民法院
137	《审理企业重整案件的工作指引（试行）》	2019年3月25日	深圳市中级人民法院

续表2

序号	规则全称	发布时间或最新修订时间	发布机构
138	《关于开展债务重组类债券置换业务有关事项的通知》	2025年3月14日	上海证券交易所
139	《关于开展债务重组类债券置换业务有关事项的通知》	2025年3月14日	深圳证券交易所

七、信用评级规则

序号	规则全称	发布时间或最新修订时间	发布机构
140	《信用评级业管理暂行办法》	2019年11月26日	中国人民银行 国家发改委 财政部 中国证监会
141	《关于促进债券市场信用评级行业健康发展的通知》	2021年8月6日	中国人民银行 国家发改委 财政部 银保监会 中国证监会
142	《关于推动公司信用类债券市场改革开放高质量发展的指导意见》	2021年8月17日	中国人民银行 国家发改委 财政部 银保监会 中国证监会 外汇局
143	《证券市场资信评级业务管理办法》	2021年2月26日	中国证监会
144	《证券服务机构从事证券服务业务备案管理规定》	2020年7月24日	中国证监会 工信部 司法部 财政部
145	《证券市场资信评级机构执业规范》	2023年10月20日	中国证券业协会
146	《证券市场资信评级机构信息披露指引》	2023年10月20日	中国证券业协会
147	《证券市场资信评级机构尽职调查指引》	2023年10月20日	中国证券业协会
148	《证券市场资信评级机构尽职调查工作底稿目录细则》	2023年10月20日	中国证券业协会
149	《债券市场信用评级机构联合市场化评价办法》	2024年3月15日	中国银行间市场交易商协会 中国证券业协会

后 记

《注册制下公司债券业务规则解读及实务》由中国证券业协会组织8家行业机构共同编写，共十章。各章节编写分工如下：第一章我国债券市场概述，由联合资信评估股份有限公司负责撰写；第二章发行上市审核和重点关注事项、第八章公司债券违约风险处置，由中信建投证券股份有限公司负责撰写；第三章尽职调查，由国泰君安证券股份有限公司负责撰写；第四章公司债券发行承销与挂牌上市，由中国国际金融股份有限公司负责撰写；第五章公司债券的登记、托管与结算，由中国银河证券股份有限公司负责撰写；第六章信息披露，由华泰联合证券有限责任公司负责撰写；第七章受托管理、第十章业务监管，由中信证券股份有限公司负责撰写；第九章证券评级业务，由中诚信国际信用评级有限责任公司负责撰写。中信建投证券股份有限公司对全书内容进行统稿。

本书编写工作得到了证券监管部门和相关证券交易所的指导，得到了中国证券业协会固定收益专业委员会的大力支持。在此表示衷心的感谢！

在本书编辑出版过程中，中国财政经济出版社做了大量工作，在此一并表示感谢！

中国证券业协会
2025年3月